APPRENDRE A PHILOSOPHER EN LISANT

Platon

Gorgias

ŒUVRE INTÉGRALE · ***EXERCICES***

Chantal Pouméroulie

Professeur agrégé de philosophie, ancienne élève de l'ENS de Fontenay, Chantal Pouméroulie enseigne en classes terminales et préparatoires à Paris ainsi qu'à l'Institut d'Études Politiques. Membre du groupe national de recherche en didactique de la philosophie (INRP), elle est chargée à l'IUFM de Paris de la formation des professeurs de philosophie stagiaires et participe à la formation continue.

MAGNARD

www.magnard.fr

Dans la même collection :

Déjà parus :

Rousseau
Discours sur l'origine et les fondements de l'inégalité parmi les hommes

Kant
Critique de la raison pure, Préface à la seconde édition

Hegel
Introduction à l'Esthétique

Traduction : Emile Chambry

Coordination éditoriale : Christine Thubert

Portrait de Platon : © AKG photo.

Maquette intérieure : Daniel Musch

ISBN : 2-210-10040-2
N° Editeur : 2000/181 - Dépôt légal : Août 2000
Impression : Pollina S.A., 85400 Luçon - N° L81394

SOMMAIRE

Les exercices sont signalés en italique.

AVANT-PROPOS

L'enseignement de la philosophie en classe terminale, on le sait, n'est pas un enseignement de doctrines mais un enseignement **philosophique** : chaque élève y est invité à philosopher, c'est-à-dire à exercer sa libre réflexion, à exercer et fortifier son jugement. Le professeur est le premier médiateur de cette activité. Mais comment apprenons-nous à philosopher, comment le professeur lui-même l'a-t-il appris et l'apprend-il sans cesse, si ce n'est **en lisant les philosophes ?** Les textes philosophiques inspirent, sollicitent, nourrissent, instruisent notre propre pensée.

Pour qu'une lecture soit vraiment philosophique, pour qu'elle soit un exercice de la raison et de la liberté, encore faut-il que le texte ne soit pas tenu pour l'archive d'une pensée morte dont il serait bon d'être informé. Nous ne lisons pas tant les philosophes pour savoir ce qu'ils ont pensé que pour le **penser** à notre tour, pour en éprouver la vérité, la nécessité, la fécondité, la puissance critique, à l'égard d'abord de notre propre pensée. Ainsi la lecture philosophique est-elle essentiellement **dialogue**, dans lequel chacun tour à tour donne et reçoit le *logos*, interroge et répond.

C'est pourquoi le cours de philosophie fait un large usage des textes philosophiques et chaque professeur choisit les auteurs et les œuvres en toute liberté. Pas plus qu'il n'y a de philosophie officielle, il n'y a d'auteurs imposés, non plus que de méthode philosophique imposée.

Dans toutes les classes terminales, une œuvre philosophique au moins doit être étudiée en **lecture suivie.** Le professeur la choisit *en fonction des besoins philosophiques de son enseignement* et conduit l'étude *en liaison avec* celle des notions[1]. On aurait donc tort de voir dans l'étude suivie des œuvres la préparation de la seule épreuve orale de contrôle.

Comment alors donner à cette lecture toute sa fécondité ? Comment apprendre à philosopher en lisant Descartes, Rousseau ou Kant, en suivant le philosophe dans la constitution de son problème et l'élaboration de ses concepts ? Comment faire en sorte que cette lecture permette de penser par soi-même ? Et, du même coup, d'affronter l'épreuve de l'examen ?

La question à laquelle la collection ***Apprendre à philosopher en lisant...*** s'attache est celle que pose la difficulté rencontrée par les élèves lorsqu'ils doivent mettre en œuvre le travail accompli en classe dans une **dissertation**.

En **articulant** lecture suivie, étude des notions du programme et travail de la dissertation, elle se propose d'aider l'élève à mener une lecture authentiquement philosophique, soucieuse d'établir le sens du texte qu'il a sous les yeux, d'en faire usage pour apprendre à distinguer entre les concepts, pour s'interroger sur les enjeux des questions examinées et se rendre ainsi à son tour capable de construire une pensée instruite, c'est-à-dire d'exercer son libre jugement.

1. Programme des classes terminales, Arrêté du 1er octobre 1973 (modifié en 1983 et 1994).

A contrario, chacun connaît d'expérience la vanité d'un entraînement au maniement de procédures formelles. C'est que si la philosophie est **essentiellement** activité, toute activité n'est pas pour autant philosophique.

La conviction qui anime les auteurs – tous professeurs en classe terminale –, en revanche, est que l'active et exigeante **confrontation** avec des œuvres fortes, pour autant que le professeur leur en ouvre les voies, est propre à intéresser les élèves à leur propre pensée, à leur permettre de se laisser saisir par leur puissance critique et ainsi d'exercer de manière instruite leur propre puissance de penser. Elle est aussi qu'il s'agit là, ipso facto, d'une préparation particulièrement adéquate aux épreuves du **baccalauréat**.

C'est pourquoi la collection **Apprendre à philosopher en lisant...** ne propose pas « un commentaire de plus » des œuvres qu'elle présente. Ces œuvres, classiques au sens propre où elles sont, de fait, fréquemment choisies par les professeurs qui voient en elles le moyen privilégié de l'initiation à la philosophie en classe terminale, sont (presque) toutes sur le marché dans des éditions commentées.

La perspective choisie est ici résolument **didactique.**

* * *

Outre le **texte intégral** de l'œuvre, et une **Présentation générale,** on trouvera donc, dans chaque volume, un nombre variable de chapitres intitulés **ÉTUDES**, organisés autour d'un **extrait** (parfois plusieurs) étudié en lui-même et support de l'étude des notions et du travail de la dissertation.

Ces textes ont une longueur variable, ils sont découpés de façon à posséder en eux-mêmes une **unité,** mais aussi à marquer les **étapes** du cheminement de l'œuvre, ce qui explique que leur découpage s'éloigne souvent de celui que l'on rencontre ordinairement dans les anthologies.

Outre l'extrait, chaque **ÉTUDE** comprend les quatre rubriques suivantes :

- **ÉTUDE DU TEXTE**
- **ÉTUDE DES NOTIONS**
- **TRAVAIL DE LA DISSERTATION**
- **RÉFÉRENCES**

1. ÉTUDE DU TEXTE : SITUATION ET ANALYSE

On s'est efforcé à chaque fois d'étudier l'extrait de façon précise puisque c'est sur cette étude que repose l'ensemble du travail qu'il sera possible de conduire.

2. ÉTUDE DES NOTIONS

On a distingué les notions lexicalisées dans l'extrait d'autres qui peuvent en être dégagées sans que le mot soit présent. Le choix des notions s'étend au-delà de la liste au programme dans les classes terminales. On a, en particulier, examiné diverses notions intéressant directement le travail philosophique, par exemple : méthode, dialogue philosophique.

3. TRAVAIL DE LA DISSERTATION

Traitement d'un **sujet-exemple** à partir du texte étudié, proposition d'autres sujets pour lesquels l'extrait est pertinent.

Le traitement du sujet comprend trois moments :

- **Analyse de l'énoncé** (ce point essentiel fait toujours l'objet d'un développement approfondi)
- **Usage du texte** (il s'agit de la reprise réflexive de l'étude du texte à partir de l'analyse de l'énoncé)
- **Organisation possible du devoir**

Le choix du sujet-exemple obéit à un double principe : il convient, évidemment, que l'extrait choisi soit propre à l'éclairer, mais on a veillé, aussi souvent que possible, à proposer des sujets apparemment éloignés, afin que l'élève s'exerce, en face d'une question qu'il a analysée en elle-même, à mobiliser toutes ses ressources, plus riches qu'il ne le croit parfois, pour autant qu'il s'agisse d'une authentique culture philosophique.

4. RÉFÉRENCES

On y suggère, sans qu'ils soient publiés ici, des textes – du même ouvrage, **du même auteur** ou d'autres auteurs – assortis d'**indications de lecture**.

* * *

L'activité des élèves est particulièrement sollicitée de deux façons, l'une constante et l'autre occasionnelle :

- Sous le titre **Observer et s'exercer**, des indications de méthode accompagnent tous les développements.

Support possible **d'exercices variés,** elles ne constituent pas à proprement parler des consignes, mais invitent, précisément, l'élève à **accompagner** le mouvement de la réflexion.

À cette fin, ont été distinguées celles qui désignent des constantes de l'activité de lecture et d'élaboration (Rechercher les occurrences d'une notion dans un texte, par exemple, ou Déterminer sur quoi porte une question) et celles qui ressortissent à la singularité du texte (Donner la définition de tel mot du texte, Proposer un exemple différent de celui rencontré…).

- Dans chaque **ÉTUDE,** une part des rubriques – plus ou moins importante selon les difficultés des textes et le progrès de la lecture – est présentée sous forme d'exercices guidés, invitant les élèves à étudier un extrait et à en faire à leur tour usage selon les modalités des **ÉTUDES** précédentes (Analyser un texte, Étudier une notion, Analyser un sujet de dissertation, Rédiger une introduction, etc.).

* * *

À la fin de chaque volume, une récapitulation dégage les **DISTINCTIONS CONCEPTUELLES** rencontrées. Elle comprend à chaque fois un exemple rédigé et un exercice guidé.

Enfin, un **index** des notions devrait permettre la libre circulation dans l'ouvrage et, au-delà, dans le programme des notions, et faciliter ainsi le travail de la dissertation.

* * *

L'ambition de ce travail, nécessairement marqué par les limites de la culture et de l'inventivité de ses auteurs et l'engagement philosophique de chacun – et qui ne saurait à l'évidence être exhaustif – est modeste. Elle est de suggérer **au professeur** un ancrage possible de ses leçons dans la ou les œuvres qu'il étudie en **lecture suivie**, et de permettre **à l'élève,** tantôt sous la conduite de son professeur, tantôt par lui-même, de travailler **activement** des œuvres philosophiques, dont il mesurera combien elles lui sont utiles dans la perspective de l'examen.

AVERTISSEMENT

De nombreuses traductions des œuvres de Platon existent, auxquelles chacun peut se référer. Nous proposons de travailler sur la traduction du *Gorgias* donnée par Emile Chambry (Classiques Garnier[2]).

Depuis l'édition d'Henri Estienne (1578), l'usage s'est maintenu de sa numérotation de la division des œuvres platoniciennes en pages (chiffres) et paragraphes (lettres), de sorte que l'on peut aisément se repérer dans des traductions différentes. Par exemple, on trouvera toujours l'entrée en scène de Calliclès pour son grand entretien avec Socrate en 481b. Nous faisons figurer cette numérotation dans l'**ŒUVRE INTÉGRALE** et dans les **ÉTUDES**.

Nous donnons, par ailleurs, un plan succinct du Gorgias dans le **SOMMAIRE**, mais il est purement descriptif : l'analyse philosophique de la composition du dialogue relève de l'étude du texte. Elle est esquissée dans la **PRÉSENTATION GÉNÉRALE DE L'ŒUVRE**.

Enfin, par convention, nous distinguons par une majuscule le Dialogue comme œuvre et le dialogue comme discussion réglée. On notera aussi que *Gorgias* désigne l'œuvre et Gorgias le personnage.

2. Platon, œuvres complètes, Tome Deuxième, 1948. Les notes ont été réécrites dans le but d'alléger la présente édition.

GORGIAS

PLATON

PERSONNAGES :
Calliclès, Socrate, Khairéphon, Gorgias, Polos.

447 a **Calliclès** : C'est à la guerre et à la bataille[1], Socrate, qu'il faut, dit le proverbe, prendre part comme vous faites.

Socrate : Est-ce que nous sommes, comme on dit, arrivés après la fête ? Sommes-nous en retard ?

Calliclès : Oui, et après une fête délicieuse ; car Gorgias vient de nous faire entendre une foule de belles choses.

Socrate : La faute en est, Calliclès, à Khairéphon que voici : il nous a fait perdre notre temps à l'agora[2].

b **Khairéphon** : Cela ne fait rien, Socrate : je réparerai le mal. Gorgias est mon ami, et il nous fera la faveur de l'entendre tout de suite, si tu veux ; une autre fois, si tu préfères.

Calliclès : Que dis-tu, Khairéphon ? Socrate désire entendre Gorgias ?

Khairéphon : C'est juste pour cela que nous sommes venus.

Calliclès : Eh bien, venez chez moi, quand vous voudrez. C'est chez moi que Gorgias est descendu. Il vous donnera une séance.

Socrate : C'est bien aimable à toi, Calliclès. Mais consentira-t-il à causer
c avec nous ? Je voudrais savoir de lui quelle est la vertu de son art et en quoi consiste ce qu'il professe et enseigne. Pour le reste, il pourra, comme tu dis, nous donner une séance en une autre occasion.

Calliclès : Il n'y a rien de tel, Socrate, que de l'interroger lui-même. C'était justement un des points de son exposition ; car il invitait tout à l'heure ceux qui étaient céans[3] à lui poser toutes les questions qu'il leur plaisait et il s'engageait à répondre à toutes.

Socrate : C'est parfait, cela. Interroge-le, Khairéphon.

Khairéphon : Que faut-il lui demander ?

Socrate : Ce qu'il est.

d **Khairéphon** : Que veux-tu dire ?

Socrate : Si, par exemple, il était fabricant de chaussures, il te répondrait évidemment qu'il est cordonnier. Ne saisis-tu pas ce que je dis ?

Khairéphon : Je saisis et je vais l'interroger. Dis-moi, Gorgias, ce que dit Calliclès est-il vrai, que tu t'engages à répondre à toutes les questions qu'on peut te poser ?

1. Cf. l'expression *arriver après la bataille*, c'est-à-dire une fois l'essentiel terminé.
2. L'*agora* est la place centrale d'Athènes, le cœur politique, social, économique, de la Cité.
3. Ici, dans la maison.

448 a **Gorgias**: C'est vrai, Khairéphon, et c'est justement à quoi je m'engageais tout à l'heure, et je puis dire que personne encore, depuis bien des années, ne m'a posé une question qui m'ait surpris.

Khairéphon: Tu n'auras donc pas de peine à répondre, Gorgias.

Gorgias: Il ne tient qu'à toi, Khairéphon, d'en faire l'essai.

Polos: Oui, par Zeus; mais, si tu le veux bien, Khairéphon, fais-le sur moi; car Gorgias doit être fatigué: il vient de tenir un long discours.

Khairéphon: Quoi donc! Polos, te flattes-tu de mieux répondre que Gorgias?

b **Polos**: Qu'importe, si je te fais une réponse satisfaisante?

Khairéphon: Il n'importe en rien, et, puisque tu le veux, réponds.

Polos: Questionne.

Khairéphon: Voici ma question. Si Gorgias s'entendait à l'art que professe son frère Hérodicos, quel nom devrions-nous lui donner? Le même qu'à son frère, n'est-ce pas?

Polos: Oui.

Khairéphon: En disant qu'il est médecin, nous parlerions donc correctement?

Polos: Oui.

Khairéphon: Et s'il était versé dans l'art d'Aristophon, fils d'Aglaophon, ou de son frère, quel nom devrions-nous lui donner?

c **Polos**: Celui de peintre évidemment.

Khairéphon: Mais, en fait, dans quel art est-il versé et quel nom devons-nous lui donner?

Polos: Khairéphon, il existe dans le monde beaucoup d'arts qu'à force d'expériences, l'expérience a découverts: car l'expérience fait que notre vie est dirigée selon l'art, et l'inexpérience, au gré du hasard. De ces différents arts, les uns choisissent ceux-ci, les autres ceux-là, chacun à sa manière, et les meilleurs choisissent les meilleurs. Gorgias est de ce nombre et l'art qu'il possède est le plus beau.

d **Socrate**: Je vois, Gorgias, que Polos est merveilleusement entraîné à discourir; mais il ne fait pas ce qu'il a promis à Khairéphon.

Gorgias: Comment cela, Socrate?

Socrate: Il me semble qu'il ne répond pas exactement à ce qu'on lui demande.

Gorgias: Eh bien, questionne-le, toi, si tu veux.

Socrate: Non, mais si tu veux bien me répondre toi-même alors je t'interrogerai, toi, bien plus volontiers; car il est clair pour moi, d'après ce qu'il vient de dire, que Polos s'est plus exercé à ce qu'on appelle la rhétorique qu'au dialogue.

e **Polos**: Pourquoi cela, Socrate?

Socrate: Parce que, Polos, Khairéphon t'ayant demandé dans quel art Gorgias est versé, tu fais l'éloge de son art, comme si on le critiquait, mais que tu n'as pas répondu en quoi il consistait.

Polos: N'ai-je pas répondu que c'est le plus beau?

Socrate: Sans doute; mais on ne te demande pas quelle est la qualité de l'art de Gorgias, mais ce qu'il est et quel nom il faut donner à Gorgias.

Lorsque Khairéphon t'a proposé des exemples, tu lui as répondu avec
449 a justesse et brièveté. Fais de même à présent, et dis-nous quel est l'art de Gorgias et quel nom il faut lui donner à lui-même. Ou plutôt, Gorgias, dis-nous toi-même quel est l'art dont tu es maître et quel nom il faut te donner.

Gorgias : Mon art est la rhétorique.

Socrate : Il faut donc t'appeler orateur.

Gorgias : Et bon orateur, Socrate, si tu veux m'appeler ce que « je me glorifie d'être », pour parler comme Homère[4].

Socrate : Mais oui, je le veux.

Gorgias : Appelle-moi donc ainsi.

Socrate : Ne dirons-nous pas aussi que tu es capable de communiquer ton
b art à d'autres ?

Gorgias : Oui, je m'en fais fort, et non seulement ici, mais ailleurs aussi.

Socrate : Eh bien, consentirais-tu, Gorgias, à poursuivre l'entretien comme nous le faisons à présent, en alternant les questions et les réponses, et à remettre à une autre fois les longs discours que Polos a inaugurés ? Mais ne manque pas à ta promesse et réduis-toi à répondre brièvement à chaque question.

Gorgias : Il y a des réponses, Socrate, qui exigent de longs développements.
c Cependant je tâcherai d'y mettre toute la brièveté possible. Car c'est encore une chose dont je me flatte, que personne ne saurait dire en moins de mots les mêmes choses que moi.

Socrate : C'est ce qu'il faut ici, Gorgias. Fais montre de ce talent dont tu te vantes, la brièveté ; laisse les longs discours pour une autre occasion.

Gorgias : C'est ce que je vais faire, et tu conviendras que tu n'as jamais entendu parler plus brièvement.

Socrate : Eh bien donc, puisque tu prétends être savant dans l'art de la
d rhétorique et capable de former des orateurs, dis-moi quel est l'objet particulier de la rhétorique. Par exemple, l'art du tisserand a pour objet la confection des habits, n'est-il pas vrai ?

Gorgias : Oui.

Socrate : Et la musique la composition des chants ?

Gorgias : Oui.

Socrate : Par Héra, Gorgias, j'admire tes réponses : on n'en saurait faire de plus courtes.

Gorgias : Je crois en effet, Socrate, que je ne m'en acquitte pas mal.

Socrate : C'est juste. Réponds-moi donc de la même façon sur la rhétorique. De quel objet particulier est-elle la science ?

Gorgias : Des discours.

e **Socrate** : De quels discours, Gorgias ? Est-ce de ceux qui indiquent aux malades le régime qu'ils doivent suivre pour se rétablir ?

Gorgias : Non.

Socrate : La rhétorique n'a donc pas pour objet tous les discours ?

Gorgias : Assurément non.

Socrate : Cependant elle rend capable de parler.

Gorgias : Oui.

4. Homère, notamment *Iliade*, VI, 211.

Socrate: Et par conséquent aussi de penser sur les choses dont elle apprend à parler ?

Gorgias: Cela va de soi.

450 a **Socrate**: Mais la médecine, dont nous parlions tout à l'heure, ne met-elle pas en état de penser et de parler sur les malades ?

Gorgias: Nécessairement.

Socrate: Par conséquent le médecine aussi, à ce qu'il paraît, a pour objet les discours.

Gorgias: Oui.

Socrate: Ceux qui concernent les maladies ?

Gorgias: Précisément.

Socrate: La gymnastique aussi a pour objet les discours relatifs à la bonne et à la mauvaise disposition des corps ?

Gorgias: Assurément.

Socrate: Et il en est de même, Gorgias, des autres arts : chacun d'eux a pour
b objet les discours relatifs à la chose sur laquelle il s'exerce.

Gorgias: Évidemment.

Socrate: Pourquoi donc n'appliques-tu pas le nom de rhétorique aux autres arts qui ont aussi pour objet les discours, puisque tu appelles rhétorique l'art qui se rapporte aux discours ?

Gorgias: C'est que, Socrate, dans les autres arts, c'est à des travaux manuels et à des actes du même genre que se rapportent presque toutes les connaissances de l'artiste, tandis que la rhétorique ne comporte aucun travail des mains et que tous ses actes et tous ses effets sont produits par
c des discours. Voilà pourquoi je prétends que la rhétorique a pour objet les discours, et je soutiens que ma définition est exacte.

Socrate: Je me demande si je comprends bien ce que tu entends par ce mot de rhétorique. Je le verrai plus clairement tout à l'heure. Réponds-moi : il existe des arts, n'est-ce pas ?

Gorgias: Oui.

Socrate: Parmi tous ces arts, les uns, je crois, s'occupent surtout de la confection des objets et n'ont guère besoin du discours, quelques-uns même n'en ont que faire ; ils pourraient même accomplir leur besogne en silence, comme il arrive pour la peinture, la sculpture et bien d'autres. Ce
d sont ceux-là, je suppose, que tu prétends n'avoir aucun rapport avec la rhétorique. N'est-ce pas vrai ?

Gorgias: Tu saisis fort bien ma pensée, Socrate.

Socrate: Mais il en est d'autres qui n'exécutent rien que par la parole et qui n'ont, pour ainsi dire, besoin d'aucune action ou n'en exigent que très peu, comme l'arithmétique, le calcul, la géométrie, le trictrac[5] et beaucoup d'autres, dont quelques-uns demandent autant de paroles que d'actions, mais la plupart davantage, si bien que les discours sont absolument leurs
e seuls moyens d'agir et de produire. C'est parmi ces derniers, ce me semble, que tu ranges la rhétorique ?

Gorgias: C'est exact.

5. Le mot traduit par *trictrac* désigne un jeu de stratégie proche de notre jaquet.

Socrate : Je ne pense pas néanmoins que tu veuilles donner le nom de rhétorique à aucun d'eux, bien qu'à s'en tenir à tes paroles, tu aies affirmé que l'art dont toute la force est dans la parole est la rhétorique et qu'on puisse te répondre, si l'on voulait ergoter sur les mots[6] : « Alors c'est l'arithmétique, Gorgias, que tu appelles rhétorique ? » Mais je ne pense pas que tu appelles rhétorique ni l'arithmétique, ni la géométrie ?

451 a **Gorgias** : Tu ne te trompes pas, Socrate, et tu as raison de penser ainsi.

Socrate : Allons maintenant, c'est à toi d'achever la réponse à ma question. Puisque la rhétorique est un de ces arts qui relèvent surtout du discours et qu'il y en a d'autres dans le même cas, tâche d'expliquer à quoi se rapporte cette rhétorique qui agit par la parole. Si, par exemple, on me demandait à propos d'un quelconque de ces arts que je viens de nommer : « Qu'est-ce
b que l'arithmétique, Socrate ? », je répondrais, comme tu l'as fait tout à l'heure, que c'est un des arts qui s'exercent par la parole. Et si l'on me demandait en outre : « Par rapport à quoi ? » je répondrais : par rapport au pair et à l'impair et aux chiffres où l'un et l'autre peut monter. Pareillement, si l'on me demandait : « À quel art donnes-tu le nom de calcul ? » je répondrais que le calcul aussi est un des arts qui s'exercent uniquement par la parole, et, si l'on me demandait en outre : « Par rapport à quoi ? » je répondrais comme les rédacteurs des décrets dans l'assemblée du peuple :
c « Pour tout le reste », le calcul est comme l'arithmétique, puisqu'il a rapport aux mêmes choses, le pair et l'impair ; mais le calcul en diffère en un point, c'est qu'il considère les valeurs numériques du pair et de l'impair, non seulement en elles-mêmes, mais encore dans leurs relations l'une avec l'autre. Et si l'on m'interrogeait sur l'astronomie, je dirais qu'elle aussi réalise son objet uniquement par la parole, et si l'on ajoutait : « Mais ces discours de l'astronomie, Socrate, à quoi se rapportent-ils ? » je répondrais que c'est au cours des astres, du soleil et de la lune et à leurs vitesses relatives.

Gorgias : Et ce serait bien répondu, Socrate.

d **Socrate** : Eh bien, maintenant, Gorgias, à ton tour. La rhétorique est justement un des arts qui accomplissent et achèvent leur tâche uniquement au moyen de discours, n'est-il pas vrai ?

Gorgias : C'est vrai.

Socrate : Dis-moi donc à présent sur quoi portent ces discours. Quelle est, entre toutes les choses de ce monde, celle dont traitent ces discours propres à la rhétorique ?

Gorgias : Ce sont les plus grandes de toutes les affaires humaines, Socrate, et les meilleures.

Socrate : Mais, Gorgias, ce que tu dis là est sujet à discussion et n'offre
e encore aucune précision. Tu as sans doute entendu chanter dans les banquets cette chanson qui, dans l'énumération des biens, dit que le meilleur est la santé, que le second est la beauté et que le troisième est, selon l'expression de l'auteur de la chanson, la richesse acquise sans fraude.

Gorgias : Je l'ai entendue en effet, mais où veux-tu en venir ?

6. Voir **ÉTUDE 2**, note 7, p. 120.

452 a **Socrate** : C'est que tu pourrais bien être assailli tout de suite par les artisans de ces biens vantés par l'auteur de la chanson, le médecin, le pédotribe[7] et le financier, et que le médecin le premier pourrait me dire : « Socrate, Gorgias te trompe. Ce n'est pas son art qui a pour objet le plus grand bien de l'humanité, c'est le mien. », Et si je lui demandais : « Qui es-tu, toi, pour parler de la sorte ? » il me répondrait sans doute qu'il est médecin. - « Que prétends-tu donc ? Que le produit de ton art est le plus grand des biens ? » il me répondrait sans doute : « Comment le contester, Socrate, puisque c'est la santé ? Y a-t-il pour les hommes un bien plus grand que la santé ? »

b Et si, après le médecin, le pédotribe à son tour me disait : « Je serais, ma foi, bien surpris, moi aussi, Socrate, que Gorgias pût te montrer de son art un bien plus grand que moi du mien », je lui répondrais à lui aussi : « Qui es-tu, l'ami, et quel est ton ouvrage ? – Je suis pédotribe, dirait-il, et mon ouvrage, c'est de rendre les hommes beaux et robustes de corps. »

Après le pédotribe, ce serait, je pense, le financier qui me dirait, avec un
souverain mépris pour tous les autres : « Vois donc, Socrate, si tu peux
c découvrir un bien plus grand que la richesse, soit chez Gorgias, soit chez
tout autre. – Quoi donc ! lui dirions-nous. Es-tu, toi, fabricant de richesse ? – Oui. – En quelle qualité ? – En qualité de financier. – Et alors, dirions-nous, tu juges, toi, que la richesse est pour les hommes le plus grand des biens ? – Sans contredit, dirait-il. – Voici pourtant Gorgias, répondrions-nous, qui proteste que son art produit un plus grand bien que le tien ». Il est clair qu'après cela il demanderait : « Et quel est ce bien ? Que Gorgias s'explique. »

d Allons, Gorgias, figure-toi qu'eux et moi, nous te posons cette question. Dis-nous quelle est cette chose que tu prétends être pour les hommes le plus grand des biens et que tu te vantes de produire.

Gorgias : C'est celle qui est réellement le bien suprême, Socrate, qui fait que les hommes sont libres eux-mêmes et en même temps qu'ils commandent aux autres dans leurs cités respectives.

Socrate : Que veux-tu donc dire par là ?

Gorgias : Je veux dire le pouvoir de persuader par ses discours les juges au
e tribunal, les sénateurs dans le Conseil, les citoyens dans l'assemblée du
peuple et dans toute autre réunion qui soit une réunion de citoyens. Avec ce pouvoir, tu feras ton esclave du médecin, ton esclave du pédotribe, et, quant au fameux financier, on reconnaîtra que ce n'est pas pour lui qu'il amasse de l'argent, mais pour autrui, pour toi qui sais parler et persuader les foules.

Socrate : À présent, Gorgias, il me paraît que tu as montré d'aussi près que
453 a possible quelle est pour toi la rhétorique, et, si je comprends bien, ton idée
est que la rhétorique est l'ouvrière de la persuasion et que tous ses efforts et sa tâche essentielle se réduisent à cela. Pourrais-tu en effet soutenir que son pouvoir aille plus loin que de produire la persuasion dans l'âme des auditeurs ?

Gorgias : Nullement, Socrate, et tu me parais l'avoir bien définie, car telle est bien sa tâche essentielle.

7. Le *pédotribe*, littéralement *entraîneur de jeunes gens*, est le maître de gymnastique.

Socrate : Écoute-moi, Gorgias ; je veux que tu saches, comme j'en suis
persuadé moi-même, que, s'il y a des gens qui en conversant ensemble
b soient jaloux de se faire une idée claire de l'objet du débat[8], je suis moi-
même un de ceux-là, et toi aussi, je pense.

Gorgias : À quoi tend ceci, Socrate ?

Socrate : Je vais te le dire : Cette persuasion dont tu parles, qui vient de la
rhétorique, qu'est-elle au juste et sur quoi porte-t-elle ? Je t'avoue que je ne
le vois pas bien nettement, bien que je soupçonne ce que tu penses et de sa
nature et de son objet ; mais je ne t'en demanderai pas moins quelle est, à
c ton jugement, cette persuasion produite par la rhétorique et à quels objets
tu crois qu'elle s'applique. Quelle raison me pousse, alors que je devine ta
pensée, à t'interroger, au lieu de l'exposer moi-même ? Ce n'est pas à cause
de toi que je le fais, c'est en vue de notre discours, afin qu'il progresse de
manière à nous faire voir sous le jour le plus clair l'objet dont nous
discutons. Vois donc si je n'ai pas raison de t'interroger encore. Si, par
exemple, je t'avais demandé dans quelle classe de peintres est Zeuxis[9] et que
tu m'eusses répondu que c'est un peintre d'êtres animés, n'aurais-je pas été
en droit de te demander quels êtres animés il peint ? N'est-ce pas vrai ?

Gorgias : Si.

d **Socrate** : Et cela, parce qu'il y a d'autres peintres qui peignent une foule
d'autres figures animées que les siennes.

Gorgias : Oui.

Socrate : Au lieu que, si Zeuxis était le seul qui en peignît, tu aurais bien répondu.

Gorgias : Assurément.

Socrate : Eh bien, à propos de la rhétorique, dis-moi, crois-tu qu'elle soit seule à créer la persuasion ou si d'autres arts la produisent également ? Je m'explique. Quand on enseigne une chose, quelle qu'elle soit, persuade-t-on ce qu'on enseigne, oui ou non ?

Gorgias : Oui, Socrate, on le persuade très certainement.

e **Socrate** : Revenons maintenant aux arts dont nous parlions tout à l'heure.
L'arithmétique ne nous enseigne-t-elle pas ce qui se rapporte au nombre,
ainsi que l'arithméticien ?

Gorgias : Certainement.

Socrate : Donc elle persuade aussi.

Gorgias : Oui.

Socrate : C'est donc aussi une ouvrière de persuasion que l'arithmétique ?

Gorgias : Évidemment.

Socrate : Par conséquent, si l'on nous demande de quelle persuasion et à
quoi elle s'applique, nous répondrons, je pense, d'une persuasion qui
454 a enseigne la grandeur du nombre, soit pair, soit impair. De même pour les
autres arts que nous avons mentionnés tout à l'heure, nous pourrions
montrer qu'ils produisent la persuasion, quel genre de persuasion et à
propos de quoi. N'est-ce pas vrai ?

8. *Être jaloux de* : avoir le plus vif désir, ne laisser à personne d'autre le soin de.
9. Zeuxis est resté célèbre pour avoir peint des raisins si ressemblants que les oiseaux s'y trompaient et venaient les picorer.

Gorgias: Si.

Socrate: Par conséquent la rhétorique n'est pas la seule ouvrière de persuasion.

Gorgias: Tu dis vrai.

Socrate: Puis donc qu'elle n'est pas la seule à produire cet effet et que d'autres arts en font autant, nous sommes en droit, comme à propos du peintre, de demander encore à notre interlocuteur de quelle persuasion la rhétorique est l'art et à quoi s'applique cette persuasion. Ne trouves-tu pas
b cette nouvelle question justifiée ?

Gorgias: Si.

Socrate: Réponds-moi donc, Gorgias, puisque tu es de mon avis.

Gorgias: Je dis, Socrate, que cette persuasion est celle qui se produit dans les tribunaux et dans les autres assemblées, ainsi que je l'indiquais tout à l'heure, et qu'elle a pour objet le juste et l'injuste

Socrate: Je soupçonnais bien moi-même, Gorgias, que c'était cette persuasion et ces objets que tu avais en vue. Mais pour que tu ne sois pas surpris si dans un instant je te pose encore une question semblable sur un
c point qui paraît clair et sur lequel je veux néanmoins t'interroger, je te répète qu'en te questionnant je n'ai d'autre but que de faire progresser régulièrement la discussion et que je ne vise point ta personne. Il ne faut pas que nous prenions l'habitude, sous prétexte que nous nous devinons, d'anticiper précipitamment nos pensées mutuelles, et il faut que toi-même tu fasses ta partie à ta manière et suivant ton idée.

Gorgias: Ta méthode, Socrate, me parait excellente.

Socrate: Alors continuons et examinons encore ceci. Y a-t-il quelque chose que tu appelles savoir ?

Gorgias: Oui.

Socrate: Et quelque chose que tu appelles croire ?

Gorgias: Certainement.

d **Socrate**: Te semble-t-il que savoir et croire, la science et la croyance, soient choses identiques ou différentes ?

Gorgias: Pour moi, Socrate, je les tiens pour différentes.

Socrate: Tu as raison, et je vais t'en donner la preuve. Si l'on te demandait : « Y a-t-il, Gorgias, une croyance fausse et une vraie ? » tu dirais oui, je suppose.

Gorgias: Oui.

Socrate: Mais y a-t-il de même une science fausse et une vraie ?

Gorgias: Pas du tout.

Socrate: Il est donc évident que savoir et croire ne sont pas la même chose.

Gorgias: C'est juste.

e **Socrate**: Cependant ceux qui croient sont persuadés aussi bien que ceux qui savent.

Gorgias: C'est vrai.

Socrate: Alors veux-tu que nous admettions deux sortes de persuasion, l'une qui produit la croyance sans la science, et l'autre qui produit la science ?

Gorgias: Parfaitement.

Socrate : De ces deux persuasions, quelle est celle que la rhétorique opère dans les tribunaux et les autres assemblées relativement au juste et à l'injuste ? Est-ce celle d'où naît la croyance sans la science ou celle qui engendre la science ?

Gorgias : Il est bien évident, Socrate, que c'est celle d'où naît la croyance.

Socrate : La rhétorique est donc, à ce qu'il parait, l'ouvrière de la persuasion
455 a qui fait croire, non de celle qui fait savoir relativement au juste et à l'injuste ?

Gorgias : Oui.

Socrate : À ce compte, l'orateur n'est pas propre à instruire les tribunaux et les autres assemblées sur le juste et l'injuste, il ne peut leur donner que la croyance. Le fait est qu'il ne pourrait instruire en si peu de temps une foule si nombreuse sur de si grands sujets.

Gorgias : Assurément non.

Socrate : Allons maintenant, examinons la portée de nos opinions sur la
b rhétorique, car, pour moi, je n'arrive pas encore à préciser ce que j'en pense. Lorsque la cité convoque une assemblée pour choisir des médecins, des constructeurs de navires ou quelque autre espèce d'artisans, ce n'est pas, n'est-ce pas, l'homme habile à parler que l'on consultera ; car il est clair que, dans chacun de ces choix, c'est l'homme de métier le plus habile qu'il faut prendre. Ce n'est pas lui non plus que l'on consultera, s'il s'agit de construire des remparts ou d'installer des ports ou des arsenaux, mais bien les architectes. De même encore quand on délibérera sur le choix des généraux, l'ordre de bataille d'une armée, l'enlèvement d'une place forte, c'est aux
c experts dans l'art militaire qu'on demandera conseil, et non aux experts dans la parole. Qu'en penses-tu, Gorgias ? Puisque tu déclares que tu es toi-même orateur et que tu es capable de former des orateurs, il est juste que tu nous renseignes sur ce qui concerne ton art. Sois persuadé qu'en ce moment moi-même je défends tes intérêts. Peut-être en effet y a-t-il ici, parmi les assistants, des gens qui désirent devenir tes disciples. Je devine qu'il y en a, et même beaucoup, mais qui peut être n'osent pas t'interroger.
d Figure-toi donc, lorsque je te questionne, qu'ils te posent la même question que moi : « Que gagnerons-nous, Gorgias, si nous suivons tes leçons ? Sur quelles affaires serons-nous capables de conseiller la cité ? Sera-ce uniquement sur le juste et l'injuste ou aussi sur les sujets mentionnés tout à l'heure par Socrate ? » Essaye donc de leur répondre.

Gorgias : Oui, Socrate, je vais essayer de te dévoiler clairement la puissance de la rhétorique dans toute son ampleur ; car tu m'as toi-même fort bien
e montré la voie. Tu sais, je pense, que ces arsenaux et ces remparts d'Athènes et l'organisation de ses ports sont dus en partie aux conseils de Thémistocle[10], en partie à ceux de Périclès, et non à ceux des hommes de métier.

10. Thémistocle est le stratège auquel les Grecs doivent notamment le développement de la flotte et la victoire de Salamine. Il fut néanmoins frappé d'ostracisme (voir note 75, p. 75). Périclès est le stratège qui exerça à Athènes la plus grande et la plus longue influence en matière de politique tant intérieure qu'extérieure. Il fut réélu dix fois (c'est-à-dire dix ans) à la stratégie – mais aussi déposé par l'Assemblée, accusé d'avoir déclenché la guerre pour éviter de rendre des comptes. L'histoire parle du « siècle de Périclès » pour désigner les trente années de brillante civilisation où il domina la vie athénienne. On notera que le stratège, chargé des affaires militaires, est le seul magistrat d'importance qui ne soit pas tiré au sort mais élu. Il joue un rôle politique décisif.

Socrate: C'est ce qu'on dit de Thémistocle, Gorgias. Quant à Périclès, je l'ai entendu moi-même, quand il nous conseilla la construction du mur intérieur[11].

456 a **Gorgias**: Et quand il s'agit de faire un de ces choix dont tu parlais tout à
l'heure, Socrate, tu vois que les orateurs sont ceux qui donnent leur avis en
ces matières et qui font triompher leurs opinions.

Socrate: C'est aussi ce qui m'étonne, Gorgias, et c'est pourquoi je te demande depuis longtemps quelle est cette puissance de la rhétorique. Elle me paraît en effet merveilleusement grande, à l'envisager de ce point de vue.

Gorgias: Que dirais-tu, si tu savais tout, si tu savais qu'elle embrasse pour
ainsi dire en elle-même toutes les puissances. Je vais t'en donner une
b preuve frappante. J'ai souvent accompagné mon frère et d'autres médecins
chez quelqu'un de leurs malades qui refusait de boire une potion ou de se
laisser amputer ou cautériser par le médecin. Or tandis que celui-ci
n'arrivait pas à les persuader, je l'ai fait, moi, sans autre art que la rhétorique.
Qu'un orateur et un médecin se rendent dans la ville que tu voudras, s'il faut
discuter dans l'assemblée du peuple ou dans quelque autre réunion pour
décider lequel des deux doit être élu comme médecin, j'affirme que le
c médecin ne comptera pour rien et que l'orateur sera préféré, s'il le veut. Et
quel que soit l'artisan avec lequel il sera en concurrence, l'orateur se fera
choisir préférablement à tout autre; car il n'est pas de sujet sur lequel
l'homme habile à parler ne parle devant la foule d'une manière plus
persuasive que n'importe quel artisan. Telle est la puissance et la nature de
la rhétorique. Toutefois, Socrate, il faut user de la rhétorique comme de tous
les autres arts de combat. Ceux-ci en effet ne doivent pas s'employer contre
d tout le monde indifféremment, et parce qu'on a appris le pugilat, le
pancrace, l'escrime avec des armes véritables, de manière à s'assurer la
supériorité sur ses amis et ses ennemis, ce n'est pas une raison pour battre
ses amis, les transpercer et les tuer. Ce n'est pas une raison non plus, par
Zeus, parce qu'un homme qui a fréquenté la palestre et qui est devenu
robuste et habile à boxer aura ensuite frappé son père et sa mère ou tout
autre parent ou ami, ce n'est pas, dis-je, une raison pour prendre en aversion
e et chasser de la cité les pédotribes et ceux qui montrent à combattre avec
des armes: car si ces maîtres ont transmis leur art à leurs élèves, c'est pour
en user avec justice contre les ennemis et les malfaiteurs, c'est pour se
défendre, et non pour attaquer. Mais il arrive que les élèves, prenant le
457 a contre-pied, se servent de leur force et de leur art contre la justice. Ce ne
sont donc pas les maîtres qui sont méchants et ce n'est point l'art non plus
qui est responsable de ces écarts et qui est méchant, c'est, à mon avis, ceux
qui en abusent. On doit porter le même jugement de[12] la rhétorique. Sans
doute l'orateur est capable de parler contre tous et sur toute chose de
manière à persuader la foule mieux que personne, sur presque tous les
b sujets qu'il veut; mais il n'est pas plus autorisé pour cela à dépouiller de leur
réputation les médecins ni les autres artisans, sous prétexte qu'il pourrait le

11. Voir **ÉTUDE 4**, note 3, p. 153. Le mur intérieur reliant le port du Pirée à la ville d'Athènes assure la sécurité de la Cité.
12. Au sujet de.

faire ; au contraire, on doit user de la rhétorique avec justice, comme de tout
autre genre de combat. Mais si quelqu'un qui s'est formé à l'art oratoire,
abuse ensuite de sa puissance et de son art pour faire le mal, ce n'est pas le
c maître, à mon avis, qu'il faut haïr et chasser des villes ; car c'est en vue d'un
bon usage qu'il a transmis son savoir à son élève, mais celui-ci en fait un
usage tout opposé. C'est donc celui qui en use mal qui mérite la réprobation,
l'exil et la mort, mais non le maître.

Socrate : J'imagine, Gorgias, que tu as, comme moi, assisté à bien des
discussions et que tu y as remarqué une chose, c'est que les interlocuteurs
ont bien de la peine à définir entre eux le sujet qu'ils entreprennent de
d discuter et à terminer l'entretien après s'être instruits et avoir instruit les
autres. Sont-ils en désaccord sur un point et l'un prétend-il que l'autre parle
avec peu de justesse ou de clarté, ils se fâchent et s'imaginent que c'est par
envie qu'on les contredit et qu'on leur cherche chicane, au lieu de chercher
la solution du problème à débattre. Quelques-uns même se séparent à la fin
comme des goujats, après s'être chargés d'injures et avoir échangé des
propos tels que les assistants s'en veulent à eux-mêmes d'avoir eu l'idée
d'assister à de pareilles disputes.

e Pourquoi dis-je ces choses ? C'est qu'en ce moment tu me parais exprimer
des idées qui ne concordent pas tout à fait et ne sont pas en harmonie avec
ce que tu as dit d'abord de la rhétorique. Aussi j'hésite à te réfuter : j'ai peur
que tu ne te mettes en tête que, si je parle, ce n'est pas pour éclaircir le
sujet, mais pour te chercher chicane à toi-même.

458 a Si donc tu es un homme de ma sorte, je t'interrogerai volontiers ; sinon, je
m'en tiendrai là. De quelle sorte suis-je donc ? Je suis de ceux qui ont plaisir
à être réfutés, s'ils disent quelque chose de faux, et qui ont plaisir aussi à
réfuter les autres, quand ils avancent quelque chose d'inexact, mais qui
n'aiment pas moins à être réfutés qu'à réfuter. Je tiens en effet qu'il y a plus
à gagner à être réfuté, parce qu'il est bien plus avantageux d'être soi-même
délivré du plus grand des maux que d'en délivrer autrui ; car, à mon avis, il
b n'y a pour l'homme rien de si funeste que d'avoir une opinion fausse sur le
sujet qui nous occupe aujourd'hui. Si donc tu m'affirmes être dans les
mêmes dispositions que moi, causons ; si au contraire tu es d'avis qu'il faut
en rester là, restons-y et finissons la discussion.

Gorgias : Mais moi aussi, Socrate, je me flatte d'être de ceux dont tu as tracé
le portrait. Mais peut-être faudrait-il songer aussi à la compagnie. Bien
avant votre arrivée, j'ai donné aux assistants une longue séance, et si nous
continuons la discussion, elle nous entraînera peut-être un peu loin. Il faut
c donc aussi penser à eux et ne pas retenir ceux d'entre eux qui voudraient
s'occuper d'autres affaires.

Khairéphon : Vous entendez vous-mêmes, Gorgias et Socrate, le bruit que
font ces messieurs, désireux de vous entendre parler. Pour moi, puissé-je
n'avoir jamais d'affaire si pressante qu'il me faille quitter de pareils entretiens
et de tels interlocuteurs et trouver plus d'avantage à faire autre chose !

d **Calliclès** : Par les dieux, Khairéphon, moi aussi, j'ai déjà assisté à bien des
entretiens ; mais je ne sais pas si j'y ai jamais goûté autant de plaisir qu'à
présent. Aussi, dussiez-vous discuter tout le jour, moi, j'en serais charmé.

Socrate : Eh bien, Calliclès, je n'y mets pour ma part aucun obstacle, si Gorgias y consent.

Gorgias : Il serait maintenant honteux pour moi, Socrate, de n'y pas consentir, quand j'ai déclaré moi-même que je répondrai à toutes les questions qu'on voudrait me poser. Si donc il plaît à la compagnie, reprends
e l'entretien et pose-moi les questions que tu voudras.

Socrate : Écoute donc, Gorgias, ce qui me surprend dans tes discours. Peut-être avais-tu raison et t'ai-je mal compris. Tu es capable, dis-tu, de former un orateur, si l'on veut suivre tes leçons ?

Gorgias : Oui.

Socrate : Et de le rendre propre, quel que soit le sujet, à gagner la foule, non en l'instruisant, mais en la persuadant ?

459 a **Gorgias** : Parfaitement.

Socrate : Tu disais tout à l'heure que, même en ce qui regarde la santé, l'orateur est plus habile à persuader que le médecin.

Gorgias : Oui, au moins devant la foule.

Socrate : Devant la foule, c'est-à-dire devant ceux qui ne savent pas ; car, devant ceux qui savent, l'orateur sera certainement moins persuasif que le médecin.

Gorgias : C'est vrai.

Socrate : Si donc il doit être plus propre à persuader que le médecin, il sera plus persuasif que celui qui sait ?

Gorgias : Certainement.

b **Socrate** : Quoiqu'il ne soit pas médecin, n'est-ce pas ?

Gorgias : Oui.

Socrate : Mais celui qui n'est pas médecin est sans doute ignorant dans les choses où le médecin est savant.

Gorgias : C'est évident.

Socrate : Ainsi l'ignorant parlant devant des ignorants sera plus propre à persuader que le savant, si l'orateur est plus propre à persuader que le médecin. N'est-ce pas ce qui résulte de là, ou vois-tu une autre conséquence ?

Gorgias : La conséquence est forcée, en ce cas du moins.

Socrate : Et si l'on considère tous les autres arts, l'orateur et la rhétorique n'ont-ils pas le même avantage ? La rhétorique n'a nullement besoin de connaître les choses en elles-mêmes, de manière à paraître aux yeux des
c ignorants plus savants que ceux qui savent.

Gorgias : N'est-ce pas une chose bien commode Socrate, que de pouvoir, sans avoir appris d'autre art que celui-là, égaler tous les spécialistes ?

Socrate : Si l'orateur, en se bornant à cet art, est ou n'est pas l'égal des autres, c'est ce que nous examinerons tout à l'heure, si notre sujet le demande. Pour le moment voyons d'abord si, par rapport au juste et à l'injuste, au laid et au beau, au bien et au mal, l'orateur est dans le même
d cas que relativement à la santé et aux objets des autres arts et si, sans connaître les choses en elles-mêmes et sans savoir ce qui est bien ou mal, beau ou laid, juste ou injuste, il a trouvé pour tout cela un moyen de persuasion qui le fasse paraître aux yeux des ignorants plus savant, malgré

e son ignorance, que celui qui sait. Ou bien est-il nécessaire de savoir et faut-il avoir appris ces choses avant de venir à toi pour apprendre la rhétorique ? Sinon, toi, qui es maître de rhétorique, sans enseigner aucune de ces choses à celui qui vient à ton école, car ce n'est pas ton affaire, feras-tu en sorte que devant la foule il ait l'air de savoir tout cela, quoiqu'il ne le sache pas, et qu'il paraisse honnête, quoiqu'il ne le soit pas ? Ou bien te sera-t-il absolument impossible de lui enseigner la rhétorique, s'il n'a pas appris d'avance la vérité sur ces matières ? Que faut-il penser de tout cela,
460 a Gorgias ? Au nom de Zeus, dévoile-moi, comme tu l'as promis, il n'y a qu'un instant, en quoi consiste enfin la puissance de la rhétorique.

Gorgias : Mon avis à moi, Socrate, c'est que, s'il ignore ces choses-là, il les apprendra, elles aussi, auprès de moi.

Socrate : Il suffit : voilà qui est bien parler. Pour que tu puisses faire de quelqu'un un bon orateur, il est indispensable qu'il connaisse ce que c'est que le juste et l'injuste, soit qu'il l'ait appris avant, soit qu'il l'ait appris après à ton école.

Gorgias : Cela est certain.

b **Socrate** : Mais quoi ? Celui qui a appris la charpenterie est-il charpentier, ou non ?

Gorgias : Il l'est.

Socrate : Et celui qui a appris la musique n'est-il pas musicien ?

Gorgias : Si.

Socrate : Et celui qui a appris la médecine, médecin ? et le même principe ne s'applique-t-il pas aux autres arts ? Celui qui a appris un art n'est-il pas tel que le fait la connaissance de cet art ?

Gorgias : Si, certainement.

Socrate : À suivre ce principe, celui qui a appris la justice est donc juste ?

Gorgias : Sans aucun doute.

Socrate : Mais le juste fait des actions justes.

Gorgias : Oui.

c **Socrate** : C'est donc une nécessité que l'homme formé à la rhétorique soit juste et que le juste veuille faire des actions justes ?

Gorgias : Apparemment.

Socrate : Donc le juste ne voudra jamais commettre une injustice.

Gorgias : Il ne saurait le vouloir.

Socrate : Or l'orateur, d'après notre raisonnement, est nécessairement juste.

Gorgias : Oui.

Socrate : Par conséquent l'orateur ne voudra jamais commettre une injustice.

Gorgias : Il paraît que non.

d **Socrate** : Maintenant te rappelles-tu avoir dit tout à l'heure qu'il ne faut pas s'en prendre aux pédotribes ni les chasser des cités, si le boxeur se sert de la boxe pour faire du mal, et pareillement que, si l'orateur fait un mauvais usage de la rhétorique, ce n'est pas le maître qu'il faut accuser ni chasser de la cité, mais bien le coupable qui a fait un mauvais usage de la rhétorique ? As-tu dit cela, oui ou non ?

Gorgias : Je l'ai dit.

e **Socrate** : Mais ne venons-nous pas de voir à l'instant que ce même homme,
l'orateur, est incapable de commettre jamais une injustice ? N'est-ce pas
vrai ?

Gorgias : Si, évidemment.

Socrate : Mais au début de notre entretien, Gorgias, il a été dit que la rhétorique avait pour objet les discours, non pas ceux qui traitent du pair et de l'impair, mais ceux qui traitent du juste et de l'injuste, n'est-ce pas ?

Gorgias : Oui.

Socrate : Quand je t'ai entendu affirmer cela, j'ai cru, moi, que la
461 a rhétorique ne saurait jamais être une chose injuste, puisque ses discours
roulent toujours sur la justice. Mais quand peu après tu as dit que l'orateur
pouvait aussi faire de la rhétorique un usage injuste, cela m'a surpris, et,
considérant le désaccord qui était dans tes discours, j'ai fait cette
déclaration, que, si tu croyais comme moi qu'il est avantageux d'être
réfuté, il valait la peine de continuer la discussion ; qu'autrement, il fallait
la laisser tomber. Puis, après examen, tu vois toi-même que nous
reconnaissons au contraire que l'orateur ne peut user injustement de la
b rhétorique ni consentir à être injuste. Où est la vérité là-dedans ? Par le
chien, Gorgias, nous aurons besoin d'une longue séance pour la discerner
exactement.

Polos : Quoi donc, Socrate ? As-tu réellement de la rhétorique l'opinion que
tu viens d'exprimer ? T'imagines-tu, parce que Gorgias, par pudeur, t'a
concédé que l'orateur connaît le juste, le beau et le bien, en ajoutant que,
si l'on venait à lui sans connaître ces choses, il les enseignerait lui-même,
et parce qu'à la suite de cette concession, il en est résulté peut-être quelque
c contradiction dans ses discours, ce dont tu t'applaudis après l'avoir engagé
toi-même dans ces questions... Car qui peux-tu croire qui avouera ne pas
connaître lui-même le juste et ne pouvoir l'enseigner aux autres ? Il faut
avoir bien mauvais goût pour amener la discussion sur un pareil terrain.

Socrate : O charmant Polos, c'est justement pour cela que nous voulons
avoir des camarades et des enfants : c'est pour que, quand, devenus vieux,
nous faisons un faux pas, vous, les jeunes, vous vous trouviez là pour nous
redresser dans nos actes et dans nos discours. Ainsi à présent, si Gorgias et
moi avons fait un faux pas en discutant, tu es là pour nous redresser. Tu le
d dois. Pour ma part, si tu trouves que nous avons eu tort de nous mettre
d'accord sur tel ou tel point, je te promets d'y revenir à ta fantaisie, à
condition que tu prennes garde à une chose.

Polos : À quelle chose ?

Socrate : À restreindre, Polos, la prolixité[13] dont tu voulais user au début.

Polos : Comment ! Je n'aurai pas le droit de parler aussi longuement qu'il me plaira ?

e **Socrate** : Tu jouerais vraiment de malheur, excellent Polos, si, venant à
Athènes, l'endroit de la Grèce où l'on a la plus grande liberté de parler, tu
étais le seul à n'y pas jouir de ce droit. Mais mets-toi à ma place : si tu fais
de longs discours sans vouloir répondre à mes questions, ne serai-je pas

13. Être prolixe, c'est parler d'abondance, faire de longs discours.

462 a bien à plaindre à mon tour, s'il ne m'est pas permis de m'en aller sans t'écouter ? Cependant, si tu t'intéresses à la discussion que nous avons tenue et que tu veuilles la rectifier, reviens, comme je l'ai dit tout à l'heure, sur tel point qu'il te plaira, et, tantôt questionnant, tantôt questionné, comme nous avons fait, Gorgias et moi, réfute et laisse-toi réfuter. Tu prétends sans doute savoir les mêmes choses que Gorgias, n'est-ce pas ?

Polos : Oui.

Socrate : Comme lui aussi, tu invites les gens à te poser toutes les questions qu'il leur plaît, étant sûr de savoir répondre ?

Polos : Certainement.

b **Socrate** : Eh bien, maintenant choisis ce qu'il te plaira, d'interroger ou de répondre.

Polos : C'est ce que je vais faire. Réponds-moi, Socrate. Puisque Gorgias te parait embarrassé sur la nature de la rhétorique, dis-nous ce qu'elle est à ton sens.

Socrate : Me demandes-tu quelle sorte d'art elle est selon moi ?

Polos : Oui.

Socrate : Je ne la tiens pas pour un art, Polos, à te dire le vrai.

Polos : Mais alors pour quoi la tiens-tu ?

Socrate : Pour une chose dont tu prétends avoir fait un art dans le traité que
c j'ai lu dernièrement.

Polos : Qu'entends-tu par là ?

Socrate : J'entends une sorte de routine.

Polos : Ainsi, pour toi, la rhétorique est une routine.

Socrate : Oui, si tu n'as rien à m'objecter.

Polos : Une routine appliquée à quoi ?

Socrate : À procurer une sorte d'agrément et de plaisir.

Polos : Alors ne trouves-tu pas que c'est une belle chose que la rhétorique, si elle est capable de procurer du plaisir ?

Socrate : Voyons, Polos ; m'as-tu déjà entendu expliquer ce que je crois
d qu'est la rhétorique, pour passer ainsi à la question suivante, à savoir si je ne la trouve pas belle ?

Polos : Ne t'ai-je donc pas entendu dire que tu la tiens pour une sorte de routine ?

Socrate : Puisque tu attaches tant d'importance à faire plaisir ne voudrais-tu pas me faire un petit plaisir, à moi ?

Polos : Je veux bien.

Socrate : Alors demande-moi quelle sorte d'art est à mes yeux la cuisine.

Polos : Je te le demande donc : quel art est la cuisine ?

Socrate : Ce n'est pas du tout un art, Polos.

Polos : Qu'est-ce donc alors ? Dis-le.

Socrate : Je dis que c'est une espèce de routine.

Polos : Appliquée à quoi ? Dis-le.

e **Socrate** : Je dis : à procurer de l'agrément et du plaisir, Polos.

Polos : Alors cuisine et rhétorique, c'est tout un ?

Socrate : Non pas, mais elles sont des parties de la même profession.

Polos : De quelle profession veux-tu parler ?

Socrate : La vérité est peut-être un peu rude à dire, et j'hésite à la dire à cause de Gorgias. J'ai peur qu'il ne s'imagine que je veux jeter le ridicule sur sa profession. Je ne sais pas, moi, si la rhétorique que Gorgias professe
463 a est ce que j'ai en vue ; car notre conversation de tout à l'heure ne nous a pas éclairés du tout sur ce qu'il en pense. Mais ce que, moi, j'appelle rhétorique, c'est une partie d'une chose qui n'est pas du tout belle.

Gorgias : Quelle chose, Socrate ? Parle sans crainte de m'offenser.

Socrate : Eh bien, Gorgias, je crois que c'est une pratique qui n'a rien d'un art, mais qui demande un esprit sagace[14], viril et naturellement apte au commerce[15] des hommes. Le fond de cette pratique est pour moi la flatterie. Elle me paraît comprendre plusieurs parties ; la cuisine en est une. Celle-ci passe pour être un art ; mais, à mon sens, elle n'en est pas un ; c'est un
b empirisme et une routine. Parmi les parties de la flatterie, je compte aussi la rhétorique, la toilette et la sophistique. Il y en a quatre, qui se rapportent à quatre objets. Si maintenant Polos veut m'interroger, qu'il le fasse ; car je ne lui ai pas encore expliqué quelle partie de la flatterie est, selon moi, la
c rhétorique. Il ne s'est pas aperçu que je ne lui avais pas encore répondu sur ce point, et il persiste à me demander si je ne la trouve pas belle. Mais moi, je ne lui répondrai pas si je tiens la rhétorique pour belle ou laide, avant d'avoir répondu d'abord sur ce qu'elle est ; car ce ne serait pas dans l'ordre, Polos. Demande-moi donc, si tu veux le savoir, quelle partie de la flatterie est, à mon avis, la rhétorique

Polos : Soit, je te le demande : dis-moi quelle partie c'est.

d **Socrate** : Comprendras-tu ma réponse ? À mon avis, la rhétorique est le simulacre d'une partie de la politique.

Polos : Qu'entends-tu par là ? Veux-tu dire qu'elle est belle ou laide ?

Socrate : Je dis qu'elle est laide ; car j'appelle laid ce qui est mauvais, puisqu'il faut te répondre comme si tu savais déjà ce que je veux dire.

Gorgias : Par Zeus, Socrate, moi non plus, je ne comprends pas ton langage.

e **Socrate** : Je n'en suis pas surpris ; car je ne me suis pas encore expliqué clairement ; mais Polos est jeune et vif.

Gorgias : Eh bien, laisse-le là, et dis-moi comment tu peux soutenir que la rhétorique est le simulacre d'une partie de la politique.

Socrate : Je vais donc essayer d'expliquer ce qu'est à mes yeux la rhétorique. Si elle n'est pas ce que je crois, Polos me réfutera. Il y a sans doute quelque
464 a chose que tu appelles corps et quelque chose que tu appelles âme ?

Gorgias : Sans contredit.

Socrate : Ne crois-tu pas qu'il y a pour l'un et l'autre un état qui s'appelle la santé ?

Gorgias : Si.

Socrate : Et que cette santé peut n'être qu'apparente, et non réelle ? Voici ce que je veux dire. Beaucoup de gens qui paraissent avoir le corps en bon état ont une mauvaise santé, qu'il serait difficile de déceler à tout autre qu'un médecin ou un maître de gymnastique.

Gorgias : C'est vrai.

14. Voir **ÉTUDE 3**, note 1, p. 131.
15. Voir **ÉTUDE 3**, note 2, p. 131.

Socrate: Je prétends qu'il y a de même dans le corps et dans l'âme quelque
b chose qui les fait paraître bien portants, quoiqu'ils ne s'en portent pas
mieux pour cela.

Gorgias: C'est juste.

Socrate: Voyons maintenant si j'arriverai à t'expliquer plus clairement ce
que je veux dire. Je dis que, comme il y a deux substances, il y a deux arts.
L'un se rapporte à l'âme: je l'appelle politique. Pour l'autre, qui rapporte
au corps, je ne peux pas lui trouver tout de suite un nom unique; mais dans
la culture du corps, qui forme un seul tout, je distingue deux parties, la
gymnastique et la médecine. De même dans la politique je distingue la
législation qui correspond à la gymnastique et la justice qui correspond à la
c médecine. Comme les arts de ces deux groupes se rapportent au même
objet, ils ont naturellement des rapports entre eux, la médecine avec la
gymnastique, la justice avec la législation, mais ils ont aussi des différences.
Il y a donc les quatre arts que j'ai dits, qui veillent au plus grand bien, les
uns du corps, les autres de l'âme.

Or la flatterie, qui s'en est aperçue, non point par une connaissance
raisonnée, mais par conjecture, s'est divisée elle-même en quatre, puis, se
d glissant sous chacun des arts, elle se fait passer pour celui sous lequel elle
s'est glissée.

Elle n'a nul souci du bien et elle ne cesse d'attirer la folie par l'appât du
plaisir; elle la trompe et obtient de la sorte une grande considération. C'est
ainsi que la cuisine s'est glissée sous la médecine et feint de connaître les
aliments les plus salutaires au corps, si bien que, si le cuisinier et le
médecin devaient disputer devant des enfants ou devant des hommes aussi
peu raisonnables que les enfants, qui connaît le mieux, du médecin ou du
cuisinier, les aliments sains et les mauvais, le médecin n'aurait qu'à mourir
e de faim. Voilà donc ce que j'appelle flatterie et je soutiens qu'une telle
pratique est laide, Polos, car c'est à toi que s'adresse mon affirmation, parce
465 a que cette pratique vise à l'agréable et néglige le bien. J'ajoute que ce l'est
pas un art, mais une routine, parce qu'elle ne peut expliquer la véritable
nature des choses dont elle s'occupe ni dire la cause de chacune. Pour moi,
je ne donne pas le nom d'art à une chose dépourvue de raison. Si tu me
contestes ce point, je suis prêt à soutenir la discussion.

b Ainsi donc, je le répète, la flatterie culinaire s'est recélée[16] sous la médecine,
et de même, sous la gymnastique, la toilette, chose malfaisante, décevante[17],
basse, indigne d'un homme libre, qui emploie pour séduire les formes, les
couleurs, le poli, les vêtements et qui fait qu'en recherchant une beauté
étrangère, on néglige la beauté naturelle que donne la gymnastique. Pour
être bref, je te dirai dans le langage des géomètres (peut-être alors me
c comprendras-tu mieux) que ce que la toilette est à la gymnastique, la cuisine
l'est à la médecine, ou plutôt que ce que la toilette est à la gymnastique, la
sophistique l'est à la législation, et que ce que la cuisine est à la médecine,
la rhétorique l'est à la justice. Telles sont, je le répète, les différences
naturelles de ces choses; mais comme elles sont voisines, sophistes et

16. Voir **ÉTUDE 3**, note 3, p. 133.
17. Voir **ÉTUDE 3**, note 4, p. 133.

orateurs se confondent pêle-mêle sur le même terrain, autour des mêmes sujets, et ne savent pas eux-mêmes quel est au vrai leur emploi, et, les autres hommes ne le savent pas davantage. De fait, si l'âme ne commandait pas au corps et qu'il se gouvernât lui-même, et si l'âme n'examinait pas elle-
d même et ne distinguait pas la cuisine et la médecine, et que le corps seul en jugeât en les appréciant sur les plaisirs qui lui en reviendraient, on verrait souvent le chaos dont parle Anaxagore[18], mon cher Polos, (car c'est là une chose que tu connais) : « toutes les choses seraient confondues pêle-mêle », et l'on ne distinguerait pas celles qui regardent la médecine, la santé et la cuisine. Tu as donc entendu ce que je crois qu'est la rhétorique ; elle
e correspond pour l'âme à ce qu'est la cuisine pour le corps.

Peut-être est-ce une inconséquence, à moi qui t'ai interdit les longs discours, de m'être étendu si longuement. Je mérite pourtant d'être excusé ; car, quand j'ai parlé brièvement, tu ne m'as pas compris : tu ne savais rien tirer de mes réponses et il fallait te donner des explications. Si donc à mon tour, je ne vois pas clair dans tes réponses, tu pourras t'étendre, toi aussi. Si, au
466 a contraire, je les comprends, laisse-moi m'en contenter, c'est mon droit. Et maintenant, si tu peux faire quelque chose de ma réponse, à ton aise.

Polos : Que dis-tu donc ? Tu prétends que la rhétorique est flatterie ?

Socrate : J'ai dit seulement : une partie de la flatterie, Eh quoi ! Polos, à ton âge, tu manques déjà de mémoire ! Que feras-tu plus tard ?

Polos : Alors, tu crois que les bons orateurs sont regardés dans les cités comme des flatteurs et, comme tels, peu considérés ?

b **Socrate** : Est-ce une question que tu me poses ou un discours que tu entames ?

Polos : C'est une question.

Socrate : Eh bien, je crois qu'ils ne sont pas considérés du tout.

Polos : Comment pas considérés ? Ne sont-ils pas très puissants dans l'État ?

Socrate : Non, si tu entends que la puissance est un bien pour qui la possède.

Polos : C'est bien ainsi que je l'entends.

Socrate : Eh bien, pour moi, les orateurs sont les moins puissants des citoyens.

Polos : Comment ? Ne peuvent-ils pas, comme les tyrans, faire mettre à
c mort qui ils veulent, spolier[19] et bannir qui leur plaît ?

Socrate : Par le chien, Polos, je me demande, à chaque mot que tu dis, si tu parles de ton chef[20] et si tu exprimes ta propre pensée, ou si tu me demandes la mienne.

Polos : Mais oui, je te demande la tienne.

Socrate : Soit, mon ami ; mais alors tu me poses deux questions à la fois.

Polos : Comment deux questions ?

Socrate : N'as-tu pas dit, ou à peu près, il n'y a qu'un instant, que les
d orateurs font périr ceux qu'ils veulent, comme les tyrans, qu'ils dépouillent et bannissent ceux qu'il leur plaît ?

18. Voir **ÉTUDE 3**, note 5, p. 133.
19. Dépouiller injustement de ses biens.
20. De ton propre chef, en ton nom – étymologiquement, le *chef*, c'est la tête.

Polos: Si.

Socrate: Eh bien, je dis que ce sont deux questions distinctes et je vais répondre à l'une et à l'autre. Je maintiens, moi, Polos, que les orateurs et
e les tyrans ont très peu de pouvoir dans les États, comme je le disais tout à l'heure, car ils ne font presque rien de ce qu'ils veulent, quoiqu'ils fassent ce qui leur paraît le meilleur.

Polos: Eh bien, n'est-ce pas être puissant, cela?

Socrate: Non, du moins d'après ce que dit Polos.

Polos: Moi, je dis non? Je dis oui au contraire.

Socrate: Non, par le..., tu ne le dis pas, puisque tu as affirmé qu'un grand pouvoir était un bien pour celui qui le possède.

Polos: Oui, je l'affirme, en effet.

Socrate: Crois-tu donc que ce soit un bien pour quelqu'un de faire ce qui lui paraît le meilleur, s'il est privé de raison, et appelles-tu cela être très puissant?

Polos: Non.

Socrate: Alors, tu vas me prouver que les orateurs ont du bon sens et que la rhétorique est un art, non une flatterie, par une réfutation en règle?
467 a Mais, tant que tu ne m'auras pas réfuté, ni les orateurs qui font ce qui leur plaît dans les États, ni les tyrans ne posséderont de ce fait aucun bien; et cependant le pouvoir, d'après ce que tu dis, est un bien, tandis que faire ce qui vous plaît, quand on est dénué de bon sens, tu avoues toi-même que c'est un mal, n'est-ce pas?

Polos: Oui.

Socrate: Dès lors, comment les orateurs et les tyrans seraient-ils très puissants dans les États, si Socrate n'est point réfuté par Polos et convaincu qu'ils font ce qu'ils veulent?

b **Polos**: Cet homme-là...

Socrate: Je soutiens qu'ils ne font pas ce qu'ils veulent: réfute-moi.

Polos: Ne viens-tu pas d'accorder tout à l'heure qu'ils font ce qui leur paraît être le meilleur?

Socrate: Je l'accorde encore à présent.

Polos: Alors, ne font-ils pas ce qu'ils veulent?

Socrate: Je le nie.

Polos: Quand ils font ce qui leur plaît?

Socrate: Oui.

Polos: Tu tiens là des propos pitoyables, insoutenables, Socrate.

c **Socrate**: Retiens ta rancœur, Polos de mon cœur[21], pour parler à ta manière. Si tu es capable de m'interroger, prouve-moi que je me trompe; sinon, réponds toi-même.

Polos: Je veux bien te répondre, afin de savoir enfin ce que tu veux dire.

Socrate: Crois-tu que les hommes, toutes les fois qu'ils agissent, veulent ce qu'ils font ou ce en vue de quoi ils le font? Par exemple, ceux qui avalent une potion commandée par le médecin veulent-ils, à ton avis, ce qu'ils font, avaler une médecine désagréable, ou bien cette autre chose, la santé, en vue de laquelle ils prennent la potion?

21. La traduction s'efforce de rendre une allitération, parodie du style de Polos imitateur de Gorgias.

Polos : Il est évident que c'est la santé qu'ils veulent.

d **Socrate** : De même ceux qui vont sur mer ou se livrent à tout autre trafic ne veulent pas ce qu'ils font journellement ; car quel homme est désireux d'affronter la mer, les dangers, les embarras ? Ce qu'ils veulent, je pense, c'est la chose en vue de laquelle ils naviguent, la richesse ; car c'est pour s'enrichir qu'on navigue.

Polos : C'est certain.

Socrate : N'en est-il pas de même pour tout ? Si l'on fait une chose en vue d'une fin, on veut, non pas ce qu'on fait, mais la fin en vue de laquelle on le fait.

Polos : Oui.

e **Socrate** : Et maintenant y a-t-il quoi que ce soit au monde qui ne soit bon ou mauvais ou entre les deux, ni bon ni mauvais ?

Polos : Cela ne saurait être autrement, Socrate.

Socrate : Ne comptes-tu pas parmi les bonnes choses la sagesse, la santé, les richesses et toutes les autres semblables, et parmi les mauvaises celles qui sont le contraire ?

Polos : Si.

Socrate : Et par les choses qui ne sont ni bonnes ni mauvaises n'entends-tu
pas celles qui tiennent tantôt du bien, tantôt du mal, ou sont indifférentes,
468 a comme d'être assis, de marcher, de courir, de naviguer, ou encore comme
la pierre, le bois et tous les objets du même genre ? N'est-ce pas, à ton avis, ces choses-là qui ne sont ni bonnes ni mauvaises, ou bien est-ce autre chose ?

Polos : Non, ce sont bien celles-là.

Socrate : Et maintenant ces choses indifférentes, quand on les fait, les fait-on en vue des bonnes, ou les bonnes en vue des indifférentes ?

Polos : Nul doute qu'on ne fasse les indifférentes en vue des bonnes.

Socrate : Ainsi, c'est le bien que nous poursuivons en marchant, quand
b nous marchons. Nous pensons que cela est mieux ainsi ; et, quand au
contraire nous restons tranquilles, nous le faisons dans le même but, le bien, n'est-il pas vrai ?

Polos : Oui.

Socrate : De même encore nous ne tuons, quand nous tuons, nous ne bannissons et ne dépouillons autrui que parce que nous sommes persuadés qu'il est meilleur pour nous de le faire que de ne pas le faire ?

Polos : Certainement.

Socrate : C'est donc en vue du bien qu'on fait tout ce qu'on fait en ce genre.

Polos : Je le reconnais.

Socrate : Ne sommes-nous pas tombés d'accord que, quand nous faisons
c une chose en vue d'une fin, ce n'est pas la chose que nous voulons, c'est la
fin en vue de laquelle nous la faisons ?

Polos : Certainement.

Socrate : Nous ne voulons donc pas égorger des gens, les exiler, les dépouiller de leurs biens par un simple caprice. Nous voulons le faire, lorsque cela nous est utile ; si cela nous est nuisible, nous ne le voulons pas. Car c'est les biens, comme tu le déclares, que nous voulons ; quant à ce qui n'est ni bon ni mauvais, nous ne le voulons pas, ni ce qui est mauvais non plus. Est-ce vrai ? Te paraît-il que j'ai raison, Polos, oui ou non ? Pourquoi ne réponds-tu pas ?

Polos : Tu as raison.

d **Socrate** : Puisque nous sommes d'accord là-dessus, si un homme, tyran ou orateur, en fait périr un autre, ou le bannit de la cité, ou lui ravit ses biens, croyant qu'il y trouvera son avantage, et qu'au contraire cela tourne à son préjudice, il fait bien alors ce qu'il lui plaît, n'est-ce pas ?

Polos : Oui.

Socrate : Mais fait-il aussi ce qu'il veut, s'il se trouve que le résultat est mauvais ? Pourquoi ne réponds-tu pas ?

Polos : Il ne me semble pas qu'il fasse ce qu'il veut.

Socrate : Dès lors est-il possible qu'un tel homme ait un grand pouvoir dans
e sa ville, s'il est vrai, comme tu l'admets, qu'un grand pouvoir soit un bien ?

Polos : Non, cela n'est pas possible.

Socrate : J'avais donc raison de dire qu'un homme peut faire dans un État ce qu'il lui plaît sans posséder pour cela un grand pouvoir ni faire ce qu'il veut.

Polos : Comme si toi-même, Socrate, tu n'aimerais pas mieux avoir la liberté de faire dans l'État ce qui te plairait que d'en être empêché, et comme si, en voyant un homme tuer, dépouiller, mettre aux fers qui il lui plairait, tu ne lui portais pas envie !

Socrate : Entends-tu qu'il agirait justement ou injustement ?

469 a **Polos** : De quelque manière qu'il agisse, ne serait-il pas enviable dans un cas comme dans l'autre ?

Socrate : Ne parle pas ainsi, Polos.

Polos : Pourquoi donc ?

Socrate : Parce qu'il ne faut pas envier les gens qui ne sont pas enviables, non plus que les malheureux, mais les prendre en pitié.

Polos : Quoi ! Penses-tu que les gens dont je parle soient dans ce cas ?

Socrate : Comment n'y seraient-ils pas ?

Polos : Alors quiconque tue qui il lui plaît, quand il le fait justement, te paraît être malheureux et digne de pitié ?

Socrate : Non pas, mais il ne me paraît pas enviable.

Polos : Ne viens-tu pas de dire qu'il était malheureux ?

b **Socrate** : Je l'ai dit en effet, camarade, de celui qui a tué injustement, et j'ai ajouté qu'il était digne de pitié. Quant à celui qui tue justement, je dis qu'il ne doit point faire envie.

Polos : C'est sans doute celui qui meurt injustement qui est digne de pitié et malheureux ?

Socrate : Moins que celui qui le tue, Polos, et moins que celui qui meurt justement.

Polos : Comment cela, Socrate ?

Socrate : Le voici : c'est que le plus grand des maux, c'est de commettre l'injustice.

Polos : Commettre l'injustice, le plus grand des maux ! N'en est-ce pas un plus grand de la subir ?

Socrate : Pas du tout.

Polos : Ainsi toi, tu aimerais mieux subir l'injustice que la commettre ?

c **Socrate** : Je ne voudrais ni de l'un ni de l'autre ; mais s'il me fallait absolument commettre l'injustice ou la subir, je préférerais la subir plutôt que de la commettre.

Polos : Alors toi, tu n'accepterais pas d'être tyran ?

Socrate : Non, si tu as de la tyrannie la même idée que moi.

Polos : L'idée que j'en ai, moi, je le répète, c'est qu'elle permet de faire tout ce qu'on veut dans l'État, tuer, exiler, et tout faire selon son bon plaisir.

Socrate : Bienheureux Polos, laisse-moi parler ; tu me critiqueras à ton tour. Supposons qu'à l'heure où la place publique est pleine de monde, tenant un
d poignard sous mon aisselle, je vienne te dire : « Polos, je viens d'acquérir un pouvoir merveilleux égal à celui d'un tyran : si je décide qu'un de ces hommes que tu vois doit mourir sur-le-champ, cet homme sera mort, aussitôt mon arrêt donné ; si je décide qu'il faut casser la tête à l'un d'eux, il l'aura cassée immédiatement ; qu'il faut lui déchirer son habit, son habit sera déchiré, tant ma puissance est grande dans la cité. » Si, voyant que tu
e ne me crois pas, je te montrais mon poignard, tu me dirais peut-être alors : « À ce compte, Socrate, tout le monde pourrait être puissant, puisqu'on pourrait de la même façon, incendier la maison qu'on voudrait, les arsenaux et les trières des Athéniens et tous les bateaux marchands de l'État et des particuliers. » Mais alors ce n'est pas avoir un grand pouvoir que de faire ce qui vous plaît. Que t'en semble ?

Polos : Dans ces conditions-là, certainement non.

470 a **Socrate** : Peux-tu me dire ce que tu reproches à un semblable pouvoir ?

Polos : Oui.

Socrate : Qu'est-ce donc ? Parle.

Polos : C'est que nécessairement, si l'on agit ainsi, on sera puni.

Socrate : Être puni, n'est-ce pas un mal ?

Polos : Il est certain que si.

Socrate : Donc, étonnant jeune homme, tu en reviens à juger qu'on a un grand pouvoir, lorsque, faisant son caprice, on y trouve son avantage et que cela est un bien. Voilà, semble-t-il, ce qu'est un grand pouvoir : hors de là,
b il n'y a que mal et faiblesse. Mais examinons encore ceci : ne reconnaissons-nous pas qu'il vaut mieux parfois faire ce que nous venons de dire, tuer, bannir, dépouiller les gens, et parfois n'en rien faire ?

Polos : Certainement.

Socrate : Sur ce point-là, semble-t-il, nous sommes d'accord, toi et moi ?

Polos : Oui.

Socrate : Dans quel cas, selon toi, vaut-il mieux commettre ces actes ? Dis-moi comment tu en fais la démarcation.

Polos : Non, Socrate ; réponds toi-même à ta question.

c **Socrate** : Eh bien, Polos, puisque tu préfères m'écouter, je dis que cela vaut mieux, quand on fait un de ces actes avec justice, et que c'est mauvais, si l'acte est injuste.

Polos : Belle difficulté vraiment, Socrate, de te réfuter ! Un enfant même te prouverait que tu es dans l'erreur.

Socrate: J'aurais beaucoup de reconnaissance à cet enfant, et j'en aurai autant pour toi, si tu me réfutes et me débarrasses de ma niaiserie[22]. Ne te lasse donc pas d'obliger un homme qui t'aime, et réfute-moi.

Polos: Pour te réfuter, Socrate, on n'a nul besoin de prendre des exemples
d dans le passé: ceux d'hier et d'aujourd'hui suffisent pour te convaincre
d'erreur et te démontrer que les gens injustes sont souvent heureux.

Socrate: De quels exemples parles-tu?

Polos: Tu vois bien sans doute Archélaos[23], fils de Perdiccas, régner aujourd'hui en Macédoine?

Socrate: Si je ne le vois pas, j'en ai du moins entendu parler.

Polos: Eh bien, te paraît-il heureux ou malheureux?

Socrate: Je n'en sais rien, Polos: je ne me suis pas encore rencontré avec lui.

e **Polos**: Quoi donc? tu le saurais, si tu t'étais rencontré avec lui, et, d'ici
même, tu ne peux pas savoir autrement qu'il est heureux?

Socrate: Non, par Zeus, non.

Polos: Alors on peut être sûr, Socrate, que, du grand roi[24] lui-même, tu vas dire que tu ignores s'il est heureux.

Socrate: Et je dirai la vérité; car je ne sais pas où il en est sous le rapport de l'instruction et de la justice.

Polos: Eh quoi! est-ce uniquement en cela que consiste le bonheur?

Socrate: Oui, selon moi, Polos; car je prétends que quiconque est honnête, homme ou femme, est heureux, et quiconque est injuste et méchant, malheureux.

471 a **Polos**: Alors cet Archélaos est malheureux, d'après la thèse que tu soutiens?

Socrate: Oui, mon ami, s'il est injuste.

Polos: Et comment ne serait-il pas injuste? Il n'avait aucun droit au trône qu'il occupe aujourd'hui, étant né d'une femme qui était esclave d'Alkétès, frère de Perdiccas.

Selon la justice, il était l'esclave d'Alkétès et, s'il avait voulu observer la
justice, il servirait Alkétès et serait heureux d'après ce que tu prétends, au
lieu qu'aujourd'hui le voilà prodigieusement malheureux, puisqu'il a
b commis les plus grands forfaits. Tout d'abord il fit venir cet Alkétès, son
maître et son oncle, pour lui rendre, disait-il, le trône dont Perdiccas l'avait
dépouillé; il le reçut chez lui et l'enivra profondément, lui et son fils
Alexandre, qui était son propre cousin et à peu près du même âge que lui;
puis, les mettant dans un chariot, il les emmena, les égorgea et les fit
disparaître tous les deux. Ce crime accompli, il ne s'aperçut pas qu'il était
devenu le plus malheureux des hommes et il n'éprouva aucun remords. Peu
c de temps après, il s'en prit à son frère, le fils légitime de Perdiccas, un enfant
d'environ sept ans, à qui le pouvoir appartenait de droit. Au lieu de consentir
à se rendre heureux en l'élevant comme il le devait et en lui rendant le
pouvoir, il le jeta dans un puits, le noya puis dit à sa mère Cléopâtre qu'en
poursuivant une oie il était tombé dans le puits et qu'il y était mort. Aussi,
maintenant qu'il est l'homme le plus criminel de Macédoine, il est le plus

22. Naïveté.
23. Voir **ÉTUDE 4**, note 5, p. 154.
24. Le roi de Perse.

malheureux de tous les Macédoniens, loin qu'il en soit le plus heureux, et peut-être y a-t-il plus d'un Athénien, à commencer par toi, qui préférerait la
d condition de n'importe quel autre Macédonien à celle d'Archélaos.

Socrate: Dès le commencement de cet entretien, Polos, je t'ai fait compliment en te voyant bien dressé à la rhétorique, mais je t'ai dit que tu avais négligé le dialogue. Et maintenant est-ce là ce fameux raisonnement par lequel un enfant même me réfuterait et suis-je à présent convaincu par toi et par ton raisonnement que j'ai tort de soutenir que l'homme injuste n'est pas heureux? Comment serais-je convaincu, mon bon, puisque je ne suis d'accord avec toi sur aucune de tes assertions?

e **Polos**: C'est que tu y mets de la mauvaise volonté, car au fond tu penses comme moi.

Socrate: Bienheureux Polos, tu essayes de me réfuter avec des preuves d'avocat, comme on prétend le faire dans les tribunaux. Là, en effet, les avocats croient réfuter. Leur adversaire quand ils produisent à l'appui de leur thèse des témoins nombreux et considérables et que leur adversaire n'en produit qu'un seul ou pas du tout. Mais cette manière de réfuter est sans valeur pour découvrir la vérité, car on peut avoir contre soi les fausses dépositions de
472 a témoins nombreux et réputés pour sérieux. Et dans le cas présent, sur ce que tu dis, presque tous les Athéniens et les étrangers seront du même avis que toi, si tu veux produire des témoins pour attester que je ne dis pas la vérité. Tu feras déposer en ta faveur, si tu le désires, Nicias[25], fils de Nicératos, et avec lui ses frères, dont on voit les trépieds placés à la file dans le sanctuaire de Dionysos;
b tu feras déposer, si tu veux, Aristocratès[26], fils de Skellios, de qui vient cette belle offrande qu'on voit à Pythô, et, si tu veux encore, la maison entière de Périclès[27], ou telle autre famille d'Athènes qu'il te plaira de choisir.

Mais moi, quoique seul, je ne me rends pas; car tu ne me convaincs pas; tu ne fais que produire contre moi une foule de faux témoins pour me déposséder de mon bien et de la vérité. Moi, au contraire, si je ne te produis pas toi-même, et toi seul, comme témoin, et si je ne te fais pas tomber d'accord de ce que
c j'avance, j'estime que je n'ai rien fait qui vaille pour résoudre la question qui nous occupe, et que tu n'as rien fait non plus, si je ne témoigne pas moi-même, et moi seul, en ta faveur et si tu ne renvoies pas tous ces autres témoins. Il y a donc une manière de réfuter, telle que tu la conçois, toi et bien d'autres; mais il y en a une autre, telle que je la conçois de mon côté. Comparons-les donc et voyons si elles diffèrent entre elles. Car les objets dont nous contestons[28] ne sont pas de petite conséquence et l'on peut dire qu'il n'y en a point qu'il soit plus beau de connaître et plus honteux d'ignorer, puisqu'en somme il s'agit de savoir ou d'ignorer qui est heureux et qui ne l'est pas. Ainsi tout d'abord sur le
d point qui nous occupe, tu es d'avis qu'on peut être heureux quand on fait le mal et qu'on est injuste, puisque tu crois qu'Archélaos[29] est heureux en dépit de ses crimes. Ne devons-nous pas croire que telle c'est ta manière de voir?

25. Voir **ÉTUDE 4**, note 1, p. 153.
26. Voir **ÉTUDE 4**, note 2, p. 153.
27. Voir **ÉTUDE 4**, note 3, p. 153.
28. Voir **ÉTUDE 4**, note 4, p. 154.
29. Voir **ÉTUDE 4**, note 5, p. 154.

Polos : Si, absolument.

Socrate : Et moi, je soutiens que c'est impossible. C'est le premier point sur lequel nous sommes en désaccord. Passons à l'autre : un homme injuste sera-t-il heureux, s'il vient à être puni et châtié ?

Polos : Pas du tout ; en ce cas, il sera très malheureux.

e **Socrate** : Alors, s'il n'est pas puni, il sera heureux, à ton compte ?

Polos : Assurément.

Socrate : Et moi, je pense, Polos, que l'homme qui commet une injustice et
qui porte l'injustice dans son cœur est malheureux en tous les cas, et qu'il
est plus malheureux encore s'il n'est point puni et châtié de son injustice,
mais qu'il l'est moins, s'il la paye et s'il est puni par les dieux et par les
473 a hommes.

Polos : Tu nous débites là, Socrate, d'étranges paradoxes.

Socrate : Je vais essayer, camarade, de te faire partager mon sentiment ; car je te considère comme un ami. En fait, les points sur lesquels nous sommes en désaccord sont les suivants. Vois toi-même. J'ai dit précédemment que commettre l'injustice était un plus grand mal que la subir.

Polos : C'est vrai.

Socrate : Et toi, que c'est un plus grand mal de la subir.

Polos : Oui.

Socrate : J'ai dit aussi que ceux qui agissent injustement étaient malheureux, et tu m'as réfuté.

Polos : Oui, par Zeus.

b **Socrate** : Tu le crois du moins, toi, Polos.

Polos : Et j'ai raison de le croire.

Socrate : C'est fort possible. Mais toi, de ton côté, tu soutenais que ceux qui agissent injustement sont heureux, s'ils échappent au châtiment.

Polos : Parfaitement.

Socrate : Et moi, je dis que ce sont les plus malheureux et que ceux qui payent la peine de leurs fautes le sont moins. Veux-tu aussi réfuter ce point ?

Polos : Ah ! Socrate, il est encore plus difficile à réfuter que le précédent.

Socrate : Ne dis pas difficile, Polos, mais impossible, car on ne réfute jamais la vérité.

Polos : Que dis-tu là ? Voici un scélérat qu'on surprend dans un attentat
c pour s'emparer de la tyrannie et qui, arrêté, est mis à la torture ; on le
châtie, on lui brûle les yeux, on le mutile atrocement de cent autres façons
et il voit infliger les mêmes traitements à ses enfants et à sa femme ; à la
fin on le met en croix, on l'enduit de poix[30] et on le brûle tout vif ; et cet
homme-là serait plus heureux que s'il s'était échappé, avait conquis la
tyrannie et, maître de sa ville, passait toute sa vie à satisfaire ses caprices,
objet d'envie et d'admiration pour ses concitoyens et pour les étrangers !
d C'est cela que tu donnes pour impossible a réfuter ?

Socrate : C'est encore un épouvantail que tu me présentes, mon brave Polos ; ce n'est pas une réfutation, pas plus que tout à l'heure, quand tu produisais

30. La poix est une substance inflammable.

tes témoins. Quoi qu'il en soit, rafraîchis-moi la mémoire sur un détail. Tu as bien dit : « Supposons qu'il veuille injustement[31] s'emparer de la tyrannie ? »

Polos : Oui.

Socrate : Cela étant, aucun des deux ne sera jamais plus heureux que
l'autre, ni celui qui a réussi injustement à s'emparer de la tyrannie, ni celui
qui est livré au châtiment ; car de deux malheureux, ni l'un ni l'autre ne
saurait être le plus heureux ; mais le plus malheureux des deux est celui qui
e a échappé et qui est devenu tyran. Qu'est-ce que cela signifie, Polos ? Tu
ricanes ? Est-ce là encore une nouvelle manière de réfuter, que de se
moquer de ce qu'on dit, sans alléguer aucune raison ?

Polos : Ne crois-tu pas être entièrement réfuté, Socrate, quand tu avances des choses que personne au monde ne saurait soutenir ? Interroge plutôt un quelconque des assistants.

Socrate : Je ne suis pas du nombre des politiques, Polos, et, l'an passé, ayant
été désigné par le sort pour être sénateur, quand ma tribu exerça la
474 a prytanie[32] et qu'il me fallut mettre aux voix la question, je prêtai à rire et ne
sus pas m'y prendre. Ne me parle donc pas non plus aujourd'hui de faire
voter les assistants et, si tu n'as pas de meilleure preuve que leur
témoignage, laisse-moi prendre ta place, comme je te l'ai proposé tout à
l'heure, et fais l'expérience de l'argumentation telle qu'elle doit être à mon
avis. Pour moi, je ne sais produire, en faveur de mes assertions, qu'un seul
témoin, celui-là même avec qui je discute, et je ne tiens pas compte du
grand nombre. Je sais faire voter un témoin unique, mais je ne discute
b point avec le grand nombre. Vois donc si tu consens à me laisser conduire
à mon tour l'argumentation et à répondre à mes questions. Je suis
convaincu, moi, que, toi et moi et tous les hommes, nous pensons tous que
c'est un plus grand mal de commettre l'injustice que de la subir et de n'être
pas puni que de l'être.

Polos : Et moi, je soutiens que ni moi, ni aucun autre homme n'est de cet avis. Toi-même, aimerais-tu mieux subir l'injustice que de la commettre ?

Socrate : Oui, et toi aussi, et tout le monde.

Polos : Tant s'en faut ; ni moi, ni toi, ni personne au monde.

c **Socrate** : Ne veux-tu pas me répondre ?

Polos : Certainement si, car je suis curieux de savoir ce que tu pourras dire.

Socrate : Si tu veux le savoir, réponds-moi alors, comme si je commençais à t'interroger. Quel est, selon toi, Polos, le plus grand mal, de faire une injustice ou de la subir ?

Polos : Selon moi, de la subir.

Socrate : Et quel est le plus laid ? est-ce de la commettre ou de la subir ? Réponds.

Polos : De la commettre.

Socrate : C'est donc aussi un plus grand mal, puisque c'est plus laid.

31. Le mot traduit ci-dessus par *scélérat* est littéralement *quelqu'un commettant l'injustice*.
32. Les Prytanes sont ceux des membres du Conseil qui exercent une magistrature consistant notamment à préparer et diriger les débats de l'Assemblée pendant un dixième de l'année. Le Conseil est composé de 500 membres, tirés au sort à raison de 50 par tribu. La division de la population en 10 tribus est l'œuvre de Clisthène (508 av. J.-C.) réunissant des citoyens qui appartiennent à la ville, à la campagne et au port.

Polos : Pas du tout.

Socrate : J'entends : tu ne crois pas, à ce que je vois, que le beau et le bon,
d le mauvais et le laid soient la même chose.

Polos : Non certes.

Socrate : Mais que vas-tu dire à ceci ? Toutes les belles choses, corps, couleurs, figures, sons, occupations, est-ce sans motif que tu les appelles belles ? Par exemple, pour commencer par les beaux corps, ne dis-tu pas qu'ils sont beaux, ou bien en raison de l'usage en vue duquel ils servent, ou en raison d'un plaisir particulier que leur aspect cause à ceux qui les regardent ? En dehors de ces raisons, en as-tu quelque autre qui te fasse dire qu'un corps est beau ?

e **Polos** : Non, je n'en ai pas.

Socrate : N'en est-il pas de même de toutes les autres belles choses, des figures et des couleurs ? N'est-ce pas à cause d'un certain plaisir ou de leur utilité ou des deux à la fois que tu les appelles belles ?

Polos : Si.

475 a **Socrate** : N'en est-il pas de même aussi pour les sons et tout ce qui regarde la musique ?

Polos : Si.

Socrate : De même encore, parmi les lois et les occupations, celles qui sont belles ne le sont certainement pas pour d'autres raisons que leur utilité, ou leur agrément, ou les deux à la fois.

Polos : Apparemment.

Socrate : N'en est-il pas aussi de même de la beauté des sciences ?

Polos : Sans contredit, et tu viens de donner du beau une excellente définition, en le définissant par l'agréable et le bon.

Socrate : Le laid, alors, se définira bien par les contraires, le douloureux et le mauvais ?

Polos : Nécessairement.

Socrate : Lors donc que, de deux belles choses, l'une est plus belle que l'autre, c'est parce qu'elle la dépasse par l'une de ces deux qualités ou par toutes les deux qu'elle est la plus belle, c'est-à-dire ou par le plaisir, ou par l'utilité, ou par les deux à la fois ?

Polos : Certainement.

Socrate : Et lorsque, de deux choses laides, l'une est plus laide que l'autre,
b c'est parce qu'elle cause plus de douleur ou plus de mal qu'elle est plus laide ? N'est-ce pas une conséquence forcée ?

Polos : Si.

Socrate : Voyons maintenant : que disions-nous tout à l'heure touchant l'injustice faite ou reçue ? Ne disais-tu pas qu'il est plus mauvais de subir l'injustice et plus laid de la commettre ?

Polos : Je l'ai dit en effet.

Socrate : Si donc il est plus laid de commettre que de souffrir l'injustice, c'est plus douloureux et c'est plus laid, d'autant que l'un l'emporte sur l'autre par la souffrance ou le mal causés, ou par les deux. N'est-ce pas forcé aussi ?

Polos : Sans contredit.

c **Socrate** : Examinons en premier lieu si l'injustice commise cause plus de douleur que l'injustice reçue et si ceux qui la commettent souffrent plus que leurs victimes.

Polos : Pour cela, non, Socrate.

Socrate : Ce n'est donc pas par la douleur que l'injustice commise l'emporte ?

Polos : Non certes.

Socrate : Si ce n'est pas par la douleur, ce n'est pas non plus par les deux qu'elle l'emporte.

Polos : Évidemment non.

Socrate : Reste donc que c'est par l'autre.

Polos : Oui.

Socrate : Par le mal.

Polos : C'est vraisemblable.

Socrate : Puisque faire une injustice l'emporte par le mal, la faire est donc plus mauvais que la recevoir ?

d **Polos** : Évidemment.

Socrate : Or n'est-il pas admis par la plupart des hommes et ne m'as-tu pas avoué toi-même précédemment qu'il est plus laid de commettre l'injustice que de la subir ?

Polos : Si.

Socrate : Et nous venons de voir que c'est plus mauvais.

Polos : Il paraît que oui.

Socrate : Maintenant préférerais-tu ce qui est plus laid et plus mauvais à ce qui l'est moins ? N'hésite pas à répondre, Polos : il ne t'en arrivera aucun mal. Livre-toi bravement à la discussion comme à un médecin et réponds
e par oui ou par non à ma question.

Polos : Non, Socrate, je ne le préférerais pas.

Socrate : Est-il un homme qui le préférât ?

Polos : Il me semble que non, du moins d'après ce raisonnement.

Socrate : J'avais donc raison de dire que ni moi, ni toi, ni personne au monde ne préférerait commettre l'injustice à la subir, puisque c'est une chose plus mauvaise.

Polos : Il y a apparence.

Socrate : Tu vois donc, Polos, que mon argumentation et la tienne, rapprochées l'une de l'autre, ne se ressemblent en rien. Tu as, toi,
476 a l'assentiment de tout le monde, excepté moi, et moi, je me contente de ton seul acquiescement et de ton seul témoignage ; je n'appelle à voter que toi seul et je n'ai cure des autres. Que ce point demeure donc arrêté entre nous. Passons maintenant à l'examen du second point sur lequel nous étions en contestation : être puni, quand on est coupable, est-ce le plus grand des maux, comme tu le pensais, ou est-ce, comme je le pensais, un plus grand mal d'échapper au châtiment ? Procédons de cette manière : payer sa faute et être châtié justement, quand on est coupable, n'est-ce pas la même chose, à ton avis ?

Polos : Si.

b **Socrate** : Et maintenant peux-tu soutenir que tout ce qui est juste n'est pas beau, en tant que juste ? Réfléchis avant de répondre.

Polos : Oui, Socrate, je crois qu'il en est ainsi.

Socrate : Examine encore ceci. Si un agent[33] fait quelque chose, n'est-il pas nécessaire qu'il y ait aussi un patient affecté par cet agent ?

Polos : Il me le semble.

Socrate : Et ce qui supporte ce que fait l'agent ne doit-il pas être tel que le fait l'agent ? Voici un exemple : si quelqu'un frappe, ne faut-il pas que quelque chose soit frappé ?

Polos : Nécessairement.

Socrate : Et s'il frappe fort ou vite, que la chose frappée soit frappée de
c même ?

Polos : Oui.

Socrate : Par conséquent, l'effet sur l'objet frappé est tel que le fait ce qui le frappe.

Polos : Certainement.

Socrate : De même si quelqu'un brûle, il faut qu'il y ait quelque chose de brûlé ?

Polos : Forcément.

Socrate : Et s'il brûle fort et cause une douleur violente, que l'objet brûlé le soit comme le brûleur le brûle ?

Polos : Assurément.

Socrate : Et si quelqu'un coupe, n'en est-il pas de même ? Il y a quelque chose de coupé ?

Polos : Oui.

Socrate : Et si la coupure est grande, ou profonde, ou douloureuse, l'objet
d coupé subit une coupure telle que la fait le coupeur ?

Polos : C'est évident.

Socrate : En un mot, vois si tu m'accordes dans tous les cas ce que je disais tout à l'heure, que telle est l'action de l'agent, tel est l'effet supporté par le patient.

Polos : Oui, je te l'accorde.

Socrate : Cela admis, dis-moi si être puni, c'est pâtir ou agir.

Polos : Forcément, c'est pâtir, Socrate.

Socrate : De la part de quelqu'un qui agit ?

Polos : Sans doute : de la part de celui qui châtie.

e **Socrate** : Mais celui qui châtie à bon droit châtie justement ?

Polos : Oui.

Socrate : Fait-il en cela une action juste ou non ?

Polos : Il fait une action juste.

Socrate : Et celui qui est châtié en punition d'une faute ne subit-il pas un traitement juste ?

Polos : Il y a apparence.

Socrate : Or nous sommes tombés d'accord que ce qui est juste est beau.

Polos : Sans contredit.

Socrate : Alors de ces deux hommes, l'un fait une action belle, et l'autre, l'homme châtié, la supporte.

33. Agent/patient : celui qui accomplit l'action/celui qui la subit (cf. les voix active et passive du verbe). Voir **ÉTUDE 5**, p. 175.

Polos : Oui.

477 a **Socrate** : Mais si elle est belle, elle est bonne, puisqu'elle est agréable ou utile ?

Polos : C'est forcé

Socrate : Ainsi ce que souffre celui qui est puni est bon ?

Polos : Il semble.

Socrate : Il en tire donc utilité ?

Polos : Oui.

Socrate : Est-ce l'utilité que je conçois ? Son âme ne s'améliore-t-elle pas, s'il est puni justement ?

Polos : C'est vraisemblable.

Socrate : Ainsi celui qui est puni est débarrassé de la méchanceté de son âme ?

Polos : Oui.

Socrate : N'est-il pas ainsi délivré du plus grand des maux ? Examine la question de ce biais. Pour l'homme qui veut amasser une fortune, vois-tu
b quelque autre mal que la pauvreté ?

Polos : Non, je ne vois que celui-là.

Socrate : Et dans la constitution du corps, le mal, à tes yeux, n'est-il pas la faiblesse, la maladie, la laideur et les autres disgrâces du même genre ?

Polos : Si.

Socrate : Et l'âme, ne crois-tu pas qu'elle a aussi ses vices ?

Polos : Naturellement.

Socrate : Ces vices, ne les appelles-tu pas injustice, ignorance, lâcheté et d'autres noms pareils ?

Polos : Certainement.

c **Socrate** : Donc pour ces trois choses, fortune, corps et âme, tu as reconnu trois vices, la pauvreté, la maladie, l'injustice ?

Polos : Oui.

Socrate : Maintenant, de ces trois vices quel est le plus laid ? N'est-ce pas l'injustice, et, pour le dire en un mot, le vice de l'âme ?

Polos : Sans comparaison.

Socrate : Si c'est le plus laid, c'est aussi le plus mauvais ?

Polos : Comment entends-tu cela, Socrate ?

Socrate : Voici : la chose la plus laide n'est telle que parce qu'elle cause le plus de douleur, de dommage ou de ces deux maux à la fois ; c'est ce que nous avons reconnu précédemment.

Polos : C'est exact.

Socrate : Or n'avons-nous pas reconnu tout à l'heure que ce qu'il y a de plus
d laid, c'est l'injustice et en général la méchanceté de l'âme ?

Polos : Nous l'avons reconnu en effet.

Socrate : Et le plus laid n'est-il point tel parce que c'est le plus douloureux et le plus pénible, ou parce que c'est le plus dommageable, ou à cause de l'un et de l'autre ?

Polos : Nécessairement.

Socrate : Est-il donc plus pénible d'être injuste, intempérant, lâche et ignorant que d'être pauvre et malade ?

Polos : Il ne me semble pas, Socrate, d'après ce que nous avons dit.

Socrate : Il faut donc, pour que la méchanceté de l'âme soit la chose la plus laide du monde, qu'elle surpasse tout par la grandeur extraordinaire du
e dommage et le mal prodigieux qu'elle cause, puisque ce n'est point par la douleur, d'après ce que tu as dit.

Polos : C'est évident.

Socrate : Mais ce qui l'emporte par l'excès du dommage est le plus grand mal qui existe.

Polos : Oui.

Socrate : Donc l'injustice, l'intempérance et en général la méchanceté de l'âme sont les plus grands maux du monde ?

Polos : Il y a apparence.

Socrate : Maintenant quel est l'art qui nous délivre de la pauvreté ? N'est-ce pas l'économie ?

Polos : Si.

Socrate : Et de la maladie ? N'est-ce pas la médecine ?

Polos : Incontestablement.

478 a **Socrate** : Et de la méchanceté et de l'injustice ? Si ma question ainsi posée t'embarrasse, reprenons-la de cette manière : où et chez qui conduisons-nous ceux dont le corps est malade ?

Polos : Chez les médecins, Socrate.

Socrate : Et où conduit-on ceux qui s'abandonnent à l'injustice et à l'intempérance ?

Polos : Tu veux dire qu'on les conduit devant les juges ?

Socrate : Pour y payer leurs fautes, n'est-ce pas ?

Polos : Oui.

Socrate : Et maintenant n'est-ce pas en appliquant une certaine justice que l'on punit, quand on punit avec raison ?

Polos : Évidemment si.

Socrate : Ainsi donc l'économie délivre de l'indigence, la médecine de la
b maladie, la justice de l'intempérance et de l'injustice.

Polos : Il y a apparence.

Socrate : Et laquelle de ces choses dont tu parles est la plus belle ?

Polos : Quelles choses ?

Socrate : L'économie, la médecine, la justice.

Polos : La plus belle de beaucoup, Socrate, c'est la justice.

Socrate : C'est donc elle aussi, puisqu'elle est la plus belle, qui procure le plus de plaisir ou de profit ou des deux à la fois.

Polos : Oui.

Socrate : Est-ce une chose agréable d'être entre les mains des médecins, et prend-on plaisir à se laisser traiter par eux ?

Polos : Je ne le crois pas.

Socrate : Mais on y a profit, n'est-ce pas ?

c **Polos** : Oui.

Socrate : Car on est délivré d'un grand mal, et l'on a avantage à supporter la douleur et à recouvrer la santé.

Polos : Sans doute.

Socrate : Dans ces conditions, quand est-ce qu'on est dans la meilleure condition physique, lorsqu'on est entre les mains des médecins, ou lorsqu'on n'est pas du tout malade ?

Polos : C'est évidemment quand on n'a aucune maladie.

Socrate : C'est qu'en effet le bonheur ne consiste pas, semble-t-il, à être délivré d'un mal, mais à n'en pas avoir du tout.

Polos : C'est vrai.

d **Socrate** : Et de deux hommes dont le corps ou l'âme sont atteints par le mal, lequel est le plus malheureux, celui qu'on traite et qu'on délivre de son mal, ou celui qui n'est point traité et qui le garde ?

Polos : Il me semble que c'est celui qui n'est point traité.

Socrate : N'avons-nous pas dit que payer sa faute, c'était se délivrer du plus grand mal, la méchanceté ?

Polos : Nous l'avons dit en effet.

Socrate : C'est qu'en effet la punition assagit et rend plus juste, et que la justice est comme la médecine de la méchanceté.

Polos : Oui.

e **Socrate** : Le plus heureux par conséquent est celui qui n'a point de vice dans l'âme, puisque nous avons vu que c'était le plus grand des maux.

Polos : Sans aucun doute.

Socrate : Au second rang vient celui qu'on délivre du vice.

Polos : Il semble.

Socrate : Et celui-là, c'est l'homme qu'on avertit, qu'on réprimande et qui paye sa faute ?

Polos : Oui.

Socrate : L'homme qui mène la vie la plus malheureuse est donc celui qui garde son injustice, au lieu de s'en débarrasser.

Polos : C'est évident.

Socrate : Or n'est-ce pas justement le cas de l'homme qui, tout en commettant les plus grands crimes et tenant la conduit la plus injuste,
479 a réussit à se mettre au-dessus des avertissements, des corrections, des punitions, comme l'a fait, dis-tu, Archélaos, ainsi que les autres tyrans, les orateurs et les potentats ?

Polos : Il le semble.

Socrate : Ces gens-là, excellent Polos, se sont à peu près conduits comme un homme qui, atteint des plus graves maladies, se serait arrangé pour ne point rendre compte aux médecins de ses tares physiques et pour échapper à leur traitement, craignant, comme un enfant, qu'on ne lui appliquât le feu et le
b fer, parce que cela fait mal. N'est-ce pas ainsi que tu te figures leur état ?

Polos : Si.

Socrate : La raison, c'est qu'il ignorerait, ce semble, le prix de la santé et du bon état du corps. À en juger par les principes sur lesquels nous sommes à présent d'accord, ceux qui cherchent à éviter la punition ont bien l'air de se conduire de la même manière, Polos. Ils voient ce qu'elle a de douloureux, mais ils sont aveugles sur ce qu'elle a d'utile et ils ne savent pas combien on est plus à plaindre d'habiter avec une âme malsaine, gâtée, injuste, impie, qu'avec un corps malsain. De là vient qu'ils mettent tout en c œuvre pour ne point expier leur faute et n'être pas délivrés du plus grand des maux ; ils tâchent de se procurer des richesses et des amis et d'être aussi habiles que possible à persuader au moyen du discours. Mais si nos principes sont justes, vois-tu ce qui résulte de notre discussion, ou veux-tu que nous en tirions les conclusions ?

Polos : Oui, s'il te plaît.

Socrate : N'en résulte-t-il pas que le plus grand des maux, c'est d'être injuste et de vivre dans l'injustice ?

Polos : Si, évidemment.

d **Socrate** : D'autre part, n'avons-nous pas reconnu qu'on se délivrait de ce mal en payant sa faute ?

Polos : C'est possible.

Socrate : Et que l'impunité ne faisait que l'entretenir ?

Polos : Oui.

Socrate : Par conséquent, pour la grandeur du mal, commettre l'injustice n'est qu'au second rang ; mais l'injustice impunie est le plus grand et le premier de tous les maux.

Polos : Il semble.

Socrate : N'est-ce pas sur ce point, cher ami, que nous étions en contestation ? Tu soutenais, toi, qu'Archélaos est heureux, parce que, commettant les plus
e grands crimes, il échappe à toute punition ; moi, au contraire, je pensais qu'Archélaos ou tout autre qui ne paye point ses crimes est naturellement le plus malheureux de tous les hommes, que celui qui commet une injustice est toujours plus malheureux que celui qui la subit et celui qui ne paye pas sa faute plus que celui qui l'expie. N'est-ce point là ce que je disais ?

Polos : Si.

Socrate : N'est-il pas démontré que j'avais la vérité pour moi ?

Polos : Il le semble.

480 a **Socrate** : Voilà qui est entendu ; mais si cela est vrai, Polos, où est donc la grande utilité de la rhétorique ? Il faut en effet, d'après les principes sur lesquels nous sommes à présent d'accord, se garder avant tout de commettre l'injustice, vu que ce serait déjà un mal suffisant. N'est-ce pas vrai ?

Polos : Tout à fait.

Socrate : Et si l'on a commis une injustice, ou soi-même, ou toute autre personne à qui l'on s'intéresse, il faut aller de son plein gré là où on l'expiera le plus vite possible, chez le juge, comme on irait chez le médecin, et se hâter, de peur que la maladie de l'injustice devenue chronique ne
b produise dans l'âme un ulcère inguérissable. Autrement que pouvons-nous dire, Polos, si nos prémisses demeurent fermes ? N'est-ce pas la seule manière d'accorder notre conclusion avec elles ?

Polos : Que pourrions-nous dire d'autre, Socrate ?

Socrate : Donc, pour nous défendre d'une accusation d'injustice, lorsque nous en avons commis une nous-mêmes, ou nos parents, ou nos amis, ou nos enfants, ou notre patrie, la rhétorique n'est pour nous d'aucun usage, Polos,
c à moins qu'on n'admette au contraire qu'il faut s'accuser soi-même le premier, puis ses parents et ses amis, toutes les fois qu'ils ont commis

quelque injustice, qu'il ne faut point cacher sa faute, mais l'exposer au grand
jour, afin de l'expier et de recouvrer la santé, qu'on doit se faire violence à
soi-même et aux autres pour ne pas reculer, mais pour s'offrir les yeux
fermés et avec courage, comme on s'offre au médecin pour être amputé ou
cautérisé, qu'il faut poursuivre le bon et le beau, sans tenir compte de la
d douleur, et, si la faute qu'on a commise mérite des coups, aller au-devant des
coups; si elle mérite la prison, aller au devant des chaînes; si elle mérite une
amende, la payer; l'exil, s'exiler; la mort, la subir; être le premier à déposer
contre soi-même et contre ses proches et pratiquer la rhétorique uniquement
pour se délivrer, par la manifestation de ses crimes, du plus grand des maux,
l'injustice. Est-ce là, oui ou non, Polos, ce que nous devons dire?

e **Polos**: Cela me paraît étrange, Socrate; mais peut-être est-ce la conséquence
de ce que nous avons dit précédemment.

Socrate: Ainsi donc, il faut, ou bien rétracter ce que nous avons dit, ou bien admettre ces conclusions?

Polos: Oui, la chose est ainsi.

Socrate: Prenons maintenant le cas contraire. Supposons qu'il faille faire
du mal à quelqu'un, ennemi ou tout autre, – pourvu qu'on ne soit pas soi-
même lésé par son ennemi, car il faut bien prendre garde à cela, – si donc
c'est un autre que cet ennemi a lésé, il faut faire tous ses efforts, en actions
et en paroles, pour qu'il ne soit pas puni et ne vienne pas devant le juge;
481 a et, s'il y vient, il faut s'arranger pour qu'il échappe et ne soit pas puni, de
sorte que, s'il a volé une grande quantité d'or, il ne le rende pas, mais le
garde et le dépense pour lui-même et les siens d'une manière injuste et
impie, et que, s'il a mérité la mort par ses crimes, il y échappe et, si c'est
possible, qu'il ne meure jamais, mais soit immortel dans sa méchanceté, ou
b que du moins il vive le plus longtemps possible dans l'état où il est. Telles
sont, Polos, les fins pour lesquelles la rhétorique me semble pouvoir servir;
car pour celui qui ne doit commettre aucune injustice, je ne vois pas qu'elle
puisse lui être d'une grande utilité, si tant est qu'elle en ait aucune; car
notre argumentation précédente nous a fait voir qu'elle n'était bonne à
rien.

Calliclès: Dis-moi, Khairéphon, Socrate, est-il sérieux, quand il tient ce langage, ou badine-t-il[34]?

Khairéphon: Il me semble à moi, Calliclès, qu'il est souverainement sérieux; mais il n'y a rien de tel que de l'interroger lui-même.

c **Calliclès**: Par les dieux, j'en ai bien envie. Dis-moi, Socrate, faut-il croire que
tu parles sérieusement en ce moment, ou que tu badines? Car, si tu parles
sérieusement et si ce que tu dis est vrai, c'est de quoi renverser notre vie
sociale, et nous faisons, ce me semble, tout le contraire de ce qu'il faudrait.

Socrate: Si les hommes, Calliclès, n'étaient pas sujets aux mêmes passions,
ceux-ci d'une façon, ceux-là d'une autre, et que chacun de nous eût sa passion
propre, sans rapport avec celles des autres, il ne serait pas facile de faire
d connaître à autrui ce qu'on éprouve soi-même. Si je dis cela, c'est que j'ai
observé que nous sommes actuellement, toi et moi, dans le même cas, et que

34. Plaisante.

nous sommes tous deux épris de deux objets, moi d'Alcibiade[35], fils de Clinias, et de la philosophie, toi, du Démos athénien et de Démos, fils de Pyrilampe. Or, je m'aperçois en toute occasion qu'en dépit de ton éloquence, quoi que dise l'objet de ton amour et de quelque manière qu'il voie les choses, tu n'as
e pas la force de le contredire et que tu te laisses ballotter d'une idée à l'autre. Si dans l'assemblée tu émets une opinion et que le Démos athénien se déclare contre elle, tu l'abandonnes et tu conformes ton langage à ses désirs, et tu en fais autant pour ce beau garçon, le fils de Pyrilampe. C'est que tu es hors d'état de résister aux volontés et aux discours de l'objet aimé ; et si quelqu'un, chaque fois que tu parles, s'étonnait des choses que tu dis pour leur complaire et les trouvait absurdes, tu pourrais lui répondre, si tu voulais dire la vérité, que, si l'on n'empêche pas tes amours de parler comme ils
482 a font, tu ne pourras jamais t'empêcher toi-même de parler comme tu fais.
Dis-toi donc que, de ma part aussi, tu dois t'attendre à la même réponse et ne t'étonne pas des discours que je tiens, mais oblige l'objet de mon amour, la philosophie, à cesser de parler comme elle fait. C'est elle en effet, cher ami, qui dit sans cesse ce que tu m'entends dire en ce moment, et elle est beaucoup moins changeante que mes autres amours ; car le fils de Clinias parle tantôt d'une façon, tantôt d'une autre, mais la philosophie tient toujours le même discours. C'est elle qui dit les choses dont tu t'étonnes et tu as assisté toi-même à ses discours. C'est donc elle que tu as à réfuter, je te
b le répète ; prouve-lui que commettre l'injustice et vivre dans l'impunité, après l'avoir commise, n'est pas le dernier des maux. Autrement, si tu laisses cette assertion sans la réfuter par le chien, dieu des Égyptiens, je te jure, Calliclès, que Calliclès ne s'accordera pas avec lui-même et qu'il vivra dans une perpétuelle dissonance. Or, je pense, moi, excellent ami, que mieux vaudrait pour moi avoir une lyre mal accordée et dissonante, diriger un chœur discordant et me trouver en opposition et en contradiction avec la
c plupart des hommes que d'être seul en désaccord avec moi-même et de me contredire.

Calliclès : Tu m'as l'air, Socrate, d'être aussi présomptueux dans tes discours qu'un véritable orateur populaire, et tu déclames ainsi, parce que Polos a eu la même défaillance qu'il accusait Gorgias d'avoir eue avec toi. Polos a dit en effet que Gorgias, lorsque tu lui as demandé, au cas où quelqu'un,
d désireux d'apprendre la rhétorique, viendrait à son école sans connaître la justice, s'il la lui enseignerait, avait répondu qu'il l'enseignerait, par fausse honte et pour ne pas heurter les préjugés des gens, qui s'indigneraient qu'on répondît autrement ; que cet aveu avait réduit Gorgias à se contredire, et que c'est justement cela que tu cherches. Là-dessus Polos s'est moqué de toi et à juste titre, à mon avis.
Et voilà que Polos s'est mis lui-même dans le même cas que Gorgias, et, pour ma part, je ne saurais l'approuver de t'avoir accordé qu'il est plus laid
e de commettre l'injustice que de la subir. C'est à la suite de cette concession que tu as pu l'empêtrer dans tes raisonnements et lui fermer la bouche ;

35. Alcibiade qui fut l'élève de Socrate eut une carrière politique contrastée. Brillant et ambitieux, il se rendit coupable de sacrilège, trahit sa patrie et finit assassiné. Pour le jeu de mots, voir **ÉTUDE 6**, note 14, p. 190.

parce qu'il n'a pas osé parler suivant sa pensée. Car au fond, Socrate, c'est toi qui, tout en protestant que tu cherches la vérité, te comportes comme un vulgaire déclamateur et diriges la conversation sur ce qui est beau, non selon la nature, mais selon la loi.

Or, le plus souvent, la nature et la loi s'opposent l'une à l'autre. Si donc, par
pudeur, on n'ose pas dire ce qu'on pense, on est forcé de se contredire. C'est
483 a un secret que tu as découvert, toi aussi, et tu t'en sers pour dresser des pièges
dans la dispute. Si l'on parle en se référant à la loi, tu interroges en te référant
à la nature, et si l'on parle de ce qui est dans l'ordre de la nature, tu interroges
sur ce qui est dans l'ordre de la loi. C'est ainsi, par exemple, qu'à propos de
l'injustice commise et subie, tandis que Polos parlait de ce qu'il y a de plus
laid selon la loi, tu poursuivais la discussion en te référant à la nature. Car,
selon la nature, tout ce qui est plus mauvais est aussi plus laid, comme de
souffrir l'injustice, tandis que, selon la loi, c'est la commettre. Ce n'est même
b pas le fait d'un homme, de subir l'injustice, c'est le fait d'un esclave, pour qui
la mort est plus avantageuse que la vie, et qui, lésé et bafoué, n'est pas en état
de se défendre, ni de défendre ceux auxquels il s'intéresse. Mais, selon moi,
les lois sont faites par les faibles et par le grand nombre. C'est pour eux et
dans leur intérêt qu'ils les font et qu'ils distribuent les éloges ou les blâmes ;
c et, pour effrayer les plus forts, ceux qui sont capables d'avoir l'avantage sur
eux, pour les empêcher de l'obtenir, ils disent qu'il est honteux et injuste
d'ambitionner plus que sa part et que c'est en cela que consiste l'injustice, à
vouloir posséder plus que les autres ; quant à eux, j'imagine qu'ils se
contentent d'être sur le pied de l'égalité avec ceux qui valent mieux qu'eux.
Voilà pourquoi, dans l'ordre de la loi, on déclare injuste et laide l'ambition
d'avoir plus que le commun des hommes, et c'est ce qu'on appelle injustice.
d Mais je vois que la nature elle-même proclame qu'il est juste que le meilleur
ait plus que le pire et le plus puissant que le plus faible. Elle nous montre par
mille exemples qu'il en est ainsi et que non seulement dans le monde animal,
mais encore dans le genre humain, dans les cités et les races entières, on a
jugé que la justice voulait que le plus fort commandât au moins fort et fût
e mieux partagé que lui[36]. De quel droit, en effet, Xerxès[37] porta-t-il la guerre en
Grèce et son père en Scythie, sans parler d'une infinité d'autres exemples du
même genre qu'on pourrait citer ? Mais ces gens-là, je pense, agissent selon la
nature du droit et, par Zeus, selon la loi de la nature, mais non peut-être selon
la loi établie par les hommes. Nous formons les meilleurs et les plus forts
484 a d'entre nous, que nous prenons en bas âge, comme des lionceaux, pour les
asservir par des enchantements et des prestiges, en leur disant qu'il faut
respecter l'égalité et que c'est en cela que consistent le beau et le juste. Mais
qu'il paraisse un homme d'une nature assez forte pour secouer et briser ces
entraves et s'en échapper, je suis sûr que, foulant aux pieds nos écrits, nos
prestiges, nos incantations et toutes les lois contraires à la nature, il se
révoltera, et que nous verrons apparaître notre maître dans cet homme qui
était notre esclave ; et alors le droit de la nature brillera dans tout son éclat.

36. Voir **ÉTUDE 6**, note 1, p. 186.
37. Xerxès, voir **ÉTUDE 6**, note 2, p. 186.

b Il me semble que Pindare[38] met en lumière ce que j'avance dans l'ode où il dit : « La loi, reine du monde, des mortels et des immortels ». « Cette loi, ajoute-t-il, justifiant les actes les plus violents, mène tout de sa main toute-puissante. J'en juge par les actions d'Héraclès[39], puisque, sans les avoir achetés... »

Voici à peu près son idée, car je ne sais pas l'ode par cœur ; mais le sens est que, sans avoir acheté ni reçu en présent les bœufs de Géryon, Héraclès les
c emmena estimant que le droit naturel était pour lui et que les bœufs et tous les biens des faibles et des petits appartiennent au meilleur et au plus fort. Voilà la vérité, tu le reconnaîtras, si, laissant de côté la philosophie, tu passes à des occupations plus importantes. La philosophie, Socrate, est certainement pleine de charme, lorsqu'on s'y adonne modérément dans la jeunesse ; mais si l'on s'y attarde plus qu'il ne faut, c'est la ruine qui vous attend. Car, si bien doué qu'on soit, quand on continue à philosopher jusqu'à un âge avancé, on reste nécessairement neuf dans tout ce qu'il faut
d savoir, si l'on veut être un honnête homme et se faire une réputation. Et en effet on n'entend rien aux lois de l'État et au langage qu'il faut tenir pour traiter avec les hommes dans les rapports privés et publics ; on n'a aucune expérience des plaisirs et des passions, en un mot, des caractères des hommes. Aussi lorsqu'on se mêle de quelque affaire privée ou publique, on
e prête à rire, de même que les hommes politiques, j'imagine, lorsqu'ils se mêlent à vos entretiens et à vos disputes, se couvrent eux aussi de ridicule. Il arrive alors, comme dit Euripide[40] que : « Chacun brille et se porte à l'art où il se surpasse lui-même et il y consacre la meilleure partie du jour. »
485 a Mais celui où l'on est médiocre, on l'évite et on le critique, tandis qu'on vante l'autre, par amour-propre, croyant par là se louer soi-même. Mais, à mon avis, le mieux est de prendre connaissance des deux. Il est beau d'étudier la philosophie dans la mesure où elle sert à l'instruction et il n'y a pas de honte pour un jeune garçon à philosopher ; mais, lorsqu'on continue à philosopher dans un âge avancé, la chose devient ridicule, Socrate, et, pour ma part,
b j'éprouve à l'égard de ceux qui cultivent la philosophie un sentiment très voisin de celui que m'inspirent les gens qui balbutient et font les enfants. Quand je vois un petit enfant, à qui cela convient encore, balbutier et jouer, cela m'amuse et me paraît charmant, digne d'un homme libre et séant[41] à cet âge, tandis que, si j'entends un bambin causer avec netteté, cela me paraît choquant, me blesse l'oreille et j'y vois quelque chose de servile. Mais si c'est
c un homme fait qu'on entend ainsi balbutier et qu'on voit jouer, cela semble ridicule, indigne d'un homme, et mérite le fouet.

C'est juste le même sentiment que j'éprouve à l'égard de ceux qui s'adonnent à la philosophie. J'aime la philosophie chez un adolescent, cela me paraît séant et dénote à mes yeux un homme libre. Celui qui la néglige me paraît au contraire avoir une âme basse, qui ne se croira jamais capable
d d'une action belle et généreuse. Mais quand je vois un homme déjà vieux

38. Voir **ÉTUDE 6**, note 3, p. 187.
39. Voir **ÉTUDE 6**, note 4, p. 187.
40. Voir **ÉTUDE 6**, note 5, p. 187.
41. Voir **ÉTUDE 6**, note 6, p. 188.

qui philosophe encore et ne renonce pas à cette étude, je tiens, Socrate,
qu'il mérite le fouet. Comme je le disais tout à l'heure, un tel homme, si
parfaitement doué qu'il soit, se condamne à n'être plus un homme, en
fuyant le cœur de la cité et les assemblées où, comme dit le poète, les
hommes se distinguent, et passant toute sa vie dans la retraite à chuchoter
dans un coin avec trois ou quatre jeunes garçons, sans que jamais il sorte
e de sa bouche aucun discours libre, grand et généreux.

Pour moi, Socrate, je suis fort bien disposé pour toi, et il me semble que ta
présence éveille en moi les mêmes sentiments que Zéthos[42] éprouvait à
l'égard d'Amphion, chez Euripide, que je viens justement de citer. J'ai envie
de te donner des conseils pareils à ceux que Zéthos adressait à son frère et
de te dire que tu négliges, Socrate, ce qui devrait t'occuper, «que tu
486 a déformes ton naturel si généreux par un déguisement puéril, que, dans les
délibérations relatives à la justice tu ne saurais apporter une juste parole,
ni saisir le vraisemblable et le persuasif, ni donner un conseil généreux»[43].
Et cependant, mon cher Socrate, – ne te fâche pas contre moi : c'est l'amitié
que j'ai pour toi qui me fait parler –, ne te paraît-il pas honteux d'être dans
l'état où je te vois, toi et tous ceux qui poussent toujours plus loin leur étude
de la philosophie ? En ce moment même, si l'on t'arrêtait toi ou tout autre
de tes pareils, et si l'on te traînait en prison, en t'accusant d'un crime que
b tu n'aurais pas commis, tu sais bien que tu serais fort embarrassé de ta
personne, que tu perdrais la tête et resterais bouche bée sans savoir que
dire, et que, lorsque tu serais monté au tribunal, quelque vil et méprisable
que fût ton accusateur, tu serais mis à mort, s'il lui plaisait de réclamer
cette peine. Or qu'y a-t-il de sage, Socrate, dans un art qui «prenant un
homme bien doué le rend pire», impuissant à se défendre et à sauver des
c plus grands dangers, soit lui-même, soit tout autre, qui l'expose à être
dépouillé de tous ses biens par ses ennemis et à vivre absolument sans
honneur dans sa patrie ? Un tel homme, si l'on peut user de cette
expression un peu rude, on a le droit de le souffleter[44] impunément.

Crois-moi donc, mon bon ami, renonce à tes arguties[45], cultive la belle
science des affaires, exerce-toi à ce qui te donnera la réputation d'un habile
homme ; «laisse à d'autres ces gentillesses», de quelque nom, radotages ou
niaiseries, qu'il faille les appeler, «qui te réduiront à habiter une maison
d vide. Prends pour modèle non pas gens qui ergotent sur ces bagatelles, mais
ceux qui ont bien, de la réputation et mille autres avantages.»

Socrate : Si mon âme était d'or, Calliclès, ne crois-tu pas que je serais bien aise de trouver une de ces pierres[46] avec lesquelles on éprouve l'or, la meilleure, pour en approcher mon âme, de façon que, si elle me confirmait que mon âme a été bien soignée, je fusse assuré que suis en bon état et que je n'ai plus besoin d'aucune épreuve ?

e **Calliclès** : Où tend ta question, Socrate ?

42. Voir **ÉTUDE 6**, note 7, p. 188.
43. Voir **ÉTUDE 6**, note 8, p. 188.
44. Voir **ÉTUDE 6**, note 9, p. 189.
45. Voir **ÉTUDE 6**, note 10, p. 189.
46. Une telle pierre est ce que l'on nomme une *pierre de touche*, d'où un *critère* – ce qui permet de déterminer la valeur, de distinguer.

Socrate: Je vais te le dire : c'est que je pense avoir fait, en rencontrant, cette heureuse trouvaille.

Calliclès: Comment cela ?

Socrate: J'ai la certitude que, si tu tombes d'accord avec moi sur les
opinions de mon âme, elles seront de ce fait absolument vraies. Je
487 a remarque en effet que, pour examiner comme il faut si une âme vit bien ou
mal, il faut avoir trois qualités, que tu réunis toutes les trois : la science,
bienveillance et la franchise. Je rencontre souvent des gens qui ne sont pas
capables de m'éprouver, parce qu'ils ne sont pas savants comme toi ;
d'autres sont savants, mais ne veulent pas me dire la vérité, parce qu'ils ne
s'intéressent pas à moi, comme tu le fais. Quant à ces deux étrangers,
Gorgias et Polos, ils sont savants et bien disposés pour moi tous les deux,
b mais leur franchise n'est pas assez hardie et ils sont par trop timides.
Comment en douter, quand ils portent la timidité au point qu'ils se
résignent à se contredire l'un l'autre par fausse honte en présence de
nombreux assistants, et cela sur les objets les plus importants ?

Toi, au contraire, tu as toutes ces qualités qui manquent aux autres : tu as
reçu une solide instruction, comme beaucoup d'Athéniens pourraient
c l'attester, et tu as de la bienveillance pour moi. Qu'est-ce qui me le prouve ?
Je vais te le dire. Je sais, Calliclès, que vous vous êtes associés quatre pour
cultiver la philosophie, toi, Tisandre d'Aphidna, Andron, fils d'Androtion, et
Nausicyde de Colarge, et je vous ai entendus un jour délibérer sur le point
jusqu'où il faut pousser cette étude. Je sais que l'opinion qui prévalut parmi
vous fut qu'il ne fallait pas s'y adonner jusqu'à en épuiser la matière, et que
d vous vous êtes conseillé les uns aux autres de prendre garde à ne pas vous
gâter à votre insu, en devenant plus savants qu'il ne convient. Aussi, quand
je t'entends me donner les mêmes conseils qu'à tes plus intimes
camarades, je tiens cela pour une preuve décisive que tu es vraiment bien
disposé pour moi. Que tu sois avec cela capable de parler franchement et
sans fausse honte, tu l'affirmes toi-même, et le discours que tu as tenu tout
à l'heure confirme ton affirmation.

Voilà donc un point visiblement éclairci à présent : ce que tu m'accorderas
e dans la discussion sera dès lors considéré comme suffisamment éprouvé de
part et d'autre et il ne sera plus nécessaire de le soumettre à un nouvel
examen ; car, si tu me l'accordes, ce ne sera pas assurément par défaut de
science ou par excès de timidité et tu ne me feras pas non plus de
concession pour me tromper. Car tu es mon ami, c'est toi-même qui
l'affirmes. Ainsi donc toute entente entre toi et moi sera par le fait la preuve
que nous aurons atteint l'exacte vérité.

Or de tous les sujets de discussion, Calliclès, le plus beau est celui que tu m'as
488 a reproché, qui est de savoir ce que l'homme doit être, à quoi il doit s'appliquer,
et jusqu'à quel point, soit dans la vieillesse, soit dans la jeunesse. Pour moi, si
je fais quelque faute de conduite, sois sûr que ce n'est pas volontairement,
mais par ignorance. Ne cesse donc pas de me donner des avis, comme tu as
si bien commencé ; indique-moi nettement quelle est cette profession que je
dois embrasser et de quelle manière je peux y réussir et, si tu trouves qu'après
t'avoir donné mon acquiescement aujourd'hui, je ne fais pas dans la suite ce

que je t'aurai concédé, tiens-moi pour un lâche et refuse-moi alors tout
b conseil, comme à un homme qui n'est bon à rien.

Mais reprenons les choses au commencement : qu'entendez-vous, Pindare et toi, par la justice selon la nature ? Est-ce le droit qu'aurait le plus puissant de prendre par force les biens du plus faible, ou le meilleur de commander au moins bon, ou celui qui vaut plus d'avoir plus que celui qui vaut moins ? Te fais-tu de la justice une autre idée, ou ma mémoire est-elle fidèle ?

Calliclès : Oui, c'est cela que j'ai dit alors et que je dis encore.

c **Socrate** : Mais est-ce le même homme que tu appelles meilleur et plus puissant ? Je n'ai pas su comprendre alors ce que tu voulais dire. Est-ce les plus forts que tu appelles meilleurs et faut-il que les plus faibles obéissent au plus fort, comme tu l'as laissé entendre, je crois, en disant que les grands États attaquent les petits en vertu du droit naturel, parce qu'ils sont plus puissants et plus forts, ce qui suppose que plus puissant, plus fort et meilleur, c'est la même chose, ou bien se peut-il qu'on soit meilleur, tout en étant plus petit et plus faible, et qu'on soit plus puissant, tout en étant plus
d mauvais ? Ou bien la définition du meilleur et du plus puissant est-elle la même ? C'est cela même que je te prie de définir en termes précis : y a-t-il identité ou différence entre plus puissant, meilleur et plus fort ?

Calliclès : Eh bien, je te déclare nettement que c'est la même chose.

Socrate : Dans l'ordre de la nature, le grand nombre n'est-il pas plus puissant que l'homme isolé, puisqu'il fait les lois contre l'individu, comme tu le disais tout à l'heure ?

Calliclès : On n'en saurait douter.

Socrate : Alors les ordonnances du grand nombre sont celles des plus puissants ?

Calliclès : Assurément.

e **Socrate** : Donc aussi des meilleurs, puisque les plus puissants sont les meilleurs d'après ton aveu ?

Calliclès : Oui.

Socrate : Donc leurs ordonnances sont belles selon la nature, étant celles des plus puissants ?

Calliclès : Oui.

Socrate : Or le grand nombre ne pense-t-il pas, comme tu le disais aussi tout à l'heure, que la justice consiste dans l'égalité et qu'il est plus laid de commettre l'injustice que de la subir ? Est-ce vrai, oui ou non ? Et prends
489 a garde d'être pris ici, toi aussi, en flagrant délit de mauvaise honte. Le grand nombre pense-t-il, oui ou non, qu'il est juste d'avoir autant, mais pas plus que les autres, et qu'il est plus laid de commettre l'injustice que de la subir ? Ne refuse pas de me répondre là-dessus, Calliclès, afin que, si tu es de mon avis, je m'affermisse dès lors dans mon sentiment par l'aveu de quelqu'un qui sait discerner le vrai du faux.

Calliclès : Eh bien oui, c'est là ce que pense le grand nombre.

Socrate : Ce n'est donc pas seulement en vertu de la loi qu'il est plus laid de commettre l'injustice que de la subir et que la justice est dans l'égalité ;
b c'est aussi selon la nature, de sorte qu'il se pourrait que tu n'aies pas dit la vérité précédemment et que tu m'aies accusé à tort, quand tu as dit que la

loi et la nature sont en contradiction et que, sachant cela, j'étais de mauvaise foi dans les discussions renvoyant à la loi ceux qui parlaient suivant la nature, et à la nature ceux qui parlaient suivant la loi.

Calliclès: Cet homme-là ne cessera jamais de baguenauder. Dis-moi, Socrate, n'as-tu pas honte, à ton âge, de faire la chasse aux mots, et si l'on
c fait un lapsus de langage de considérer cela comme une aubaine? T'imagines-tu que par les plus puissants j'entende autre chose que les meilleurs? Ne t'ai-je pas déjà dit que pour moi plus puissant et meilleur, c'est la même chose? Supposes-tu, parce qu'un ramassis d'esclaves et de gens de toute provenance, sans autre mérite peut-être que leur force physique, se seront assemblés et auront prononcé telle ou telle parole, que je prenne ces paroles pour des lois?

Socrate: Soit, très savant Calliclès. C'est ainsi que tu l'entends?

d **Calliclès**: Exactement.

Socrate: Eh bien, mon excellent ami, je me doutais bien moi-même depuis longtemps que tu prenais le mot plus puissant dans ce sens-là, et, si je répète ma question, c'est que je suis impatient de savoir nettement ce que tu penses. Car tu ne crois pas apparemment que deux hommes soient meilleurs qu'un seul, ni tes esclaves meilleurs que toi, parce qu'ils sont plus forts que toi. Dis-moi donc, en reprenant au commencement, ce que tu entends par les meilleurs, puisque ce ne sont pas les plus forts. Seulement, merveilleux Calliclès, fais-moi la leçon plus doucement, pour que je ne m'enfuie pas de ton école.

Calliclès: Tu te moques, Socrate.

e **Socrate**: Non, Calliclès, j'en jure par Zéthos, dont tu t'es servi amplement tout à l'heure pour me railler. Allons, dis-moi quels sont ceux que tu appelles les meilleurs.

Calliclès: Ceux qui valent mieux.

Socrate: Ne vois-tu donc pas que, toi aussi, tu te bornes à des mots et que tu n'expliques rien? Veux-tu me dire si par les meilleurs et les plus puissants tu entends les plus sages ou d'autres?

Calliclès: Oui, par Zeus, ce sont ceux-là que j'entends, sans aucun doute.

490 a **Socrate**: Il arrive donc souvent, d'après toi, qu'un seul homme sage soit plus puissant que des milliers d'hommes déraisonnables. C'est à lui qu'il appartient de commander, aux autres d'obéir et celui qui commande doit avoir plus que ceux qui sont commandés. Voilà, ce me semble, ce que tu veux dire — et je ne fais pas la chasse à tel ou tel mot —. s'il est vrai qu'un seul soit plus puissant que des milliers.

Calliclès: Oui, c'est cela que je veux dire. Pour moi, le droit selon la nature, c'est que le meilleur et le plus sage commande aux médiocres et qu'il ait une plus grosse part.

b **Socrate**: Arrête un peu. Que peux-tu bien dire encore à ceci? Suppose que nous soyons, comme à présent, beaucoup d'hommes assemblés au même endroit et que nous disposions en commun d'une abondante provision de nourriture et de boisson, que notre assemblée soit composée de toute sorte de gens, les uns forts, les autres faibles, et que l'un d'entre nous, en qualité de médecin, s'entende mieux que les autres en ces matières, tout en étant, comme il est vraisemblable, plus fort que les uns, plus faible que les autres, n'est-il pas vrai que ce médecin, étant plus savant que nous, sera meilleur et plus puissant dans cette circonstance ?

Calliclès : Assurément.

c **Socrate** : Cela étant, devra-t-il, parce qu'il est meilleur, prendre de ces vivres une plus large part que nous, ou bien, par le fait qu'il commande, n'est-ce pas à lui de faire la répartition de toute la provision ? Et pour ce qui est de la consommation et de l'usage de ces vivres pour l'entretien de sa propre personne, ne doit-il pas s'abstenir de prendre plus que les autres, sous peine d'être incommodé, tandis que certains auront une plus large part, les autres une moindre que lui ? Et s'il est par hasard le plus faible de tous, ne doit-il pas avoir, bien qu'il soit le meilleur, la plus petite part de toutes ? N'en est-il pas ainsi, mon bon ami ?

Calliclès : Tu me parles de vivres, de boissons, de médecins et autres
d sottises. Ce n'est pas de cela que je te parle, moi.

Socrate : Quoi qu'il en soit, n'est-ce pas le plus sage que tu appelles le meilleur, oui ou non ?

Calliclès : Oui. Socrate.

Socrate : Et ne dis-tu pas que le meilleur doit avoir plus ?

Calliclès : Oui, mais pas en fait de vivres et de boissons.

Socrate : J'entends, mais en fait de vêtements peut-être. Le plus habile à tisser doit-il avoir le plus ample manteau et promener par la ville les plus nombreux et les plus beaux costumes ?

Calliclès : Que viens-tu nous chanter avec tes costumes ?

Socrate : Et pour les chaussures, il est clair que la plus grosse part doit
e revenir à celui qui est le plus entendu et le meilleur en cette matière. Peut-être le cordonnier doit-il circuler avec de plus grandes et de plus nombreuses chaussures que les autres.

Calliclès : Qu'ai-je à faire de ces chaussures ? tu radotes à dire d'experts[47].

Socrate : Eh bien, si ce n'est pas cela que tu as en vue, c'est peut-être le cas d'un laboureur bien doué, qui s'entend en perfection au travail de la terre : peut-être doit-il avoir plus de semences que les autres et en employer autant qu'il est possible pour ensemencer ses terres.

Calliclès : Comme tu rebats toujours les mêmes choses, Socrate !

Socrate : Non seulement les mêmes choses, Calliclès, mais encore sur les mêmes sujets.

491 a **Calliclès** : Par les dieux, tu ne cesses vraiment jamais de parler de cordonniers, de foulons, de cuisiniers, de médecins comme s'il était question entre nous de ces gens-là.

Socrate : Ne veux-tu pas me dire enfin en quel ordre de chose le plus puissant et le plus sage aura droit à une plus forte part que les autres ? Refuses-tu à la fois de souffrir mes suggestions et de parler toi-même ?

Calliclès : Mais je parle, et depuis longtemps. Tout d'abord, par les plus puissants, je n'entends pas les cordonniers, ni les cuisiniers, mais les hommes qui s'entendent à diriger comme il faut les affaires de l'État, et qui sont non

47. Selon l'avis des plus compétents.

b seulement intelligents, mais encore courageux, parce qu'ils sont capables
d'exécuter ce qu'ils ont conçu et ne se découragent pas par faiblesse d'âme.
Socrate: Te rends-tu compte, excellent Calliclès, combien sont différents les
reproches que tu me fais et ceux que j'ai à t'adresser? Tu prétends, toi, que je
dis toujours les mêmes choses et tu m'en fais un crime; moi je te reproche,
au contraire, de ne jamais dire les mêmes choses sur les mêmes sujets, mais
d'appeler meilleurs et plus puissants d'abord les plus forts, puis les plus sages,
c et d'en apporter à ce moment encore une autre définition, car ce sont des
gens courageux que tu nous donnes pour les plus puissants et les meilleurs.
Allons mon bon, dis-moi une fois pour toutes quels peuvent bien être et
relativement à quoi ceux que tu qualifies de meilleurs et de plus puissants.
Calliclès: Mais je l'ai déjà dit: ce sont ceux qui s'entendent aux affaires
publiques et qui sont courageux; c'est à ceux-là, qu'il appartient de
d gouverner les États et la justice veut qu'ils aient plus que les autres, les
gouvernants devant avoir plus que les gouvernés.
Socrate: Mais quoi? par rapport à eux-mêmes, sont-ils gouvernants ou
gouvernés?
Calliclès: Que veux-tu dire?
Socrate: Je veux dire que chacun se commande lui-même. Ou bien est-ce
inutile de se commander soi-même et suffit-il de commander les autres?
Calliclès: Qu'entends-tu par se commander soi-même?
Socrate: Rien de compliqué; j'entends, comme le vulgaire[48], être tempérant
e et maître de soi et commander en soi aux plaisirs et aux passions.
Calliclès: Que tu es plaisant! Ce sont les imbéciles que tu appelles
tempérants.
Socrate: Comment cela? qui ne voit que ce n'est pas d'eux que je parle?
Calliclès: C'est d'eux très certainement, Socrate. Comment en effet un
homme pourrait-il être heureux, s'il est esclave de quelqu'un. Mais voici ce
qui est beau et juste suivant la nature, je te le dis en toute franchise, c'est
que, pour bien vivre, il faut laisser prendre à ses passions tout
l'accroissement possible, au lieu de les réprimer, et, quand elles ont atteint
toute leur force, être capable de leur donner satisfaction par son courage et
492 a son intelligence et de remplir tous ses désirs à mesure qu'ils éclosent.
Mais cela n'est pas, je suppose, à la portée du vulgaire. De là vient qu'il
décrie[49] les gens qui en sont capables, parce qu'il a honte de lui-même et
veut cacher sa propre impuissance. Il dit que l'intempérance est une chose
laide, essayant par là d'asservir ceux qui sont mieux doués par la nature, et,
ne pouvant lui-même fournir à ses passions de quoi les contenter, il fait
b l'éloge de la tempérance et de la justice à cause de sa propre lâcheté. Car
pour ceux qui ont eu la chance de naître fils de roi, ou que la nature a faits
capables de conquérir un commandement, une tyrannie, une souveraineté,
peut-il y avoir véritablement quelque chose de plus honteux et de plus
funeste que la tempérance? Tandis qu'il leur est loisible[50] de jouir des biens

48. Voir **ÉTUDE 7**, note 1, p. 211.
49. Voir **ÉTUDE 7**, note 2, p. 211.
50. Voir **ÉTUDE 7**, note 3, p. 212.

de la vie sans que personne les en empêche, ils s'imposeraient eux-mêmes
pour maîtres la loi, les propos, les censures de la foule! Et comment ne
c seraient-ils pas malheureux du fait de cette prétendue beauté de la justice
et de la tempérance, puisqu'ils ne pourraient rien donner de plus à leurs
amis qu'à leurs ennemis, et cela, quand ils sont les maîtres de leur propre
cité? La vérité, que tu prétends chercher, Socrate, la voici: le luxe,
l'incontinence[51] et la liberté, quand ils sont soutenus par la force
constituent la vertu et le bonheur; le reste, toutes ces belles idées, ces
conventions contraires à la nature, ne sont que niaiseries et néant.

d **Socrate**: La franchise de ton exposé, Calliclès, dénote une belle crânerie:
tu dis nettement, toi, ce que les autres pensent, mais ne veulent pas dire.
Je te prie donc de ne rien relâcher de ton intransigeance, afin que nous
puissions nous faire une idée vraiment claire de la façon dont il faut vivre.
Et dis-moi: tu soutiens qu'il ne faut point gourmander[52] ses désirs, si l'on
veut être tel qu'on doit être, mais les laisser grandir autant que possible et
e leur ménager par tous les moyens la satisfaction qu'ils demandent et que
c'est en cela que consiste la vertu?

Calliclès: Je le soutiens en effet.

Socrate: On a donc tort de dire que ceux qui n'ont aucun besoin sont heureux.

Calliclès: Oui, car, à ce compte, les pierres et les morts seraient très heureux.

Socrate: Cependant, même à la manière dont tu la dépeins, la vie est une chose bien étrange. Au fait, je me demande si Euripide n'a pas dit la vérité dans le passage que voici:

«Qui sait si vivre n'est pas mourir,
Et si mourir n'est pas vivre?»

493 a Et il est possible que réellement nous soyons morts comme je l'ai entendu
dire à un savant homme[53], qui prétendait que notre vie actuelle est une
mort, que notre corps est un tombeau et que cette partie de l'âme où
résident les passions est de nature à changer de sentiment et à passer d'une
extrémité à l'autre. Cette même partie de l'âme, un spirituel auteur de
mythes, un Sicilien[54], je crois, ou un Italien, jouant sur les mots, l'a appelée
b tonneau, à cause de sa docilité et de sa crédulité; il a appelé de même les
insensés non initiés et cette partie de leur âme où sont les passions, partie
déréglée, incapable de rien garder, il l'a assimilée à un tonneau percé, à
cause de sa nature insatiable[55]. Au rebours de toi, Calliclès, cet homme nous
montre que, parmi les habitants de l'Hadès[56] – il désigne ainsi l'invisible –
les plus malheureux sont ces non-initiés, et qu'ils portent de l'eau dans des

51. Voir **ÉTUDE 7**, note 4, p. 212.
52. Contenir, maîtriser.
53. Peut-être un pythagoricien. Pythagore avait fondé au VIe siècle, une communauté philosophique en Italie du sud. On y étudiait notamment les mathématiques et on y vivait selon les préceptes d'une sagesse fortement teintée de religiosité.
54. Le Sicilien est peut-être Empédocle, l'Italien est sans doute un pythagoricien.
55. Dans tout ce passage, Platon joue sur des mots voisins, à l'exemple des écoles philosophiques et des sectes religieuses de Grande Grèce.
56. Chez Hadès, l'Hadès, est le séjour des morts. Voir **ÉTUDE 8**, le Mythe.

tonneaux percés avec un crible troué de même. Par ce crible il entend
c l'âme, à ce que me disait celui qui me rapportait ces choses, et il assimilait à un crible l'âme des insensés, parce qu'elle est percée de trous, et parce qu'infidèle et oublieuse, elle laisse tout écouler.

Cette allégorie a quelque chose d'assez bizarre, mais elle illustre bien ce que je veux te faire comprendre pour te persuader, si j'en suis capable, de changer d'idée et de préférer à une existence inassouvie et sans frein une
d vie réglée, contente et satisfaite de ce que chaque jour lui apporte.

Eh bien, ai-je ébranlé tes convictions et crois-tu maintenant que les gens réglés sont plus heureux que les incontinents, ou bien aurai-je beau te faire cent autres allégories du même genre sans que tu changes de vue pour cela ?

Calliclès : C'est cette seconde solution qui est la vraie, Socrate.

Socrate : Eh bien, laisse-moi, te proposer une autre image sortie de la même école que la précédente. Considère si tu ne pourrais pas assimiler chacune de ces deux vies, la tempérante et l'incontinente, au cas de deux hommes, dont chacun posséderait de nombreux tonneaux, l'un des tonneaux en bon état et
e remplis, celui-ci de vin, celui-là de miel, un troisième de lait et beaucoup d'autres remplis d'autres liqueurs, toutes rares et coûteuses et acquises au prix de mille peines et de difficultés ; mais une fois ses tonneaux remplis, notre homme n'y verserait plus rien, ne s'en inquiéterait plus et serait tranquille à cet égard. L'autre aurait, comme le premier, des liqueurs qu'il pourrait se procurer,
494 a quoique avec peine, mais n'ayant que des tonneaux percés et fêlés, il serait forcé de les remplir jour et nuit sans relâche, sous peine des plus grands ennuis. Si tu admets que les deux vies sont pareilles au cas de ces deux hommes, est-ce que tu soutiendras que la vie de l'homme déréglé est plus heureuse que celle de l'homme réglé ? Mon allégorie t'amène-t-elle à reconnaître que la vie réglée vaut mieux que la vie déréglée, ou n'es-tu pas convaincu ?

Calliclès : Je ne le suis pas, Socrate. L'homme aux tonneaux pleins n'a plus aucun plaisir, et c'est cela que j'appelais tout à l'heure vivre à la façon d'une
b pierre, puisque, quand il les a remplis, il n'a plus ni plaisir ni peine, mais ce qui fait l'agrément de la vie, c'est d'y verser le plus qu'on peut.

Socrate : Mais si l'on y verse beaucoup, n'est-il pas nécessaire qu'il s'en écoule beaucoup aussi et qu'il y ait de larges trous pour les écoulements ?

Calliclès : Bien sûr.

Socrate : Alors, c'est la vie d'un pluvier[57] que tu vantes, non celle d'un mort ni d'une pierre. Mais dis-moi : ce que tu veux dire, c'est qu'il faut avoir faim, et, quand on a faim, manger ?

Calliclès : Oui.

c **Socrate** : Et avoir soif, et, quand on a soif, se désaltérer ?

Calliclès : Oui, et qu'il faut avoir tous les autres désirs, pouvoir les satisfaire, et y trouver du plaisir pour vivre heureux.

Socrate : Fort bien, excellent Calliclès. Continue comme tu as commencé, et garde-toi de toute fausse honte. De mon côté, je ne dois pas non plus, ce me semble, en montrer. Et d'abord, dis-moi si c'est vivre heureux, quand on a la gale et envie de se gratter, de se gratter à son aise et de passer sa vie à se gratter.

57. Le pluvier est, dit-on, un oiseau qui recrache l'eau qu'il avale.

d **Calliclès** : Tu es absurde, Socrate ; on te prendrait pour un véritable orateur populaire.

Socrate : C'est ainsi, Calliclès, que j'ai déconcerté et intimidé Polos et Gorgias ; mais toi, il n'y a pas de danger que tu te déconcertes et sois intimidé, car tu es un brave. Réponds seulement.

Calliclès : Je réponds donc qu'on peut, en se grattant, vivre agréablement.

Socrate : Donc heureusement, si on vit agréablement.

Calliclès : Certainement.

e **Socrate** : Les démangeaisons ne sont-elles agréables que sur la tête, ou dois-je pousser plus loin mon interrogation ? Vois, Calliclès, ce que tu aurais à répondre, si l'on t'interrogeait sur tout ce qui se rattache successivement à ce plaisir, et, pour ne citer que le cas le plus caractéristique, la vie d'un prostitué n'est-elle pas affreuse, honteuse et misérable ? Oseras-tu dire que de pareilles gens sont heureux s'ils ont en abondance ce qu'ils désirent ?

Calliclès : Tu n'as pas honte, Socrate, d'amener la conversation sur de pareils sujets ?

Socrate : Est-ce donc moi qui l'y amène, mon brave, ou celui qui déclare ainsi sans plus de façon que le plaisir, quel qu'il soit, constitue le bonheur,
495 a et qui, parmi les plaisirs, ne sépare pas les bons des mauvais ? Mais encore une fois dis-moi si tu maintiens que l'agréable et le bon sont la même chose, ou si tu admets qu'il y a des choses agréables qui ne sont pas bonnes.

Calliclès : Pour ne pas être en contradiction avec ce que j'ai dit, en avouant qu'ils sont différents, je réponds qu'ils sont identiques.

Socrate : Tu gâtes ce que tu as dit précédemment, Calliclès, et tu n'as plus qualité pour rechercher avec moi la vérité, si tu dois parler contre ta pensée.

b **Calliclès** : Tu en fais autant toi-même, Socrate.

Socrate : Si je le fais, j'ai tort, ainsi que toi. Mais réfléchis, bienheureux Calliclès : peut-être le bien ne consiste pas dans le plaisir, quel qu'il soit ; car, s'il en est ainsi, il est évident que nous aboutissons à ces honteuses conséquences auxquelles je faisais allusion tout à l'heure et à beaucoup d'autres encore.

Calliclès : Oui, à ce que tu crois du moins, Socrate.

Socrate : Mais toi, Calliclès, maintiens-tu réellement ton affirmation ?

Calliclès : Oui.

c **Socrate** : Alors, il faut la prendre au sérieux et la discuter ?

Calliclès : Bien certainement.

Socrate : Eh bien, allons, puisque telle est ton opinion, explique-moi ceci. Y a-t-il quelque chose que tu appelles la science ?

Calliclès : Oui.

Socrate : N'as-tu pas dit tout à l'heure qu'une sorte de courage allait avec la science ?

Calliclès : Je l'ai dit en effet.

Socrate : N'y voyais-tu pas deux choses distinctes, le courage étant différent de la science ?

Calliclès : Si, certainement.

Socrate : Et le plaisir et la science, sont-ils identiques ou différents ?

d **Calliclès**: Différents, je pense, ô le plus sage des hommes.

Socrate: Penses-tu que le courage aussi est différent du plaisir?

Calliclès: Sans doute.

Socrate: Eh bien, maintenant, tâchons de nous souvenir que Calliclès d'Acharnes[58] a déclaré que l'agréable et le bon étaient la même chose, mais que la science et le courage étaient différents l'un de l'autre et différents du bien.

e **Calliclès**: Mais Socrate d'Alopékè n'en convient pas avec nous, n'est-ce pas?

Socrate: Non, il n'en convient pas, et Calliclès non plus n'en conviendra pas, quand il se sera correctement examiné. Dis-moi en effet ne crois-tu pas que le bonheur et le malheur sont deux états opposés?

Calliclès: Si.

Socrate: Eh bien, s'ils sont opposés l'un à l'autre, ne sont-ils pas forcément dans le même rapport que la santé et la maladie? Car on n'est pas, n'est-ce pas, sain et malade tout à la fois, et on ne se débarrasse pas à la fois de la santé et de la maladie.

Calliclès: Que veux-tu dire?

496 a **Socrate**: Prends pour exemple la partie du corps qu'il te plaira et réfléchis. On peut avoir une maladie des yeux qu'on appelle ophtalmie?

Calliclès: Sans contredit.

Socrate: On n'a pas, j'imagine, les yeux sains en même temps que malades.

Calliclès: C'est absolument impossible.

Socrate: Mais quoi? Quand on se débarrasse de l'ophtalmie, se prive-t-on aussi de la santé des yeux, et, à la fin, se trouve-t-on dépourvu de l'une et de l'autre?

Calliclès: Pas du tout.

Socrate: Ce serait en effet j'imagine, un prodige, une chose qui choquerait la raison, n'est-ce pas?

b **Calliclès**: Certainement.

Socrate: C'est alternativement, je pense, qu'on prend et qu'on perd l'une et l'autre.

Calliclès: Oui.

Socrate: N'en est-il pas de même de la force et de la faiblesse?

Calliclès: Si.

Socrate: Et de la vitesse et de la lenteur?

Calliclès: Tout à fait.

Socrate: Et pour les biens et le bonheur et pour leurs contraires, les maux et le malheur, c'est alternativement qu'on reçoit et alternativement qu'on quitte les uns et les autres?

Calliclès: C'est absolument mon avis.

c **Socrate**: Si donc nous trouvons certaines choses que l'on perde et qu'on possède en même temps, il est clair que ces choses, ne sauraient être le bien et le mal. Sommes-nous d'accord là-dessus? Ne réponds qu'après avoir bien réfléchi.

Calliclès: J'en suis merveilleusement d'accord.

58. *Calliclès d'Acharnes, Socrate d'Alopékè*: désignations selon les dèmes d'origine. Un dème est une division administrative de la tribu.

Socrate : Revenons maintenant aux points sur lesquels nous sommes tombés d'accord. Que soutenais-tu ? que la faim est une chose agréable ou une chose pénible ? Je parle de la faim en soi.

Calliclès : Que c'est une chose pénible, mais qu'il est agréable de manger quand on a faim.

d **Socrate** : J'entends. Mais la faim en elle-même est-elle pénible, ou ne l'est-elle pas ?

Calliclès : Elle l'est.

Socrate : Et la soif aussi ?

Calliclès : Très pénible.

Socrate : Continuerai-je mes questions ou conviens-tu que tout besoin et tout désir sont pénibles ?

Calliclès : J'en conviens ; cesse donc tes questions.

Socrate : Mais boire quand on a soif, est-ce agréable, selon toi ?

Calliclès : Oui.

Socrate : Mais dans ce que tu viens de dire, les mots « quand on a soif » équivalent sans doute à « quand on ressent de la douleur » ?

e **Calliclès** : Oui.

Socrate : Mais le fait de boire est la satisfaction du besoin et un plaisir ?

Calliclès : Oui.

Socrate : Ainsi c'est dans le fait de boire qu'on ressent du plaisir, dis-tu ?

Calliclès : Justement.

Socrate : Du moins quand on a soif ?

Calliclès : Oui.

Socrate : Donc quand on souffre ?

Calliclès : Oui.

Socrate : Aperçois-tu maintenant ce qui résulte de là ? Tu dis qu'on ressent à la fois du plaisir et de la douleur, quand tu dis qu'on boit ayant soif. Est-ce que cela ne se produit pas à la fois dans le même lieu et dans le même temps, soit dans l'âme, soit dans le corps, selon qu'il te plaira ; car cela n'importe en rien, à mon avis. Est-ce exact ou non ?

Calliclès : C'est exact.

Socrate : Cependant tu reconnais qu'il est impossible d'être à la fois heureux et malheureux.

Calliclès : Je le reconnais en effet.

497 a **Socrate** : D'autre part, tu es convenu qu'on pouvait être à la fois dans la peine et dans la joie ?

Calliclès : Évidemment.

Socrate : Il s'ensuit que la joie n'est pas le bonheur, ni la peine le malheur, de sorte que l'agréable se révèle différent du bien.

Calliclès : Je ne saisis pas tes subtilités, Socrate.

Socrate : Tu les saisis fort bien : mais tu fais l'ignorant, Calliclès. Avançons encore un peu.

Calliclès : Quelles sornettes as-tu à dire ?

Socrate : Je veux te faire voir quel habile homme tu es, toi qui me fais des
b remontrances. Chacun de nous, du moment qu'il cesse d'avoir soif, ne cesse-t-il pas aussi de prendre plaisir à boire ?

Calliclès : Je ne sais pas ce que tu veux dire.

Gorgias : Ne parle pas ainsi, Calliclès. Réponds plutôt, ne fût-ce que par égard pour nous, afin que notre discussion arrive à son terme.

Calliclès : Mais Socrate est toujours le même : il vous pose un tas de petites questions insignifiantes jusqu'à ce qu'il vous ait réfuté.

Gorgias : Que t'importe ? En tout cas, tu n'as pas à les apprécier. Laisse Socrate argumenter comme il lui plaît.

c **Calliclès** : Alors fais tes menues et mesquines questions, puisque tel est l'avis de Gorgias.

Socrate : Tu es bien heureux, Calliclès, d'avoir été initié aux grands mystères avant de l'être aux petits[59]. Je ne croyais pas que cela fût permis. Reprenons donc la discussion où tu l'as laissée et dis-moi si chacun de nous ne cesse pas en même temps d'avoir soif et de sentir du plaisir.

Calliclès : Je l'avoue.

Socrate : De même pour la faim et les autres appétits, ne cesse-t-il pas en même temps de sentir le désir et le plaisir ?

Calliclès : C'est vrai.

Socrate : Ne cesse-t-il pas aussi en même temps de sentir la peine et le plaisir ?

d **Calliclès** : Si.

Socrate : C'est le contraire pour les biens et les maux : ils ne cessent pas en même temps. Tu l'as reconnu toi-même ; le reconnais-tu encore à présent ?

Calliclès : Oui, et après ?

Socrate : C'est la preuve, mon ami, que le bien n'est pas la même chose que l'agréable, ni le mal que la douleur, puisque des uns, on est débarrassé en même temps, des autres non, car ils sont distincts. Dès lors comment l'agréable serait-il identique au bien et la douleur au mal ?

Mais, si tu veux, considère encore la question de ce biais ; car je crois bien que, même après la preuve que je viens d'en donner, tu ne te rends pas à
e mon opinion. Vois donc : les bons, selon toi, ne sont-ils pas bons par la présence du bien, de même que les beaux, par la présence de la beauté ?

Calliclès : Si.

Socrate : Mais sont-ce les insensés et les lâches que tu appelles bons ? Ce n'étaient pas ceux-là tout à l'heure, mais les hommes courageux et intelligents que tu qualifiais de bons. N'est-ce pas ceux-ci que tu appelles bons ?

Calliclès : Certainement.

Socrate : Et maintenant, n'as-tu jamais vu un enfant sans raison éprouver de la joie ?

Calliclès : Si.

Socrate : Et n'as-tu pas encore vu d'homme déraisonnable qui fût joyeux ?

Calliclès : Je crois bien que si ; mais à quoi tend cette question ?

Socrate : À rien. Réponds seulement.

Calliclès : J'en ai vu.

59. Grands et petits mystères renvoient aux cultes de certaines religions dans lesquelles le fidèle reçoit une révélation du message propre de la religion, dont, par définition, sont exclus les non-initiés. L'initiation est graduelle : des petits mystères aux grands.

498 a **Socrate** : Ou, au contraire, un homme sensé dans la tristesse et dans la joie ?

Calliclès : Oui.

Socrate : Mais lesquels ressentent plus vivement la joie et la douleur, des sages ou des insensés ?

Calliclès : Je crois qu'ils ne diffèrent pas beaucoup en cela.

Socrate : Cela me suffit. Et à la guerre as-tu déjà vu un lâche ?

Calliclès : Sans doute.

Socrate : Eh bien, quand les ennemis se retiraient, lesquels t'ont paru les plus joyeux, les lâches ou les braves ?

b **Calliclès** : Les uns autant que les autres, ou à peu de chose près.

Socrate : La différence n'importe pas ; ce que je retiens, c'est que les lâches aussi se réjouissent.

Calliclès : Oui, fortement.

Socrate : Et les insensés aussi, à ce qu'il semble.

Calliclès : Oui.

Socrate : Et quand l'ennemi avance, les lâches en sont-ils péniblement affectés, ou les braves le sont-ils aussi ?

Calliclès : Ils le sont tous.

Socrate : Également ?

Calliclès : Les lâches le sont peut-être davantage.

Socrate : Et quand l'ennemi se retire, ne sont-ils pas plus joyeux ?

Calliclès : Peut-être.

Socrate : Ainsi donc les insensés et les sages, les lâches et les braves ressentent la douleur et la joie, à peu près également, à ce que tu dis, et les
c lâches plus que les braves ?

Calliclès : Oui.

Socrate : Mais les sages et les braves sont bons, les lâches et insensés, méchants ?

Calliclès : Oui.

Socrate : Ainsi donc les bons et les méchants ressentent la joie et la douleur à peu près également ?

Calliclès : Oui.

Socrate : Alors les bons et les méchants sont-ils également bons et méchants, et les méchants sont-ils même meilleurs que les bons ?

d **Calliclès** : Par Zeus, je ne sais pas ce que tu veux dire.

Socrate : Tu ne sais pas que tu as dit que les bons sont bons par la présence du bien, et les méchants, méchants par la présence du mal, et que les biens, ce sont les plaisirs, et les maux, les chagrins ?

Calliclès : Si.

Socrate : Ainsi ceux qui ressentent de la joie ont en eux le bien ou plaisir, puisqu'ils sont en joie ?

Calliclès : Sans aucun doute.

Socrate : Or, si le bien est présent en eux, ne rend-il pas bons ceux qui éprouvent de la joie ?

Calliclès : Si

Socrate : Et ceux qui sont dans le chagrin n'ont-ils pas en eux des maux, des chagrins ?

Calliclès : Assurément.

e **Socrate** : Or c'est, dis-tu, par la présence du mal que les méchants sont méchants. Maintiens-tu ton affirmation ?

Calliclès : Oui.

Socrate : En conséquence ceux qui sont dans la joie sont bons, et ceux qui sont dans le chagrin, mauvais ?

Calliclès : Certainement.

Socrate : Et ils le sont davantage, si ces sentiments sont plus vifs ; moins, s'ils sont plus faibles ; également, s'ils sont égaux ?

Calliclès : Oui.

Socrate : Or tu dis que la joie et la douleur sont à peu près égales chez les sages et les insensés, chez les lâches et les braves, ou même plus vives chez les lâches ?

Calliclès : Oui.

Socrate : Maintenant résume de concert avec moi ce qui résulte de ces aveux ;
499 a car il est beau, dit-on, de répéter et de considérer deux ou trois fois les belles choses. Nous disons donc que le sage et le brave sont bons, n'est-ce pas ?

Calliclès : Oui.

Socrate : Et mauvais, l'insensé et le lâche ?

Calliclès : Sans doute.

Socrate : Et d'autre part que celui qui ressent de la joie est bon ?

Calliclès : Oui.

Socrate : Et mauvais celui qui ressent de la douleur ?

Calliclès : Nécessairement.

Socrate : Enfin que le bon et le méchant ont les mêmes douleurs et les mêmes joies, mais que peut-être le méchant en a davantage ?

Calliclès : Oui.

Socrate : Ainsi donc le méchant serait aussi méchant et bon que le bon, et
b même meilleur. Cette conclusion, comme les précédentes, n'est-elle pas forcée, si l'on soutient que l'agréable et le bon sont la même chose ? Ne sont-ce pas des conséquences inéluctables, Calliclès ?

Calliclès : Voilà bien longtemps que je t'écoute, Socrate, et que j'acquiesce à tes propositions, en me disant que, si l'on s'amuse à te faire la moindre concession, tu la saisis avec une joie d'enfant. Crois-tu donc que je ne juge pas, comme tout le monde, certains plaisirs comme meilleurs, certains autres comme plus mauvais ?

c **Socrate** : Oh ! oh ! Calliclès, que tu es artificieux ! Tu me traites en enfant : tu me dis tantôt que les choses sont d'une façon, tantôt d'une autre et tu cherches à me tromper. Je ne croyais pourtant pas au commencement que tu voudrais me tromper, car je te considérais comme un ami. Je suis déçu et je crois que je n'ai plus qu'à me contenter de ce que j'ai, comme dit le vieux proverbe, et à prendre ce que tu me donnes. Or ce que tu affirmes à présent, ce semble, c'est qu'il y a différents plaisirs, les uns bons, les autres mauvais, n'est-ce pas ?

Calliclès : Oui.

d **Socrate** : Les bons sont ceux qui sont utiles et les mauvais ceux qui sont nuisibles ?

Calliclès: Certainement

Socrate: Mais les utiles sont ceux qui procurent quelque bien, et les nuisibles ceux qui font du mal?

Calliclès: Oui.

Socrate: Maintenant veux-tu parler de plaisirs comme les plaisirs corporels dont il était question tout à l'heure et qui consistent à manger et à boire? Parmi ces plaisirs, ne tiens-tu pas pour bons ceux qui procurent au corps la santé, la force ou toute autre qualité physique, et pour mauvais ceux qui produisent les effets contraires?

Calliclès: Certainement.

e **Socrate**: N'en est-il pas de même des souffrances, les unes étant bonnes, les
autres mauvaises?

Calliclès: Naturellement.

Socrate: Ne sont-ce pas les bons plaisirs et les bonnes souffrances qu'il faut préférer dans toutes nos actions?

Calliclès: Assurément.

Socrate: Mais non les mauvais?

Calliclès: Évidemment.

Socrate: Et en effet, si tu t'en souviens, nous avons reconnu, Polos et moi,
que c'est sur le bien qu'il faut régler toute notre conduite. Es-tu, toi aussi,
de notre avis, que le bien doit être la fin de toutes nos actions et qu'il faut
tout faire en vue du bien, et non le bien en vue du reste? Donnes-tu ton
500 a suffrage en tiers avec le nôtre?

Calliclès: Oui.

Socrate: Ainsi il faut tout faire, même l'agréable, en vue du bien, et non le bien en vue de l'agréable?

Calliclès: Certainement.

Socrate: Mais appartient-il au premier venu de discerner parmi les choses agréables quelles sont les bonnes et quelles sont les mauvaises, ou bien est-ce le fait d'un homme expert en chaque genre?

Calliclès: C'est le fait d'un expert.

Socrate: Rappelons-nous maintenant ce que je disais à Polos et à Gorgias.
b Je disais, en effet, si tu t'en souviens, qu'il y a certaines industries qui ne
visent qu'au plaisir, ne procurent que lui et ignorent le meilleur et le pire,
tandis que d'autres connaissent le bien et le mal, et je rangeais parmi celles
qui ont pour objet le plaisir la cuisine, qui est une routine et non un art, et
parmi celles qui ont le bien pour objet, l'art de la médecine. Au nom du
dieu de l'amitié, Calliclès, ne crois pas qu'il te faille jouer avec moi et ne
me réponds pas n'importe quoi contre ta pensée et ne prends pas non plus
c ce que je dirai pour un badinage. Tu vois, en effet, que la matière que nous
discutons est la plus sérieuse qui puisse occuper un homme même
d'intelligence médiocre, puisqu'il s'agit de savoir de quelle manière il faut
vivre, s'il faut adopter le genre de vie auquel tu me convies et agir en
homme, en parlant devant le peuple, en s'exerçant à la rhétorique et en
pratiquant la politique comme vous le faites, vous autres, aujourd'hui, ou
s'il faut s'adonner à la philosophie et en quoi ce genre de vie diffère du
précédent. Peut-être le meilleur parti à prendre est-il ce que j'ai essayé de

d faire tout à l'heure, de les distinguer, et après les avoir distingués et avoir
reconnu entre nous que ces deux genres de vie sont différents, d'examiner
en quoi ils diffèrent l'un de l'autre et lequel des deux il faut embrasser. Peut-
être ne saisis-tu pas encore ce que je veux dire.

Calliclès: Non, ma foi.

Socrate: Eh bien, je vais m'expliquer plus clairement. Puisque nous
sommes tombés d'accord, toi et moi, qu'il existe du bon et de l'agréable et
que l'agréable est autre que le bon; que, d'autre part, pour se procurer
chacun d'eux, il y a une sorte d'exercice et de préparation, qui vise, l'une à
e l'agréable, l'autre au bon... Mais, sur ce point même, dis-moi d'abord si, oui
ou non, tu es d'accord avec moi. L'es-tu?

Calliclès: Oui.

Socrate: Maintenant accorde-moi aussi ce que je disais à Gorgias et à Polos,
s'il te paraît que j'aie dit alors la vérité. Je leur disais à peu près ceci, que
la cuisine ne me paraissait pas être un art, mais une routine, que la
médecine, au contraire, est un art. Je me fondais sur ce que la médecine,
501 a quand elle soigne un malade, ne le fait que lorsqu'elle a étudié sa nature,
qu'elle connaît les causes de ce qu'elle fait et peut rendre raison de chacune
de ces deux choses, que telle est la médecine, au lieu que l'autre, appliquée
tout entière au plaisir, marche à son but absolument sans art, sans avoir
examiné ni la nature ni la cause du plaisir, véritable aveugle qui ne
distingue, pour ainsi dire, rien nettement et qui conserve seulement par la
pratique et la routine le souvenir de ce qu'on fait d'habitude, et procure le
b plaisir par ce moyen.

Considère donc, d'abord si cela te paraît exact et s'il n'y a pas aussi certaines
autres professions du même genre qui se rapportent à l'âme, les unes
relevant de l'art et soucieuses de pourvoir au plus grand bien de l'âme, les
autres indifférents à son bien et ne considérant, comme je le disais de la
cuisine, que le plaisir de l'âme et le moyen de le lui procurer. Quant à
distinguer parmi les plaisirs les meilleurs et les pires, elles n'y prêtent
c aucune attention et n'ont d'autre souci que de faire plaisir, indifférentes au
bien et au mal. Pour moi, Calliclès, je pense qu'il existe de telles professions
et j'affirme que leur fait n'est que flatterie, qu'il s'agisse du corps ou de
l'âme ou de tout autre objet auquel on veut ménager du plaisir, sans
considérer si c'est à son avantage ou à son détriment. Mais toi, partages-tu
notre opinion là-dessus, ou es-tu d'avis contraire?

Calliclès: Non, je te passe ce point, pour que tu puisses mener la
discussion à terme et pour complaire à Gorgias.

d **Socrate**: Cette flatterie s'exerce-t-elle à l'égard d'une seule âme, et non à
l'égard de deux ou plusieurs?

Calliclès: Elle s'exerce à l'égard de deux ou plusieurs.

Socrate: Ainsi l'on peut chercher à complaire à une foule d'âmes à la fois,
sans s'inquiéter de leur véritable intérêt?

Calliclès: Je le crois.

Socrate: Maintenant veux-tu me dire quelles sont les professions qui
produisent cet effet, ou plutôt, si tu veux bien, je vais t'interroger, et quand
une profession te paraîtra rentrer dans cette catégorie, tu diras oui;

e autrement, tu diras non. Commençons par celle du joueur de flûte. Ne te semble-t-il pas, Calliclès, que c'est une de ces professions qui ne visent qu'à notre plaisir, sans se soucier d'aucune autre chose ?

Calliclès : Je le crois.

Socrate : N'en est-il pas de même de toutes celles du même genre, par exemple de celle du joueur de cithare dans les concours[60] ?

Calliclès : Si.

Socrate : Et l'instruction des chœurs et la composition des dithyrambes[61] ? N'est-il pas manifeste pour toi qu'elles sont aussi de ce genre ? Ou crois-tu que Kinésias, fils de Mélès, songe à dire quoi que ce soit qui puisse améliorer ceux qui l'entendent, ou uniquement ce qui doit faire plaisir à la
502 a foule des spectateurs ?

Calliclès : C'est évident, Socrate, en ce qui regarde Kinésias.

Socrate : Et son père, Mélès, quand il chantait en s'accompagnant de la cithare, crois-tu qu'il avait en vue le bien ? Avait-il même le souci de contenter les spectateurs, lui qui les assommait par son chant ? Mais songes-y ; ne te semble-t-il pas que toute la poésie citharédique et dithyrambique ait été inventée en vue du plaisir ?

Calliclès : Si.

b **Socrate** : Et cet auguste et merveilleux poème qu'est la tragédie, quel est son dessein ? Que veut-il et à quoi s'applique-t-il ? Est-ce uniquement à plaire aux spectateurs, comme je le crois ; ou bien, s'il se présente une idée agréable et flatteuse pour les spectateurs, mais mauvaise, prend-il à cœur de la taire et de déclamer et de chanter au contraire l'idée qui est désagréable, mais utile, que cela plaise ou non ? De ces deux dispositions, quelle est, crois-tu, celle de la tragédie ?

Calliclès : Il est clair, Socrate, qu'elle tend plutôt à plaire et à flatter le
c public.

Socrate : Or n'avons-nous pas dit tout à l'heure, Calliclès, que tout cela n'était que de la flatterie ?

Calliclès : Assurément.

Socrate : Mais si l'on ôtait de quelque poésie que ce soit la mélodie, le rythme et le mètre, resterait-il autre chose que des discours ?

Calliclès : Non, certainement.

Socrate : Or ces discours s'adressent à la multitude et au peuple ?

Calliclès : Oui.

d **Socrate** : La poésie est donc une sorte de discours au peuple ?

Calliclès : Il y a apparence.

Socrate : Donc un discours d'orateur. Ou bien les poètes ne te semblent-ils pas faire acte d'orateur dans les théâtres ?

Calliclès : Si.

Socrate : Nous venons donc de trouver une sorte de rhétorique à l'usage d'un peuple formé d'enfants, de femmes et d'hommes, d'esclaves et

60. La cithare est un instrument de musique. Les concours ou les jeux portaient sur les différents arts (poésie, musique, théâtre.) et les exercices physiques.

61. Un dithyrambe est, à l'origine, un poème à la gloire de Dionysos, dieu de la vigne, du vin et du délire extatique.

d'hommes libres confondus ensemble, rhétorique que nous apprécions
peu, puisque nous la tenons pour une flatterie.

Calliclès: Assurément.

Socrate: Bon. Mais la rhétorique qui s'adresse au peuple d'Athènes et à
e celui des autres États, c'est-à-dire à des hommes libres, quelle idée faut-il en
prendre ? Te paraît-il que les orateurs parlent toujours en vue du plus grand
bien et se proposent pour but de rendre par leurs discours les citoyens aussi
vertueux que possible, ou crois-tu que, cherchant à plaire aux citoyens et
négligeant l'intérêt public pour s'occuper de leur intérêt personnel, ils se
conduisent avec les peuples comme avec des enfants, essayant seulement
503 a de leur plaire, sans s'inquiéter aucunement si par ces procédés ils les
rendent meilleurs ou pires ?

Calliclès: Cette question n'est plus aussi simple. Il y a des orateurs qui
parlent dans l'intérêt des citoyens; il y en a d'autres qui sont tels que tu dis.

Socrate: Il suffit. S'il y a deux manières de parler au peuple, l'une des deux
est une flatterie et une déclamation honteuse; l'autre est l'honnête,
j'entends celle qui travaille à rendre les âmes des citoyens les meilleures
possible, qui s'applique à dire toujours le meilleur, que cela plaise ou
b déplaise à l'auditoire. Mais tu n'as jamais vu de rhétorique semblable, ou, si
tu peux citer quelque orateur de ce caractère, hâte-toi de le nommer.

Calliclès: Non, par Zeus, je ne peux t'en nommer aucun, du moins parmi
les orateurs d'aujourd'hui.

Socrate: Et parmi les anciens peux-tu en citer un grâce auquel, dès qu'il a
commencé à les haranguer, les Athéniens soient devenus meilleurs, de moins
c bons qu'ils étaient auparavant ? Pour moi, je ne vois pas quel est celui-là.

Calliclès: Comment ? N'as-tu pas entendu dire que Thémistocle était un
homme de mérite, ainsi que Cimon, Miltiade[62], et ce Périclès qui est mort
récemment et que tu as entendu toi-même ?

Socrate: S'il est vrai, Calliclès, comme tu l'as affirmé précédemment, que
la véritable vertu consiste à contenter ses propres passions et celles des
autres, je n'ai rien à t'objecter. Mais s'il n'en est pas ainsi et si nous avons
été contraints d'avouer par la suite qu'il faut satisfaire ceux de nos désirs
d qui, réalisés, rendent l'homme meilleur, mais non ceux qui le rendent pire,
et que c'est là un art, peux-tu soutenir qu'aucun de ces orateurs ait rempli
ces conditions ?

Calliclès: Je ne sais trop que te répondre.

Socrate: Cherche bien et tu trouveras. Allons, examinons comme ceci,
tranquillement, si quelqu'un d'eux les a remplies. Voyons, l'homme
vertueux qui dans tous ses discours a le plus grand bien en vue ne parlera
e pas au hasard, n'est-ce pas ? mais avec dessein. Il fera comme tous les autres
artisans qui, considérant chacun ce qu'ils veulent faire, ne ramassent pas au
hasard les matériaux qu'ils emploient pour leur ouvrage, mais les
choisissent de manière à lui donner une forme particulière. Par exemple,

62. Tous deux stratèges, Miltiade engagea les Athéniens contre les Perses et fut le vainqueur de Marathon. Il fut accusé de trahison et l'on rapporte qu'incapable de payer l'amende il mourut en prison. Cimon est son fils, ordonnateur de grands travaux, chef victorieux, créateur de l'empire maritime d'Athènes; il fut frappé d'ostracisme (voir note 75, p. 75).

jette les yeux sur les peintres, les architectes, les constructeurs de vaisseaux et sur tel autre ouvrier qu'il te plaira, tu verras comment chacun d'eux place
504 a en ordre ses matériaux et force chacun à s'ajuster et à s'harmoniser au voisin, jusqu'à ce qu'il ait composé un tout bien arrangé et bien ordonné[63]. Il en est ainsi de tous les artisans et en particulier de ceux que nous avons mentionnés tout à l'heure, qui s'occupent du corps, je veux dire les maîtres de gymnastique et les médecins : ils ordonnent et règlent le corps. Sommes-nous d'accord sur ce point, ou non ?

Calliclès : Soit, si tu veux.

Socrate : Donc si la régularité et l'ordre règnent dans une maison elle est bonne ; si c'est le désordre, elle est mauvaise.

Calliclès : J'en conviens.

Socrate : N'en est-il pas de même d'un vaisseau ?

b **Calliclès** : Si.

Socrate : N'en disons-nous pas autant de nos corps ?

Calliclès : Certainement.

Socrate : Et notre âme ? Sera-t-elle bonne si elle est déréglée, ou si elle est réglée et ordonnée ?

Calliclès : D'après ce que nous avons dit précédemment, c'est la deuxième hypothèse qui s'impose.

Socrate : Et dans le corps, quel nom faut-il donner à l'effet que produisent la règle et l'ordre ?

Calliclès : Tu veux parler sans doute de la santé et de la force ?

c **Socrate** : Oui. Et à l'effet que la règle et l'ordre produisent dans l'âme, quel nom lui donnerons-nous ? Essaye de le trouver et dis-le-moi, comme tu l'as fait pour le corps.

Calliclès : Pourquoi ne le dis-tu pas toi-même, Socrate ?

Socrate : Je le dirai, si tu le préfères. De ton côté, si tu approuves ce que je vais dire, conviens-en ; sinon, réfute-moi et arrête-moi. Pour moi, il me paraît que le nom de sain convient à l'ordre qui règne dans le corps et que de là vient la santé, ainsi que toutes les autres qualités physiques. Est-ce exact, ou non ?

Calliclès : C'est exact.

d **Socrate** : L'ordre et la règle dans l'âme s'appellent légalité et loi, et c'est ce qui fait les hommes justes et réglés ; et c'est cela qui constitue la justice et la tempérance. L'accordes-tu, ou non ?

Calliclès : Soit.

Socrate : Voilà donc ce que l'orateur dont je parle, celui qui suit l'art et la vertu, aura en vue dans tous les discours qu'il adressera aux âmes, et dans toutes ses actions, et, soit qu'il donne, soit qu'il ôte quelque chose au
e peuple, il songera sans cesse aux moyens de faire naître la justice dans l'âme de ses concitoyens et d'en bannir l'injustice, d'y faire germer la tempérance et d'en écarter l'incontinence, en un mot d'y introduire toutes les vertus et d'en exclure tous les vices. M'accordes-tu cela, ou non ?

Calliclès : Je te l'accorde.

Socrate : À quoi sert-il en effet, Calliclès, d'offrir à un corps malade et mal en point des aliments en abondance, des boissons exquises et tout autre

63. Le mot grec est *cosmos*, la belle proportion, l'harmonie.

délice qui parfois ne lui profitera pas plus, à en bien juger, que le traitement contraire, qui lui profitera même moins ? Est-ce vrai ?

505 a **Calliclès** : Soit.

Socrate : Ce n'est pas, je pense, un avantage pour un homme de vivre avec un corps misérable, car il est, en ce cas, condamné à une vie misérable aussi. N'est-ce pas exact ?

Calliclès : Si.

Socrate : N'est-il pas vrai que les médecins permettent généralement, quand on est bien portant, de satisfaire ses désirs, par exemple de manger autant qu'on veut, quand on a faim, de boire quand on a soif, tandis que, si l'on est malade, ils ne permettent pour ainsi dire jamais de se rassasier de ce qu'on désire. Es-tu d'accord avec moi sur ce point ?

b **Calliclès** : Oui.

Socrate : Et pour l'âme, excellent Calliclès, la règle n'est-elle pas la même ? Tant qu'elle est mauvaise, parce qu'elle est déraisonnable, incontinente, injuste, impie, il faut l'éloigner de ce qu'elle désire et ne pas lui permettre de faire autre chose que ce qui doit la rendre meilleure. Es-tu de cet avis ou non ?

Calliclès : Je suis de cet avis.

Socrate : N'est-ce pas là ce qui vaut le mieux pour l'âme elle-même ?

Calliclès : Assurément.

Socrate : Mais éloigner quelqu'un de ce qu'il désire, n'est-ce pas le châtier ?

Calliclès : Si.

Socrate : Donc le châtiment est meilleur pour l'âme que l'incontinence, contrairement à ce que tu pensais tout à l'heure ?

c **Calliclès** : Je ne sais ce que tu veux dire, Socrate. Interroge un autre que moi.

Socrate : Cet homme-là ne souffre pas qu'on lui rende service, et ne peut supporter la chose même dont nous parlons, le châtiment.

Calliclès : Je ne me soucie aucunement de ce que tu dis et je ne t'ai répondu que pour faire plaisir à Gorgias.

Socrate : Soit. Mais alors que faire ? Allons-nous rompre l'entretien sans l'achever ?

Calliclès : C'est à toi d'en décider.

d **Socrate** : Il n'est pas permis, dit-on, de laisser en plan même un conte : il faut lui donner une tête, pour qu'il ne circule pas sans tête. Réponds donc encore pour ce qui reste, afin de donner une tête à notre entretien.

Calliclès : Quel tyran tu fais, Socrate ! Mais, si tu m'en crois, tu laisseras tomber cette discussion, ou tu discuteras avec un autre que moi.

Socrate : Alors quel autre consent à discuter ? Nous ne pouvons certes pas laisser la discussion inachevée.

Calliclès : Ne pourrais-tu pas la poursuivre toi-même, soit en parlant tout seul, soit en te répondant à toi-même ?

e **Socrate** : Tu veux donc que, suivant le mot d'Epicharme[64], je suffise à moi seul à dire ce que deux hommes disaient auparavant ? J'ai peur d'être forcé d'en venir là. Mais si nous procédons de la sorte, je pense, moi, que nous devons tous rivaliser d'ardeur pour découvrir ce qu'il y a de vrai et ce qu'il

64. Epicharme est un auteur de comédies. Allusion à une réplique selon laquelle quand l'interlocuteur refuse de répondre, on est amené à faire à soi seul demandes et réponses.

y a de faux dans la question que nous traitons ; car nous avons tous à gagner
à faire la lumière sur ce point. Je vais donc vous exposer ce que j'en pense,
506 a et, si quelqu'un de vous trouve que je me fais des concessions erronées,
qu'il me reprenne et me réfute. Aussi bien je ne parle pas comme un
homme sûr de ce qu'il dit, mais je cherche de concert avec vous, en sorte
que, si mon contradicteur me paraît avoir raison, je serai le premier à le
reconnaître. Si je vous dis cela, c'est pour le cas où vous jugeriez qu'il faut
pousser la discussion jusqu'au bout ; mais si vous ne le voulez pas, restons-
en la et allons-nous-en.

Gorgias : Pour ma part, Socrate, je suis d'avis qu'il ne faut pas encore nous
retirer, mais que tu ailles jusqu'au bout de ton exposition, et je suis sûr que
b les autres partagent mon opinion. Personnellement, je désire t'entendre
développer ce qui te reste à dire.

Socrate : De mon côté, Gorgias, j'aurais volontiers continué à discuter avec
Calliclès, jusqu'à ce que je lui eusse rendu la réplique d'Amphion en
échange de la tirade de Zéthos. Mais puisque tu refuses, Calliclès, de
m'aider à terminer l'entretien, écoute-moi du moins et arrête-moi, si tu
trouves que j'avance quelque chose d'inexact. Et si tu me démontres mon
erreur, je ne me fâcherai pas contre toi, comme tu viens de le faire à mon
c égard ; au contraire, je t'inscrirai au premier rang de mes bienfaiteurs.

Calliclès : Parle toi-même, mon bon, et achève.

Socrate : Écoute-moi donc, tandis que je reprends l'argumentation dès le
commencement. L'agréable et le bon sont-ils la même chose ? Non, comme
nous en sommes convenus, Calliclès et moi. – Faut-il faire l'agréable en vue
du bon, ou le bon en vue de l'agréable ? L'agréable en vue du bon. – Et
d l'agréable est-il ce dont la présence nous réjouit, et le bon ce dont la
présence nous rend bons ? Certainement. – Or nous sommes bons, nous et
les autres choses bonnes, par la présence d'une certaine qualité ? Cela me
paraît incontestable, Calliclès. – Mais la qualité propre à chaque chose,
meuble, corps, âme, animal quelconque, ne lui vient point à l'aventure
d'une manière parfaite ; elle vient d'un arrangement, d'une justesse, d'un
art adaptés à la nature de chacune. Est-ce vrai ? Pour moi, je l'affirme. –
Ainsi la vertu de chaque chose consiste dans l'arrangement et la disposition
e établis par l'ordre ? Je dirais oui. – Ainsi une sorte d'ordre propre à chaque
chose la rend bonne par sa présence en elle ? C'est mon avis. – Par
conséquent l'âme où se trouve l'ordre qui lui convient est meilleure que
celle où l'ordre fait défaut ? Nécessairement. – Mais l'âme où règne l'ordre
est une âme bien réglée ? Sans contredit. – Et l'âme bien réglée est
tempérante ? De toute nécessité. – Donc une âme tempérante est bonne ?
507 a Pour moi, je n'ai rien à objecter contre ces propositions. Si tu as, toi,
quelque chose à y reprendre, fais-le connaître.

Calliclès : Continue, mon bon.

Socrate : Je dis donc que, si l'âme tempérante est bonne, celle qui est dans
l'état contraire est mauvaise, et nous avons vu que c'est l'âme insensée et
déréglée. Sans contredit. – Et maintenant l'homme tempérant s'acquitte de
ses devoirs envers les dieux et envers les hommes ; car il ne serait pas
tempérant, s'il ne s'acquittait pas de ses devoirs. Il est nécessaire que cela

b soit ainsi. – Et en faisant son devoir envers les hommes, il agit avec justice,
et envers les dieux, avec pitié ; or, celui qui fait ce qui est juste et pieux est
forcément juste et pieux. C'est vrai. – Et forcément aussi courageux ; car ce
n'est pas le fait d'un homme tempérant ni de poursuivre ni de fuir ce qu'il
ne doit pas, mais de fuir et de poursuivre ce qu'il doit, qu'il s'agisse de
choses ou de personnes, de plaisirs ou de peines, et de persister fermement
dans son devoir ; de sorte qu'il est de toute nécessité, Calliclès, que
c l'homme tempérant, étant, comme nous l'avons vu, juste, courageux et
pieux, soit aussi un homme parfaitement bon ; que l'homme bon fasse bien
et honnêtement tout ce qu'il fait et que, vivant bien, il soit heureux et
fortuné, tandis que le méchant, agissant mal, est malheureux. Or ce
méchant, c'est l'opposé de l'homme tempérant, c'est l'homme déréglé que
tu vantais.

Voilà donc les principes que je pose et j'affirme qu'ils sont vrais. Or, s'ils
d sont vrais, il est notoire que celui qui veut être heureux doit s'attacher et
s'exercer à la tempérance et fuir l'intempérance à toutes jambes et
s'arranger avant tout pour n'avoir pas du tout besoin de châtiment ; mais s'il
en a besoin, lui ou quelqu'un de ses proches, particulier ou État, il faut
qu'on lui inflige un châtiment et qu'on le punisse, si l'on veut qu'il soit
heureux.

Tel est, à mon avis, le but sur lequel il faut tenir les yeux pour régler sa vie.
e Il faut concentrer tous ses efforts et tous ceux de l'État vers l'acquisition de
la justice et de la tempérance, si l'on veut être heureux ; il faut rapporter
tous ses actes à cette fin et se garder de lâcher la bride à ses passions et, en
tentant de les satisfaire, ce qui serait un mal sans remède, de mener une
vie de brigand. Un tel homme, en effet, ne saurait être aimé d'un autre
homme ni de Dieu ; car il ne peut lier société avec personne, et, sans
508 a société, pas d'amitié. Les savants[65], Calliclès, disent que le ciel et la terre,
les dieux et les hommes sont unis ensemble par l'amitié, la règle, la
tempérance et la justice, et c'est pour cela, camarade, qu'ils donnent à tout
cet univers le nom d'ordre, et non de désordre et de dérèglement. Mais il
me semble que toi, tu ne fais pas attention à cela, malgré toute ta science,
et tu oublies que l'égalité géométrique a beaucoup de pouvoir chez les
dieux et chez les hommes. Toi, tu penses, au contraire, qu'il faut tâcher
d'avoir plus que les autres ; c'est que tu négliges la géométrie.
b Mais passons. Il faut maintenant, ou bien réfuter mon argumentation et
prouver que les heureux ne doivent point leur bonheur à la possession de la
justice et de la tempérance, ni les malheureux leur misère à celle du vice, ou
bien, si mon argumentation est juste, il faut en examiner les conséquences.
Or, ces conséquences, Calliclès, ce sont toutes les affirmations à propos
desquelles tu m'as demandé si je parlais sérieusement, lorsque j'ai avancé
que, si l'on avait commis une injustice, il fallait s'accuser soi-même, son fils,
son camarade, et se servir pour cela de la rhétorique. Et ce que tu t'imaginais
que Polos m'accordait par fausse honte était donc la vérité, à savoir qu'il est
plus laid de commettre une injustice que de la subir, et d'autant plus
désavantageux que c'est plus laid ; et que, si l'on veut être un bon orateur, il

65. Il s'agit à nouveau des pythagoriciens, notamment Empédocle.

c faut être juste et versé dans la science de la justice, ce que Polos à son tour
reprochait à Gorgias de m'accorder par fausse honte.

Cela posé, examinons ce que valent les reproches que tu me fais, et si tu as
raison ou non de dire que je ne suis pas en état de me secourir moi-même,
ni aucun de mes amis ou de mes proches et de me tirer des plus grands
dangers, que je suis, comme un homme noté d'infamie, à la merci du
d premier venu qui voudra, selon ton énergique expression, m'assener son
poing sur la joue, me dépouiller de mes biens, me bannir de la cité, ou, pis
encore, me mettre à mort, et qu'être dans une telle situation est la chose la
plus honteuse du monde. Telle était ton opinion. Voici la mienne : je l'ai
déjà exprimée plus d'une fois, mais rien n'empêche de la répéter.

Je nie, Calliclès, que la chose la plus honteuse soit d'être souffleté
e injustement ou de se voir couper les membres ou la bourse, et je soutiens
qu'il est plus honteux et plus mal de me frapper, de me mutiler injustement,
moi et les miens, et que me voler, me réduire en esclavage, percer ma
muraille, en un mot, commettre une injustice quelconque contre moi ou
contre ce qui m'appartient est une chose plus mauvaise et plus laide pour
celui qui commet l'injustice que pour moi qui en suis victime.

509 a Ces vérités qui nous sont apparues plus haut dans nos précédents discours,
comme je le soutiens, sont attachées et liées, si je puis employer cette
expression hardie, par des raisons de fer et de diamant, du moins à ce qu'il
me semble. Si tu ne parviens pas à les rompre, toi ou quelque autre plus
vigoureux que toi, il n'est pas possible de tenir un autre langage que le
mien, si l'on veut être dans le vrai. Pour moi, en effet, je répète toujours la
même chose, que j'ignore ce qui en est, mais que de tous ceux que j'ai
rencontrés, comme toi aujourd'hui, il n'en est aucun qui ait pu parler
autrement sans prêter au ridicule.

b J'affirme donc encore une fois que les choses sont ainsi ; mais si elles sont
ainsi, et si l'injustice est le plus grand des maux pour celui qui la commet,
et si, tout grand qu'est ce mal, c'en est un pire encore, s'il est possible, de
n'être pas puni quand on est coupable, quel est le genre de secours qu'il
serait vraiment ridicule de ne pouvoir s'assurer à soi-même ? N'est-ce pas
celui qui détournera de nous le plus grand dommage ? Oui, ce qu'il y a
incontestablement de plus laid en cette matière, c'est de ne pouvoir
secourir ni soi-même, ni ses amis et ses proches. Au second rang vient le
c genre de secours qui nous protège contre le second mal ; au troisième rang,
celui qui nous protège du troisième mal, et ainsi de suite. Plus le mal est
grave, plus il est beau d'être capable d'y résister et honteux de ne pas l'être.
Cela est-il autrement ou comme je le dis, Calliclès ?

Calliclès : Il n'en est pas autrement.

Socrate : De ces deux choses, commettre l'injustice et la subir, nous
déclarons que le mal est le plus grand pour celui qui la commet, moins
grand pour celui qui la subit. Que faut-il donc que l'homme se procure pour
d se défendre et s'assurer le double avantage de ne commettre et de ne subir
aucune injustice ? Est-ce la puissance ou la volonté ? Voici ce que je veux
dire. Suffit-il de vouloir ne pas subir d'injustice pour en être préservé, ou
est-ce en se ménageant de la puissance qu'on s'en préservera ?

Calliclès : C'est évidemment en se ménageant de la puissance.

Socrate : Et pour ce qui est de commettre l'injustice ? Est-ce assez de ne pas
vouloir la commettre – en ce cas, en effet, on ne la commettra pas ou bien
e faut-il pour cela acquérir une certaine puissance et un certain art dont la
connaissance et la pratique peuvent seules nous empêcher d'être injustes ?
Réponds-moi sur ce point particulier, Calliclès. Penses-tu que, quand nous
sommes convenus, Polos et moi, au cours de la discussion, que personne n'est
injuste volontairement, mais que tous ceux qui font le mal le font malgré eux,
nous avons été contraints à cet aveu par de bonnes raisons, ou non ?

510 a **Calliclès** : Je te passe ce point, Socrate, pour que tu puisses achever ton
discours.

Socrate : Il faut donc, à ce qu'il paraît, se procurer une certaine puissance et un certain art pour réussir à ne point commettre d'injustice.

Calliclès : Certainement.

Socrate : Maintenant, quel peut bien être l'art qui nous met en état de ne point subir l'injustice ou d'en subir le moins possible ? Vois si tu es de mon avis sur ce point. Je pense, moi, qu'il faut posséder dans la cité le pouvoir ou même la tyrannie, ou bien être un ami du gouvernement existant.

Calliclès : Tu peux voir, Socrate, avec quel empressement je t'approuve,
b quand tu dis quelque chose de juste. Ceci me paraît tout à fait bien dit.

Socrate : Examine maintenant si ce que je vais dire te paraît également bien dit. Il me semble à moi que la plus étroite amitié qui puisse lier un homme à un homme est, comme le disent les anciens sages, celle qui unit le semblable au semblable. Et à toi ?

Calliclès : À moi aussi.

Socrate : Ainsi là où le pouvoir appartient à un tyran sauvage et grossier, s'il
y a dans la cité quelque citoyen beaucoup meilleur que lui, le tyran le
c redoutera certainement et ne pourra jamais l'aimer du fond du cœur.

Calliclès : C'est exact.

Socrate : Mais s'il y a un homme beaucoup plus mauvais que lui, le tyran ne saurait l'aimer non plus ; car il le mépriserait et ne rechercherait jamais son amitié.

Calliclès : C'est vrai aussi.

Socrate : Alors le seul ami digne de considération qui lui reste est un
homme du même caractère que lui, qui blâme et loue les mêmes choses et
d qui consent à lui obéir et à s'incliner sous son autorité. Celui-là jouira d'un
grand pouvoir dans la cité et personne ne pourra se féliciter de lui faire du
mal. N'est-ce pas la vérité ?

Calliclès : Si.

Socrate : Si donc quelque jeune homme dans cette cité, se disait à lui-même : « Comment pourrais-je devenir puissant et me mettre à l'abri de toute injustice ? » voici, semble-t-il, la route à suivre, c'est de s'habituer de bonne heure à aimer et à haïr les mêmes choses que le maître et de s'arranger pour lui ressembler le plus possible. N'est-ce pas vrai ?

Calliclès : Si.

Socrate : Voilà l'homme qui réussira à se mettre à l'abri de l'injustice et à
e devenir, comme vous dites, puissant dans la cité.

Calliclès: Parfaitement.

Socrate: Mais réussira-t-il également à ne pas commettre d'injustice? Ou s'en faut-il de beaucoup, s'il doit ressembler à son maître, qui est injuste, et avoir un grand crédit près de lui? Moi, je pense, au contraire, qu'il s'arrangera pour pouvoir commettre le plus d'injustices possible et n'en pas être puni. Qu'en dis-tu?

Calliclès: Il y a apparence.

511 a **Socrate**: Il aura donc en lui le plus grand des maux, une âme pervertie et dégradée par l'imitation de son maître et par la puissance.

Calliclès: Je ne sais pas comment tu peux, Socrate, mettre sens dessus dessous tous les raisonnements. Ne sais-tu pas que cet imitateur fera périr, s'il le veut, celui qui n'imite pas le tyran et lui enlèvera ses biens?

b **Socrate**: Je le sais, mon bon Calliclès. Il faudrait être sourd pour l'ignorer; car je te l'ai entendu dire à toi, et je l'ai entendu répéter maintes fois tout à l'heure à Polos, et à presque tous les habitants de la ville. Mais à ton tour, écoute ceci: Oui, il tuera, s'il veut, mais c'est un méchant qui tuera un honnête homme.

Calliclès: N'est-ce pas précisément cela qui est le plus révoltant?

Socrate: Non pas, du moins pour un homme sensé, comme la raison le démontre. Crois-tu donc que le but des efforts de l'homme soit de vivre le plus longtemps possible et de pratiquer les arts qui nous sauvent toujours des dangers, comme cette rhétorique que tu me conseilles de cultiver,
c parce qu'elle nous sauve dans les tribunaux?

Calliclès: Oui, par Zeus, et mon conseil est bon.

Socrate: Mais voyons, mon excellent ami. Penses-tu que l'art de nager soit aussi un art considérable?

Calliclès: Non, par Zeus.

Socrate: Et pourtant cet art aussi sauve les hommes de la mort, dans les accidents où l'on a besoin de savoir nager. Mais si cet art te paraît mesquin,
d je vais t'en nommer un plus important, l'art de gouverner les vaisseaux, qui sauve des plus grands périls non seulement les âmes, mais aussi les corps et les biens, comme la rhétorique. Et cet art est simple et modeste, il ne se vante pas, il ne prend pas de grands airs, comme s'il accomplissait des merveilles. Bien qu'il nous procure les mêmes avantages que l'éloquence judiciaire, quand il nous a ramenés sains et saufs d'Egine[66] ici, il ne prend,
e je crois, que deux oboles[67]; si c'est de l'Égypte ou du Pont[68], pour ce grand service, pour avoir sauvé ce que je disais tout à l'heure, notre personne, nos enfants, nos biens et nos femmes, en nous débarquant sur le port, il nous demande tout au plus deux drachmes. Et l'homme qui possède cet art et qui a accompli tout cela, une fois descendu à terre, se promène sur le quai près de son vaisseau, avec une contenance modeste.

C'est qu'il sait, je pense, se dire à lui-même qu'il est difficile de reconnaître les passagers auxquels il a rendu service, en les préservant de se noyer, et ceux auxquels il a fait tort; car il n'ignore pas qu'en les débarquant il ne les

66. Egine est une île du golfe saronique, en face d'Athènes.
67. L'obole est une monnaie, de même la drachme qui vaut six oboles.
68. Le Pont-Euxin est la Mer Noire.

512 a a laissés aucunement meilleurs qu'ils n'étaient en s'embarquant, ni pour le
corps ni pour l'âme. Il se dit donc ceci : « Si quelqu'un, atteint en son corps
de maladies graves et incurables, n'a pas été noyé, c'est un malheur pour
lui de n'être pas mort et je ne lui ai fait aucun bien ; de même, si un autre
porte en son âme, plus précieuse que son corps, une foule de maladies
incurables, il n'a plus besoin de vivre, et je ne lui rendrai pas service en le
sauvant de la mer ou des tribunaux ou de tout autre péril. » Il sait en effet
b que ce n'est pas pour le méchant un avantage de vivre, puisqu'il ne peut
que vivre mal.

Voilà pourquoi le pilote n'a pas l'habitude de tirer vanité de son art, bien qu'il
nous sauve, non plus, mon admirable ami, que le constructeur de machines,
qui parfois peut sauver des choses aussi importantes, je ne dis pas que le
pilote, mais que le général d'armée ou tout autre, quel qu'il soit, puisqu'il
sauve quelquefois des villes entières. Tu ne crois pas, n'est-ce pas, qu'il est
comparable à l'orateur judiciaire ? Pourtant, s'il voulait parler comme vous,
c Calliclès, il vous accablerait de ses raisons et vous dirait et vous conseillerait
de vous faire constructeurs de machines, attendu que le reste n'est rien ; car
il ne manquerait pas d'arguments. Mais toi, tu ne l'en méprises pas moins, lui
et son art, tu lui jetterais volontiers le nom de machiniste comme une injure
et tu ne consentirais ni à donner ta fille à son fils ni à épouser toi-même sa
fille à lui. Cependant, à examiner les raisons pour lesquelles tu magnifies ton
d art, de quel droit méprises-tu le machiniste et les autres dont je parlais tout
à l'heure ? Je sais bien que tu alléguerais que tu es meilleur qu'eux et de
meilleure famille. Mais si le meilleur est autre chose que ce que je dis, si la
vertu consiste uniquement à sauver sa personne et ses biens, quoi qu'on
vaille d'ailleurs, tu es ridicule de dénigrer le machiniste, le médecin et les
autres arts qui ont été inventés pour nous sauver.

Vois plutôt, mon bienheureux ami, si la noblesse de l'âme et le bien ne
seraient pas autre chose que de sauver les autres et se sauver soi-même du
e péril. Car de vivre plus ou moins longtemps, c'est, sois-en sûr, un souci dont
l'homme véritablement homme doit se défaire. Au lieu de s'attacher à la
vie, il doit s'en remettre là-dessus à la Divinité et croire, comme disent les
femmes, que personne au monde ne saurait échapper à son destin[69] ; puis
chercher le moyen de vivre le mieux possible le temps qu'il a à vivre. Faut-
513 a il pour cela s'adapter à la constitution politique du pays qu'on habite ? En
ce cas, tu devrais toi-même te rendre aussi semblable que possible au
peuple d'Athènes, si tu veux en être aimé et devenir puissant dans l'État.
Vois si c'est là ton avantage et le mien, afin, mon noble ami que nous
n'éprouvions pas ce qui arrive, dit-on, aux Thessaliennes qui attirent la
lune à elles[70] ; car c'est aux dépens de ce que nous avons de plus cher que
nous attirerons à nous cette grande puissance dans l'État.

Mais si tu crois que quelqu'un au monde te transmettra un moyen
b quelconque de te rendre puissant dans la cité, si tes mœurs diffèrent de sa
constitution, soit en bien soit en mal, c'est qu'à mon avis, tu raisonnes mal,

69. Cf. notamment *Iliade, VI, 488* : c'est ce qu'Andromaque dit à Hector.

70. Les femmes de Thessalie sont réputées pour leurs pouvoirs magiques. On croyait que celles qui faisaient descendre la lune perdaient les yeux et les pieds.

Calliclès. Ce qu'il faut, ce n'est pas les imiter, c'est leur ressembler
naturellement, si tu veux effectivement réussir à gagner l'amitié du Démos
d'Athènes et aussi, par Zeus, celle de Démos, fils de Pyrilampe. C'est donc
celui qui te rendra tout à fait pareil à eux qui fera de toi, comme tu le
désires, un politique et un orateur. Chacun d'eux aime les discours qui
c s'accordent à son caractère ; mais ce qui lui est étranger leur déplaît, à
moins, chère tête, que tu ne sois d'un autre avis. Avons-nous quelque
objection, Calliclès ?

Calliclès : Je ne sais comment il se fait que tu me parais avoir raison, Socrate. Cependant, je suis comme la plupart de tes auditeurs, je ne te crois qu'à demi.

Socrate : C'est que l'amour du peuple implanté dans ton âme, Calliclès,
combat contre moi ; mais si nous revenons sur ces mêmes questions pour
d les approfondir, peut-être te rendras-tu. Quoi qu'il en soit, rappelle-toi que
nous avons dit qu'il y a deux façons de cultiver chacune de ces deux choses,
le corps et l'âme, l'une qui s'en occupe en vue du plaisir, et l'autre qui s'en
occupe en vue du bien et qui, sans chercher à plaire, y applique tout son
effort. N'est-ce pas la distinction que nous avons faite alors ?

Calliclès : Si fait.

Socrate : Et nous avons dit que l'une, celle qui tend au plaisir n'était autre chose qu'une vile flatterie, n'est-ce pas ?

e **Calliclès** : Soit, puisque tu le veux.

Socrate : L'autre, au contraire, tend à rendre aussi parfait que possible l'objet de ses soins, que ce soit le corps ou l'âme.

Calliclès : Oui.

Socrate : Dès lors, ne devons-nous pas, dans les soins que nous donnons à
la cité et aux citoyens, nous efforcer de rendre ces citoyens aussi parfaits
que possible ? Sans cela, comme nous l'avons reconnu précédemment, tout
514 a autre service qu'on leur rendrait ne leur serait d'aucune utilité, si ceux qui
doivent acquérir ou de grandes richesses, ou le pouvoir, ou tout autre genre
de puissance n'avaient pas des sentiments honnêtes. Admettons-nous qu'il
en est ainsi ?

Calliclès : Admettons, si cela te plaît.

Socrate : Maintenant supposons, Calliclès, que, désireux de nous charger de
quelque entreprise publique, nous nous exhortions mutuellement à nous
tourner vers les constructions, vers les plus considérables, celles de
b remparts, d'arsenaux, de temples, ne devrions-nous pas nous examiner
nous-mêmes et nous demander d'abord si nous connaissons, ou non, cet
art, l'architecture, et de qui nous l'avons appris. Le faudrait-il, oui ou non ?

Calliclès : Oui, certainement.

Socrate : En second lieu, ne faudrait-il pas vérifier si jamais nous avons bâti
quelque édifice privé pour quelqu'un de nos amis ou pour nous-mêmes, et
si cet édifice est beau ou laid ? Et si, en faisant cet examen, nous trouvons
que nous avons eu des maîtres habiles et réputés et que nous avons
c construit beaucoup de beaux édifices avec nos maîtres, et beaucoup aussi à
nous seuls, après les avoir quittés, dans ces conditions, nous pourrions
raisonnablement aborder les entreprises publiques. Si, au contraire, nous

n'avions aucun maître à citer, aucune construction à faire voir, ou plusieurs
constructions sans valeur, alors ce serait folie, n'est-ce pas, d'entreprendre
des ouvrages publics et de nous y exhorter l'un l'autre ? Avouons-nous que
cela soit bien dit, ou non ?
d **Calliclès** : Oui.
Socrate : Il en est de même en tout. Si, par exemple, ayant dessein d'être
médecins de l'État, nous nous y exhortions l'un l'autre comme étant
qualifiés pour cela, nous nous serions, je présume, examinés au préalable
réciproquement, toi et moi : « Voyons, au nom des dieux, comment Socrate
se porte-t-il lui-même ? A-t-il déjà guéri quelqu'un, esclave ou homme
libre ? » De mon côté, j'imagine que je ferais les mêmes questions à ton
e sujet ; et, si nous trouvions que nous n'avons amélioré la santé de personne,
étranger ou Athénien, homme ou femme, au nom de Zeus, Calliclès, ne
serait-ce pas une véritable dérision qu'un homme en vienne à cet excès
d'extravagance, qu'avant d'avoir fait beaucoup d'expériences quelconques
dans l'exercice privé de la médecine, d'avoir obtenu de nombreux succès et
de s'être exercé convenablement dans cet art, il veuille, comme dit le
proverbe, faire son apprentissage de potier sur une jarre[71] et se mette dans
la tête d'être médecin public et d'y exhorter ses pareils ? Ne te semble-t-il
pas qu'il y a de la folie à se conduire de la sorte ?
Calliclès : Si.
515 a **Socrate** : Maintenant donc, ô le meilleur des hommes, que toi-même tu
viens de débuter dans la carrière politique, que tu m'y appelles et que tu
me reproches de n'y pas prendre part, n'est-ce pas le moment de nous
examiner l'un l'autre et de dire : « Voyons, Calliclès a-t-il déjà rendu meilleur
quelque citoyen ? En est-il un qui, étant auparavant méchant, injuste,
dissolu, insensé, soit devenu honnête homme grâce à Calliclès, étranger ou
b citoyen, esclave ou homme libre ? » Dis-moi, si on te questionnait là-dessus,
que répondrais-tu ? Qui citerais-tu que ton commerce ait rendu meilleur ?
Pourquoi hésites tu à répondre, s'il est vrai qu'il y ait une œuvre de toi, que
tu aies faite dans la vie privée, avant d'aborder les affaires publiques ?
Calliclès : Tu veux toujours avoir le dessus, Socrate.
Socrate : Ce n'est pas pour avoir le dessus que je t'interroge, c'est parce que
j'ai un véritable désir de savoir ton opinion sur la manière dont il faut traiter
la politique chez nous. T'occuperas-tu, une fois arrivé aux affaires, d'autre
c chose que de faire de nous des citoyens aussi parfaits que possible ? N'avons-
nous pas déjà reconnu mainte fois que tel était le devoir de l'homme d'État ?
L'avons-nous reconnu, oui ou non ? Réponds. Oui, nous l'avons reconnu,
puisqu'il faut que je réponde pour toi. Si donc tel est l'avantage que l'homme
de bien doit ménager à sa patrie, rappelle-toi les hommes dont tu parlais tout
à l'heure et dis-moi si tu crois toujours qu'ils ont été de bons citoyens, les
d Périclès, les Cimon, les Miltiade, les Thémistocle.
Calliclès : Oui, je le crois.
Socrate : S'ils étaient bons, il est évident que chacun d'eux rendait ses
concitoyens meilleurs qu'ils n'avaient été jusqu'alors. Le faisaient-ils, ou
non ?

71. Le proverbe concerne ceux qui s'attaquent sans préparation à des choses difficiles.

Calliclès : Oui.

Socrate : Donc, lorsque Périclès commença à parler en public, les Athéniens étaient moins bons que lorsqu'il prononça ses derniers discours ?

Calliclès : Peut-être.

Socrate : Ce n'est pas peut-être, excellent Calliclès, c'est nécessairement qu'il faut dire, d'après les principes que nous avons reconnus, s'il est vrai que cet homme d'État était un bon citoyen.

Calliclès : Et après ?

e **Socrate** : Rien. Mais réponds encore à cette question : les Athéniens passent-ils pour être devenus meilleurs grâce à Périclès, ou, au contraire, ont-ils été corrompus par lui ? J'entends dire en effet que Périclès a rendu les Athéniens paresseux, lâches, bavards, et avides d'argent, en établissant le premier un salaire pour les fonctions publiques[72].

Calliclès : C'est aux laconisants aux oreilles déchirées[73] que tu as entendu dire cela, Socrate.

Socrate : Eh bien, voici une chose que je n'ai pas apprise par ouï-dire, mais que je sais positivement et toi aussi, c'est qu'au début, Périclès avait une bonne réputation et que les Athéniens ne votèrent contre lui aucune peine infamante, au temps où ils avaient moins de vertu, mais lorsqu'ils furent
516 a devenus d'honnêtes gens grâce à lui, vers la fin de sa vie, ils le condamnèrent pour vol ; ils faillirent même lui infliger la peine de mort, évidemment parce qu'ils le jugeaient méchant.

Calliclès : Eh bien, Périclès était-il méchant pour cela ?

Socrate : En tout cas, un gardien d'ânes, de chevaux ou de bœufs serait jugé mauvais s'il était dans le cas de Périclès, si, ayant reçu à garder des animaux qui ne ruaient pas, qui ne frappaient pas de la corne, qui ne mordaient pas, il les avait rendus sauvages au point de faire tout cela. Ne tiens-tu pas pour mauvais tout gardien d'animaux, quels qu'ils soient, qui,
b les ayant reçus plus doux, les a rendus plus sauvages qu'il ne les a reçus ? Est-ce ton avis, ou non ?

Calliclès : Oui, pour te faire plaisir.

Socrate : Fais-moi donc encore le plaisir de répondre à ceci : l'homme fait-il, ou non, partie des animaux ?

Calliclès : Sans doute.

Socrate : Or, c'était des hommes que Périclès avait à conduire ?

Calliclès : Oui.

Socrate : Eh bien, n'auraient-ils pas dû, comme nous venons d'en convenir, devenir par ses soins plus justes qu'ils ne l'étaient avant, si Périclès avait pour les diriger les qualités d'un homme d'État ?

c **Calliclès** : Certainement.

Socrate : Or les justes sont doux, au dire d'Homère. Qu'en dis-tu ? N'est-ce pas ton avis ?

Calliclès : Si.

72. L'exercice de la citoyenneté – participation aux diverses assemblées, à la vie militaire – n'était pas rémunéré, jusqu'à ce que Périclès institue, en 462/461, une indemnité.

73. Les habitants de Sparte en Laconie s'adonnaient à la boxe et gardaient la trace des coups. Les laconisants sont leurs admirateurs, qui font de même.

Socrate: Cependant il les a rendus plus féroces qu'il ne les avait reçus, et cela contre lui-même, le dernier qu'il eût voulu voir attaquer.

Calliclès: Tu veux que je te l'accorde?

Socrate: Oui, s'il te paraît que je dis la vérité.

Calliclès: Soit donc.

Socrate: Mais en les rendant plus féroces, il les a rendus plus injustes et plus mauvais?

d **Calliclès**: Soit.

Socrate: À ce compte, Périclès n'était donc pas un bon politique?

Calliclès: C'est toi qui le dis.

Socrate: Et toi aussi, par Zeus, si je m'en rapporte à tes aveux. Mais maintenant parlons de Cimon. N'a-t-il pas été frappé d'ostracisme[74] par ceux dont il prenait soin, pour que de dix ans ils n'eussent plus à entendre sa voix? Et Thémistocle n'a-t-il pas été traité de même et de plus condamné à l'exil? Quant à Miltiade, le vainqueur de Marathon, n'avaient-ils pas voté
e qu'il serait jeté dans le barathre[75] et, sans le prytane, n'y aurait-il pas été précipité? Si cependant tous ces hommes avaient eu la vertu que tu leur attribues, ils n'auraient jamais été traités de la sorte. Il n'est pas naturel que les bons cochers restent fermes sur leur char au début de leur carrière et qu'ils en tombent juste au moment où ils ont dressé leurs chevaux et sont devenus eux-mêmes plus habiles. C'est ce qui n'arrive ni dans l'art de conduire un attelage, ni dans aucun autre. N'est-ce pas ton avis?

Calliclès: Si.

Socrate: Nous avions donc raison, à ce qu'il paraît, quand nous disions dans nos précédents discours qu'il n'y avait jamais eu, à notre connaissance, de
517 a bon politique dans notre ville. Tu avouais toi-même qu'il n'y en a point parmi nos contemporains, mais qu'il y en avait eu jadis et à ceux-là tu donnais une place à part. Mais nous avons reconnu qu'ils étaient exactement pareils à ceux de nos jours, en sorte que, s'ils ont été des orateurs, ils n'ont fait usage ni de la véritable rhétorique, autrement ils n'auraient pas été renversés, ni de la rhétorique flatteuse.

Calliclès: Il s'en faut pourtant de beaucoup, Socrate, qu'aucun des politiques d'aujourd'hui ait jamais fait quelque chose de comparable aux
b œuvres de l'un quelconque de ceux-là.

Socrate: Moi non plus, mon admirable ami, je ne les blâme pas, en tant que serviteurs de l'État. Je crois même qu'à ce titre ils ont été supérieurs à ceux d'aujourd'hui et plus habiles à procurer à la cité ce qu'elle désirait. Mais pour ce qui est de faire changer ses désirs et d'y résister, en l'amenant par la persuasion ou par la contrainte aux mesures propres à rendre les
c citoyens meilleurs, il n'y a, pour ainsi dire, pas de différence entre ceux-ci et ceux-là. Or c'est là l'unique tâche d'un bon citoyen. À l'égard des vaisseaux, des murailles, des arsenaux et de beaucoup d'autres choses du même genre, je conviens avec toi qu'ils ont été plus habiles à en procurer

74. L'ostracisme est une procédure d'exclusion des affaires publiques et de bannissement pour dix ans. Il frappait celui qui était suspecté d'exercer une magistrature à son avantage et non en vue du bien public. Le vote s'effectuait au moyen de tessons de poterie ou de coquilles d'huîtres *(ostraka)*.

75. Le barathre est le fossé dans lequel on précipitait les condamnés.

que ceux d'aujourd'hui. Cela étant, nous faisons, toi et moi, à discuter ainsi,
une chose ridicule : depuis le temps que nous conversons, nous n'avons pas
cessé de tourner dans le même cercle, sans nous entendre l'un l'autre.
d En tout cas, je suis sûr que tu as plus d'une fois avoué et reconnu qu'il y a
deux manières de traiter le corps et l'âme : l'une servile, par laquelle il est
possible de procurer au corps, s'il a faim, des aliments ; s'il a soif, des
boissons ; s'il a froid, des vêtements, des couvertures, des chaussures, bref,
tout ce que le corps peut désirer. C'est à dessein que j'emploie les mêmes
exemples, afin que tu me comprennes plus facilement. Quand on est en
état de fournir ces objets, soit comme négociant ou marchand au détail, soit
e comme fabricant de quelqu'un de ces mêmes objets, boulanger, cuisinier,
tisserand, cordonnier, tanneur, il n'est pas surprenant qu'en ce cas on se
regarde soi-même et qu'on soit regardé par les autres comme chargé du
soin du corps, si l'on ne sait pas qu'outre tous ces arts il y a un art de la
gymnastique et de la médecine qui constitue la véritable culture du corps,
et auquel il appartient de commander à tous ces arts et de se servir de leurs
produits, parce qu'il sait ce qui, dans les aliments ou les boissons, est
salutaire ou nuisible à la santé du corps, et que tous les autres l'ignorent.
518 a C'est pour cela qu'en ce qui regarde le soin du corps, ces arts sont réputés
serviles, bas, indignes d'un homme libre, tandis que la gymnastique et la
musique passent à bon droit pour être les maîtresses de ceux-là.

Qu'il en soit de même en ce qui concerne l'âme, tu sembles le comprendre
au moment même où je te le dis et tu en conviens en homme qui a compris
ma pensée ; mais, un moment après, tu viens me dire qu'il y a d'honnêtes
b citoyens dans notre ville, et, quand je te demande lesquels, tu mets en
avant des hommes qui me paraissent exactement tels en matière de
politique que, si, interrogé par moi, en matière de gymnastique, sur ceux qui
ont été ou sont habiles à dresser les corps, tu me citais avec le plus grand
sérieux Théarion, le boulanger, Mithaïcos, celui qui a écrit sur la cuisine
sicilienne, et Sarambon, le marchand de vin, parce qu'ils s'entendent
merveilleusement à prendre soin du corps, en apprêtant admirablement,
c l'un le pain, l'autre les ragoûts et le troisième le vin.

Peut-être t'indignerais-tu si je te disais : Tu n'entends rien, l'ami, à la
gymnastique. Tu me nommes des gens qui sont des serviteurs et des
pourvoyeurs de nos besoins, mais qui n'entendent rien à ce qui est beau et
bon en cette matière. Le hasard peut faire qu'ils remplissent et épaississent
les corps de leurs clients et qu'ils soient loués par eux ; mais ils finiront par
d leur faire perdre même leur ancienne corpulence. Ceux-ci, de leur côté,
sont trop ignorants pour accuser ceux qui les régalent d'être les auteurs de
leurs maladies et de la perte de leur poids primitif ; mais, si par hasard il se
trouve là des gens qui leur donnent quelque conseil, au moment où les
excès qu'ils ont faits sans égard pour leur santé auront longtemps après
amené la maladie, ce sont ceux-là qu'ils accuseront, qu'ils blâmeront, qu'ils
maltraiteront, s'ils le peuvent, tandis que, pour les premiers, qui sont la
cause de leurs maux, ils n'auront que des éloges.
e Toi, Calliclès, tu agis exactement comme eux. Tu vantes des hommes qui
ont régalé les Athéniens en leur servant tout ce qu'ils désiraient, et qui ont,

dit-on, agrandi l'État. Mais on ne voit pas que l'agrandissement dû à ces anciens politiques n'est qu'une enflure où se dissimule un ulcère. Car ils
519 a n'avaient point en vue la tempérance et la justice, quand ils ont rempli la cité de ports, d'arsenaux, de remparts, de tributs et autres bagatelles semblables. Quand viendra l'accès de faiblesse, les Athéniens accuseront ceux qui se trouveront là et donneront des conseils, mais ils n'auront que des éloges pour Thémistocle, pour Cimon, pour Périclès, auteurs de leurs maux. Peut-être est-ce à toi qu'ils s'attaqueront, si tu n'y prends garde, ou à mon ami Alcibiade, quand avec leurs acquisitions ils perdront leurs
b anciennes possessions, quoique vous ne soyez pas les auteurs du mal, mais seulement peut-être des complices.

Au reste, il y a une chose déraisonnable que je vois faire aujourd'hui et que j'entends dire également des hommes d'autrefois. Je remarque que, lorsque la cité met en cause un de ses hommes d'État préjugé coupable, ils s'indignent et se plaignent de l'affreux traitement qu'ils subissent. Ils ont rendu mille services à l'État, s'écrient-ils, et l'État les perd injustement.
c Mais c'est un pur mensonge ; car jamais un chef d'État ne peut être opprimé injustement par la cité même à laquelle il préside. Il semble bien qu'il faut mettre ceux qui se donnent pour des hommes d'État sur la même ligne que les sophistes. Les sophistes, gens sages en tout le reste, se conduisent d'une manière absurde en ceci. Ils se donnent pour professeurs de vertu et souvent ils accusent leurs disciples d'être injustes envers eux, en les privant de leur salaire et ne leur témoignant pas toute la reconnaissance due à leurs bienfaits. Or y a-t-il rien de plus inconséquent
d qu'un tel discours ? Des hommes devenus bons et justes par les soins d'un maître qui leur a ôté l'injustice et les a mis en possession de la justice pourraient lui faire tort avec ce qu'ils n'ont plus ! Ne trouves-tu pas cela absurde, camarade ? Tu m'as réduit, Calliclès, à faire une véritable harangue en refusant de me répondre.

Calliclès : Mais toi-même, ne saurais-tu parler sans qu'on te réponde ?

e **Socrate** : Peut-être. En tout cas, je tiens à présent de longs discours, parce que tu refuses de me répondre. Mais, au nom du dieu de l'amitié, dis-moi, mon bon ami, ne trouves-tu pas absurde de prétendre qu'on a rendu bon un homme et, quand cet homme est devenu et qu'il est bon grâce à nous, de lui reprocher d'être méchant ?

Calliclès : C'est mon avis.

Socrate : N'entends-tu pas tenir le même langage à ceux qui font profession de former les hommes à la vertu ?

520 a **Calliclès** : Si, mais pourquoi parles-tu de gens qui ne méritent aucune considération ?

Socrate : Et toi, que diras-tu de ces hommes qui font profession de gouverner la cité et de travailler à la rendre la meilleure possible et qui l'accusent ensuite, à l'occasion, d'être extrêmement corrompue ? Vois-tu quelque différence entre ceux-ci et ceux-là ? Sophistique et rhétorique, mon bien heureux ami, c'est tout un, ou du moins voisin et ressemblant, ainsi que je le disais à Polos. Mais toi, dans ton ignorance, tu crois que l'une, la rhétorique,
b est une chose parfaitement belle et tu méprises l'autre. Mais en réalité la

sophistique l'emporte en beauté sur la rhétorique autant que la législation sur la jurisprudence et la gymnastique sur la médecine. Pour moi, je croyais que les orateurs politiques et les sophistes étaient les seuls qui n'eussent pas le droit de reprocher à celui qu'ils éduquent eux-mêmes d'être mauvais à leur égard, qu'autrement ils s'accusent eux-mêmes du même coup de n'avoir fait aucun bien à ceux qu'ils prétendent améliorer. N'est-ce pas vrai ?

c **Calliclès** : Certainement.

Socrate : Ce sont aussi, je crois, les seuls qui pourraient vraisemblablement donner leurs services sans exiger de salaire, si ce qu'ils disent est vrai. Pour toute autre espèce de service, par exemple, pour avoir appris d'un pédotribe à courir vite, il se pourrait que le bénéficiaire voulût frustrer son maître de la reconnaissance qu'il lui doit, si celui-ci lui avait donné ses leçons de confiance et sans stipuler qui ; toucherait son salaire au moment même,
d autant que possible, où il lui communiquerait l'agilité. Car ce n'est pas la lenteur, je pense, qui fait qu'on est injuste, c'est l'injustice. Est-ce vrai ?

Calliclès : Oui.

Socrate : Donc, si c'est précisément l'injustice que le maître lui retire, le maître n'a pas à craindre l'injustice de son disciple, et, seul, il peut en toute sûreté placer ce service sans condition, s'il est réellement capable de faire des hommes vertueux. N'est-ce pas vrai ?

Calliclès : J'en conviens.

Socrate : C'est pour cette raison, semble-t-il, que pour toute autre espèce de conseil, par exemple à propos d'architecture et des autres arts, il n'y a aucune honte à recevoir de l'argent.

e **Calliclès** : Il le semble.

Socrate : Mais s'il s'agit de la méthode à suivre pour devenir aussi bon que possible et pour administrer parfaitement sa maison ou la cité, c'est une opinion établie qu'il est honteux de n'accorder ses conseils que contre argent. Est-ce vrai ?

Calliclès : Oui.

Socrate : La raison en est évidemment que, parmi les bienfaits, c'est le seul qui inspire à celui qui l'a reçu le désir de le rendre, de sorte qu'on regarde comme un bon signe si l'auteur de ce genre de bienfaits est payé de retour, et comme mauvais, s'il ne l'est pas. Les choses sont-elles comme je dis ?

521 a **Calliclès** : Oui.

Socrate : Quelle méthode veux-tu donc que je choisisse pour prendre soin de l'État : dois-je combattre les Athéniens afin de les rendre les meilleurs possible, comme fait un médecin, ou les servir et chercher à leur complaire ? Dis-moi la vérité, Calliclès ; car il est juste que, comme tu as commencé par être franc avec moi, tu continues à dire ce que tu penses. Parle donc nettement et bravement.

Calliclès : Eh bien, je te conseille de les servir.

b **Socrate** : À ce compte, c'est au métier de flatteur, mon noble ami, que tu m'appelles.

Calliclès : De Mysien[76], si tu préfères ce nom ; car si tu ne fais pas ce que je dis…

76. Les Mysiens étaient un peuple barbare et méprisé.

Socrate : Ne me répète pas ce que tu m'as déjà dit mainte fois, que je serai mis à mort par qui voudra, si tu ne veux pas qu'à mon tour je te répète que ce sera un méchant qui fera mettre à mort un honnête homme, ni que je serai dépouillé de mes biens, si tu ne veux pas que je te répète aussi que mon spoliateur ne saura pas en faire usage, mais que, comme il les aura enlevés
c injustement, il en usera injustement, quand il en sera le maître, et s'il en use injustement, il en usera honteusement et, mal, parce que honteusement.

Calliclès : Tu me parais bien confiant, Socrate, de croire qu'il ne t'arrivera rien de semblable, parce que tu vis à l'écart, et que tu ne seras pas traîné devant un tribunal par un homme peut-être foncièrement méchant et méprisable.

Socrate : Je serais effectivement bien sot, Calliclès, si je ne croyais pas que, dans cette ville, n'importe qui peut avoir à souffrir un jour ou l'autre un pareil accident. Mais il y a une chose dont je suis sûr, c'est que, si je parais
d devant un tribunal et que j'y coure un des risques dont tu parles, celui qui m'y citera sera un méchant homme ; car jamais homme de bien n'accusera un innocent. Et il n'y aurait rien d'étonnant que je fusse condamné à mort. Veux-tu que je te dise pourquoi je m'y attends ?

Calliclès : Oui, certes.

Socrate : Je crois que je suis un des rares Athéniens, pour ne pas dire le seul, qui s'attache au véritable art politique, et qu'il n'y a que moi qui le pratique aujourd'hui. Comme chaque fois que je m'entretiens avec quelqu'un, ce
e n'est point pour plaire que je parle, mais que je vise au plus utile et non au plus agréable, et que je ne puis me résoudre à faire ces jolies choses que tu me conseilles, je n'aurai rien à dire devant mes juges. Le cas dont je parlais à Polos est aussi le mien. Je serai jugé comme le serait un médecin accusé devant des enfants par un cuisinier. Vois en effet ce qu'un pareil accusé pris au milieu de tels juges pourrait alléguer pour sa défense, si on l'accusait en ces termes : « Enfants, l'homme que voici vous a souvent fait du mal à vous-mêmes et il déforme les plus jeunes d'entre vous en les incisant et les
522 a brûlant, il les réduit au désespoir en les faisant maigrir et en les étouffant, il leur donne des breuvages très amers, les force à souffrir la faim et la soif, au lieu de vous régaler, comme moi, de mille choses exquises et variées. », Que crois-tu que pourrait dire le médecin pris dans ce guêpier ? S'il disait, ce qui est vrai : « Je n'ai fait tout cela, enfants, que pour votre santé », quelle clameur crois-tu que pousseraient de tels juges ? Ne serait-elle pas violente ?

Calliclès : Sans doute ; il faut le croire.

Socrate : Ne crois-tu pas qu'il sera fort embarrassé de savoir quoi dire ?

b **Calliclès** : Assurément.

Socrate : Je sais bien que la même chose m'arriverait, si je comparaissais devant des juges ; car je ne pourrais pas alléguer que je leur ai procuré ces plaisirs qu'ils regardent comme des bienfaits et des services, tandis que moi, je n'envie ni ceux qui les procurent, ni ceux qui les reçoivent. Si on m'accuse ou de corrompre les jeunes gens, en les réduisant à douter, ou d'insulter les gens plus âgés, en tenant sur eux des propos amers, soit en particulier, soit en public, je ne pourrai ni leur répondre conformément à
c la vérité : « C'est la justice qui me fait parler ainsi et en cela je sers votre

intérêt, juge », ni dire aucune autre chose ; de sorte que je dois m'attendre
à ce qu'il plaira au sort d'ordonner.

Calliclès : Alors tu crois, Socrate, qu'il est beau pour un homme d'être dans
une pareille position et dans l'impuissance de se défendre lui-même ?

Socrate : Oui, Calliclès, à condition qu'il ait une chose que tu lui as plusieurs
fois accordée, je veux dire qu'il se soit ménagé le secours qui consiste à
n'avoir rien dit ni rien fait d'injuste ni envers les hommes, ni envers les
d dieux. Car cette manière de se secourir soi-même, ainsi que nous l'avons
reconnu plus d'une fois, est la meilleure de toutes. Si donc on me prouvait
que je suis incapable de m'assurer cette sorte de secours à moi-même et à
un autre, je rougirais d'être convaincu devant peu comme devant beaucoup
de personnes et même en tête à tête avec moi seul, et si cette impuissance
devait causer ma mort, j'en serais bien fâché ; mais si je perdais la vie faute
e de connaître la rhétorique flatteuse, je suis sûr que tu me verrais supporter
facilement la mort. La mort en soi n'a rien d'effrayant, à moins que l'on ne
soit tout à fait insensé et lâche ; ce qui est effrayant, c'est l'injustice ; car le
plus grand des malheurs est d'arriver chez Hadès avec une âme chargée de
crimes. Si tu le veux, je suis prêt à te faire un récit qui te le prouvera.

Calliclès : Eh bien, puisque tu as achevé ton exposition, achève aussi de
traiter ce point.

523 a **Socrate** : Écoute donc, comme on dit, une belle histoire, que tu prendras, je
m'en doute, pour une fable, mais que je tiens pour une histoire vraie ; car
je te garantis vrai ce que je vais dire.

Comme le dit Homère, Zeus, Poséidon et Pluton[77], ayant reçu l'empire de
leur père, le partagèrent entre eux.

Or au temps de Cronos, il y avait à l'égard des hommes une loi, qui a
toujours subsisté et qui subsiste encore parmi les dieux, que celui qui a
b mené une vie juste et sainte aille après sa mort dans les îles des
Bienheureux pour y séjourner à l'abri de tout mal dans une félicité parfaite,
et qu'au contraire celui qui a vécu dans l'injustice et l'impiété aille dans la
prison de l'expiation et de la peine, qu'on appelle le Tartare.

Or, au temps de Cronos et au début du règne de Zeus, les juges étaient vivants
et jugeaient des vivants, le jour même où ceux-ci devaient mourir. Aussi les
jugements étaient mal rendus. Alors Pluton et les surveillants des îles
Fortunées allaient rapporter à Zeus qu'il leur venait dans les deux endroits
c des hommes qui ne méritaient pas d'y séjourner. « Je vais mettre un terme à
ces erreurs, répondit Zeus. Ce qui fait que les jugements sont mal rendus,
c'est qu'on juge les hommes tout vêtus ; car on les juge de leur vivant. Aussi,
poursuivit-il, beaucoup d'hommes qui ont des âmes dépravées sont revêtus
de beaux corps, de noblesse et de richesse, et, à l'heure du jugement, il leur
vient une foule de témoins pour attester qu'ils ont vécu selon la justice. Les
d juges sont éblouis par tout cela. En outre, ils jugent tout habillés eux aussi,
ayant devant leur âme, comme un voile, des yeux, des oreilles et tout leur
corps. Cet appareil[78] qui les couvre, eux et ceux qu'ils ont à juger, leur

77. Sur les différents éléments de mythologie dans ce passage, voir les notes de l'**ÉTUDE 8** qui porte sur le mythe, p. 225 et sq.
78. Voir **ÉTUDE 8**, note 4, p. 226.

offusque[79] la vue. La première chose à faire, ajouta-t-il, c'est d'ôter aux hommes la connaissance de l'heure où ils doivent mourir, car ils la connaissent à l'avance. Aussi Prométhée a déjà été averti de mettre un terme à cet abus.
e Ensuite il faut qu'on les juge dépouillés de tout cet appareil. Il faut aussi que le juge soit nu et mort, pour examiner avec son âme seule l'âme de chacun, aussitôt après sa mort, et que celui qu'il juge ne soit assisté d'aucun parent et qu'il laisse toute cette pompe sur la terre afin que le jugement soit équitable. J'avais reconnu ce désordre avant vous ; en conséquence j'ai établi
524 a comme juges trois de mes fils, deux d'Asie, Minos et Rhadamanthe, et un d'Europe, Eaque. Lorsqu'ils seront morts, ils rendront leurs jugements dans la prairie, au carrefour d'où partent les deux routes qui mènent, l'une aux îles des Bienheureux, l'autre au Tartare. Rhadamanthe, jugera les hommes de l'Asie, Eaque ceux de l'Europe. Pour Minos, je lui réserve le privilège de prononcer en dernier ressort, si les deux autres sont embarrassés, afin que le jugement qui décide du voyage des hommes soit aussi juste que possible. »
Voilà, Calliclès, ce que j'ai entendu raconter et que je tiens pour vrai, et de
b ces récits je tire la conclusion suivante. La mort, à ce qu'il me semble, n'est pas autre chose que la séparation de deux choses, l'âme et le corps. Quand elles sont séparées l'une de l'autre, chacune d'elles n'en reste pas moins dans l'état où elle était du vivant de l'homme. Le corps garde sa nature propre avec les marques visibles des traitements et des accidents qu'il a
c subis. Si par exemple un homme était de haute taille de son vivant, soit par nature, soit grâce à son régime, soit pour les deux causes à la fois, son corps est également de grande taille, après sa mort ; s'il était gros, son cadavre est gros et ainsi de suite ; s'il affectait de porter des cheveux longs, son corps garde sa chevelure ; si c'était un homme à étrivières[80] et, si, pendant sa vie, il portait sur son corps les traces cicatrisées des coups de fouet ou d'autres blessures, on peut les voir sur son cadavre ; s'il avait des membres brisés ou contrefaits, tandis qu'il était en vie, ces défauts sont encore visibles sur son
d cadavre. En un mot, les traits de son organisation physique pendant la vie restent tous ou presque tous visibles après la mort durant un certain temps. Il me paraît, Calliclés, qu'il en est de même à l'égard de l'âme et que, lorsqu'elle est dépouillée de son corps, on aperçoit en elle tous les traits de son caractère et les modifications qu'elle a subies par suite des divers métiers que l'homme a pratiqués.
e Lors donc que les morts sont arrivés devant le juge, par exemple ceux d'Asie devant Rhadamanthe, celui-ci les fait approcher de lui et il examine chaque âme, sans savoir à qui elle appartient. Souvent mettant la main sur le Grand Roi[81] ou sur tout autre souverain ou potentat, il constate qu'il n'y a rien de sain dans son âme, qu'elle est toute tailladée et balafrée par les parjures et
525 a l'injustice dont chacun des actes de l'homme y a marqué l'empreinte, que tout y est tordu par le mensonge et la vantardise et que rien n'y est droit, parce qu'elle a été nourrie loin de la vérité, et qu'enfin la licence[82], la mollesse,

79. Voir l'**ÉTUDE 8**, note 5, p. 226.
80. Voir l'**ÉTUDE 8**, note 8, p. 227.
81. Voir l'**ÉTUDE 8**, note 9, p. 227.
82. Voir l'**ÉTUDE 8**, note 10, p. 227.

l'insolence et l'incontinence de sa conduite l'ont remplie de désordre et de laideur. À cette vue, Rhadamanthe la renvoie ignominieusement tout droit à la prison pour y subir les châtiments qui lui conviennent.

Or ce qui convient à tout être qu'on châtie, quand on le châtie justement,
b c'est de devenir meilleur et de tirer profit de la punition, ou de servir d'exemple aux autres, afin qu'en le voyant souffrir ce qu'il souffre, ils prennent peur et s'améliorent. Mais ceux qui tirent profit de l'expiation que leur imposent, soit les dieux, soit les hommes, sont ceux qui n'ont commis que des fautes remédiables. Toutefois ce profit ne s'acquiert que par des douleurs et des souffrances et sur cette terre et dans l'Hadès, car c'est le seul moyen de se débarrasser de l'injustice. Quant à ceux qui ont commis
c les derniers forfaits[83] et sont par suite devenus incurables, ce sont eux qui servent d'exemples. Eux-mêmes ne tirent plus aucun profit de leurs souffrances, puisqu'ils sont incurables ; mais d'autres profitent à les voir éternellement souffrir, à cause de leurs fautes, les plus grands, les plus douloureux, les plus effroyables supplices, et, suspendus comme de vrais épouvantails, là-bas, dans la prison de l'Hadès, servir de spectacle et d'avertissement à chaque nouveau coupable qui arrive en ces lieux.
d Archélaos sera du nombre, je puis te l'assurer, si Polos a dit vrai, ainsi que tout autre tyran pareil à lui. Je crois en effet que la plupart de ceux qui servent d'exemples sont des tyrans, des rois, des potentats et des hommes politiques, car ce sont ceux-là qui, grâce à leur pouvoir arbitraire, commettent les crimes les plus graves et les plus impies. Homère lui-même en témoigne ; car ce sont des rois et des potentats qu'il a représentés
e comme éternellement punis dans l'Hadès, Tantale, Sisyphe, Tityos[84]. Quant à Thersite et aux autres méchants qui étaient de simples particuliers, personne ne les a représentés comme incurables et soumis comme tels aux grands châtiments ; c'est que, sans doute, le pouvoir leur manquait ; aussi étaient-ils plus heureux que ceux qui l'avaient.

C'est en fait, Calliclès, parmi les puissants que se trouvent les hommes qui
526 a deviennent extrêmement méchants. Rien n'empêche pourtant qu'il ne se rencontre parmi eux des hommes vertueux qu'on ne saurait trop admirer ; car il est difficile, Calliclès, et souverainement méritoire, quand on a pleine liberté de mal faire, de rester juste toute sa vie. Mais on rencontre peu de caractères de cette trempe. Il y a eu néanmoins dans cette ville et ailleurs, et il y aura sans doute encore d'honnêtes gens pour pratiquer la vertu qui
b consiste à administrer avec justice les affaires qu'on leur confie. On en a même vu un qui est devenu très célèbre par toute la Grèce, Aristide[85], fils de Lysimaque. Mais la plupart des potentats, excellent Calliclès, deviennent des scélérats.

Pour en revenir à ce que je disais, lorsque ce Rhadamanthe reçoit un de ces scélérats, il ignore tout de lui, qui il est et de quelle famille, sauf que c'est

83. *Les derniers forfaits* : les pires des crimes.
84. Tantale, Sisyphe, Tityos, Thersite sont des personnages mythologiques restés célèbres pour leurs forfaits et les châtiments auxquels ils sont condamnés (le supplice de Tantale, le rocher de Sisyphe).
85. Stratège engagé dans les batailles de Marathon, Salamine et Platées, il joua un rôle décisif dans la constitution de l'empire athénien. Rival de Thémistocle, il fut frappé d'ostracisme. À son retour il se rendit célèbre par l'intégrité dont il fit preuve dans l'administration des finances publiques, d'où son surnom d'Aristide le Juste.

un méchant. Quand il s'en est assuré, il le relègue au Tartare, après avoir
c signalé par une marque s'il le juge guérissable ou incurable. Arrivé là, le
coupable subit la peine qui convient à son état. D'autres fois, en voyant une
âme qui a vécu saintement et dans la vérité, âme d'un simple citoyen ou de
tout autre, mais particulièrement, je te l'affirme, Calliclès, d'un philosophe
qui ne s'est occupé durant sa vie que de ses propres affaires, sans s'ingérer
dans celles des autres, il s'abandonne à l'admiration et l'envoie dans les îles
des Bienheureux. Eaque s'occupe du même office. Tous les deux jugent en
tenant une baguette à la main. Quant à Minos, qui surveille ces jugements,
il est assis et seul il a un sceptre d'or, comme l'Ulysse d'Homère rapporte
d qu'il l'a vu tenant un sceptre d'or et rendant la justice aux morts[86].

Pour ma part, Calliclès, j'ajoute foi à ces récits, et je m'étudie à rendre mon
âme aussi saine que possible pour la présenter au juge. Je n'ai cure des
honneurs chers à la plupart des hommes, je ne cherche que la vérité et je
veux tâcher d'être réellement aussi parfait que possible de mon vivant et à
e ma mort, quand mon heure sera venue. J'exhorte aussi tous les autres
hommes, autant que je le puis, et je t'exhorte toi-même, Calliclès,
contrairement à tes conseils, à suivre ce genre de vie et à t'exercer à ce
combat qui vaut, je te l'assure, tous les combats de ce bas monde, et je te
blâme de l'incapacité où tu seras de te défendre toi-même, quand viendra
pour toi le moment de ce procès et de ce jugement dont je parlais tout à
l'heure. Quand tu arriveras devant ton juge, le fils d'Egine, et que, mettant
la main sur toi, il te mènera devant son tribunal, tu resteras bouche bée et
527 a la tête te tournera là-bas tout comme à moi ici, et peut-être seras-tu frappé
ignominieusement sur la joue et en butte à tous les outrages.

Peut-être considères-tu mon récit comme un conte de vieille femme, pour
lequel tu n'éprouves que du dédain. Il ne serait d'ailleurs pas surprenant
que nous le dédaignions, si par nos recherches dans un sens ou dans l'autre
nous pouvions trouver quelque chose de meilleur et de plus vrai. Mais tu
vois qu'à vous trois, qui êtes les plus savants des Grecs d'aujourd'hui, toi,
b Polos et Gorgias, vous êtes hors d'état de prouver qu'on doive mener une
autre vie que celle-ci, qui apparaît comme utile même dans l'autre monde.
Au contraire, parmi tant d'opinions, toutes les autres ayant été réfutées,
celle-ci reste seule inébranlable, qu'il faut se garder avec plus de soin de
commettre l'injustice que de la subir et qu'avant tout il faut s'appliquer, non
pas à paraître bon, mais à l'être, dans la vie privée comme dans la vie
publique. Si un homme devient mauvais en quelque point, il faut qu'il soit
châtié, le second bien, après celui d'être juste, consistant à le devenir et à
c expier sa faute par la punition ; qu'il faut éviter toute flatterie envers soi-
même et envers les autres, qu'ils soient en petit ou en grand nombre, et
qu'on ne doit jamais ni parler ni agir qu'en vue de la justice.

Écoute-moi donc et suis-moi dans la route qui te conduira au bonheur et
pendant ta vie et après ta mort, comme la raison l'indique. Souffre qu'on te
méprise comme insensé, qu'on te bafoue, si l'on veut, et même, par Zeus,
d qu'on t'assène ce coup si outrageant. Reçois-le sans te troubler ; tu n'en
éprouveras aucun mal, si tu es réellement un honnête homme qui pratique

86. Cf. *Odyssée*, XI, 569.

la vertu. Puis, quand nous l'aurons ainsi pratiquée en commun, à ce moment, si nous le jugeons à propos, nous aborderons la politique, ou, si nous nous décidons pour une autre carrière, nous délibérerons alors, étant devenus plus capables de le faire que nous ne le sommes à présent. Car nous devrions rougir, dans l'état où nous paraissons être à présent, de fanfaronner comme si nous valions quelque chose, nous qui changeons à
e chaque instant de sentiment sur les mêmes sujets et les plus importants, tant est grande notre ignorance ! Prenons donc pour guide la vérité qui vient de nous apparaître et qui nous enseigne que la meilleure conduite à suivre est de vivre et de mourir en pratiquant la justice et les autres vertus. Attachons-nous donc à cette doctrine et engageons les autres à la suivre, au lieu de celle qui t'a séduit et que tu m'exhortes à pratiquer ; car elle ne vaut rien, Calliclès.

ÉTUDE DE L'ŒUVRE

INDICATIONS DE MÉTHODE
ou
COMMENT TRAVAILLER ?

Outre le texte intégral de *Gorgias* de Platon, ce volume comprend huit **ÉTUDES,** dont chacune prend appui sur un extrait de l'œuvre.

Elles se proposent de vous aider, non seulement à mieux **comprendre le texte** du philosophe, mais à **examiner les notions** de votre programme (c'est-à-dire vous permettre d'établir des rapports entre votre lecture suivie et l'ensemble du cours de votre professeur) et à **travailler des sujets de dissertation** (apprendre à mobiliser vos connaissances philosophiques pour penser une question) dans la perspective de l'examen.

Afin d'en faire le meilleur usage, nous vous conseillons de lire attentivement les indications ci-dessous, après avoir consulté le Sommaire, et de ne pas hésiter à y revenir lorsque vous serez amené à travailler par vous-même.

I. CE QUE VOUS TROUVEREZ DANS CHACUNE DES ÉTUDES

A. L'ÉTUDE DU TEXTE

Elle comprend toujours deux parties :

1. Situation
2. Analyse

1. À la différence de ce qui est demandé dans le sujet-texte au baccalauréat, dans une lecture suivie, le texte doit toujours être **situé.**

Situer philosophiquement le passage, ce n'est pas simplement dire après ou avant quoi il se trouve (cela, c'est la simple paraphrase), c'est le replacer dans **l'ensemble de la démarche :** « faire le point ». Il faut donc se poser **à la fois** deux questions : **d'où part le philosophe ?** et **que cherche-t-il ?**

Même lorsqu'il s'agit du tout début du dialogue, Platon ne part pas de rien. La place qu'occupe la rhétorique dans la société athénienne et notamment dans la politique, le rôle joué par les rhéteurs et les sophistes, dont Gorgias lui-même, posent la question de la puissance du langage, de son rapport à la vérité et à la justice. Examiner la manière dont il l'aborde – puis dont il la reformule – permet de distinguer l'orientation de sa recherche.

Dans la suite de l'œuvre, situer suppose toujours de réaffirmer cette orientation, d'énoncer le but poursuivi en rappelant ce qui a été jusqu'alors acquis, positivement ou négativement. Ainsi, par exemple, avoir écarté une proposition irrecevable est un acquis, mais aussi avoir mis en évidence une difficulté. On a bien progressé lorsque l'on a posé nettement un problème, car alors la pensée sait à quel objet elle doit s'appliquer.

2. Analyser le texte, c'est se donner les moyens d'accompagner sa démarche. Il ne s'agit donc pas simplement de le découper (cela conduirait à nouveau à la paraphrase), mais de dégager les étapes de la **progression** de la pensée, du **mouvement** qui la conduit de son état initial à sa conclusion (provisoire tant que l'œuvre n'est pas arrivée à son terme), d'étudier le **travail conceptuel** accompli.

Cela suppose donc que soit identifiées son orientation (que cherche-t-on ?) et ses ressources (de quels acquis dispose-t-on ?). C'est pourquoi commencer par découper le texte ou procéder à un simple repérage de « mots-clés » serait s'ôter les moyens de le comprendre.

L'analyse prend appui sur les marques données par le philosophe lui-même, qui rédige par paragraphes et articule son discours selon son mode propre. La pensée progresse **grâce aux raisons qu'elle se donne** : éclaircissement des notions et construction de concepts, réfutation des possibles objections, enchaînement déductif des propositions, etc. Comprendre le texte, c'est d'abord **faire siennes ces raisons.**

N.B. : L'œuvre que vous étudiez est un Dialogue[1] – et non, par exemple, un Traité – dans lequel Platon met en scène divers personnages, mais ne s'exprime jamais en son nom. Le cheminement de la pensée partagée entre eux tous, avec ses tours et détours, fait partie intégrante de celle-ci et doit être attentivement suivi. C'est la raison pour laquelle la **Situation** du passage à étudier est toujours longue.

B. L'ÉTUDE DES NOTIONS

Analyser et construire des notions à même le texte, c'est non seulement **identifier la manière dont le philosophe les conçoit** mais en recueillir l'enseignement. En ce sens, lire philosophiquement un texte, c'est toujours **se demander ce qu'il nous apprend sur ce dont il parle**, en quoi il nous permet, à notre tour, de penser de façon plus précise et plus approfondie que nous ne l'aurions fait sans lui.

Les notions sont présentes dans un texte sous deux formes : une notion peut être « **lexicalisée** », ce qui signifie que le mot (*lexis,* en grec) qui la désigne figure dans le texte ; mais elle peut aussi ne pas l'être. Elle doit alors en être « **dégagée** ». Ainsi, par exemple, lorsque Socrate explique à Polos que les *preuves* qu'il invoque ne sauraient le *convaincre*, le lecteur est invité à réfléchir sur la notion d'argumentation, et, dans cette réflexion, à mesurer l'enjeu posé par Socrate, la vérité.

Ainsi, examiner les notions du texte, ce n'est jamais simplement un repérage, qui pourrait rester formel. C'est, en entrant dans la pensée du philosophe, **concevoir** à son tour et saisir le **rapport** entre ce qui est conçu (le concept) et l'interrogation qui le sous-tend (le problème). C'est pourquoi on ne peut séparer le travail sur les concepts de celui sur les problèmes.

1. Vous trouverez dans la **PRÉSENTATION GÉNÉRALE DE L'ŒUVRE**, p. 93, puis tout au long de l'**ÉTUDE DU TEXTE**, des indications relatives à la spécificité de la lecture d'un Dialogue platonicien.

Il demeure qu'un premier travail doit être fait qui consiste à repérer, si elle est lexicalisée, les **occurrences** de la notion dans son contexte – où se trouvent les mots qui la désignent? qu'en dit le philosophe? – ou, si elle ne l'est pas, les passages qui permettent de l'**identifier.** Votre travail est ainsi guidé, puisque l'on vous indique quelle notion vous devez chercher. Mais, bien entendu, d'autres notions – que vous pouvez choisir d'étudier – se rencontrent dans le texte ou peuvent en être dégagées.

Une fois ce premier travail accompli, la réflexion peut s'engager sur les **implications** et les **conséquences** de la pensée du philosophe. Elle peut conduire fort loin, et, en tout cas, bien au-delà de ce qui vous est suggéré.

C. LE TRAVAIL DE LA DISSERTATION

1. Dans chaque **ÉTUDE,** un **Sujet-exemple** est travaillé. Vous observerez que l'ordre de ce travail est toujours le même:

1. Analyse de l'énoncé

2. Usage du texte

3. Organisation possible du devoir

Il correspond à une démarche **méthodique** de la pensée et vise à prévenir des **erreurs** fréquemment commises.

Ainsi, on ne doit pas chercher à quelles références faire appel tant que l'on n'a pas identifié nettement le sujet. Inverser l'ordre des deux premiers moments conduit souvent au **hors-sujet.** De même, commencer par bâtir un plan est une entreprise vouée à l'échec, d'une part parce que l'on n'est pas sûr de bien comprendre ce dont il est question, d'autre part parce que la réflexion immédiate est souvent **pauvre** et que l'étude des œuvres philosophiques est précisément ce qui nourrit la pensée. Vous exercer à procéder dans l'ordre proposé vous convaincra peu à peu de l'utilité de vos lectures.

Vous observerez aussi que l'analyse de l'énoncé est toujours longue. Il s'agit d'une condition **essentielle** de la réussite de votre devoir. Un sujet de dissertation n'est pas le prétexte à l'exposé de ce que l'on sait à propos d'un thème, voire d'une question. Ce qui vous est demandé est de **vous interroger**, ce qui suppose d'abord de bien distinguer sur quoi porte l'énoncé – c'est toujours le premier point envisagé – et ensuite d'**engager votre propre réflexion.** On ne peut faire le devoir si l'on n'a pas compris la **dimension problématique de la question**, c'est-à-dire, pour employer une expression paradoxale, si on n'a pas compris que l'on ne comprend pas. Croire que l'on a posé un problème parce qu'on a simplement juxtaposé deux réponses possibles à une question est stérile: il faut nécessairement qu'une analyse **oriente** la recherche d'une réponse fondée.

Ainsi, faire une dissertation de philosophie suppose à la fois la **modestie** devant la question posée (je ne sais pas d'emblée y répondre parce que je ne suis pas sûr de bien la comprendre, et la comprendre c'est comprendre que je ne sais pas y répondre d'emblée) et l'**audace** de se servir de son propre entendement (par quoi je me rends capable d'établir moi-même une réponse). Engager sa réflexion, c'est entreprendre, pour son propre compte, un **examen** qui doit permettre de répondre. Cet examen sera d'autant plus fructueux que l'on ne se précipitera pas vers la réponse, mais que l'on aura pris le temps de réfléchir aux « tenants et aboutissants » de la question. C'est pourquoi on dit parfois, à juste titre, que lorsque l'on a procédé à l'examen minutieux de la question, le devoir est quasiment fait.

Comment, alors, faire usage de ses lectures ? Et comment penser par soi-même en en faisant usage ?

On croit parfois que si l'on emprunte à un philosophe, alors on ne pense plus par soi-même. Mais il faut s'entendre sur ce que c'est qu'emprunter. Rapporter ce que pense tel auteur à propos de telle question, en effet, ce n'est pas penser par soi-même, parce que ce n'est pas penser du tout. Mais si, comme le travail proposé s'efforce de vous le permettre, vous êtes entré dans les **raisons** du philosophe, si, au sens propre, vous avez **compris** ce qu'il dit, alors **vous le pensez** vous-même. Bien sûr, si vous n'aviez pas lu, vous n'auriez peut-être même pas eu l'idée de ce dont il s'agit. Mais lire instruit. Ainsi, penser ce que dit un philosophe ne signifie pas nécessairement « être d'accord avec lui », mais c'est ne plus pouvoir penser **sans s'expliquer avec lui**, c'est se tenir à sa hauteur, entrer en dialogue avec lui : une objection qui ne prend pas en compte les raisons pour lesquelles il affirme ce qu'il dit est sans valeur, elle passe littéralement « à côté ». C'est pourquoi la partie **Usage du texte** fait le point sur ce que l'on a appris dans son étude, en l'ajustant à la question posée.

Ainsi, lire philosophiquement les philosophes, c'est exercer **son propre entendement** et devenir à son tour philosophe : en ce sens, comprendre le discours philosophique, c'est-à-dire en saisir la rationalité, c'est faire usage de sa propre raison. C'est pourquoi la lecture est définie[2] comme *exercice philosophique de la réflexion* ***méthodique*** *et* ***critique***[3].

Vous observerez alors que l'organisation du devoir qui vous est proposée (d'autres sont évidemment possibles) ne fait jamais que **reprendre le mouvement même** de votre analyse et de votre réflexion, instruite de sa lecture. Le « plan » d'une dissertation n'est jamais la chose difficile à trouver. Ce qui est difficile, et c'est pourquoi ce travail est si long et minutieux, c'est d'interroger le sujet. Or, c'est, le plus souvent, ce à quoi on accorde le moins de temps, pressé que l'on est de « dire quelque chose » ou de « mettre ce que l'on sait », souvent, justement, parce que l'on a peur de n'avoir rien à dire, de ne pas « savoir ». Mais la dissertation est **recherche** de ce que l'on ne sait pas encore, non exposé de ce que l'on saurait déjà.

2. Les sujets de la rubrique **Autres sujets proposés** peuvent être traités, au moins partiellement, à partir des acquis de l'**ÉTUDE**. On peut toujours déjà s'engager dans la réflexion, qui pourra se compléter au fil des suivantes et s'enrichira de l'ensemble de votre travail.

2. Dans la partie de l'Instruction réglementaire relative au sujet-texte à l'épreuve écrite du baccalauréat (*Note de Service n° 91-227 du 19 août 1991*).
3. C'est nous qui soulignons.

Certains sujets vous paraîtront éloignés du thème général qui vient d'être examiné. Mais, si vous procédez soigneusement à l'analyse de l'énoncé, vous vous apercevrez que vous disposez de plus d'atouts que vous ne le croyiez au premier abord et vous vous exercerez peu à peu à faire usage de tout ce que vous avez appris. Rappelez-vous cependant que la première chose à faire n'est pas de rechercher ce qui pourrait être utile pour traiter le sujet, mais bien de déterminer sur quoi il porte et en quoi il fait problème. Il faut prendre garde, en effet, à ce que les connaissances que vous pouvez avoir ne fassent pas écran au travail que l'on vous demande d'accomplir.

D. LES RÉFÉRENCES

Lire, c'est aussi mettre en relation le texte étudié avec d'autres, du même auteur ou d'autres philosophes. Tisser des rapports entre les textes et les idées, c'est, proprement, se constituer une culture, en exerçant son jugement.

Vous ne vous étonnerez pas de la place accordée à ces lectures complémentaires : elles ne peuvent, en effet, que venir **à la fin**, une fois déchiffré et médité l'extrait étudié, une fois analysé et réfléchi le sujet de dissertation.

Les textes qui vous sont indiqués – parmi beaucoup d'autres possibles, que votre professeur vous suggérera, ou que vous découvrirez par vous-même – proposent des pistes d'approfondissement, des confrontations, des mises en résonance, aussi bien de l'extrait étudié que du sujet de dissertation-exemple. Ils sont l'occasion de mettre en œuvre des distinctions conceptuelles rencontrées, d'ouvrir d'autres questions, en un mot, de réfléchir.

Les indications de lecture n'ont pas d'autre ambition que de guider un travail qui doit être aussi attentif que celui que vous aurez accompli sur l'extrait ou le sujet avant d'aller examiner ces nouveaux textes. Tous sont des textes philosophiques qui, à l'exemple de l'œuvre que vous étudiez, doivent être soigneusement lus afin d'en **établir le sens exact**, sans confusion avec ce que vous venez de lire, et **interrogés**. Tous les philosophes ne disent pas la même chose, même quand leurs pensées sont voisines, parce que chacun d'eux poursuit le but qu'il s'est donné, mais tous s'expriment dans un même souci, de raison et de vérité. C'est pourquoi il est possible et fécond de **dialoguer** avec eux. Philosopher, c'est entrer dans la communauté des philosophes, échanger avec eux des raisons en vue de penser vrai. C'est pourquoi la critique philosophique ne se confond pas avec l'expression des simples opinions.

II. CE QUI VOUS EST PROPOSÉ DANS CERTAINES DES ÉTUDES

- Au fur et à mesure de votre travail, vous découvrirez que vous êtes invité à entrer, progressivement, dans la démarche proposée : des parties d'**ÉTUDE** vous sont confiées (une notion, une partie du travail de la dissertation, une référence...), des exercices en marge vous sont suggérés. Vous trouverez, bien entendu, de l'aide dans le travail préalablement accompli.

N.B.: Des exercices vous sont proposés pour vous permettre de vous exercer spécialement à la **dissertation-texte** (troisième sujet de l'épreuve du baccalauréat: «dégager l'intérêt philosophique d'un texte en procédant à son étude ordonnée»). Le sujet-texte obéit aux mêmes exigences que la dissertation, en ce sens que l'on y examine méthodiquement un problème *qu'il s'agit de saisir en lui-même*[4]. Aucune méthode ne vous est imposée, mais *poser, éventuellement [...] résoudre*[5] ce problème exige, bien entendu, une étude ordonnée et méthodique, pour laquelle l'ensemble du travail accompli à l'occasion de la lecture suivie vous sera précieux.

• L'**ÉTUDE I** propose un travail détaillé et approfondi, de façon à pouvoir, le cas échéant, servir de «modèle», ou, en tout cas, de référence.

On peut travailler, par exemple, de la façon suivante:

1. Lire attentivement l'extrait.
2. Prendre connaissance des en-têtes et des marges de l'**ÉTUDE DU TEXTE** et l'**ÉTUDE DES NOTIONS**.
3. Accomplir la démarche proposée afin de se rendre capable, progressivement, d'en anticiper les moments.
4. Choisir à son tour un sujet de dissertation parmi ceux indiqués (**TRAVAIL DE LA DISSERTATION**) et s'essayer à la mise en œuvre des acquis.
5. Approfondir ses connaissances et sa réflexion en consultant les textes des **RÉFÉRENCES**.

III. CE QUI VOUS EST PROPOSÉ POUR RÉCAPITULER L'ENSEMBLE DE VOTRE TRAVAIL

Les huit **ÉTUDES** sont encadrées par, au début du volume, une **PRÉSENTATION GÉNÉRALE DE L'ŒUVRE** et, en fin de volume, un chapitre consacré aux **DISTINCTIONS CONCEPTUELLES** rencontrées dans l'étude du *Gorgias*.

• La **PRÉSENTATION GÉNÉRALE** a un double but: vous permettre d'anticiper, dans une certaine mesure, votre lecture, en vous donnant l'orientation d'ensemble du propos du philosophe et les grandes lignes de sa démarche. Mais ces indications ne pourront être pleinement comprises qu'au terme de votre propre étude de l'œuvre. Il sera alors utile de revenir sur cette Présentation, afin de récapituler l'**itinéraire** parcouru.

• Le chapitre consacré aux **DISTINCTIONS CONCEPTUELLES** propose une récapitulation d'une autre nature puisqu'il dégage des **éléments** de la pensée. Mais qu'est-ce qu'une distinction conceptuelle?

S'il n'y a pas, à proprement parler, de «langage philosophique» parce que la philosophie travaille dans la **langue commune**, chaque philosophe,

4. Cf. *Note de Service n° 91-227 du 19 août 1991.*
5. Ibid.

pour poser, examiner et résoudre les problèmes qu'il se donne, est conduit à forger des **concepts** et élaborer des définitions. Un concept se définit par et dans sa **différence** d'avec d'autres concepts.

Il en résulte, d'une part, que des mots **voisins** dans la langue, souvent interchangeables dans son usage, doivent être distingués parce qu'ils ne renvoient pas à la même « idée », ils n'ont pas le même contenu conceptuel (par exemple, persuader et convaincre).

Il en résulte, d'autre part, que les concepts n'étant ni isolés, ni isolables, ils « fonctionnent » le plus souvent par **couples d'opposés** (par exemple, la nature et la loi).

Mais, parce que l'élaboration du concept n'est jamais indépendante de la perspective philosophique dans laquelle elle devient **nécessaire**, les définitions rencontrées chez un philosophe ne peuvent pas être, sans précaution, transférées chez un autre (ainsi tandis que Platon oppose apparence et essence, chez Hegel l'apparence est un moment essentiel de l'essence[6]).

Cela ne signifie cependant pas que les définitions philosophiques soient arbitraires, d'une part parce que le philosophe ne fait pas violence à la langue dans laquelle il s'adresse à ses lecteurs, d'autre part parce que son travail consiste précisément à fonder sa décision et à en déployer toute la fécondité pour la pensée.

Il vous est donc proposé ici d'accomplir un travail récapitulatif sur les distinctions conceptuelles rencontrées **dans l'étude du texte de Platon.** En l'accomplissant et en accomplissant le même à l'occasion de l'étude d'autres œuvres, vous vous donnerez progressivement les moyens de conduire à votre tour une réflexion précise, nuancée et ferme.

Pour vous y aider, vous trouverez dans ce chapitre une **liste** des distinctions rencontrées, un **exemple** d'analyse rédigée, un **exercice** guidé sur une autre distinction.

6. Cf. *Apprendre à philosopher en lisant Hegel, Introduction à l'Esthétique,* Magnard, 2000.

PRÉSENTATION GÉNÉRALE DE L'ŒUVRE

OBSERVER ET S'EXERCER

Réfléchir au statut des textes : dialogue, traité, lettre, préface, discours...

Le *Gorgias* est un Dialogue de Platon. Constatation triviale, mais de grande conséquence quant à la lecture qui peut en être faite. S'y attarder, c'est se donner le moyen de comprendre un principe qui vaut pour toute lecture et tout texte, mais dont il est sans doute plus facile de se rendre compte ici : lire un texte, ce n'est jamais lui appliquer du dehors une grille *a priori*, c'est se rendre attentif à sa singularité, mettre en œuvre une lecture qui lui soit adéquate.

Se rendre attentif à la singularité du texte

Voici, en effet, un texte dans lequel la parole est répartie entre plusieurs personnages, sans qu'il soit possible de déterminer une position explicitement tenue par l'auteur (Socrate n'est pas Platon).

Voici, en outre, une œuvre dramatique (les Dialogues pourraient être joués, et le sont parfois), mais qui ne s'adresse pas à un public comme le ferait un spectacle, mais à un auditoire, qu'il s'agit d'instruire.

Voici, enfin, un texte qui déroule une action dans la durée, mettant en scène des interlocuteurs divers, chacun bien identifiable, comprenant des rebondissements et des détours, à l'image (mais il s'agit de l'art de Platon) de la vie, à la différence d'une œuvre qui traiterait une question donnée selon un ordre d'exposition nettement visible.

I. Le Dialogue, une forme littéraire seulement ?

Poser le problème du rapport entre forme littéraire et propos philosophique

La première question qui s'impose est alors celle de savoir si le genre littéraire « Dialogue » auquel appartient le *Gorgias* est une **forme** choisie par Platon, indépendamment de ce qu'il veut faire entendre (ce qu'on appelle parfois le fond, ou le contenu ou encore les idées ou les thèses philosophiques) ou si, au contraire, la forme dialoguée entretient un rapport essentiel avec ce que nous enseigne le philosophe.

La lecture que nous proposons prend pour principe et s'attachera à montrer que la forme dialoguée n'est pas un simple artifice d'exposition[1], qu'une place est réservée au lecteur que nous sommes dans l'économie même du texte et ce, parce que la recherche philosophique est en son essence dialogue.

Réfléchir à la nature de la méthode philosophique : distinguer méthode et méthodologie

À cet égard, le premier enseignement de notre Dialogue est un enseignement de **méthode** et lie la question « comment philosopher ? » à celle-ci « qu'est-ce que philosopher ? ». C'est bien pourquoi les Dialogues platoniciens constituent

1. Ce qu'elle est le plus souvent chez les philosophes modernes, à l'exception notamment de Hume.

une initiation irremplaçable à la philosophie. Nous apprendrons donc comment et pourquoi conduire une recherche sur une question, comment et pourquoi définir, comment et pourquoi faire valoir des arguments. Une telle méthode n'est jamais séparée de ce à quoi elle s'attache, ce qui constitue encore un enseignement : on n'apprend pas à philosopher en appliquant une méthodologie empruntée, mais en mettant en œuvre une pensée méthodique. Pourquoi ?

Se donner une première définition de la philosophie

Dans le *Théétète*[2], Socrate définit la pensée comme *un discours que l'âme se tient à elle-même sur les objets qu'elle examine.[...] L'âme, quand elle pense, ne fait [en effet] pas autre chose que s'entretenir avec elle-même, interrogeant et répondant, affirmant et niant.* Dans son investigation relative à tel ou tel objet, c'est à elle-même que la pensée a affaire : il lui faut déterminer ce qu'elle pense, et l'on peut en ce sens définir la philosophie comme effort pour **savoir ce que l'on dit**.

Ce qui est mis en scène dans le Dialogue, c'est donc, relativement à son objet, le rapport que chacun entretient avec sa propre pensée, chacun c'est-à-dire chacun des interlocuteurs mais aussi le lecteur que nous sommes. Si ce à quoi chacun est invité c'est à **examiner sa propre pensée**, on comprend que les personnages ne sont pas de simples porte-parole ou de simples faire-valoir, mais aussi qu'à travers leurs difficultés voire leurs échecs, c'est nous-mêmes qui sommes interrogés et instruits.

Distinguer débat d'opinions et dialogue philosophique

On se tromperait gravement cependant si on concluait de là que le Dialogue met en scène un échange d'idées personnelles sur une question, on le confondrait alors avec quelque chose comme un débat d'opinions, fussent-elles argumentées. Mais parce que l'horizon de la recherche est celui de la **vérité**, chacun, en soumettant ses affirmations à son interlocuteur (et au lecteur-auditeur), s'affranchit à la fois de toute autorité extérieure (une idée reçue, fût-ce d'un maître, n'est pas proprement pensée[3]) et de toute particularité subjective[4] : ce qui est visé, c'est **l'universel**, ce sur quoi tous, pour peu qu'ils prêtent attention aux exigences de la **raison** qui est en eux, peuvent s'accorder. Que l'examen ne puisse être que personnel ne signifie donc pas qu'il se confonde avec l'expression d'opinions subjectives. Ce qui est proprement personnel, c'est ce dont je peux répondre, en personne, ce en quoi je m'accorde avec moi-même, ce dont je peux rendre raison. C'est pourquoi un dialogue avec Socrate est précieux et instructif, puisqu'il incarne cette exigence qui **médiatise**[5] le rapport à soi de son interlocuteur.

Approfondir l'idée de méthode

En quoi, alors l'examen peut-il être dit méthodique ? Simplement en ceci qu'il doit suivre **l'ordre nécessaire des raisons** : ainsi, par exemple, on ne dira pas si la rhétorique est belle ou laide avant de savoir ce qu'elle est, on ne dira pas s'il faut échapper au châtiment quand on a commis une action injuste avant de savoir si le châtiment est une bonne ou une mauvaise chose, c'est-à-dire avant d'avoir établi ce qui est bon. On le voit, cet ordre est relatif à l'objet même dont on parle, l'affirmation qui a été énoncée à son sujet et dont on se demande si

2. 190a.
3. Nous le verrons, par exemple, chez Polos, élève de Gorgias. Cf. aussi dans le *Ménon*, les réponses reçues par Ménon de son maître, le même Gorgias (**ÉTUDE 1, RÉFÉRENCES**, p. 114).
4. Cf. la seconde des maximes du sens commun énoncées par Kant (*Critique de la faculté de juger*, § 40) : *Penser en se mettant à la place de tout autre.*
5. Il est l'intermédiaire entre soi et soi. Une médiation n'est pas extérieure à ce qu'elle médiatise, et l'exigence que fait valoir Socrate est mienne tout autant que sienne.

on a raison de la tenir pour vraie. La méthode n'est rien autre chose que la mise en œuvre des exigences de la raison s'appliquant à un objet.

2. Objet et personnages du Dialogue

Deux nouvelles questions se posent alors à nous : quel est **l'objet** dont on parle dans le *Gorgias* et qui sont les **personnages** du Dialogue ? Ces deux questions sont évidemment liées, puisqu'on ne saurait s'entretenir de n'importe quoi avec n'importe qui : ce sont des généraux courageux que Socrate interroge sur le courage[6], un homme pieux sur la piété[7], ce sont des rhéteurs ou des orateurs que Socrate interroge ici sur la rhétorique.

Déterminer l'objet du Dialogue

• Mais qu'est-ce que la rhétorique et pourquoi s'interroger sur elle ? Une Présentation du *Gorgias* ne peut à proprement parler répondre à cette question, puisqu'elle est précisément ce qu'examine notre Dialogue et, compte tenu de ce qui vient d'être expliqué, ce dont il y a lieu de s'instruire dans l'acte même de la lecture. On ne donnera donc ici que quelques indications très simples sans entrer dans des considérations historiques détaillées[8].

Se donner une définition nominale de la rhétorique[9]

Au sens ordinaire du terme, un orateur est quelqu'un qui prononce des discours, qui prend la parole en public. La rhétorique peut alors être définie comme l'art de faire des discours. Elle trouve son origine dans la place décisive que la Cité grecque accorde à la parole publique, dans les assemblées où les citoyens délibèrent, dans les tribunaux où ils jugent. Un bon orateur sera celui qui emporte l'adhésion de son auditoire, qui met son talent au service de la position qu'il défend, qui est efficace. C'est pourquoi l'ambition d'exercer le pouvoir rencontre l'offre de formation proposée par les maîtres de rhétorique : la rhétorique est au cœur de la question de la formation des élites politiques. Ainsi la rhétorique est un **fait de culture dans la Cité**, et à ce titre au moins un objet légitime pour la philosophie qui s'interroge sur ce qui est.

S'orienter dans la diversité des objets du Dialogue[10]

Si la rhétorique est l'objet immédiatement visible du *Gorgias*, l'interrogation philosophique conduite par Socrate en fait apparaître les **enjeux**, dévoilant ainsi d'autres objets de réflexion : si le rôle du rhéteur est de conseiller les citoyens dans les affaires publiques, est-il fondé à le faire ? Quel est au juste son **savoir** ? Maîtriser le discours, est-ce savoir ce dont on parle ou seulement savoir en parler ? Mais comment pourrait-on savoir parler de ce que l'on ignore ? Si le rhéteur intervient dans l'administration de la **justice**, est-ce à dire qu'il sait ce qui est juste et injuste ? S'il prétend former les hommes politiques, ne convient-il pas de déterminer ce qu'est la **politique** ? Dans tous les cas, dire ce qu'il faut faire, ce qui est bon – le

6. Dans le *Lachès*.
7. Dans l'*Euthyphron*.
8. Pour plus de détails, on pourra consulter par exemple H.-I. Marrou, *Histoire de l'éducation dans l'Antiquité*, Ed. du Seuil, ou encore Cl. Mossé, *Le Procès de Socrate*, Ed. Complexe. Les textes sont accessibles, par exemple, dans l'édition qu'en a donnée J.-P. Dumont : *Les Sophistes, Fragments et témoignages*, P.U.F.
9. Une définition nominale dit seulement ce que le nom désigne. Le traitement philosophique de la question aura pour but de déterminer ce qu'est (définition réelle) la rhétorique.
10. La question de savoir quel est au juste l'objet du *Gorgias* est débattue depuis l'Antiquité. L'un des enjeux de la lecture est de comprendre le rapport entre ses divers objets : pourquoi traiter de la rhétorique conduit-il à l'examen d'autres notions.

Bien –, ne suppose-t-il pas de le connaître? Or connaître, c'est toujours posséder un savoir vrai. Comment parvenir à la **vérité**? Et savoir en vérité ce qu'il est bon de faire, n'est-ce pas répondre à la question **« Comment faut-il vivre? »**, ce qui revient à décider de **ce qu'un homme doit être** pour être pleinement homme. La réponse à ces questions engagera celle de savoir ce qui **est** vraiment, investigation ici conduite du sein même d'une réflexion sur les conditions du dialogue.

Parti d'une interrogation sur la rhétorique, le *Gorgias* nous amène ainsi à interroger la vérité du discours et la justice de la conduite: la perspective se fait tout à la fois **morale** et **métaphysique**. Lire le Dialogue, ce sera découvrir ce qui exige que l'interrogation se porte à ce niveau, et cela par la médiation des interlocuteurs aux prises avec leur propre pensée.

Se familiariser avec les personnages du Dialogue

- Qui sont donc les **personnages** du *Gorgias*?

On peut placer d'un côté Socrate et, en face de lui, trois interlocuteurs successifs: Gorgias, Polos et Calliclès. Un cinquième personnage, Khairéphon[11] établit le lien entre Socrate et les trois autres. À l'exception de Calliclès, dont on ne trouve nulle trace ailleurs qu'ici – d'où l'idée qu'il s'agit d'un personnage inventé – tous sont des personnages historiques. L'art de Platon prend appui sur la réalité (comment pourrait-il mettre en scène pour ses contemporains des caractères trop éloignés de ce qu'ils en connaissent?) et en tire parti pour individualiser trois attitudes à l'égard de la rhétorique et de la philosophie, trois manières de se situer dans la Cité. Il consiste encore à construire à travers eux et grâce à eux la progression de l'enquête philosophique, comme on le verra plus loin.

Au fur et à mesure de votre lecture, vous enrichirez ce portrait

Gorgias est un très célèbre orateur et maître de rhétorique. Originaire de Sicile, lieu de naissance de la rhétorique[12], il séduisit grâce à ses discours les Athéniens auprès de qui il avait été envoyé en ambassade par sa Cité (Leondinoi ou Leontium, aujourd'hui Lentini). Créateur d'un style très imité (les Grecs ont inventé un mot qui peut se traduire par « gorgianiser »), caractérisé par l'abondance des images et des jeux de langage (allitérations et assonances, redondances, métrique, etc.), il est célèbre et admiré, entouré de nombreux jeunes gens venus se mettre à son école. Il est l'auteur d'ouvrages dont des fragments au moins nous sont parvenus, notamment un *Éloge d'Hélène* et un *Traité du non-être*. Il appartient à la première génération des rhéteurs et sa réflexion sur le langage le place parmi les premiers sophistes[13].

11. C'est lui qui interroge l'oracle d'Apollon à Delphes et obtient cette réponse qu'il n'y a pas à Athènes d'homme plus sage que Socrate (cf. *Apologie de Socrate*, 21a).
12. De nombreuses Cités furent fondées en Sicile par des colons grecs (Sicile et Italie du Sud constituent ce qu'on appelle la Grande Grèce). Leurs vicissitudes conduisirent à des procès dont on considère qu'ils sont à l'origine du développement de l'art oratoire (c'était déjà l'avis d'Aristote).
13. De *sophia*, le savoir, la sagesse, le terme est celui par lequel se désignaient les professeurs de sagesse et de vertu contre lesquels Platon entend édifier la *droite philosophie (Lettre VII)*. Leur but est de former les hommes politiques. Intellectuels itinérants, ils constatent et font connaître la relativité des lois et des coutumes. Personnalités très diverses, ils ont généralement en commun une conception sensualiste de la pensée, un empirisme qui les conduit au relativisme et au scepticisme. Développant avec virtuosité les possibilités du langage, la rhétorique est une part importante de leur enseignement.

C'est un homme établi, fier de ses succès, soucieux de sa réputation. Sa place au sein de la Cité est assurée, reconnue, et il n'a pas de doutes quant à la valeur de ce qu'il fait. C'est, au demeurant, un homme modéré. Socrate le traite avec déférence et s'il interroge avec lui la valeur de la rhétorique, ce n'est pas avec lui qu'il la nie radicalement.

Au fur et à mesure de votre lecture, vous enrichirez ce portrait

Présenté comme un élève de Gorgias, **Polos**, *jeune et vif*, est brillant et use de la rhétorique avec virtuosité. Il relève de la deuxième génération des rhéteurs, celle qui voit clairement dans la rhétorique le moyen de la prise du pouvoir. En ce sens, il constitue une transition entre les ressources offertes par la rhétorique (Gorgias) et leur utilisation sans scrupules par les hommes politiques eux-mêmes (Calliclès). Polos admire son maître, il est naïvement ambitieux, mais les questions de Socrate atteignent en lui les traces d'une moralité commune qui lui interdisent de dévoiler entièrement son indifférence à la vérité et à la justice. Dans l'entre-deux des valeurs, Polos est voué à l'hypocrisie. Socrate le traite comme un élève qui n'a pas achevé sa formation, et fait fond sur ce qui rend encore possible sa conversion.

Au fur et à mesure de votre lecture, vous enrichirez ce portrait

Calliclès est un personnage énigmatique, qui ne se laisse pas réduire à la position que nous venons de lui attribuer. Dépourvu d'existence historique, il acquiert cependant, dans notre Dialogue, une extraordinaire présence. On peut penser à divers modèles susceptibles d'avoir inspiré Platon (Alcibiade, par exemple). On a pu dire aussi que Calliclès c'est un Platon qui n'aurait pas rencontré Socrate. De bonne souche, audacieux, séduisant, tout entier animé par l'ambition du pouvoir politique, intelligent, cultivé, il est donné comme le produit achevé de l'éducation sophistique, en quoi il est propre à faire apparaître où conduit, selon Platon, la rhétorique : les thèses empruntées à cette école[14] soutenues ici avec un entier cynisme[15] sont celles-là même qu'il lui importe de ruiner.

À ce titre, le rôle de Calliclès est double : il incarne les conséquences désastreuses pour la Cité des idées introduites à Athènes par le mouvement sophistique, mais parce que c'est avec lui que l'enjeu du Dialogue est clairement dévoilé, il incarne aussi l'autre de la philosophie, avec qui aucun accord n'est finalement possible (ainsi qu'en témoigne le fait que l'entretien avec lui s'achève dans un monologue de Socrate). En cela, parce qu'il met le lecteur en demeure de choisir – Socrate ou Calliclès sont exclusifs l'un de l'autre – il incarne le moment du renversement platonicien[16], la naissance de la métaphysique, par quoi Platon se sépare de son maître Socrate pour devenir Platon.

Au fur et à mesure de votre lecture, vous enrichirez ce portrait

Socrate, on le sait, fut le maître de Platon, le jeune aristocrate qui se destinait à l'écriture et à la politique et pour qui cette rencontre décida de sa carrière et de

14. Il n'est pas utile, ici, d'entrer dans une analyse approfondie de la sophistique historique. Les sophistes constituent un groupe bien identifiable, même s'ils professent des thèses qui ne se recouvrent pas et occupent sur l'échiquier politique des positions variées. Sur ces questions, voir les ouvrages historiques signalés plus haut (note 8, p. 95).
15. Le mot est pris ici dans son sens courant : est cynique celui qui dévoile sans honte les motifs de sa conduite alors même qu'ils apparaissent aux autres comme condamnables. Un peu plus loin, le mot sera pris en un sens technique : les Cyniques sont des philosophes dont le nom est tiré du mot grec qui désigne le chien. Ils se comparaient volontiers à cet animal.
16. L'expression est empruntée à H. Joly, *Le Renversement platonicien*, Vrin, 1974.

sa vie[17] : renonçant à la tragédie comme à la participation au pouvoir à Athènes, il serait philosophe. Mais ce sont la condamnation de Socrate par le tribunal démocratique de l'Héliée et sa mort qui, le jetant dans l'indignation, orientèrent définitivement sa réflexion politique : que doit être la Cité pour que Socrate le juste y ait toute sa place ?

S'informer sur le Socrate historique

La figure de Socrate, qui n'a pas écrit, nous est connue par les textes de Xénophon, Platon et Aristophane. Identifier le Socrate historique est une tâche qui a suscité, depuis le XIXe siècle, un nombre quasi incalculable d'ouvrages[18]. Pour nous en tenir au plus simple, rappelons que Socrate, né de Sophronisque le sculpteur dont il exerça le métier et de Phénarète la sage-femme, citoyen d'Athènes qu'il ne quitta que pour combattre au service de sa Cité, fut condamné à mort en 399 avant J.-C. sur le chef d'accusation de corruption de la jeunesse et d'impiété. Homme instruit, cultivé, il fréquenta les cercles intellectuels athéniens et eut de nombreux disciples, notamment parmi les fils de l'aristocratie qui se destinaient à la carrière politique. Son influence fut considérable, à travers les nombreuses écoles qui s'ouvrirent dans le monde antique (l'Académie platonicienne, le Lycée d'Aristote, mais aussi les écoles cynique[19], mégarique, cyrénaïque…). On sait qu'il s'entretenait avec les citoyens d'Athènes, sur l'agora, et ces entretiens donnèrent naissance à un genre littéraire – les « dialogues socratiques ».

À ce genre appartiennent les premiers dialogues écrits par Platon, mais celui-ci resta fidèle à la forme dialoguée mettant en scène son maître au-delà de ce qu'il est possible d'attribuer au Socrate historique. Le *Gorgias* est précisément l'un de ces Dialogues où le Socrate du texte tient des propos très vraisemblablement socratiques mais où apparaissent des thèses proprement platoniciennes. Art de Platon, encore, et enseignement, encore, que cet engendrement d'une pensée propre dans et à partir de ce qu'il la nourrit.

Éclaircir le partage entre ce qui est socratique et ce qui est platonicien dans le *Gorgias*

Socrate, donc, mène le jeu. Il développe une **enquête** qui, comme dans les dialogues socratiques classiques, interrogeant le sens des mots (qu'est-ce que la rhétorique ?) cherche à dégager les **valeurs** auxquelles doit être ordonnée la conduite. Il s'agit là d'une investigation morale, menée grâce aux seules ressources de la **raison**, d'une réinterprétation du vieux précepte delphique « Connais-toi toi-même »[20] qui fait de lui, selon le mot de Hegel, le *tournant principal de l'esprit dans son intériorité*. Ce souci moral comporte dans l'Athènes de son temps une dimension naturellement politique : être homme, c'est être citoyen. Mais dans la débâcle des valeurs de cette fin du Ve siècle[21], être citoyen ce n'est plus adhérer aux croyances communes, c'est chercher en soi-même le principe de son action. Quel soi-même ? celui de l'intérêt immédiat, de la poursuite d'un bien strictement individuel ? ou celui qui peut assurer

17. Cf. *Lettre VII*.
18. Pour un aperçu sur l'état du dossier, on pourra consulter F. Wolff, *Socrate*, P.U.F., notamment p. 4 et pp. 98 et sq., mais l'ensemble de cet excellent petit ouvrage mérite d'être lu et médité. Nous n'hésiterons d'ailleurs pas à lui emprunter certaines analyses.
19. Cf. note 15, p. 97.
20. Plusieurs inscriptions, maximes de sagesse ancienne, dont celle-ci, figuraient sur le temple d'Apollon à Delphes.
21. Cf. K. Papaioannou, texte introductif à *L'Art grec* (éd. Mazenod) et, dans le même ouvrage, « L'impérialisme athénien et la guerre du Péloponnèse » où est cité un saisissant passage de Thucydide (*La Guerre du Péloponnèse*, III, 82 : *On en vint à changer l'acception des mots…*).

à la conduite un fondement plus stable que celui que n'offrent plus les coutumes et les lois, définitivement relativisées (ce dont prennent acte et à quoi contribuent les sophistes), un fondement rationnel? L'appel socratique à la conscience individuelle, la mise en question des maîtres religieux et politiques, ne prend tout son sens que dans la Cité, là où les hommes vivent et partagent un destin commun[22]. Cet exercice en commun de la rationalité, c'est le dialogue.

Socratique, encore, la défense des grands paradoxes moraux (que s'il faut choisir entre commettre et subir une injustice, il vaut mieux la subir; que s'il faut choisir, quand on a commis une injustice, entre être châtié et ne pas l'être, il vaut mieux l'être), qui se fonde dans cette exigence de décider soi-même, en raison, de ce qu'est une vie digne d'être vécue[23] et qui permet de comprendre pourquoi Socrate ne se dérobe pas à la condamnation[24].

Mais platonicien le souci de comprendre le scandale de la mort de Socrate[25], platonicienne la mise au jour de la **métaphysique** qui sous-tend les propos du maître disparu. Si ce qui importe, c'est le salut de l'âme, si celui-ci n'est plus assuré par la piété et doit l'être par l'exercice de la raison, alors la vraie réalité n'est pas empirique: l'empirique c'est ce qui n'est qu'apparent, changeant, ce qui doit être rapporté à ce qui demeure pour pouvoir être connu et jugé, compris. À cette condition seulement, pourra être conçue la Cité véritable, celle où Socrate serait en effet, non celui qui *prête à rire* et ne sait *pas s'y prendre*[26], mais celui qui exerce le *véritable art politique*[27]. Cela, c'est l'objet de *La République* qui conjugue réflexion politique, réflexion sur l'éducation et ontologie[28]. Ce renversement – ce que nous prenons pour réel n'est qu'apparent, ce que nous tenons pour chimère, c'est la réalité véritable –, cette coupure du visible ou du sensible – ce qui est saisi par les sens, par les yeux du corps – et de l'intelligible – ce qui est compris, saisi par les yeux de l'esprit – est l'œuvre propre de Platon, par où s'inaugure la tradition métaphysique.

Lire le *Gorgias*, ce sera donc le moyen d'apercevoir aussi quel usage faire des leçons du maître.

S'orienter dans l'œuvre

La **structure** du *Gorgias* est extrêmement simple: le Dialogue comprend trois entretiens (Socrate/Gorgias, Socrate/Polos, Socrate/Calliclès) encadrés par un Prologue dans lequel apparaissent tous les personnages[29] et un Mythe. Cette structure est assouplie par l'intervention de Khairéphon et Calliclès dans le premier entretien, un échange avec Gorgias dans le deuxième, deux interventions de Gorgias dans le troisième.

22. *Les champs et les arbres ne consentent à rien m'enseigner, tandis que c'est ce que font les hommes qui sont dans la ville* (*Phèdre*, 230d).
23. Cf. Merleau-Ponty, *Éloge de la philosophie*, Gallimard, pp. 42-49.
24. Cf. *Criton*. Le Dialogue rapporte la réponse de Socrate emprisonné à Criton qui vient lui proposer de s'évader.
25. Cf. la récurrence de l'annonce de la mort de Socrate tout au long du *Gorgias* et, notamment, dans l'affrontement avec Calliclès (**ÉTUDES 6** et **8**).
26. 473e.
27. 521d.
28. Du participe présent *ôn, ontos*, du verbe être: l'ontologie est la partie de la philosophie qui traite de l'être.
29. Le Prologue mérite une lecture attentive : il est le moment constitutif de la **scène philosophique**, ce pourquoi il éclaire ce que c'est que **commencer** à philosopher (cf. **ÉTUDE 1**, pp. 102 et sq.).

Le **passage** d'un entretien à l'autre est brutal : Polos, puis Calliclès entrent en scène en prétendant rompre avec la situation précédente. Ces ruptures ne sont pas arbitraires, aussi faudra-t-il en dégager la signification philosophique. On remarquera qu'en ce qui concerne Gorgias, l'entrée en scène est progressive : Calliclès, puis Khairéphon, puis Polos servent de médiateurs entre Socrate et Gorgias, mais l'entretien ne commence vraiment que dans le face à face où chacun assume directement sa propre parole.

La **progression** d'un entretien à l'autre obéit à une règle commune : chaque nouvel interlocuteur entend reprendre à nouveaux frais la discussion en faisant apparaître le présupposé inaperçu de l'entretien précédent (Polos par rapport à Gorgias), ou des entretiens précédents (Calliclès par rapport à Polos et à Gorgias). On peut considérer qu'il en va de même dès le premier entretien : ce que Socrate entend demander à Gorgias, ce n'est pas simplement ce que tous ont cru ou feint de croire (ce qu'est la rhétorique au sens d'une définition nominale) mais bien ce que présuppose une telle définition. Et encore dans l'introduction du Mythe final, dans lequel Socrate entend montrer ce qu'impliquent les discours précédemment tenus (ceux de ses interlocuteurs, notamment Calliclès auquel il s'adresse expressément, comme les siens). Le mouvement est donc celui d'un **dévoilement progressif du sens de ce que l'on dit**[30], en d'autres termes, d'un approfondissement philosophique. Il peut être dit **dialectique** si l'on entend par là qu'il s'accomplit non seulement littéralement au moyen du dialogue[31], mais bien philosophiquement par retour interrogatif – au sens propre, réflexion – sur ce qui vient d'être dit. À cet égard, le Gorgias est aussi un grand exemple de **dissertation** philosophique[32].

Se rendre attentif à un enseignement de méthode

S'instruire du texte pour penser notre monde

Enfin, parce qu'un texte philosophique, fût-il écrit au IVe siècle avant Jésus-Christ et profondément enraciné dans la culture de la Grèce ancienne, n'est pas un objet mort ou étranger mais la trace d'une pensée, d'un effort rationnel, qu'il s'agit pour nous de **réeffectuer** – ce qui est proprement en saisir l'actualité –, nous pourrons y trouver des ressources quant à la question de savoir qui sont les rhéteurs aujourd'hui et ce que vaut le savoir auquel ils prétendent.

30. On notera qu'étymologiquement la vérité en grec – *alethéia* – signifie *dévoilement*.
31. Dialectique est l'adjectif dérivé du substantif dialogue.
32. Par où l'on voit que la dissertation n'est pas un genre littéraire particulier, mais la mise en œuvre d'une réflexion méthodique et critique.

ÉTUDE 1

(ŒUVRE INTÉGRALE PAGE 16)

454 b **Gorgias :** Je dis, Socrate, que cette persuasion est celle qui se produit dans les tribunaux et dans les autres assemblées, ainsi que je l'indiquais tout à l'heure, et qu'elle a pour objet le juste et l'injuste.

Socrate : Je soupçonnais bien moi-même, Gorgias, que c'était cette persuasion et ces objets que tu avais en vue. Mais pour que tu ne sois pas surpris si dans un instant je te pose encore une question
c semblable sur un point qui paraît clair et sur lequel je veux néanmoins t'interroger, je te répète qu'en te questionnant je n'ai d'autre but que de faire progresser régulièrement la discussion et que je ne vise point ta personne. Il ne faut pas que nous prenions l'habitude, sous prétexte que nous nous devinons, d'anticiper précipitamment nos pensées mutuelles, et il faut que toi-même tu fasses ta partie à ta manière et suivant ton idée.

Gorgias : Ta méthode, Socrate, me paraît excellente.

Socrate : Alors continuons et examinons encore ceci. Y a-t-il quelque chose que tu appelles savoir ?

Gorgias : Oui.

Socrate : Et quelque chose que tu appelles croire ?

Gorgias : Certainement.

d **Socrate :** Te semble-t-il que savoir et croire, la science et la croyance soient choses identiques ou différentes ?

Gorgias : Pour moi, Socrate, je les tiens pour différentes.

Socrate : Tu as raison, et je vais t'en donner la preuve. Si l'on te demandait : « Y a-t-il, Gorgias, une croyance fausse et une vraie ? » tu dirais oui, je suppose.

Gorgias : Oui.

Socrate : Mais y a-t-il de même une science fausse et une vraie ?

Gorgias : Pas du tout.

Socrate : Il est donc évident que savoir et croire ne sont pas la même chose.

Gorgias : C'est juste.

e **Socrate :** Cependant ceux qui croient sont persuadés aussi bien que ceux qui savent.

Gorgias : C'est vrai.

Socrate : Alors veux-tu que nous admettions deux sortes de persuasion, l'une qui produit la croyance sans la science, et l'autre qui produit la science ?

Gorgias : Parfaitement.

Socrate : De ces deux persuasions, quelle est celle que la rhétorique opère dans les tribunaux et les autres assemblées relativement au juste et à l'injuste ? Est-ce celle d'où naît la croyance sans la science ou celle qui engendre la science ?

Gorgias : Il est bien évident, Socrate, que c'est celle d'où naît la croyance.

Socrate : La rhétorique est donc, à ce qu'il paraît, l'ouvrière
455 a de la persuasion qui fait croire, non de celle qui fait savoir relativement au juste et à l'injuste ?

Gorgias : Oui.

Socrate : À ce compte, l'orateur n'est pas propre à instruire les tribunaux et les autres assemblées sur le juste et l'injuste, il ne peut que leur donner la croyance. Le fait est qu'il ne pourrait instruire en si peu de temps une foule si nombreuse sur de si grands sujets.

Gorgias : Assurément non.

OBSERVER ET S'EXERCER

Établir le lien avec ce qui précède

ÉTUDE DU TEXTE

1. SITUATION

Le premier moment de notre Dialogue est son Prologue. Prêtons attention à cette dénomination : le prologue, littéralement[1], c'est ce discours qui précède le discours et sa fonction immédiatement visible est de nous mettre en présence des différents interlocuteurs, de nous instruire de la situation, de nous orienter vers l'objet du Dialogue. Elle est, au sens propre, d'**introduction** et pose le problème du commencement : commencement de **ce** Dialogue, commencement de l'activité philosophique, pour les protagonistes **et** pour nous lecteurs. Le

1. Dans la tragédie, c'est le moment qui précède l'entrée en scène du chœur.

Prologue met en place la **scène philosophique**: des personnages se parlent dans un espace et un temps présents, différents de ceux dont ils viennent, de ce qui vient de se passer (et Socrate arrive *en retard*, après *la fête*). En ce sens déjà il est **rupture**. Pour que cette rupture soit un véritable **commencement**, il faut qu'elle institue quelque chose de nouveau et, à cet égard, le retard de Socrate est significatif: ce n'est pas d'écouter discourir le rhéteur qu'il s'agit, c'est d'interroger, philosophiquement. Comment cela est-il possible? La discussion ne s'engage pas immédiatement entre Socrate et Gorgias, mais fait le détour de plusieurs médiations, celle de Calliclès, l'hôte des lieux, qui réunit le rhéteur et le philosophe celle de Khairéphon, le fidèle lieutenant[2] de Socrate, celle de Polos, double caricatural de son maître Gorgias. Mais elles sont insuffisantes, car ce à quoi convie Socrate c'est à s'installer dans la **réflexivité**, à **s'interroger**. Elles étaient cependant nécessaires, s'il s'agit bien de comprendre ce que c'est que philosopher et d'abord que l'interrogation n'a rien d'arbitraire. Le Prologue est donc aussi le lieu où la pensée se saisit de son **objet** – la rhétorique – et définit sa méthode – le dialogue – en écartant ce qui lui est inadéquat – le discours rhétorique.

Réfléchir à ce qu'est une introduction

À l'issue du prologue, le premier acte (Socrate/Gorgias) s'ouvre donc sur la question adressée par Socrate lui-même au célèbre maître de rhétorique lui-même: *Dis-nous toi-même comment il faut t'appeler et quel est l'art que tu connais* (449a).

Reprendre la définition donnée par Polos

Il s'agit donc de produire la **définition** de ce qui est tenu pour un art, et si c'est à Gorgias qu'incombe la tâche, c'est pour écarter la pseudo-définition que Polos a donnée, toute rhétorique, réduite au seul éloge de «l'art» qu'il tient de son maître, et, par là, irrecevable. On ne saurait rien dire de la valeur de la rhétorique sans qu'une définition, et la plus précise, soit donnée. En récusant l'éloquence brillante, la pensée empruntée[3], le maître en maïeutique[4] engage une **enquête** qui appelle, veut susciter, une parole en personne. Ainsi, d'emblée, c'est sur le fond d'une **opposition de la rhétorique et du dialogue** (*Polos s'est plus exercé à la rhétorique qu'au dialogue*) que Platon met en place les conditions de la recherche.

Examiner les différences entre les définitions

Qu'est-ce donc **que la rhétorique**? Gorgias n'est-il pas le mieux à même de le dire? Mais il se révèle difficile d'en produire une définition convenable. La méthode socratique d'interrogations reconduites vise à l'élaborer.

On se demandera donc d'abord quel est **l'objet** de la rhétorique et Gorgias répondra sans détour que c'est l'art des discours. Mais cette définition est trop large puisqu'elle s'applique aussi bien à d'autres «arts», la médecine par exemple, qui **dit** au malade comment se soigner. La confrontation avec ces autres arts permet de poser un principe: si un art rend *capable de parler, il rend aussi capable de penser sur les choses dont [il] apprend à parler*. Mais «l'art» noble que Gorgias a en vue ne se confond pas avec ceux qui comportent un aspect manuel: ***tous*** *ses actes et* ***tous*** *ses effets sont produits par des discours* (450b)[5].

Restituer les étapes de la constitution de la définition de Gorgias et examiner les moyens employés par Socrate pour la mettre au jour

2. Cf. l'origine du mot *lieutenant*. Voir aussi la **PRÉSENTATION GÉNÉRALE DE L'ŒUVRE**, p. 96.
3. L'exigence d'une pensée en première personne est constitutive du travail philosophique. Elle anime aussi bien, par exemple, le début du *Ménon*. Cf. **RÉFÉRENCES**, p. 114.
4. En son sens littéral, la *maïeutique* est l'art des sages-femmes. Socrate se déclare lui-même accoucheur des esprits (*Théétète*) Cf. **RÉFÉRENCES**, p. 115.
5. C'est nous qui soulignons.

Socrate synthétise la première partie du chemin parcouru: *C'est parmi [les arts qui n'exécutent rien que par la parole] ce me semble, que tu ranges la rhétorique* (450d-e). Mais cette définition est encore trop large, puisque arithmétique ou géométrie, elles aussi, sont des disciplines discursives[6]. Elle doit donc être précisée et Socrate pose à nouveau la question de son objet. De quoi s'occupe donc la rhétorique?

Définir le pouvoir

Mais Gorgias échoue et de cet objet il fait à nouveau l'éloge: *Ce sont les plus grandes de toutes les affaires humaines, Socrate, et les meilleures*. Qu'est-ce à dire? Aux yeux de Gorgias, le *bien suprême*, c'est la puissance, le pouvoir *(ce qui fait que les hommes sont libres eux-mêmes et en même temps qu'ils commandent aux autres)*. Aussi parvient-on à la définition suivante: la rhétorique procure *le pouvoir de persuader par ses discours* et elle s'exerce dans les lieux mêmes du pouvoir (le tribunal, le Conseil, l'Assemblée[7]). La rhétorique est donc *ouvrière*[8] *de persuasion* (453a). Mais, encore une fois, qu'est-ce à dire? *Cette persuasion dont tu parles [...] qu'est-elle au juste et sur quoi porte-t-elle?* (453b). Et puisqu'elle s'exerce *dans les tribunaux et les autres assemblées*, Gorgias, en un dernier sursaut, avoue qu'*elle a pour objet le juste et l'injuste*.

Dégager les enjeux de cet examen

Nous y voilà: le questionnement socratique a permis de mettre au jour ce que Gorgias *[avait] en vue*. Il a produit la définition de la rhétorique telle qu'il la pratique et telle qu'il la conçoit. Mais cet ultime aveu, on va le voir, est la source de toutes les difficultés. Retenons pour l'instant que le premier enjeu d'une discussion sur la rhétorique est **politique**. Elle est ce pouvoir dont le champ d'application est la Cité en ses lieux publics de délibération et de décision. Ce premier moment du dialogue souligne aussi les **exigences rationnelles** de la définition: savoir ce dont on parle et réfléchir sur ce dont on parle, éviter la confusion, telles sont les conditions essentielles de toute discussion. Il va s'agir désormais d'éprouver la validité[9] de ce que l'on dit. Que la rhétorique soit *ouvrière de persuasion* ne va pas sans inquiéter Socrate: résultat pour Gorgias, tremplin pour Socrate.

2. ANALYSE

Souligner la définition de Gorgias

Notre point de départ est donc la définition que Socrate a conduit Gorgias à produire, dont il l'a «accouché». En ce sens, il s'agit bien de la définition de Gorgias, celle qu'il tient pour juste, vraie, adéquate à son objet. Mais s'il croyait ainsi clore la discussion, en ayant donné «la bonne réponse», il tombe à côté, l'enquête continue. Comment Socrate s'y prend-il? Par un **détour**, élément fréquent de la méthode socratique - interroger, conduire l'entretien est un art, ainsi que Polos l'apprendra plus tard à ses dépens[10]. Socrate propose abruptement de distinguer deux conduites intellectuelles: croire et savoir. Or s'il y a lieu d'effectuer une distinction, c'est qu'il y a un risque de confusion à écarter et l'enjeu est d'importance: s'il y a deux sortes de persuasion et qu'elles ne se valent pas, il y

Se rendre attentif à l'enjeu d'une distinction conceptuelle

6. *Discursif* est l'adjectif qui correspond au substantif «discours».
7. Ce sont les institutions fondamentales de la démocratie athénienne.
8. Cette expression, quelque peu étrange en français, avouons-le, veut évoquer la racine du mot grec qui indique le travail de production (*ourg-*, *erg-*, cf. en français, le suffixe *-urgie*).
9. L'art maïeutique ne se borne pas à l'accouchement, mais comprend l'examen de l'enfant, afin de voir s'il est bien formé (cf. **RÉFÉRENCES**, p. 115).
10. Cf. **ÉTUDE 3**, pp. 137 et sq.

va de la valeur qui gouverne l'enquête, la **vérité**. C'est bien ce que soupçonne Socrate, mais que Gorgias ne voit pas, du moins pas encore.

Examiner la progression du dialogue

Parcourons la démarche du mini-dialogue :

1. Socrate et Gorgias s'accordent immédiatement : croire et savoir sont deux choses distinctes. Socrate avait prévenu, sa question, si évidente, n'a pas d'autre intention que de faire progresser le dialogue, de faire en sorte que Gorgias discerne dans sa propre réponse, c'est-à-dire dans sa propre pensée, ce qu'il n'y voit pas encore. Acceptons le détour, la lenteur, pour que le dialogue s'établisse et que chacun assume et reconnaisse ce qu'il concède, ce à quoi il acquiesce.

Si croire et savoir sont choses différentes, faire croire et faire savoir sont aussi choses différentes. Mais nous n'avons là qu'une assurance d'ordre **nominal** – différence des mots –, une opinion non fondée en raison. Nous savons que c'est différent, mais nous ne le comprenons pas encore.

2. Socrate s'applique donc à **fonder** cette différence, en s'appuyant sur une logique des contraires. Le propos est totalement général, purement formel, sans aucune référence à un quelconque contenu : savoir ne se dit que d'un savoir vrai, alors que croire peut renvoyer à une croyance fausse aussi bien qu'à une croyance vraie. Ainsi se dévoile le fondement de l'usage du langage, et Socrate et Gorgias s'accordent en raison. Quelle conséquence en déduire pour la persuasion ?

Distinguer persuader et convaincre

3. Il y a deux sortes de persuasion, l'une que l'on pourra nommer persuasion – et qui fait croire sans savoir, l'autre que l'on pourra nommer conviction – et qui fait savoir. Et s'il y a bien persuasion dans les deux cas *(ceux qui croient sont persuadés aussi bien que ceux qui savent)*, cette identité n'est qu'**apparente**, puisqu'elle renvoie à deux réalités différentes. Ou plutôt, le fait d'être persuadé – et donc celui d'être capable de produire la persuasion – ne dit rien sur la vérité de ce dont on est persuadé, puisqu'il peut s'agir d'une croyance, et que la croyance peut être fausse.

Ainsi, le détour est achevé. Quelles conséquences pour la rhétorique ? Revenons à la définition initiale.

La rhétorique est *ouvrière de persuasion*. De quelle persuasion ? De celle *qui fait croire, non de celle qui fait savoir relativement au juste et à l'injuste*. Gorgias en est d'accord et n'anticipe pas les effets de la distinction. Mais Socrate souligne le défaut de savoir en rappelant que c'est du juste et de l'injuste qu'il s'agit.

Distinction, disions-nous au départ ; discrimination et hiérarchie, disons-nous à l'arrivée. Précisons l'enjeu de ce travail de **jugement**. La rhétorique seule est-elle visée, distincte de la philosophie, ou à travers elle, l'activité du maître de rhétorique, détenteur et agent du pouvoir de persuasion, distinct du philosophe chercheur et défenseur de la vérité ? La deuxième voie s'impose, en accord avec Gorgias - et c'est cela que disait Socrate : *il faut que toi-même tu fasses ta partie à ta manière et suivant ton idée*. À quelle conclusion Gorgias est-il alors conduit ?

Analyser la notion d'instruction

L'orateur n'est pas propre à instruire les tribunaux et les autres assemblées sur le juste et l'injuste. Il ne peut leur donner que la croyance. Et Gorgias – à la faveur de la remarque finale (le manque de temps, la foule nombreuse) acquiesce. **Effet décisif du détour :** en quoi le maître de rhétorique instruit-il ? fait-il connaître ? en rien. Et lui-même, nous demandons-nous, sait-il? croit-il? Car pour instruire, il faut savoir. Et pour savoir, il faut posséder la vérité. Quel rôle alors jouent les rhéteurs dans la Cité où ils exercent leur art? Que s'ensuit-il pour la vie politique?

Mesurer l'enjeu de la distinction

Ce qui est *soupçonné*, n'est-ce pas le discrédit nécessaire des rhéteurs si telles sont leurs limites qu'ils se bornent à faire croire sans donner à savoir? et qui plus est, dans ces questions essentielles, qui peut-être dépassent l'ordre politique, que sont le juste et l'injuste? Et s'il s'avère que sans la clairvoyance de Socrate qui distingue, discrimine, ce qui est proprement juger, sans sa ténacité qui ne se contente pas de la réponse apparemment descriptive de Gorgias, pur décalque de sa pratique, mais qui recèle une **équivocité**, ce qui est en question c'est le fondement même du pouvoir de persuasion des rhéteurs qui se donnent pour ce qu'ils ne sont pas? Le «sophiste» fait profession de savoir, le mot même l'indique[11]. Mais s'il n'y a là nul savoir? L'équivocité autorisait ce qui apparaît désormais comme une place usurpée. Comment Gorgias pourra-t-il se sortir de ce mauvais pas, de cette critique radicale, et défendre l'immense pouvoir de la rhétorique?

Interroger la conclusion à laquelle on est parvenu

Il demeure que, pour nous lecteurs, et en dépit de la force rationnelle de l'analyse socratique, nous butons sur une réelle difficulté: que peut bien signifier savoir et donner à savoir en matière de juste et d'injuste? Y a-t-il une science du juste et de l'injuste? Peut-il y avoir en ces matières autre chose qu'une croyance? Nous n'avons pas les moyens de répondre à présent à cette question, récurrente dans l'œuvre platonicienne: y a-t-il une science du juste, ou, en d'autres termes, la vertu s'enseigne-t-elle[12]?

Dégager une première leçon

Ce que nous pouvons toutefois dès à présent percevoir, et qui est appelé à s'approfondir tout au long du Dialogue, c'est qu'il y a toujours lieu de soupçonner ceux qui font profession de savoir et se donnent pour des maîtres à penser: vérifier la réalité de leur compétence ou si elle consiste seulement à savoir communiquer, c'est-à-dire interroger le fondement de leur savoir, et ainsi de leur autorité.

ÉTUDE DES NOTIONS

NOTIONS LEXICALISÉES: savoir et croire (persuader et convaincre), vérité, rhétorique

SAVOIR et CROIRE (PERSUADER et CONVAINCRE)

Rechercher les occurrences des notions

Ces verbes désignent une attitude ou une activité intellectuelles (je crois, je sais), mais substantivé, le savoir répond à la croyance et ces mots désignent aussi bien l'attitude elle-même que son résultat (détenir un savoir, posséder une croyance).

11. *Sophistès* dérive directement de *sophia*, le savoir, la sagesse. Cf. **PRÉSENTATION GÉNÉRALE DE L'ŒUVRE**, note 13, p. 96.

12. La question de la science du juste anime, entre autres, *La République*. Cette dernière formulation est celle du *Ménon* (cf. **RÉFÉRENCES**, p. 114). Voir aussi plus loin, notamment **ÉTUDES 3**, pp. 135-136, **6**, notamment pp. 201-202 et **8**, pp. 232 et sq.

Savoir et croire sont ici pensés dans leur différence, voire dans leur opposition radicale. Croire produit la croyance, par opposition à la science (au savoir). Croire consiste à accorder sa confiance (dans « confiance », il y a foi), à accorder crédit, à adhérer, à suivre – sans preuve[13]. La persuasion, efficace, de l'orateur produit cette croyance. Mais croire, c'est tenir pour **vrai**, comme le dit littéralement le mot allemand *fürwahrhalten*. Et là est précisément le problème, puisque dans la croyance, quelle que soit sa force et elle connaît tous les degrés (de l'incertain au probable et au certain), ma certitude n'est pas fondée en raison. Comme le dit notre texte, *ceux qui croient sont persuadés* ***aussi bien***[14] *que ceux qui savent*. En d'autres termes, **subjectivement**, la croyance peut se donner pour un savoir et si je n'y prends pas garde, si je n'accomplis pas le détour proposé par Socrate, si je n'examine pas le fondement de ma croyance[15], je peux croire que je sais, c'est-à-dire ignorer que je ne sais pas. En suivant le rhéteur qui se borne à faire croire, je n'aurai jamais qu'un pseudo-savoir, comme l'est tout savoir emprunté, qui ne sait pas se fonder, une opinion, fragile comme toute opinion. Mais ce n'est qu'à l'examen de la raison que se révèle cette fragilité.

Qu'est-ce alors que savoir? Le savoir est **toujours vrai** parce qu'il est rationnellement établi : savoir c'est savoir qu'on sait, comprendre pourquoi ce que l'on dit est vrai, être capable d'en administrer la **preuve**. Au sens le plus général, une preuve est l'élément d'un raisonnement qui établit la **nécessité** d'une affirmation. Aussi ce qui est prouvé ne peut-il être refusé. Une preuve, parce qu'elle est œuvre de la raison, produit donc un assentiment **universel**. C'est pourquoi tandis que la croyance, subjective, peut ne pas être partagée, le savoir s'impose à tout homme pourvu qu'il décide de faire prévaloir sa raison sur ses intérêts subjectifs : le résultat d'une démonstration mathématique peut les desservir et donc ne pas me plaire, il n'en demeure pas moins vrai. La certitude est ici **objective**, elle est signe de la stabilité du vrai, parce qu'elle rend raison d'elle-même ; elle ne connaît pas de degrés.

Examiner en quoi consiste précisément la preuve avancée par Socrate

Analyser la notion d'instruction[17]

Ainsi, faire savoir, **instruire** ou encore enseigner[16], ce n'est jamais simplement dispenser des informations – ce que l'on appelle volontiers aujourd'hui « des savoirs ». C'est toujours mettre celui qu'on instruit en possession de son propre savoir, le rendre capable d'en rendre raison, voire exiger de lui qu'il en rende raison : telle est la manière d'enseigner de Socrate l'accoucheur qui en appelle à la raison de l'interlocuteur dans l'élaboration de son savoir qui est, du même coup, savoir commun.

On le voit, la distinction du savoir et du croire établie dans notre Dialogue n'est pas neutre. La valeur de la croyance est inférieure à celle du savoir, pour deux raisons, au demeurant solidaires : il manque à la croyance un fondement certain et, persuadé par le rhéteur, je ne suis pas maître de ma pensée, mais soumis à une puissance extérieure.

13. On trouve ces analyses chez de nombreux philosophes, par exemple Hobbes : la croyance est définie comme *type d'opinion admise par confiance en d'autres hommes*. Cf. **RÉFÉRENCES**, p. 116.
14. C'est nous qui soulignons.
15. Ce peut être aussi bien le moment cartésien du doute. Cf. **RÉFÉRENCES**, p. 115.
16. On prêtera attention à l'étymologie du mot : *enseigner*, ce n'est pas communiquer des savoirs conçus comme des choses, c'est donner les *signes* grâce auxquels le savoir pourra être construit et donc véritablement possédé par l'élève. Symétriquement, recevoir et stocker des informations, ce n'est pas savoir.
17. Cf. *Fichier d'exercices*, *Philosophie*, Magnard, 1994, Fiches 4 et 5.

Distinguer persuader et convaincre

Précisons donc la distinction de persuader et convaincre. La persuasion désigne aussi bien l'action de persuader (on persuade quelqu'un, soi-même) que le résultat de cette action (on est persuadé) : on éprouve alors un **sentiment** de certitude, dont on a vu qu'il pouvait n'être pas fondé en **raison**. C'est pourquoi Socrate propose d'en distinguer deux sortes que la tradition lexicalise sous la forme de la distinction entre persuader et convaincre (celle-ci ne figure pas dans le texte grec[18]). Persuader, au sens strict du terme, par distinction d'avec convaincre, c'est donc employer pour obtenir l'adhésion des moyens qui ne sont pas nécessairement rationnels : l'imagination y a sa part, la sensibilité, autrement dit le corps, ainsi qu'on le verra mieux plus loin[19]. Le pouvoir persuasif du rhéteur fait usage de sonorités, d'images[20], propres à charmer, à émouvoir. Aussi n'instruit-il pas à proprement parler. L'adhésion obtenue en frappant la sensibilité, en effrayant, par exemple[21], ne vaut que ce que valent les moyens employés. À l'opposé, convaincre, c'est obtenir l'assentiment par l'emploi de moyens rationnels, de preuves, c'est proprement faire savoir.

Rassembler les acquis de l'analyse

La distinction établie par Socrate redouble donc celle de savoir et croire : ce qui est à analyser, c'est le sentiment de **certitude** ; le **principe** de cette analyse, c'est la détermination de son **fondement**, objectif ou subjectif, rationnel ou non. Son **enjeu** est double : la **vérité** (savoir qu'on sait c'est posséder la vérité), la **liberté** (être persuadé c'est être assujetti au pouvoir du rhéteur, et, en dernière analyse, à sa propre sensibilité : ce n'est pas se gouverner soi-même).

VÉRITÉ

Rechercher les occurrences de la notion

La vérité est d'abord pensée comme le signe du savoir, qu'elle accompagne toujours, nécessairement. Elle se donne dans une évidence, telle que la raison ne peut la récuser et qui engendre la certitude. Dans le dialogue, elle est ce que l'on cherche, le juge auquel se réfèrent les interlocuteurs : parce qu'elle exclut contradiction et fausseté, l'accord en est le signe, et elle est stable. Tel est son aspect théorique, logique, rationnel. C'est en prenant appui sur la répugnance de tout esprit à l'égard de la contradiction – chacun sait que la contradiction est signe de fausseté – que progresse le dialogue comme recherche de la vérité. Œuvre de la raison, elle fait l'objet d'une reconnaissance **nécessaire** et **universelle**.

Définir « nécessaire » et « universel »

Elle est aussi pensée comme **exigence éthique**. Il s'agit, en effet, de savoir, ce qui est juste en vérité, ce qu'il convient de faire dans la Cité, quels jugements on doit porter - les lieux où la prétention à la vérité de la rhétorique trouve à s'exercer sont ceux de la délibération et de la décision. Viser la vérité comme une exigence, c'est ne pas se satisfaire d'une apparence de vérité, qui peut n'en être qu'un faux-semblant, un simulacre. C'est refuser d'en rester à la croyance, qui peut n'être que préjugé. C'est donc en appeler à un examen rationnel.

18. Où l'on voit qu'une notion, une distinction conceptuelle, peut être présente – c'est tout l'objet de notre texte – sans être lexicalisée. NB : le mot de conviction a aussi un autre sens. Avoir des convictions, c'est agir résolument en fonction de principes fermes.
19. Cf. notamment **ÉTUDES 4**, pp. 157-158 et 161-163 et **8**, pp. 232-235.
20. Cf. la **PRÉSENTATION GÉNÉRALE DE L'ŒUVRE**, p. 95.
21. C'est ce que tentera Polos (cf. **ÉTUDE 4**, p. 157), effrayé lui-même par les images qu'il suscite (le tyran, les châtiments) ; c'est même ce que tentera en un sens Calliclès (cf. **ÉTUDES 6**, pp. 196 et sq. et **8**, passim.) en annonçant la condamnation à mort de Socrate s'il ne renonce pas à la philosophie.

Rechercher les occurrences de la notion

Reprendre le Dialogue depuis le début

RHÉTORIQUE

En ce moment d'un dialogue explicitement consacré à l'examen de la rhétorique, que savons-nous d'elle?[22]

Elle nous apparaît d'abord comme une donnée de la vie politique athénienne, de la démocratie, où s'exerce le pouvoir des citoyens au moyen de la parole: ceux-ci se réunissent pour déterminer ce qu'il convient de faire, et ils débattent. Dans ce débat, celui qui possède le pouvoir de persuader l'emporte. Ainsi, il *commande aux autres*, il est *libre*, au sens où il n'est pas commandé par d'autres.

La distinction mise en place dans notre texte, toutefois, est au service de l'opposition évoquée par Socrate dès le début de l'entretien, entre *rhétorique* et *dialogue*. Leurs exigences ne sont pas les mêmes, puisque, formé à la rhétorique, Polos ne sait pas dialoguer. Et pourtant, le dialogue aussi dans *tous ses actes* et *tous ses effets* est *discours*. Et quant à leur objet, enfin, rhétorique et dialectique (art du dialogue), ne sont-elles pas sur le même terrain? Autrement dit, s'il y a lieu de chercher ce qu'est la rhétorique, si cette recherche s'accomplit dans la distinction d'avec la dialectique, ne serait-ce pas parce qu'elles sont **rivales**?

De cette rivalité, pour l'instant, nous ne savons que ceci: la rhétorique est *l'ouvrière de la persuasion qui fait croire*. L'exigence de la dialectique est de savoir, parce qu'elle est animée par la quête de la vérité. Qu'est-ce donc qui anime la quête du rhéteur? Quel est pour lui le *bien suprême*? Il nous l'a dit, c'est la **puissance**. Comment décider du bien qu'il faut poursuivre? De quelle autre ressource que la raison Socrate dispose-t-il, et nous avec lui? Il faudra donc poursuivre l'analyse de la vraie nature de la rhétorique.

NOTION À DÉGAGER

Rechercher les termes en rapport avec la notion
Reprendre le début du Dialogue

LANGAGE

La définition de la rhétorique comme *ouvrière de la persuasion* qui donne lieu à la distinction entre croire et savoir est issue de l'examen de la définition initiale de Gorgias, purement descriptive, de la rhétorique comme *art des discours*, qui *rend capable de parler*, dont *tous [les] actes et tous [les] effets sont produits par des discours*. S'exerçant sans aucun *travail des mains*, elle s'inscrit dans le partage entre manuel et intellectuel, et pourrait-on croire, dans l'opposition classique entre **parler** et **agir**. Faire usage du langage, manier des mots, ce n'est pas manipuler les choses[23]. Il apparaît cependant que la rhétorique est puissance d'action puisqu'elle a le pouvoir de persuader, de faire croire. Elle *agit par la parole* et consiste donc en un certain usage du langage.

Distinguer désigner et signifier

Dans l'effort pour préciser la définition initiale, Socrate observe que si *elle rend capable de parler*, elle rend *par conséquent aussi capable de penser sur les choses dont elle apprend à parler*, ce qui *va de soi* au dire de Gorgias. Les mots ne sont pas des sons vides de signification, ils renvoient à des objets, les choses auxquelles ils se réfèrent (qu'ils désignent), les concepts que nous en formons (qu'ils signifient). Le langage ne présente pas la chose même dans sa singularité concrète, mais l'idée que nous en avons. En outre, parler ce n'est pas produire

22. La notion fait l'objet de plusieurs exercices, notamment **ÉTUDE 4**, pp. 168-169, **ÉTUDE 5**, p. 178.
23. Cf. l'expression: «tu causes, tu causes, c'est tout ce que tu sais faire», R. Queneau, *Zazie dans le métro*.

une succession de mots mais les organiser en discours qui expriment ce que nous pensons. Ce que nous disons peut ainsi être **vrai** ou **faux**, être bien ou mal **pensé**. Le vrai et le faux ne concernent pas les choses elles-mêmes mais ce que nous en disons, de sorte que savoir si ce que nous disons est vrai ne peut s'accomplir que dans et par le langage, et c'est bien ce à quoi invite Socrate en exigeant de son interlocuteur qu'il examine ce qu'il dit afin de le **penser vraiment**.

Commencer d'examiner le rapport de la vérité au langage

Toute la question est alors de savoir si le langage peut être à lui-même son **objet** ou s'il vise nécessairement une réalité : parmi les arts qui ont les discours pour *seuls moyens d'agir et de produire*, on trouve, par exemple, les mathématiques, mais elles s'appliquent à des objets extérieurs au langage (les nombres, l'espace) dont elles expriment les rapports qu'ils ont entre eux. La rhétorique doit donc bien, elle aussi, avoir un objet qui ne soit pas le langage lui-même, ce pourquoi Gorgias finit par déclarer qu'il s'agit du juste et de l'injuste. La voie est alors ouverte à l'interrogation de la vérité de ses discours sur cet objet, et un autre usage du langage apparaît : à **parler pour faire croire** s'oppose **parler pour faire savoir**. Un langage qui se prend lui-même pour objet ignore ce dont il parle et n'en a nul souci. L'attention que Socrate porte au langage vise ce dont il parle, mais ce dont il parle ne peut être atteint que **dans et par** le langage : pour reprendre l'exemple mathématique, le nombre 2, l'égalité, ne sont pas des données sensibles, ce sont des pensées et on peut chercher si l'affirmation 2+2=4 est bien pensée, si elle est vraie et pourquoi. On le déterminera non en se référant aux choses de la nature mais en le démontrant. C'est le principe rationnel de non-contradiction (où c'est bien de **dire** qu'il est question) qui servira de guide.

Récapituler

La recherche avec Gorgias d'une définition de la rhétorique nous apprend donc à **lier** deux questions relatives au langage – parler, est-ce agir ? qu'en est-il du rapport du langage et de la pensée ? – et permet d'orienter notre réflexion selon l'axe suivant : si parler c'est agir, sur les autres et sur soi, si le langage est le lieu de la vérité, quel usage devons-nous faire du langage ? On voit que la question de la communication ne peut pas être traitée séparément de ce qu'il y a à dire et qui doit être **justement** pensé.

TRAVAIL DE LA DISSERTATION

SUJET-EXEMPLE : Le savoir exclut-il nécessairement la croyance ?

La difficulté de ce sujet – ce pour quoi nous vous le proposons – tient d'abord à sa proximité avec le texte que vous venez d'étudier : les deux notions de savoir et de croyance, distinguées par Socrate, y figurent, la compréhension immédiate que l'on peut en avoir occulte le problème qu'il soulève. Il faut, en effet, prendre garde à ce que la connaissance d'une distinction conceptuelle, certes utile,

voire décisive, ne garantit pas un bon devoir, parce que la dissertation n'est jamais pure récitation de « connaissances » qui resteraient extérieures, *jetées en [la pensée] comme des pierres*[24]. Elle exige toujours un effort de pensée. C'est à celui-ci que nous vous invitons.

Analyse de l'énoncé

Déterminer sur quoi porte la question

Il s'agit de s'interroger sur le lien possible entre le savoir (en quel sens?) et la croyance (en quel sens?) : sont-ils incompatibles au point que le savoir ne pourrait tolérer la croyance (car exclure signifie tenir, rejeter hors de soi), ce qui ferait du savoir un savoir pur de toute croyance, auto-suffisant – idéal du savoir? – figure excessive du savoir? – ou défiguration de la croyance?

Déterminer pourquoi la question se pose

Parce que nous sommes peut-être tentés de croire que la lecture de Platon autorise une réponse rapide et définitive de type « oui » – ou, pire : « Platon l'a dit »[25] –, pesons la place de l'adverbe *nécessairement*, car c'est lui qui détermine la question et c'est là que l'écart peut se creuser, la distance d'avec notre compréhension immédiate issue de la lecture que nous venons de faire.

Nécessairement ne signifie pas simplement « toujours », « dans tous les cas », ce qui engagerait à une recherche empirique dont ne pourraient résulter que des affirmations vagues ou incertaines (on n'a pas trouvé de cas – oui, mais rien ne garantit qu'on a bien examiné toutes les possibilités, ou bien on en a trouvés – ça dépend des cas...). *Nécessairement* exige d'interroger le lien **essentiel** ou la disjonction **essentielle** du savoir et de la croyance. Il faudra donc chercher ce que c'**est** que savoir, ce que c'**est** que croire. Il s'agit donc de déterminer si tout savoir – le savoir en tant que tel – exclut la croyance – la croyance en tant que telle, toute forme de croyance.

Distinguer

Alors, observons que le savoir peut renvoyer au **résultat** – ce que je sais – ou à l'opération, la **démarche**, par laquelle je sais ce que je sais, et posons une hypothèse : quand bien même le savoir comme résultat, comme idéal de vérité, exclurait la croyance, celle-ci peut-elle avoir une place, et laquelle, dans le processus du savoir? Ne considérer le savoir que comme résultat, c'est, en effet, le figer, et le rendre incompréhensible comme tel, car qu'est-ce qui, précisément, le constitue comme savoir si ce n'est la façon dont il est produit? Une même affirmation, quant à son contenu, peut être objet de croyance aussi bien que de savoir : dans bien des cas, ce que j'appelle savoir ne se ramène-t-il pas à ce que j'ai reçu et tiens pour vrai parce que j'ai confiance en celui qui m'en a informé?

Donner un exemple à l'appui de cette analyse

Formuler des hypothèses

Si donc, nous envisageons le savoir non pas figé sous la forme d'un résultat, mais dans sa constitution même, est-il si sûr que toute croyance en soit nécessairement exclue? Penser un rapport d'exclusion, n'est-ce pas s'interdire de comprendre comment se constitue le savoir, car, d'une part, il ne part pas de rien (de quoi disposons-nous quand nous ne disposons pas encore d'un savoir?) et, d'autre part, pour s'engager à sa recherche, pour chercher la vérité, ne faut-il pas au moins croire qu'elle nous est accessible, et qu'elle mérite d'être cherchée?

24. Hegel, « Rapport à Niethammer », in *Textes pédagogiques*, Vrin, 1978.
25. L'argument d'autorité n'a pas sa place dans une recherche philosophique. Cf. **INDICATIONS DE MÉTHODE OU COMMENT TRAVAILLER?**, p. 89.

Usage du texte

Réexaminer le texte à la lumière de ces hypothèses

Pour Platon, savoir est science et donc vérité. Quant à la croyance, elle est plutôt du côté de la crédulité – de l'état de celui qui se laisse persuader par l'orateur, qui lui accorde crédit, sans examiner[26]. Qu'est-ce à dire? Savoir peut se dire en plusieurs sens: nous avons distingué le savoir qui résulte d'une instruction véritable, de celui qui n'est qu'information[27]. Comment serait-il exempt de croyance alors que celle-ci est la source du savoir rapporté, du savoir par ouï-dire, cru? Mais on pourra dire qu'un tel savoir n'est pas véritablement un savoir, que seul est savoir le savoir conscient de lui-même, qui se sait sachant ou ne sachant pas, connaît ses limites. Il pèse la croyance comme un obstacle à la certitude, comme une invitation au doute, s'interroge sur la croyance, s'en sachant nourri. Si l'exclusion est au programme, c'est comme **visée**: un tel savoir vise à se débarrasser de ce qui en lui est croyance, c'est alors un but et non une pétition de principe[28].

Ce que nous enseigne précisément le texte, c'est à **distinguer** le savoir de la croyance, c'est-à-dire à rechercher le **fondement** de nos affirmations: d'où les tenons-nous? sont-elles œuvre de la raison? ce que je crois, puis-je le savoir? Poursuivons donc notre réflexion.

Chercher des exemples sur lesquels travailler ces suggestions

Si croire, c'est croire qu'on sait, si je peux savoir que je crois – ou que je ne crois pas –, si je peux croire ne pas savoir, n'y a-t-il là que jeux de langage ou bien ces expériences ne témoignent-elles pas de liens entre savoir et croire? Le savoir ne se construit-il pas contre des croyances primitives? Et toute croyance se ramène-t-elle à la crédulité? à l'ignorance ou à l'impuissance de la raison? Pensons au titre de l'ouvrage de Kant: *La religion dans les limites de la simple raison*. Et le savoir lui-même ne fait-il pas l'objet de croyance? Pensons, par exemple, au scientisme, ce dogmatisme de la science. Enfin, ne puis-je pas, paradoxalement, savoir sans croire? Nous savons que nous sommes mortels et pourtant, nous ne le croyons pas. Ou encore, certaines croyances ne résistent-elles pas au savoir le mieux démontré? Pourquoi l'éclipse du 11 août 1999, le passage à l'an 2000, inspirent-ils des attitudes superstitieuses, irrationnelles?

Aussi l'enjeu de notre question serait finalement de déterminer ce que **peut** le savoir relativement à la croyance s'il doit nécessairement l'exclure, et ce que **vaut** un savoir sans la croyance s'il doit nécessairement l'inclure.

Organisation possible du devoir

L'organisation d'un devoir n'est rien d'autre que le mouvement ordonné d'une réflexion méthodique. Nous le reprenons ci-dessous. Il vous appartiendra de le nourrir, notamment de l'analyse d'exemples empruntés aux divers champs de la pensée et de la

26. Cf. l'expression de Descartes: *avoir reçu en [sa] créance, Méditations métaphysiques*, I, début. Cf. **RÉFÉRENCES**, p. 115.
27. On pourra utilement consulter le *Fichier d'exercices*, op. cit., notamment la Fiche 5: *Analyser l'instruction (Distinguer «savoir que» et «savoir»)*.
28. Une pétition de principe est un raisonnement faux dans lequel je m'accorde ce qui est précisément à établir.

connaissance (la science, la religion, la philosophie), voire de l'action (la morale, la politique).

Chercher dans le texte un point d'appui

I. On pourra partir de la distinction radicale opérée dans le texte de Platon : si savoir n'est pas croire, si croire n'est pas savoir, alors il n'y a aucune place pour la croyance dans le savoir. **Ou bien** je sais, **ou bien** je crois ; et, de même, ou bien je fais savoir, ou bien je fais croire. La confusion est grave, puisqu'en maintenant dans l'**ignorance**, elle maintient aussi dans la **servitude**.

Se défier d'une adhésion immédiate

II. Interroger cette position forte suppose de distinguer le savoir comme **résultat** et le savoir comme **processus**. La question est alors celle-ci : comment vient-on à savoir ? La croyance peut ici trouver place de plusieurs manières, négativement et positivement :

– elle est **obstacle** au savoir quand elle ne se sait pas comme telle. Elle interdit alors toute recherche

– **consciente** d'elle-même, elle fait alors l'objet d'un premier savoir, insuffisant, mais qui demande à se fonder et suscite la recherche

– foi en la raison, désir de vérité, elle est au **principe** et au **fondement** de toute recherche.

Dans ces deux derniers cas, la perspective est non plus statique, mais dynamique. Elle suppose une redéfinition de la croyance, qui n'est plus le double mensonger du savoir, le simulacre de la vérité, mais qui nous avertit – paradoxalement – d'un excès possible de confiance dans le savoir.

On prendra garde à ce que le rapport de l'homme à la vérité doit être pensé diversement selon les différents champs : pensons par exemple à la question de savoir si toute **action** n'implique pas nécessairement une part de savoir et une part de croyance. Comment alors peuvent-elles s'articuler ?

Rechercher les définitions de « dogmatisme » et « scepticisme »

III. C'est pourquoi, tant dans la distinction platonicienne qu'ici, ce qui demande à être interrogé, c'est le désir d'une vérité absolue, qui conduit à deux erreurs symétriques : le dogmatisme, mais aussi bien le scepticisme. L'enjeu est donc bien celui du **pouvoir de la raison**, de ses limites. Et la question du rapport de l'homme à la vérité se pose tant dans l'ordre de la connaissance que dans celui de l'action.

Autres sujets proposés

1. À quoi tient le pouvoir du langage ?
2. Croire, est-ce renoncer à l'usage de la raison ?
3. L'opinion a-t-elle nécessairement tort ?
4. Peut-on dire « À chacun sa vérité » ?
5. Pourquoi chercher la vérité ?
6. Qu'est-ce que bien parler ?
7. Suffit-il d'avoir raison pour convaincre ?
8. Suffit-il d'être certain pour être dans le vrai ?

RÉFÉRENCES

TEXTES APPARTENANT À LA MÊME ŒUVRE

• 455b-d

Examiner les conclusions tirées de la distinction respectivement par Socrate et Gorgias

Allons maintenant, examinons la portée de nos opinions sur la rhétorique…

• 456b-c

Que dirais-tu, si tu savais tout, si tu savais que [la rhétorique] embrasse pour ainsi dire en elle-même toutes les puissances…

• 456d-457b

Préparer l'ÉTUDE 2

Il s'agit de la défense de la rhétorique présentée par Gorgias. Elle revient à faire de la rhétorique une pure technique, un moyen neutre (ni bonne ni mauvaise en elle-même) qui vaut ce que vaut celui qui en use. Mais moyen et fin sont-ils indépendants?

TEXTES APPARTENANT À D'AUTRES ŒUVRES DU MÊME AUTEUR

Phèdre, § 124

Approfondir le rapport du discours et de la vérité

Qu'est-ce que bien parler? Ne faut-il pas *que la pensée de celui qui parle soit instruite de ce qu'est la vérité quant au sujet qu'il veut traiter*? À partir d'un exemple comique, Socrate et Phèdre examinent les fruits de la persuasion rhétorique.

Ménon, en particulier le début du dialogue

Examiner l'exigence de définition à l'œuvre[29]

La question posée par Ménon à Socrate est empruntée aux débats du temps: *la vertu peut-elle s'enseigner*? Socrate exige une définition de la vertu, Ménon propose celle qu'il a reçue de son maître Gorgias. Il lui faudra penser par lui-même.

Apologie du Socrate

• 21d

Aux dires de l'oracle de Delphes, il n'y a pas d'homme plus sage que Socrate. Cherchant ce que peut vouloir dire le dieu qui *ne ment pas*, celui-ci consent que sa supériorité consiste en ce que *ce qu'[il] ne savait pas, du moins [il] ne croyait pas le savoir.*

• 42a

Préciser les rapports entre croire et savoir

Il s'agit de la dernière phrase de l'*Apologie*: *Mais voici l'heure de nous en aller, moi pour mourir, vous pour vivre; qui de nous a le meilleur partage, nul ne le* ***sait***[30] *excepté le dieu.* Socrate accepte la mort, condamnation prononcée par le tribunal. Cette acceptation, comme l'ensemble de sa vie, témoigne non d'un savoir de ce qui vaut le mieux, mais d'une croyance ferme, fondement de son action et de ses décisions. Sans cette croyance, aurait-il passé sa vie à philosopher? Aurait-il jugé qu'il lui fallait se soumettre à la décision des juges?

29. Voir aussi *Fichier d'exercices*, op. cit., Fiche 31, *Critiquer ses propres définitions.*
30. C'est nous qui soulignons. Le grec dit que cela demeure «caché».

Approfondir la recherche de ce que c'est que savoir

Ménon, 80d-86c

Croyant embarrasser Socrate, Ménon lui pose la question sophistique : *comment chercheras-tu ce dont tu ne sais absolument pas ce que c'est?* La réponse de Socrate, qui passe par l'exposé d'un mythe concernant la réminiscence, puis une expérience de mathématique avec un jeune esclave, met en évidence les conditions du savoir et sa nature véritable.

Théétète

Approfondir l'analyse de la persuasion

• 200e-201c

Les rhéteurs persuadent non pas en enseignant, mais en faisant en sorte que leurs auditeurs aient sur la question, l'opinion qu'ils souhaitent leur voir adopter. Ils produisent ainsi une *opinion*. Cette opinion peut être juste – on parle alors d'*opinion vraie* ou d'*opinion droite* – mais elle n'est pas science.

Approfondir la méthode socratique d'interrogation

• 149a-151d

Socrate y définit et y analyse très précisément la maïeutique.

Approfondir la question de la science du juste

Protagoras, 319a-325c

La vertu politique peut-elle s'enseigner?

TEXTES D'AUTRES AUTEURS

Approfondir la conception du discours de Gorgias

Gorgias, *Éloge d'Hélène*, § 8

Il s'agit du passage où, pour établir l'innocence d'Hélène dont l'enlèvement par Pâris a provoqué la guerre des Grecs contre Troie, Gorgias développe l'idée de la puissance irrésistible du discours persuasif[31].

Examiner la mise en œuvre de l'exigence d'un authentique savoir

Descartes, *Méditations métaphysiques*, I

Parce qu'il s'est *aperçu que, dès [ses] premières années, [il avait] reçu quantité de fausses opinions pour véritables*, Descartes *entreprend de se défaire de toutes les opinions [qu'il avait] jusque alors reçues en [sa] créance, et commencer tout de nouveau dès les fondements.*

Examiner la mise en œuvre de l'exigence d'un authentique savoir

Spinoza, *Traité de la réforme de l'entendement*,

• § 1

La décision de partir à la recherche du vrai bien.

• § 11 et sq.

La distinction des genres de connaissance.

Approfondir l'analyse des sources de la croyance

Spinoza, *Éthique*, I, Appendice

L'ignorance ne suffit pas à rendre compte de l'existence et de la persistance des préjugés, en particulier du préjugé finaliste et de la superstition qui l'accompagne. C'est aussi que les hommes sont animés par le désir (ou la crainte).

31. Sur tout ce qui concerne le Gorgias historique, on consultera *Les Sophistes, Fragments et témoignages*, op. cit.

Approfondir l'analyse de la croyance

Hobbes, *Léviathan,* ch. VII, 22-40

Hobbes développe une analyse de la croyance ou de la foi, dont le principe est la distinction entre les deux opinions que comporte la croyance : *celle qui concerne le propos de l'interlocuteur, celle qui concerne sa vertu.*

Approfondir l'analyse de la croyance

Nietzsche, *Humain, trop humain,* §226

L'esprit dépendant n'occupe pas sa position par des raisons mais par l'habitude [...]. L'accoutumance à des principes intellectuels sans raisons est ce qu'on nomme croyance.

Approfondir la distinction persuader/convaincre

Pascal, *De l'esprit géométrique et de l'art de persuader*

Pour accompagner la lecture de ce petit ouvrage, on pourra consulter : H. Bouchilloux, *Apologétique et raison dans les* Pensées *de Pascal*, ch. III.

Approfondir la distinction persuader/convaincre

Kant, *Logique, Introduction* IX, Perfection logique de la connaissance selon la modalité

On y trouve une analyse détaillée de la persuasion et de la conviction.

ÉTUDE 2

(ŒUVRE INTÉGRALE PAGE 19)

Cette ÉTUDE vous propose un premier EXERCICE GUIDÉ : une recherche dans l'œuvre (RÉFÉRENCES).

457 c **Socrate**: J'imagine, Gorgias, que tu as, comme
moi, assisté à bien des discussions et que tu y as
remarqué une chose, c'est que les interlocuteurs ont
bien de la peine à définir entre eux le sujet qu'ils
d entreprennent de discuter et à terminer l'entretien
après s'être instruits et avoir instruit les autres. Sont-ils
en désaccord sur un point et l'un prétend-il que l'autre
parle avec peu de justesse et de clarté, ils se fâchent et
s'imaginent que c'est par envie qu'on les contredit et
qu'on leur cherche chicane, au lieu de chercher la
solution du problème à débattre. Quelques-uns même
se séparent à la fin comme des goujats, après s'être
chargés d'injures et avoir échangé des propos tels
que les assistants s'en veulent à eux-mêmes d'avoir
eu l'idée d'assister à de pareilles disputes.
e Pourquoi dis-je ces choses? C'est qu'en ce moment tu
me parais exprimer des idées qui ne concordent pas
tout à fait et ne sont pas en harmonie avec ce que tu
as dit d'abord de la rhétorique. Aussi j'hésite à te
réfuter : j'ai peur que tu ne te mettes en tête que, si je
parle, ce n'est pas pour éclaircir le sujet, mais pour te
chercher chicane toi-même.
458 a Si donc tu es un homme de ma sorte, je t'interrogerai
volontiers; sinon, je m'en tiendrai là. De quelle sorte
suis-je donc? Je suis de ceux qui ont plaisir à être
réfutés, s'ils disent quelque chose de faux, et qui ont
plaisir aussi à réfuter les autres, quand ils avancent
quelque chose d'inexact, mais qui n'aiment pas moins
à être réfutés qu'à réfuter. Je tiens en effet qu'il y a
plus à gagner à être réfuté, parce qu'il est bien plus
avantageux d'être soi-même délivré du plus grand des
maux que d'en délivrer autrui; car, à mon avis, il n'y a
b pour l'homme rien de si funeste que d'avoir une opi-
nion fausse sur le sujet qui nous occupe aujourd'hui.
Si donc tu m'affirmes être dans les mêmes dispositions
que moi, causons; si au contraire tu es d'avis qu'il faut
en rester là, restons-y et finissons la discussion.

OBSERVER ET S'EXERCER

ÉTUDE DU TEXTE

1. SITUATION

Établir le lien avec ce qui précède

Ce texte est un tournant dans le dialogue : peut-il continuer ? Gorgias veut-il être l'interlocuteur de Socrate ? Avec les risques – du moins de son point de vue à lui, puisque pour Socrate on a tout à gagner à *être réfuté* – que cela comporte ? Si, en effet, ce qui importe dans la discussion, c'est de **l'emporter**, alors Gorgias est en bien mauvaise position à l'issue de l'analyse qui l'a conduit à accepter la définition de la rhétorique comme *ouvrière de la persuasion qui fait croire, non de celle qui fait savoir relativement au juste et à l'injuste*.

Se reporter en 455b

Socrate n'a pas manqué d'en tirer les **conséquences** : quelle est l'utilité de la rhétorique dans la Cité, là où elle s'exerce, là où l'orateur prétend éclairer le jugement des citoyens ? N'est-il pas évident que dans les questions sur lesquelles ils délibèrent, ce sont les hommes compétents qui sont propres à les instruire ? Quelle peut bien être alors la compétence du rhéteur ?

Gorgias a aussitôt rebondi, et déployé l'éloge de la rhétorique – elle est puissance, mieux encore, *elle embrasse pour ainsi dire en elle-même toutes les puissances* – ce dont il prétend apporter la preuve en faisant valoir la supériorité, dans l'art de persuader, du rhéteur sur le spécialiste, tel le médecin.

Se reporter en 456b-c

Arrêtons-nous un instant sur le malentendu : en faisant valoir la compétence des hommes de métier sur les questions débattues à l'assemblée, Socrate s'exprime à l'indicatif *(ce n'est pas l'homme habile à parler que l'on consultera)*, mais il ne décrit pas la pratique de l'assemblée, il formule une **exigence rationnelle**. Gorgias, en revanche, donne une réponse **de fait** : c'est bien l'orateur que l'on consulte. Dans la distinction du droit et du fait est déjà à l'œuvre celle qui se déploiera lorsque Socrate prendra la parole[1], entre deux ordres de réalité : la réalité selon l'esprit et la réalité empirique, qui n'est qu'apparence.

Se rendre attentif aux signes du renversement platonicien

Loin de se montrer séduit par la puissance de la rhétorique, donc, Socrate **s'étonne – ironiquement** : *Elle me* ***paraît*** *en effet* ***merveilleusement*** *grande, à l'envisager* ***de ce point de vue***[2] –, poussant ainsi Gorgias à dévoiler toute l'étendue de cette puissance irrésistible. C'est bien ce que fait Gorgias : la rhétorique, « ça marche », ça produit des effets, ça gagne, quel que soit le sujet, en parlant de tout et de n'importe quoi. La rhétorique est donc un art universel, puisqu'il permet de parler avec succès de tout, et de l'emporter sur celui qui sait de quoi il parle, mais en parle moins « bien ».

Se reporter en 456d-457c

Gorgias – qui n'est pas sot, il faut se garder de tenir pour tels les interlocuteurs de Socrate dans les Dialogues – perçoit le danger, sinon du point de vue de Socrate, qui lui demeure étranger, du moins du point de vue de la moralité commune, du « public » auquel il s'adresse et auprès de qui il agit. C'est pourquoi il entreprend de défendre la rhétorique, de prononcer un plaidoyer, au sens

1. Cf. **ÉTUDE 3**, pp. 138 et sq.
2. 456a. C'est nous qui soulignons.

propre une apologie[3]. La rhétorique est un *art de combat*, autrement dit, elle a bien pour but de vaincre, de terrasser l'adversaire, et comme tout art de combat, elle met à la disposition de celui qui l'utilise une force dont il ne doit pas faire un usage malhonnête, injuste. Gorgias, le rhéteur établi, célèbre et admiré, ne veut pas choquer les Athéniens. Mais sa défense repose sur un présupposé: si la rhétorique est innocente parce qu'elle est un pur **moyen**, et comme telle soumise à une **fin** (juste), qui lui est extérieure, elle n'a pas en elle-même sa propre fin. Comment la déterminera-t-elle?

Dégager le présupposé et l'interroger

Socrate, cependant, ne répond pas, il engrange, comme précédemment, parce qu'il ne s'agit pas d'opposer à Gorgias une autre conception de la rhétorique, mais de faire en sorte que Gorgias **lui-même** tire les conséquences de ce qu'il affirme, et s'accorde avec lui-même.

Il revient donc sur l'essentiel et pose le **problème**:
– Gorgias a admis précédemment que la rhétorique ne faisait pas connaître le juste et l'injuste;
– Gorgias affirme que l'élève comme le maître doit user de la rhétorique avec justice.

Mettre en évidence la contradiction

Auparavant, toutefois, il faut s'assurer que Gorgias accepte de **s'interroger lui-même**, en d'autres termes, que le dialogue peut se poursuivre, progresser. D'où l'urgence d'obtenir un accord sur ses conditions de possibilité, qui résultent de sa définition même, de sa fin: pourquoi parlons-nous ensemble? Car ici semblent bien s'affronter **deux conceptions de l'usage du discours**: parler pour persuader, donc pour vaincre; parler pour dire vrai, donc pour savoir.

2. ANALYSE

Repérer dans le texte les trois moments de l'analyse

Lisons donc, et en observant comment Socrate s'y prend, dégageons les **conditions** du dialogue, sa **nature** et sa **fin**.

Distinguer descriptif et normatif

- Discuter est difficile, les discussions se passent mal, c'est une expérience commune à Gorgias et à Socrate. Mais apparemment seulement **descriptif**, Socrate pose en creux les exigences et les règles du dialogue: il est **normatif**. Nous avons déjà[4] relevé ce qui peut être tenu pour un procédé[5], mais où nous discernons une position philosophique appelée à s'expliciter dans la suite du Dialogue et, plus largement dans l'œuvre platonicienne.

Distinguer attitude passionnelle et attitude rationnelle

Discuter, affirme Socrate, c'est s'instruire réciproquement, ce qui suppose de viser la vérité. Or que voyons-nous? Des conflits de personnes qui *se fâchent, cherche[nt] chicane*, sont centrées sur elles-mêmes, leurs intérêts, sont animées, donc par des **passions** (l'*envie*, la crainte, l'ambition) et la proie de leur **imagination**. Cette expérience est douloureuse, parce qu'alors la discussion est un combat, qui fait mal : les protagonistes y sont rivaux. Ce n'est pas la raison qui est ici à l'œuvre. Il n'est donc pas surprenant que la discussion ne soit ici qu'un pugilat[6] où «tous les coups sont permis» et que le vaincu en sorte humilié, les spectateurs honteux.

3. *Apologie* est le terme qui désigne, dans la pratique judiciaire, le plaidoyer de la défense.
4. Cf. ci-dessus: le malentendu (p. 118).
5. C'est la critique que lui fera Calliclès. Cf. **ÉTUDE 6**, pp. 191-192.
6. Dans l'Antiquité, un pugilat était un combat de boxe à poings gantés. Le mot désigne aujourd'hui une bagarre dans laquelle on échange des coups de poing.

● Ce propos était général, celui qui suit s'adresse personnellement à Gorgias, vise ses affirmations, sa démarche. Il importe donc de séparer la personne de Gorgias et ce qu'il dit, de rappeler que ce qui est en cause, c'est un **objet** – celui du discours – non une **personne** à qui on *chercher[ait] chicane*.

Distinguer entre les fins possibles d'une discussion

Ce propos est **contradictoire**, ainsi que nous l'avons remarqué : les *idées* avancées par Gorgias à deux moments de l'entretien *ne concordent pas [...], ne sont pas en harmonie*. La question est donc de savoir ce qu'il convient de faire d'une contradiction, quelle peut être sa valeur? L'éristicien[7], celui qui cherche chicane, précisément, s'empare de la contradiction de l'adversaire pour le réduire à sa merci. Et toute contradiction est bonne, même si elle ne relève que du jeu de mots (*ergoter sur les mots*, avons-nous rencontré en 450e)[8].

Mais ne nous trompons pas : le désaccord entre les interlocuteurs, le désaccord avec soi-même, n'est pas **obstacle** ; il n'est pas ce qui réduit l'autre au silence, il est au contraire invitation à poursuivre, pour autant que ce que l'on ait en vue soit la vérité sur laquelle les interlocuteurs ne peuvent qu'être d'accord, entre eux et avec eux-mêmes. Le désaccord est au cœur du dialogue, s'il s'agit de savoir vraiment ce que l'on pense, de penser vraiment ce que l'on dit, de parler en personne, d'être le sujet de sa propre parole.

● Que permet, en effet, le désaccord et à quelles conditions? La fin de notre texte en dévoile l'enjeu, qui sera repris tant avec Polos qu'avec Calliclès.

Ne pas confondre réfuter, récuser, refuser

Le désaccord rend possible, nécessaire et légitime la **réfutation**. Réfuter, c'est établir la fausseté d'une proposition. La réfutation est le nerf rationnel de la discussion, non une arme au service de l'un des protagonistes, mais une force logique construite par la raison, devant laquelle s'inclinent l'un et l'autre des interlocuteurs. Dans le dialogue, le vainqueur n'est jamais l'un des deux, mais la vérité qu'il a pour but de produire.

Le propos bifurque. Gorgias le sent-il? La question n'est pas psychologique, mais **logique** et **éthique**. C'est en ce sens que Socrate construit l'opposition entre deux types d'hommes, entre lesquels il faut choisir, entre lesquels Gorgias doit choisir : l'homme de dialogue, qui poursuit la vérité, ou bien ceux évoqués au début de notre texte, animés par leurs passions, par leur désir de puissance?

Si le désaccord n'interdit pas mais au contraire suscite la discussion, pour continuer à discuter, un accord essentiel est cependant requis : il faut que les interlocuteurs soient d'accord sur **ce que c'est** que discuter, sur la **fin** poursuivie, et acceptent les **conséquences** de cet accord.

Se rendre attentif aux signes du renversement platonicien

Le ressort nécessaire est la réfutation, qui se décline en forme active – je réfute l'autre – et en forme passive – je suis réfuté par l'autre. Entre réfuter et être réfuté, il n'y a pas d'alternative, les deux sont nécessaires. Socrate pousse le paradoxe – du point de vue de Gorgias – jusqu'à affirmer que le plaisir qu'il prend à la discussion est plus vif lorsqu'il est réfuté. Mais, de son point de vue à lui, il n'y a pas de paradoxe : le plaisir est plus grand quand on accomplit la fin pour laquelle on discute : être *délivré du plus grand des maux*, l'erreur. On voit ici que

7. L'éristique est cette partie de la rhétorique qui a plus précisément pour objet la controverse.
8. Cf. par exemple, le morceau de bravoure de l'*Euthydème*, 275c et sq., où le sophiste déclare *avec un visage tout souriant : « je te le dis d'avance, Socrate : en quelque sens que réponde le garçon, il sera confondu ! »*. (Cf. **RÉFÉRENCES**, p. 129).

le plaisir, aux yeux de Socrate, se confond avec le **bien**, ce qui est bon pour lui, *avantageux*, utile. Aussi ce qui apparaît comme douloureux à l'homme qui ne voit dans la discussion qu'un combat – être vaincu –, ce qui, pour lui est un **mal**, est pour Socrate le plus grand des biens. Renversement de perspective dont les effets se feront sentir tout au long de notre Dialogue. Si le plus grand des biens est d'être délivré de *l'opinion fausse sur le sujet qui nous occupe aujourd'hui*, c'est parce que la fin visée est une **âme plus juste**. Telle est la **fin éthique** du dialogue, que sert la **logique rationnelle**, mais que ne peut atteindre celui qui n'a en vue que la victoire sur un adversaire et obéit à une logique passionnelle.

Ainsi, la discussion entendue comme dialogue est un voyage à deux ou plusieurs, une aventure au cours de laquelle on sera amené à changer, à **se** changer. S'y engager c'est prendre le risque de se soumettre à un maître exigeant, mais on ne peut qu'y gagner, si les interlocuteurs sont de vrais interlocuteurs, qui, parce qu'ils ont en vue le vrai bien, s'attachent à se délivrer mutuellement du mal qu'est l'erreur[9].

Dégager l'enjeu du passage

On voit que l'enjeu de notre texte est décisif: chacun à son tour réfutant et réfuté pour **s'instruire**, devenir plus savant, moins ignorant, plus **sage**, sortir de l'erreur, en être délivré, **se libérer**, et cela par le truchement du dialogue avec autrui. Le dialogue ne serait-il pas le moyen par lequel s'enseigne la sagesse, la vertu? Le modèle de l'art de combat invoqué par Gorgias est ici radicalement inadéquat.

EXERCICE

Rechercher les traits ironiques rencontrés depuis le début du Dialogue et les analyser

On voit aussi quel rôle joue le mode socratique d'interrogation – **l'ironie**[10]. Celle-ci a pour fin d'obtenir de l'interlocuteur qu'il affirme ce qu'il croit vraiment, qu'il se dévoile en sorte que sa réfutation soit rendue possible. Elle se présente sous deux formes principales : soit que Socrate affirme qu'il est tout à fait ignorant et qu'il lui faut s'instruire de son interlocuteur, qui doit alors parler, soit qu'il affirme quelque chose qui manifestement ne saurait être accepté par celui-ci, qui va alors croire pouvoir aisément le rectifier. Dans un cas comme dans l'autre, son discours s'entendra en deux sens: il est à la fois destiné à l'interlocuteur – qui s'y laisse prendre – et à l'auditeur ou au lecteur que nous sommes – qui comprend qu'il dit vrai.

ÉTUDE DES NOTIONS

NOTIONS À DÉGAGER : dialogue, logique, violence

DIALOGUE

Rechercher les termes en rapport avec la notion

Il est plusieurs sortes de *discussions*, ou d'*entretiens*, et toutes ne méritent pas le nom de dialogue. S'entretenir, c'est échanger, discuter, interroger et répondre. Ce sont là des actes de **langage** : entretiens et discussions échangent des paroles,

9. Cf. la discussion avec Polos sur la question du châtiment (**ÉTUDE 5**) et l'éloge de Calliclès par Socrate (486e-488b).
10. Le mot, étymologiquement, renvoie au questionnement, à l'interrogation.

EXERCICE

Donner une définition de chacun des termes désignant un échange linguistique

mettent en scène des « interlocuteurs » – au sens propre, des hommes qui parlent ensemble et échangent. Dans l'usage ordinaire, on confond volontiers discussion, entretien, débat, dialogue, voire conversation. Pourquoi réserver le nom de dialogue à une forme seulement de l'échange linguistique ?

Échanger des paroles, ce n'est pas échanger des coups, en venir aux mains. Mais le tableau dressé par Socrate montre que certaines discussions utilisent les mots comme des armes, faites pour frapper et pour vaincre. Échanger, ce peut être encore produire tour à tour des discours, communiquer au sens de transmettre à l'autre ce que l'on pense, l'informer. Mais si l'autre n'en est pas changé ? La discussion, l'échange, semble impliquer une égalité des interlocuteurs, mais si la parole est une arme, l'un l'emporte sur l'autre et l'égalité est perdue. Enfin, la discussion peut être publique, elle peut alors s'accomplir à la manière d'un spectacle (songeons aux modernes débats télévisés) ou viser l'instruction de l'auditoire.

Ce qui permettra donc ici de distinguer le dialogue ce sont d'une part la **fin** poursuivie, d'autre part le **moyen** employé. Ce à quoi Socrate invite Gorgias, c'est à éclaircir le sujet, par le moyen de la réfutation (*réfuter* et *être réfuté*). Moyen et fin sont solidaires et supposent des hommes d'une certaine sorte.

Se reporter à l'**ÉTUDE 1**, pp. 109-110 et préciser l'analyse de la notion de langage

Parler, c'est toujours parler **de** quelque chose **à** quelqu'un. Même la conversation la plus futile et la plus décousue a un objet, et même lorsque l'on parle tout seul, on est à soi-même son propre interlocuteur : le langage a toujours cette double visée. Déterminer le dialogue, c'est définir la manière dont l'objet est visé et dans quel rapport on se tient à son interlocuteur.

Parler pour éclaircir le sujet[11] signifie que ce qui commande le dialogue, c'est son objet même qu'il s'agit de penser avec *justesse* : ce qu'il vise, c'est la **vérité** du discours.

On comprend alors pourquoi les moyens employés ne peuvent consister à l'emporter sur l'interlocuteur : l'un comme l'autre sont soumis à cette même exigence, ce qui l'emporte, c'est la vérité, quelque soit l'interlocuteur qui la profère.

Se reporter à l'**ÉTUDE 1**, pp. 106 et sq. et préciser l'analyse des notions de savoir et croire

Mais pourquoi, alors, a-t-on besoin de l'autre ? En quoi peut-il être utile ? C'est que, sauf dans le cas où j'ai expressément la volonté de mentir, c'est-à-dire de dissimuler la vérité, quand je parle je crois vrais ce que je dis. Toute affirmation enveloppe la vérité – dire « il fait beau », c'est dire « il est vrai qu'il fait beau » – mais je peux tenir pour vraie une affirmation fausse. M'en rendre compte suppose que je m'en détache, que cesse de coïncider dans mon esprit ce que je dis (je crois) et ce qui est. L'interlocuteur peut assumer cette fonction de **médiation** de moi à moi-même[12], mais à certaines conditions. Accepter d'être contredit, c'est préférer la vérité à moi-même, c'est, à l'invitation de l'autre, suspendre mon adhésion à ce que je tiens pour vrai afin de l'**examiner**. Cet examen, c'est le dialogue, qui s'attache à discerner si ce qui est dit – peu importe alors qui le dit – est vrai ou non.

On comprend alors pourquoi le moyen du dialogue est la **réfutation**. Réfuter, c'est établir la fausseté d'une proposition. Or il n'y a d'examen proprement dit que si les propositions s'exposent à la réfutation, c'est-à-dire que si j'accepte

11. On remarquera que les mots de *sujet* et d'*objet* peuvent ici être employés indifféremment. Ils ne sont pas pris dans la distinction conceptuelle qui oppose celui qui fait quelque chose et ce qu'il fait. L'étymologie de *sujet* se prête à l'indistinction : le sujet, c'est ce qui *gît sous*, ce qui supporte ; en ce sens, ce peut être ce dont on parle, ce dont on s'occupe (cf. un sujet de dissertation).
12. Cf. **PRÉSENTATION GÉNÉRALE DE L'ŒUVRE**, p. 94, note 5.

Donner une définition minimale du «problème»

d'envisager que ce que je dis peut être faux, en d'autres termes que si je le constitue en **problème**.

Établir la vérité d'une proposition ne peut se faire en effet de manière purement positive, en additionnant les raisons que l'on a de penser ce que l'on pense. Il en va ainsi, par exemple, dans la logique de l'interprétation où tout fait signe et vient s'ajouter à la conclusion posée d'avance[13]. C'est ce qui se passe, on le verra plus loin, dans l'argumentation passionnelle: le jaloux multiplie les «preuves», mais jamais il n'**interroge** la conclusion qu'il a posée d'avance (l'infidélité de l'aimé). Parce qu'elle le définit lui-même, il ne la met pas en question, ne s'en détache pas.

Mettre en œuvre cette analyse dans la définition de la dissertation philosophique

C'est pourquoi dialoguer, ce n'est pas montrer à l'autre que l'on a raison d'affirmer ce que l'on pense, mais le soumettre à son attention vigilante. C'est pourquoi il faut à la fois *aimer à réfuter* (un interlocuteur prêt à accepter tout ce que je dis ne m'est d'aucune utilité pour savoir si ce que je dis est vrai[14]), et *aimer à être réfuté*, c'est-à-dire chercher la vérité et non pas croire l'avoir trouvée.

Parce que la vérité est la **norme** commune aux interlocuteurs du dialogue, il ne faut pas se représenter le dialogue comme un quelconque échange à deux[15]: dialoguer, c'est à travers le langage (*logos*), chercher la vérité.

LOGIQUE

Rechercher les termes en rapport avec la notion

Le mot dérive du grec *logos* qui signifie, nous le savons, langage, discours, raison. Substantif, il peut désigner une discipline, traditionnellement partie de la philosophie (l'art de bien penser[16], de raisonner justement), mais aussi l'ordre auquel obéit un discours ou une pratique (c'est en ce sens que nous avons parlé de «la logique de l'interprétation» ou que l'on parlera de «logique passionnelle»). Adjectif, il signifie au sens fort, ce qui est conforme aux exigences de la raison, en un sens plus faible, ce à quoi on peut trouver des raisons, des motifs.

Nous voyons ainsi se dessiner un double usage, **descriptif** et **normatif**. Quand nous disons d'un discours qu'il est illogique, nous voulons dire qu'il ne se conforme pas aux lois de la raison. Le sens normatif est premier. Qu'est alors «La Logique», de quelle sorte sont les lois de la raison auquel tout discours devrait être soumis?

Rappeler la définition de «nécessaire» et «universel»

Des *idées qui ne concordent pas tout à fait*, qui *ne sont pas en harmonie*, ce sont des idées contradictoires, qui violent le principe de non-contradiction. Les lois de la logique sont d'abord des **principes**, conditions de tout raisonnement qu'aucun raisonnement ne peut établir, ce pourquoi ils sont premiers[17], évidents par eux-mêmes. Ils sont à la fois **nécessaires** et **universels**. On peut en nommer trois – principe d'identité, de non-contradiction[18], du tiers-exclu – qui se ramènent en définitive au principe d'identité. Celui-ci s'énonce: A est A (une chose est ce qu'elle est). On comprend de même qu'elle ne peut pas être autre chose qu'elle-

13. Cf. l'analyse spinoziste du finalisme (**ÉTUDE 1**, **RÉFÉRENCES**, p. 115).
14. Cf. les qualités reconnues par Socrate à Calliclès dans l'éloge qu'il fait de lui (486e-488b).
15. L'étymologie de *dialogue* ne renvoie pas au nombre deux (en grec, *duo*) mais à la préposition *dia* (en grec, *à travers*).
16. C'est le titre de la grande Logique rédigée au XVIIe siècle par Arnaud et Nicolle. Cf. aussi le titre du *Discours de la méthode pour bien conduire sa raison et chercher la vérité dans les sciences* de Descartes.
17. C'est l'étymologie de *principe* (latin, *princeps*, qui donne aussi le mot prince).
18. On peut l'appeler principe de non-contradiction ou principe de contradiction.

même, et que de deux propositions contradictoires, si l'une est vraie, l'autre est nécessairement fausse et réciproquement, pourvu que ce soit sous le même rapport (de deux choses l'une, A ou non-A, il n'y a pas de troisième possibilité).

Commettre une faute de raisonnement, c'est violer les principes logiques. Ainsi, par exemple, si dans le cours d'un même raisonnement, je modifie la définition d'un concept, ou si j'énonce deux propositions qui ne peuvent être vraies en même temps. La continuité du raisonnement est décisive, elle s'appelle **rigueur**, de sorte que ce qui manque au discours de Gorgias, c'est la **cohérence**, puisqu'à deux moments différents, il affirme à la fois que l'élève du rhéteur ne peut être que juste (puisqu'il a appris de lui la justice) et qu'il peut faire un usage injuste de la rhétorique (et donc qu'il n'est pas juste).

S'interroger

Mais si les principes logiques s'imposent à tout esprit, s'ils expriment le «fonctionnement» de la raison, comment peuvent-ils être violés? Pourquoi faut-il apprendre à **bien** penser?

Nous pouvons commettre des fautes logiques par inattention, étourderie (par exemple, dans le cours d'un raisonnement mathématique) et lorsqu'on nous les montre, nous les corrigeons sans difficulté. Mais il arrive aussi que, tout en voyant qu'en effet, nous ne pouvons pas – c'est-à-dire nous ne **devrions** pas – dire ce que nous disons, nous maintenions notre affirmation. C'est qu'alors nous sommes mus par un **intérêt plus puissant que celui de la vérité**, nous avons **des raisons** de dire ce que nous disons, qui doivent donc être distinguées de **la raison**, nous y tenons, nous y sommes affectivement attachés, de sorte que la remise en question de l'affirmation va bien au-delà : elle est une remise en question de notre être même. Notre logique n'est plus **la** Logique, mais **une** logique. Notre propos, notre conduite a bien une cohérence, certes, mais faussée.

Choisir un exemple de raisonnement passionnel et l'analyser

C'est bien ce qui se passe dans la logique passionnelle, dans celle du **préjugé**, qui pose sa conclusion avant tout examen – le jaloux est persuadé qu'il est trompé, veut le croire, de sorte que tout ce que fera l'autre sera interprété comme une confirmation. Les raisonnements les plus subtils seront mis à son service. Cette logique est une logique délirante, cohérente en elle-même, mais oublieuse de ses prémisses[19]. Sa cohérence est celle de l'adéquation des **moyens** aux **fins**: si je veux continuer de considérer comme vraie l'affirmation à laquelle je tiens, alors je dois nécessairement énoncer les autres qui lui sont adéquates. Mais je ne m'interroge pas sur la valeur de la fin poursuivie: ai-je raison de la poser?

C'est parce qu'il pose comme **indiscutable** que la rhétorique est le plus grand et le plus noble des arts, parce que cette proposition le définit lui-même, lui vaut prestige, puissance, plaisir et autres avantages, que Gorgias est amené à se contredire.

VIOLENCE

Rechercher les termes en rapport avec la notion

On a coutume de se représenter la violence comme la mise en œuvre contre autrui de la force physique, et on opposera volontiers le dialogue à la violence. Ainsi, en cas de guerre, amener les belligérants à la table des négociations, c'est

19. Les prémisses d'un raisonnement sont ses propositions de départ. Ainsi, dans le célèbre syllogisme: *Tous les hommes sont mortels, or Socrate est un homme, donc Socrate est mortel*, les deux premières propositions sont les prémisses (la majeure et la mineure) dont est tirée la troisième (la conclusion).

substituer la parole à la violence. Mais toute violence est-elle physique et la parole ne peut-elle être elle-même violence?

Reprendre l'analyse de la notion de dialogue

Les *disputes* auxquelles se réfère Socrate sont bien des échanges de paroles - les interlocuteurs n'en viennent pas aux mains - mais ce ne sont pas des dialogues, puisque le but poursuivi n'est pas de *chercher la solution du problème à débattre, d'éclaircir le sujet.*

Leur but, bien plutôt, c'est de l'emporter sur l'autre, considéré comme un adversaire, de le soumettre, de le réduire au silence. Entre les protagonistes, le rapport est direct et non pas médiatisé par l'objet de la discussion. C'est l'autre qu'il s'agit d'atteindre et de réduire, c'est soi-même qu'il s'agit de promouvoir et d'affirmer: affrontement de personnes, animées par un **désir de puissance**.

Mais si réduire l'autre au silence, c'est le vaincre, ce n'est pas le convaincre. Être convaincu implique une **libre adhésion**, non visée ici et rendue impossible.

Pour un approfondissement de l'analyse, se reporter à l'**ÉTUDE 6**, pp. 203-204

La violence peut donc s'exercer sans qu'il soit besoin de recourir à la force physique, ce qui la définit c'est la négation de la liberté de l'autre. On observera cependant que ses effets sont obtenus à la manière dont agissent les forces physiques: la plus puissante s'impose nécessairement à la plus faible, comme le poids le plus grand fait pencher le plateau de la balance. La violence consiste donc à ne pas reconnaître dans l'autre un homme, mais à le considérer comme une chose.

TRAVAIL DE LA DISSERTATION

SUJET-EXEMPLE: À quelles conditions un dialogue est-il possible?

Au terme de cette deuxième ÉTUDE, il est possible d'aborder ce sujet de manière satisfaisante. Il pourra néanmoins être intéressant de le retravailler à l'issue de l'étude complète du *Gorgias* en examinant les difficultés du dialogue avec chacun des interlocuteurs (Polos, puis Calliclès) et leur reprise dans la lecture du Mythe final. Il est dès à présent recommandé de se reporter à la PRÉSENTATION GÉNÉRALE DE L'ŒUVRE.

Analyse de l'énoncé

Déterminer sur quoi porte la question

La question semble simple si on la lit ainsi: il y a – c'est un fait – des dialogues dans la vie courante, au théâtre, à la télévision – on les nomme ainsi –, ils sont réels, effectifs. Il s'agirait alors d'énoncer l'ensemble des conditions, c'est-à-dire l'ensemble des facteurs, qui permettent au dialogue de s'effectuer. On partirait du dialogue – il y a – et on remonterait à ses conditions effectives de production.

Mais est-ce bien le sens de la question? Lisons-nous bien *possible*? Possible n'est pas **réel**, ni effectué. C'est donc de **l'idée** d'un dialogue qu'il s'agit, du dialogue comme dialogue réussi, authentique. Le penser, chercher, inventer les conditions qui lui permettraient d'exister si les obstacles étaient levés. La question transforme le dialogue en problème, dont nous pouvons cerner la réalité, mais qui peut-être jamais n'atteint sa meilleure ou belle forme.

Déterminer pourquoi la question se pose

Sommes-nous alors invités à dresser une liste de conditions ou à repérer les conditions essentielles, celles sans lesquelles aucun dialogue n'est possible, ce qui signifierait que **tout entretien, tout débat**, n'est pas nécessairement dialogue? Mais pourquoi le rechercher? Pourquoi courir après cette forme de langage, cette manière de parler et de penser? Que représente le dialogue? En quoi mériterait-il que l'on s'interroge sur ses conditions de possibilité? S'il y a lieu de distinguer un dialogue authentique d'autres modalités de l'échange linguistique, n'est-ce pas que d'un vrai dialogue on attend quelque chose qu'il serait **seul** à pouvoir offrir? Alors, la question ne prendrait sens que parce qu'il y aurait des **obstacles** à ce dialogue – qui restent à établir – et un **intérêt** propre au dialogue authentique. Le texte de Platon nous fournirait une piste de recherche: n'y voit-on pas la pensée philosophique à l'œuvre, dans sa recherche de la vérité?

Usage du texte

Dégager du texte les éléments utiles

Le texte nous fournit d'abord une **démarche**: partir des échecs du dialogue en analysant pourquoi ils se produisent, dessinant ainsi en creux l'idée du dialogue possible et de ses exigences.

Il nous fournit ensuite une **orientation**: c'est la fin du dialogue qui en définit les conditions de possibilité. Si la fin visée est, comme l'affirme Socrate, un accord des interlocuteurs, fondé en raison, en d'autres termes la vérité, alors les interlocuteurs doivent renoncer à la violence du combat et se soumettre à l'exigence de la vérité elle-même : user de la raison (n'user que de la raison) et se soumettre à ses règles. Parce qu'une pensée contradictoire ne saurait être vraie, la première des conditions consiste à l'exclure, non seulement dans l'échange, mais par rapport à soi : tant que ma pensée n'est pas en cohérence avec elle-même, l'examen doit être poursuivi (c'est ce qui arrive à Gorgias). Nous avons cependant observé que l'orateur aussi savait user de la contradiction, pour réduire au silence son interlocuteur[20]. Il faut donc comprendre que cette condition **logique**, pour indispensable qu'elle soit, doit être rapportée à la **fin** poursuivie par les interlocuteurs. La première condition concerne donc la **fin** poursuivie, et en ce sens elle est d'ordre **éthique**. Il faut **vouloir** la vérité pour dialoguer, il faut la penser comme un **bien**, et penser l'erreur comme *le plus grand des maux*.

Reprendre le *Gorgias* depuis le début

Enfin, il nous donne une **description** des pseudo-dialogues, de ces « dialogues de sourds », dont les protagonistes sortent honteux, arène pour le jeu des passions, et plusieurs **exemples** de ce qui rend nécessaire les détours, l'analyse et la distinction des notions: la tendance à l'éloge en lieu et place de la définition (Polos, puis Gorgias lui-même), par exemple; la définition allusive qui désigne son objet mais ne le pense pas (Gorgias), ce qui exige de le cerner au plus près.

20. Cf. *Euthydème*, 275b-278e (**RÉFÉRENCES**, p. 129).

Articuler les différents niveaux des conditions du dialogue

N.B. : La lecture de l'ensemble du Dialogue permet de préciser comment s'articulent les différents **niveaux** des conditions auxquelles doit satisfaire le dialogue : psychologique, logique, moral, métaphysique. Ainsi, par exemple, peut-on examiner comment Socrate s'adresse à chacun de ses interlocuteurs, tenant compte de son caractère. Mais cette attention à la singularité de la personne de l'interlocuteur n'est pas celle du rhéteur soucieux de persuader son « public ». Elle ne se propose pas de le maintenir dans la particularité de ses dispositions, dans l'ignorance et le désir qui sont les siens, mais de lui permettre de se hisser à l'universel[21].

Organisation possible du devoir

Prévenir une erreur, fréquente dans les sujets de la forme « À quelles conditions ? »

Reprenez, en les étoffant, notamment par des exemples, les éléments de l'analyse et rédigez une **introduction** qui fasse apparaître le dialogue comme **problème** – c'est-à-dire, au plus simple, comme ce qui n'est pas nécessairement possible mais rencontre des obstacles.

I. L'organisation du devoir doit éviter l'erreur – tentante – qui consisterait à faire un catalogue de conditions[22] : celle-ci, puis encore celle-ci, et ainsi de suite. Il est donc plus judicieux de partir des **obstacles** à l'effectivité du dialogue, en décrivant ces entretiens ou ces débats qui ne sont pas vraiment des dialogues, afin de déterminer les raisons de l'insatisfaction dans laquelle ils laissent les interlocuteurs ou les spectateurs.

II. Il sera alors possible de s'élever jusqu'à l'idée d'un dialogue possible, c'est-à-dire pensable – non contradictoire avec sa propre fin –, souhaitable (pourquoi ?).

N'oubliez pas que vous trouverez de quoi approfondir votre réflexion en étudiant aussi les **RÉFÉRENCES**

III. Vous pourrez enfin dégager le sens même de la quête ainsi menée, et comprendre pourquoi elle prend la forme du dialogue. À ce moment, le dialogue n'apparaîtra précisément plus comme une **forme** (ce qui le laisserait dans l'indistinction d'avec ses simulacres) mais comme la **réalité effective de la pensée elle-même**. Socrate interrogeant ne donne, en effet, à son interlocuteur aucune vérité qui lui surviendrait alors du dehors. Il est le médiateur entre Gorgias et Gorgias, il est le moyen grâce auquel Gorgias se rend capable de penser ce qu'il pense, de trouver l'accord avec soi-même. Dans le *Théétète*[23], la pensée est définie comme le *dialogue intérieur et silencieux de la pensée avec elle-même*. Si vous poussez suffisamment loin votre réflexion, vous vous rendrez capable de comprendre pourquoi cette activité intérieure, de moi à moi, a besoin de la médiation d'autrui.

Vous pourrez vous attacher, en **conclusion**, à dégager l'enjeu de la conception de la pensée à l'œuvre dans le dialogue, qui renvoie au sens de la vie humaine, d'une vie que les hommes partagent au sein de la Cité. Quelle conception de la politique implique la distinction de cette idée du dialogue d'avec ses simulacres ?

21. Voir aussi **ÉTUDE 4** (**ÉTUDE DES NOTIONS**, **ARGUMENTATION** p. 161).
22. Ce travail de repérage est le premier moment de l'Exercice qui vous est proposé dans les **RÉFÉRENCES**, p. 128.
23. Cf. **PRÉSENTATION GÉNÉRALE DE L'ŒUVRE**, p. 94.

Autres sujets proposés

1. Avoir raison, avoir des raisons, quelle différence?
2. Faut-il éviter de se contredire?[24]
3. La passion fait-elle obstacle à l'exercice de la raison?
4. La technique est-elle une activité neutre?
5. L'erreur est-elle le plus grand des maux?
6. Puis-je penser seul?
7. Reconnaître la vérité, est-ce cesser d'être libre?
8. Suffit-il qu'un discours soit cohérent pour qu'il soit vrai?
9. Où commence, où finit la violence?
10. Y a-t-il une compétence propre à l'homme politique?
11. Y a-t-il un plaisir propre à la pensée?

RÉFÉRENCES

S'ORIENTER

Approfondir les exigences du dialogue véritable

TEXTES APPARTENANT À LA MÊME ŒUVRE

- Rechercher **dans l'ensemble du Dialogue** tous les passages où Socrate énonce les conditions d'un dialogue authentique.
- Formuler ces conditions.
- Rédiger un paragraphe qui présente votre analyse de façon ordonnée.

OBSERVER ET S'EXERCER

Approfondir les exigences du dialogue véritable

Distinguer éristique[25] et dialogue

TEXTES APPARTENANT À D'AUTRES ŒUVRES DU MÊME AUTEUR

Protagoras, 334c-338e

Lorsque Protagoras, le grand sophiste, eut achevé son discours, *les assistants se confondirent en bruyantes félicitations sur la beauté de son langage*. Socrate rappelle alors les exigences du dialogue. Alcibiade précise la conception socratique: dialoguer, c'est *[savoir] donner ses raisons et accueillir celles de l'autre*, Prodicos demande aux interlocuteurs *d'engager [...] sur les thèses en présence, une discussion, mais non pas une dispute*. À Hippias qui demande de choisir un arbitre des débats, Socrate répond que cela n'est pas nécessaire: *c'est vous tous, en commun, qui présiderez*. L'entretien est son propre arbitre.

24. Ce sujet est traité sous forme de sujet-exemple dans *Apprendre à philosopher en lisant Kant, Préface à la seconde édition de la Critique de la raison pure*, Magnard, 1999 (**ÉTUDE 1**).
25. Voir note 7, p. 120.

Distinguer éristique et dialogue

Euthydème, 275b-278e

Le malheureux Clinias, malmené par l'interrogatoire que lui font subir deux Sophistes, suscite les rires de l'assistance. Socrate analyse leur technique.

Approfondir le sens de la réfutation

Charmide, 166c-e

Socrate à Critias : *Qu'est-ce que tu fais [...] de t'imaginer que, t'eussé-je mille fois réfuté, je t'aurais réfuté pour un autre motif que celui pour lequel justement je mets tous mes soins à fouiller dans ce que je dis moi-même, de peur que, sans m'en apercevoir, je n'aille m'imaginer que je sais quelque chose, alors que je ne sais rien ? La vérité est, je l'affirme, que c'est précisément ce que je fais à cette heure en examinant la thèse, sans doute principalement dans mon intérêt à moi, mais probablement aussi dans l'intérêt du reste de nos bons amis : n'est-ce pas, à ton sens, un bien commun à l'humanité presque entière, que soit rendue manifeste la façon dont se comportent chacune des réalités ? [...] Alors [...], réponds avec assurance, bienheureux ami, à la question posée, dans le sens qui à tes yeux est le bon, sans plus t'occuper de savoir quel est celui qui est réfuté, si c'est Critias, ou si c'est Socrate ; examine, bien plutôt, en n'appliquant ta pensée qu'aux propos tenus, la façon dont s'en tirera celui qui aura été réfuté.*

Examiner la puissance libératrice du dialogue

Le Sophiste, 228b-231e

Ce passage distingue entre diverses manières d'enseigner. En faisant apparaître les contradictions des discours mal pensés de l'ignorance qui s'ignore elle-même, le dialogue commence par purger (*catharsis*) dans la douleur ceux qui se soumettent à l'interrogation ; *c'est justement de cette manière qu'ils sont libérés des opinions puissantes et solides dont leur propre esprit est investi : libération qui, de toutes, à la fois est la plus agréable pour l'assistant qui l'écoute, et celle dont les effets possèdent, pour celui qui en est l'objet, la plus solide certitude.*

TEXTES D'AUTRES AUTEURS

Approfondir l'analyse de la réfutation

Aristote, *Premiers Analytiques*, II, 20 *Réfutations sophistiques*, 10, 171a 2-3 et 5, 167a 23, 25

La réfutation met en œuvre le principe de non-contradiction. Réfuter une proposition, c'est en démontrer la contradictoire, *à partir des données et d'une façon nécessaire*. Mettre l'interlocuteur en contradiction avec lui-même est une réfutation dialectique en ce qu'elle suppose des énoncés concédés dans un dialogue (réfutation interne).

Préciser les conditions logiques de la connaissance

Kant, *Logique, Introduction*, VII, Vrin, pp. 56-57

Il s'agit de l'examen des critères formels de la vérité, accord de la connaissance avec elle-même, condition non suffisante, mais nécessaire.

Examiner la conception hégélienne de la réfutation

Hegel, *Phénoménologie de l'Esprit*, Préface, début (Trad. J.-P. Lefebvre, Aubier, p. 28)

Le bourgeon disparaît dans l'éclosion de la floraison et l'on pourrait dire qu'il est réfuté par celle-ci, de la même façon que le fruit dénonce la floraison comme fausse existence de la plante, et vient s'installer, au titre de la vérité de celle-ci, à la place de la fleur. Ces formes ne font pas que se distinguer les unes des autres : elles se refoulent aussi comme mutuellement incompatibles. Mais, dans le même temps, leur nature fluide en fait aussi des moments de l'unité organique au sein de laquelle non seulement elles ne s'affrontent pas, mais où l'une est aussi nécessaire que l'autre, et c'est cette même nécessité qui constitue alors la vie du tout.

Prendre appui sur l'exemple proposé, donner un autre exemple

Hegel, *Principes de la philosophie du droit,* § 31

Exposé de la conception hégélienne de la dialectique, dans sa différence d'avec la dialectique platonicienne. Ce texte éclairera le précédent.

Examiner un exemple de mise en œuvre de l'exigence rationnelle

Descartes, *Méditation métaphysiques,* I

La résolution de chercher la vérité conduit Descartes à soumettre ses opinions à l'épreuve du doute : seules demeureront celles qui lui auront résisté. On commencera donc par *réputer fausses* toutes celles en qui on trouvera la moindre raison de douter.

Examiner la réfutabilité dans les sciences empiriques

Popper, *La Logique de la découverte scientifique,* I, 6 et IV

Dans le champ de la science expérimentale, Popper met en évidence le critère de « falsifiabilité » qui permet de déterminer le caractère scientifique d'un énoncé.

Approfondir le sens et les conditions du dialogue

Eric Weil, *Logique de la philosophie,* A, II et B, I

La logique ne permet qu'une chose, à savoir, que le dialogue, une fois engagé, aboutisse, que l'on puisse dire lequel des interlocuteurs a raison, plus exactement, lequel des deux a tort [...]. Mais pourquoi l'homme accepte-t-il une situation dans laquelle il peut être confondu ?

Il l'accepte, parce que la seule autre issue est la violence, si l'on exclut, comme nous l'avons fait, le silence et l'abstention de toute communication avec les autres hommes : quand on n'est pas du même avis, il faut se mettre d'accord ou se battre jusqu'à ce que l'une des deux thèses disparaisse avec celui qui l'a défendue. [...] le dialogue porte, en dernier ressort, toujours sur la façon selon laquelle on doit vivre.

ÉTUDE 3

(ŒUVRE INTÉGRALE PAGE 24)

Cette ÉTUDE vous propose deux EXERCICES GUIDÉS l'un pour l'étude de la notion d'ILLUSION, l'autre concernant le TRAVAIL DE LA DISSERTATION.

463 a **Socrate :** Eh bien, Gorgias, je crois que [la rhé-
torique] est une pratique qui n'a rien d'un art,
mais qui demande un esprit sagace[1], viril et naturel-
lement apte au commerce[2] des hommes. Le fond de
cette pratique est pour moi la flatterie. Elle me paraît
comprendre plusieurs parties : la cuisine en est une.
Celle-ci passe pour être un art ; mais, à mon sens,
elle n'en est pas un ; c'est un empirisme et une rou-
b tine. Parmi les parties de la flatterie, je compte aussi
la rhétorique, la toilette et la sophistique. Il y en a
quatre, qui se rapportent à quatre objets.
Si maintenant Polos veut m'interroger, qu'il le
fasse : car je ne lui ai pas encore expliqué quelle
partie de la flatterie est, selon moi, la rhétorique. Il
c ne s'est pas aperçu que je ne lui avais pas encore
répondu sur ce point, et il persiste à me demander
si je ne la trouve pas belle. Mais moi, je ne lui
répondrai pas si je tiens la rhétorique pour belle ou
laide, avant d'avoir répondu d'abord sur ce qu'elle
est ; car ce ne serait pas dans l'ordre, Polos.
Demande-moi donc, si tu veux le savoir, quelle
partie de la flatterie est, à mon avis, la rhétorique.
Polos : Soit, je te le demande : dis-moi quelle partie
c'est.
d **Socrate :** Comprendras-tu ma réponse ? À mon avis,
la rhétorique est le simulacre d'une partie de la
politique.
Polos : Qu'entends-tu par là ? Veux-tu dire qu'elle
est belle ou laide ?
Socrate : Je dis qu'elle est laide ; car j'appelle laid ce
qui est mauvais, puisqu'il faut te répondre comme
si tu savais déjà ce que je veux dire.
Gorgias : Par Zeus, Socrate, moi non plus, je ne
comprends pas ton langage.

1. Sagacité : perspicacité, finesse – étymologiquement, quelqu'un de sagace est quelqu'un qui a du flair.
2. Le *commerce* désigne ici les relations avec les autres hommes.

Socrate : Je n'en suis pas surpris ; car je ne me suis pas
e encore expliqué clairement ; mais Polos est jeune et vif.

Gorgias : Eh bien, laisse-le là, et dis-moi comment tu peux soutenir que la rhétorique est le simulacre d'une partie de la politique.

Socrate : Je vais donc essayer d'expliquer ce qu'est à mes
yeux la rhétorique. Si elle n'est pas ce que je crois, Polos me
réfutera. Il y a sans doute quelque chose que tu appelles
464 a corps et quelque chose que tu appelles âme ?

Gorgias : Sans contredit.

Socrate : Ne crois-tu pas qu'il y a pour l'un et l'autre un état qui s'appelle la santé ?

Gorgias : Si.

Socrate : Et que cette santé peut n'être qu'apparente, et non réelle ? Voici ce que je veux dire. Beaucoup de gens qui paraissent avoir le corps en bon état ont une mauvaise santé, qu'il serait difficile de déceler à tout autre qu'un médecin ou un maître de gymnastique.

Gorgias : C'est vrai.

Socrate : Je prétends qu'il y a de même dans le corps et dans
b l'âme quelque chose qui les fait paraître bien portants, quoi-
qu'ils ne s'en portent pas mieux pour cela.

Gorgias : C'est juste.

Socrate : Voyons maintenant si j'arriverai à t'expliquer plus
clairement ce que je veux dire. Je dis que, comme il y a deux
substances, il y a deux arts. L'un se rapporte à l'âme : je l'ap-
pelle politique. Pour l'autre, qui se rapporte au corps, je ne
peux pas lui trouver tout de suite un nom unique ; mais dans la
culture du corps, qui forme un seul tout, je distingue deux par-
ties, la gymnastique et la médecine. De même dans la politique
je distingue la législation qui correspond à la gymnastique et la
justice qui correspond à la médecine. Comme les arts de ces
c deux groupes se rapportent au même objet, ils ont naturelle-
ment des rapports entre eux, la médecine avec la gymnastique,
la justice avec la législation, mais ils ont aussi des différences.
Il y a donc les quatre arts que j'ai dits, qui veillent au plus
grand bien, les uns du corps, les autres de l'âme. Or la flat-
terie, qui s'en est aperçue, non point par une connaissance
raisonnée, mais par conjecture, s'est divisée elle-même en
d quatre, puis, se glissant sous chacun des arts, elle se fait
passer pour celui sous lequel elle s'est glissée. Elle n'a nul
souci du bien et elle ne cesse d'attirer la folie par l'appât du

plaisir ; elle la trompe et obtient de la sorte une grande considération. C'est ainsi que la cuisine s'est glissée sous la médecine et feint de connaître les aliments les plus salutaires au corps, si bien que, si le cuisinier et le médecin devaient disputer devant des enfants ou devant des hommes aussi peu raisonnables que les enfants, à qui connaît le mieux, du médecin ou du cuisinier, les aliments sains et les mauvais, le médecin n'aurait qu'à mourir de faim. Voilà donc ce que j'ap-
e pelle flatterie et je soutiens qu'une telle pratique est laide, Polos, car c'est à toi que s'adresse mon affirmation, parce que cette pratique vise à l'agréable et néglige le bien. J'ajoute que
465 a ce n'est pas un art, mais une routine, parce qu'elle ne peut expliquer la véritable nature des choses dont elle s'occupe ni dire la cause de chacune. Pour moi, je ne donne pas le nom d'art à une chose dépourvue de raison. Si tu me contestes ce point, je suis prêt à soutenir la discussion.

b Ainsi donc, je le répète, la flatterie culinaire s'est recélée[3] sous la médecine, et de même, sous la gymnastique, la toilette, chose malfaisante, décevante[4], basse, indigne d'un homme libre, qui emploie pour séduire les formes, les couleurs, le poli, les vêtements et qui fait qu'en recherchant une beauté étrangère, on néglige la beauté naturelle que donne la gymnastique. Pour être bref, je te dirai dans le langage des géomètres (peut-être alors
c me comprendras-tu mieux) que ce que la toilette est à la gymnastique, la cuisine l'est à la médecine, ou plutôt que ce que la toilette est à la gymnastique, la sophistique l'est à la législation, et ce que la cuisine est à la médecine, la rhétorique l'est à la justice. Telles sont, je le répète, les différences naturelles de ces choses ; mais comme elles sont voisines, sophistes et orateurs se confondent pêle-mêle sur le même terrain, autour des mêmes sujets, et ne savent pas eux-mêmes quel est au vrai leur emploi, et les autres hommes ne le savent pas davantage. De fait, si l'âme ne commandait pas au corps et qu'il se gouvernât lui-même, et, si l'âme n'examinait pas elle-même et ne distinguait
d pas la cuisine et la médecine, et que le corps seul en jugeât en les appréciant sur les plaisirs qui lui en reviendraient, on verrait souvent le chaos dont parle Anaxagore[5], mon cher Polos, (car c'est là une chose que tu connais) : *« toutes les choses seraient*

3. Dissimulée.
4. Au sens classique : trompeuse.
5. Anaxagore (~500-~428 av. J.-C.), l'un des penseurs dits « présocratiques ». Socrate fait allusion au chaos primordial que vient unifier le principe appelé *noûs*, intelligence.

confondues pêle-mêle», et l'on ne distinguerait pas celles qui regardent la médecine, la santé et la cuisine. Tu as donc entendu ce que je crois qu'est la rhétorique; elle correspond
e pour l'âme à ce qu'est la cuisine pour le corps.

Peut-être est-ce une inconséquence, à moi qui t'ai interdit les longs discours, de m'être étendu si longuement. Je mérite pourtant d'être excusé; car, quand j'ai parlé brièvement, tu ne m'as pas compris: tu ne savais rien tirer de mes réponses et il fallait te donner des explications. Si donc à mon tour je ne vois pas clair dans tes réponses, tu pourras t'étendre, toi
466 a aussi. Si, au contraire, je les comprends, laisse-moi m'en contenter, c'est mon droit. Et maintenant, si tu peux faire quelque chose de ma réponse, à ton aise.

OBSERVER ET S'EXERCER

ÉTUDE DU TEXTE

I. SITUATION

Établir le lien avec ce qui précède

Se reporter à l'**ÉTUDE 2**

Puisque Gorgias a déclaré se reconnaître dans le portrait de l'homme de dialogue qui aime à réfuter et plus encore à être réfuté et que l'auditoire, dont Calliclès, est attentif et désireux de l'issue de l'entretien, celui-ci s'est donc poursuivi.

L'objet de l'examen socratique n'est pas la rhétorique prise abstraitement, mais le désaccord, la contradiction que l'entretien a permis de faire apparaître. Il s'agit moins pour Socrate, de la **dire**, que de la faire «toucher du doigt», de faire en sorte que son interlocuteur **comprenne sa propre pensée**, en y discernant une contradiction. Pour l'y conduire, il suffit, en interlocuteur attentif, de récapituler les affirmations de Gorgias, de les placer l'une à côté de l'autre, alors qu'elles ont été proférées en des moments différents de l'entretien. Nous comprenons alors, nous lecteurs, qu'aucune des distinctions conceptuelles[6] posées par Socrate, auxquelles Gorgias a donné son assentiment, n'est gratuite. Nous voyons, nous, immédiatement la contradiction, nous l'avions même anticipée. Précisons-la.

Récapituler les distinctions conceptuelles établies depuis le début du Dialogue

Afin d'innocenter la rhétorique elle-même, Gorgias a affirmé qu'elle n'était qu'un pur moyen, dont on pouvait bien ou mal user. Seul est coupable celui qui en use mal. Il a donc admis qu'un usage injuste de la rhétorique était possible. Mais comment serait-il possible si l'orateur doit nécessairement connaître le juste et l'injuste, ce qu'il affirme maintenant? Comment Gorgias en est-il arrivé là?

6. Cf. notamment **ÉTUDE 1**, pp. 106 et sq., et, plus largement, **INDICATIONS DE MÉTHODE OU COMMENT TRAVAILLER?**, pp. 91-92.

Construire le problème

Il a successivement affirmé – ou admis, conformément à l'exigence du dialogue qui ne progresse que de proposition admise par les deux interlocuteurs en proposition admise par les deux interlocuteurs – que:

- l'orateur gagne la foule – ignorante – en la persuadant – sans l'instruire
- il est donc plus habile que le médecin – devant la foule
- en généralisant: un ignorant devant des ignorants est plus fort que le savant
- la rhétorique n'a donc nul besoin de connaître ce dont elle parle pour produire ses – puissants – effets.

Suivre la démarche à partir de 458e

Cela fait question pour Socrate, pas pour Gorgias qui estime la chose bien commode, puisque son art lui permet d'égaler tous les spécialistes. Aux yeux de Gorgias, nous le savons, seuls comptent les **effets**, qui confèrent puissance et réputation: il n'est pas question de vérité. Le fossé se creuse, irrémédiablement. Comme le souligne M. Alexandre[7], *Socrate veut* ***penser*** *la rhétorique, Gorgias* ***l'utiliser***.

Avec énergie, Socrate écarte cette fuite sur le terrain de l'utilité, pour revenir à l'essentiel: les valeurs, ce qui vaut vraiment, et mérite, donc, de gouverner notre conduite: le Juste, le Bien. Et Gorgias de montrer qu'il en a le souci: si ses élèves sont ignorants de ces choses, il les leur enseignera. Sincère? simplement habile, puisqu'un bon orateur ne peut persuader qu'en faisant fond sur l'opinion générale, sur les attentes et les représentations de son «public»? Peu importe, au fond, puisque dans l'un et l'autre cas, il ne s'accorde pas avec lui-même.

Loin de s'éclairer, donc, la situation s'aggrave: comment l'orateur (l'élève) pourrait-il commettre une action injuste (mal user de la rhétorique), s'il connaît ce qui est juste? or, il l'a nécessairement appris, soit de son maître Gorgias, soit avant de venir à son école.

Examiner ce qu'est connaître vraiment la justice

Avouons cependant, que ce point – fondamental – peut nous laisser perplexes, tant nous sommes prêts à admettre qu'il ne suffit pas de savoir ce qu'est le bien pour bien faire, à considérer que notre liberté peut nous détourner de la justice. Mais il en va tout autrement selon ce que Socrate ou Platon appelle connaissance. Suivons donc cette étape.

Socrate, une fois encore, procède à une analogie à partir de laquelle il généralise: partant des différents arts (charpenterie, musique, médecine), il obtient l'accord de Gorgias sur cette proposition: *celui qui a appris un art n'est-il pas tel que le fait la connaissance de cet art?* (460b). En d'autres termes, la connaissance produit chez celui qui la possède une transformation: si j'apprends, par exemple, la médecine, je deviens médecin. La connaissance prend possession de moi, je **suis** médecin: du **connaître** à l'**être**, il y a continuité, nécessairement. Je ne suis plus tel que j'étais lorsque je ne connaissais pas l'art en question. Tout au plus, pourrais-je objecter que je ne deviens pas nécessairement bon médecin. Mais c'est qu'alors, je n'ai pas une connaissance suffisante de la médecine.

Comment passer de là à la justice? Celui qui a appris la justice devient juste, **est** donc juste. Comment l'entendre sinon, comme le dit Socrate, que *le juste ne voudra jamais commettre une injustice*. Il ne saurait le **vouloir**: être juste, c'est vouloir le juste, ordonner son action à cette connaissance, préférer la justice à l'injustice[8]. Connaître

7. Dans le bel ouvrage tiré de ses cours, *Lecture de Platon* (Bordas, 1968). C'est nous qui soulignons.
8. Cf. **ÉTUDES 4** notamment pp. 158-159, **5**, pp. 174 et sq., et **8**, p. 233.

le bien, le juste, c'est du même coup en reconnaître la valeur. Comment pourrais-je vouloir vraiment ce que je sais être mauvais? Être libre, ce n'est pas faire ce qui me plaît, c'est faire ce que je veux **vraiment**, et je ne peux vouloir vraiment que le bien, parce qu'en toutes choses le bien est préférable à ce qui est mauvais. Il faut donc comprendre, que, comme dans les autres arts, si je fais mal, c'est que je ne connais pas assez le bien, je ne le reconnais pas comme tel, si je commets une action injuste, c'est que je ne connais pas assez la justice. Aussi, lorsque Socrate affirme que *nul n'est méchant volontairement*[9], il faut se garder d'une interprétation qui ferait du mal quelque chose comme une *étourderie*[10], un défaut de connaissance qui ne m'engagerait pas. Tout au contraire, combien l'idée de la connaissance ici à l'œuvre est exigeante, et combien nous en restons le plus souvent à un rapport d'extériorité: «savoir que» n'est pas savoir, l'information n'est pas la connaissance. Celle-ci suppose le retour **réflexif** par lequel je sais que je sais, toute connaissance enveloppe la compréhension de sa **vérité**, et cette compréhension est nécessairement saisie de la **valeur** de ce que je sais. C'est pourquoi, comme Platon le développera longuement ailleurs[11], la connaissance véritable est toujours connaissance du **bien**.

Distinguer information et connaissance
Cf. **ÉTUDE 1**, pp. 105-107
Retenir le rapport posé par Socrate entre connaissance et liberté

C'est pourquoi aussi Gorgias ne peut qu'être amené à se contredire: parce que son souci n'est pas celui de la vérité, il ne peut être vraiment attaché à la justice. Encore une fois, son éventuelle sincérité ne change rien à l'affaire: que son attachement déclaré à la justice relève d'un besoin de respectabilité nécessaire à sa puissance d'orateur, ou qu'il relève de sa propre opinion, il n'est pas dans l'ordre de la connaissance vraie. Pour cela, il lui faudrait **préférer** la vérité – accepter de soumettre la rhétorique à l'exigence philosophique: il serait *besoin d'une longue séance pour la discerner exactement* (461b). Cette longue séance n'aura pas lieu, car Polos intervient avec vivacité, comme *un jeune chien*[12], pour défendre le maître qu'il admire et qui se trouve désormais en bien mauvaise posture.

Se reporter en 461b

Avec l'entrée en scène de Polos, s'ouvre le deuxième grand moment du dialogue[13]. Ainsi que nous aurons l'occasion de le voir de façon précise, le rapport que Socrate entretient avec ce nouvel interlocuteur est bien différent de celui qu'il entretenait avec Gorgias. Polos est *jeune et vif*, Polos est un élève, non un maître. Polos peut peut-être être éduqué, en dépit de la séduction qu'exerce sur lui Gorgias, en dépit de l'ambition du pouvoir qui l'anime. Socrate s'adresse à lui avec une souriante ironie, on le voit amusé de l'ardeur avec laquelle Polos s'élance au combat – à ce qu'il croit être un combat –, tantôt attendri, tantôt sévère[14], il est ici, pleinement, dans son rôle de pédagogue.

Relever, dans l'ensemble de la deuxième partie les éléments qui permettent de préciser l'attitude de Socrate à l'égard de Polos
Compléter l'analyse de l'ironie socratique (cf. ÉTUDE 2, p. 121)

Mais Polos n'entend pas se soumettre, au contraire, il attaque et tente la première[15] critique de Socrate, dont il croit avoir décelé la «technique»: Polos, formé à l'école des orateurs, entend montrer sa propre habileté en dénonçant les «trucs» de l'adversaire. Son discours est tout entier animé par la passion – les propos de Socrate lui sont insupportables – aussi le premier moment est-il

9. Cf. *Gorgias*, 509e, *Protagoras*, 345c, *Ménon* 77a-78c.
10. Selon le mot de Vladimir Jankélévitch, cf. notamment *Traité des vertus*, III, I, IV *(La faute, qu'elle n'est ni une ignorance, ni un délire, ni un principe)*.
11. Par exemple: *La République*, V, VI et VII, *Phédon*, 98b-99c.
12. Cf. *La République*, 538c-d.
13. Cf. **PRÉSENTATION GÉNÉRALE DE L'ŒUVRE**, pp. 99-100.
14. Cf. **ÉTUDE 4**.
15. La seconde sera le fait de Calliclès (cf. **ÉTUDE 6**, pp. 191 et sq.).

consacré à tenter de le mettre sur le chemin du dialogue : réfuter et se laisser réfuter, interroger et répondre, non discourir et juger hâtivement, non affirmer ce que l'on croit, mais se soumettre à l'exigence commune de vérité.

Se reporter en 462b

Interroger ou répondre ? Libéralement (ironiquement), Socrate donne le choix à Polos, qui choisit, évidemment, d'interroger, car il croit que là est le secret du pouvoir de Socrate, là se tient la force par laquelle il a contraint Gorgias à se contredire. Contraindre Socrate à répondre, ce sera conduire l'entretien comme il l'entend, et donc vaincre. Mais interroger est difficile, et dès sa première intervention, qui se veut agressive – *Puisque Gorgias te paraît embarrassé sur la nature de la rhétorique, dis-nous ce qu'elle est à ton sens* – Socrate est amené à **reformuler** la question : *Me demandes-tu quelle sorte d'art elle est selon moi ?*

EXERCICE

Récapituler la série des définitions de la rhétorique dans la première partie

Examiner comment la mise au jour d'un présupposé permet de relancer la réflexion

La réponse de Socrate à la question qu'il a lui-même formulée est, dans son apparente neutralité, brutale, à la mesure de l'enjeu : *Je ne la tiens pas pour un art, Polos, à te dire le vrai.*

Rappelons-nous : dans toute la première partie, la rhétorique a été tenue pour un art : cela n'a jamais fait question, jamais été examiné, mais toujours admis comme allant de soi. Socrate a accepté ce **présupposé** – là est son habileté, ou celle de Platon, qui compose notre Dialogue – et a conduit Gorgias à préciser l'objet de son art. C'est en le précisant qu'il est tombé dans la contradiction, et cela, nécessairement, nous allons le comprendre à présent, si le présupposé est inacceptable. Mais si ce n'est pas un art, alors se dissipe d'un coup le *mirage d'une rhétorique compétente*[16], il faut repartir sur de nouvelles bases. Polos en est-il capable ?

2. ANALYSE

Événement de pensée, la radicalité de l'affirmation socratique déplace brusquement la discussion : la rhétorique est une pratique, mais **n'a rien d'un art**, ce qui ouvre à la question : **qu'est-ce qu'un art ?**, concept que nous devrons construire à la suite de Socrate. Ce statut n'empêche pas de reconnaître un naturel orateur[17], *esprit sagace, viril et naturellement apte au commerce des hommes*. Les deux natures doivent être distinguées : elles ne se valent pas. Ainsi la rhétorique est une pratique et, dit Socrate, une *routine*, un simple savoir-faire. Pour la cerner, il la range dans un genre : la *flatterie*, dont elle n'est qu'une partie. Nous savons que la cuisine en est une autre, Socrate complète la liste par la toilette et la sophistique. Analyse purement logique, qui peut être figurée en un tableau. Pas de jugements de valeur avant l'explication. Mais Polos entend-il ? Sait-il poser les questions ? Socrate lui souffle, l'initie : quelle partie de la flatterie occupe la rhétorique ? Polos s'exécute, sans comprendre – mais peut-il comprendre ? – la réponse : *la rhétorique est le simulacre d'une partie de la politique*. C'est pourquoi il rechute dans l'alternative éloge/blâme. Pour le calmer, ou le hérisser davantage, ou les deux, Socrate souligne la laideur de la rhétorique. Polos est *jeune et vif*, il est impatient, il veut juger avant de comprendre, mais rien n'est encore expliqué. Il lui faut discipliner sa vive intelligence et sa passion. Et nous, que comprenons-nous ?

Commencer de dessiner le tableau des pratiques

Examiner l'ironie socratique

16. Cf. Michel Alexandre, op. cit.
17. Comme il y a dans *La République* un *naturel philosophe* (cf. notamment V, 471c et sq., VI, 484d et sq., 491d et sq.).

Retenir le sens étymologique du mot « expliquer »

Je vais [...] essayer d'expliquer ce qu'est à mes yeux la rhétorique. Au tour de Socrate de produire sa définition. **Définir**, c'est donc **expliquer**, déployer les déterminations de l'**être** que l'on examine. Le point de vue de Gorgias et de Polos est celui du corps, de l'apparence ; celui de Socrate est le point de vue de l'âme. Le détour est donc essentiel, qui nous conduit à la **métaphysique**.

Comprendre la définition socratique, c'est d'abord construire, au fil de la lecture, le tableau des pratiques où la rhétorique est située. Faisons donc un **parallèle** entre **le corps** et **l'âme**, la santé du corps (son bien) et celle de l'âme (son bien). Usons de la **distinction** entre **paraître** et **être**, c'est-à-dire être réellement, puisque chacun sait que le corps peut paraître en bonne santé et ne pas l'être, il en ira de même pour l'âme. Mais **qui** distingue ? Le spécialiste, l'homme de l'art, celui qui sait : le maître de gymnastique et le médecin, en tant qu'ils connaissent le corps et son bien savent distinguer apparence de santé et santé réelle, sont donc capables de **juger**.

Construire le tableau des pratiques

Mais cela ne suffit pas : il faut *expliquer plus clairement*. Que sont l'âme et le corps ? deux substances (deux substrats) supportant chacune des qualités, et à ces deux substances correspondent deux arts, deux savoirs visant le bien. Quel est l'art de l'âme ? la **politique**. L'art du corps ? celui qui rassemble **médecine** et **gymnastique**. Quelle différence entre ces dernières ? l'une établit la santé dans le corps par l'exercice ; l'autre la rétablit par ses remèdes lorsqu'elle est perdue. De même, l'art politique se décompose en deux : l'un – la **législation** – établit le bien de l'âme (forme), l'autre le rétablit (corrige) – la **justice**.

Définir une analogie

On peut alors construire une **analogie**, au sens strict, c'est-à-dire mathématique (*le langage des géomètres*, familier à ces gens instruits que sont les interlocuteurs de Socrate), une proportion rationnelle. Ni vague ressemblance, ni identité terme à terme, l'analogie est identité de rapports. Mathématiquement, elle peut s'écrire : $a/b = c/d$. Cela ne signifie pas qu'a est identique à c, mais que le rapport entre a et b est le même qu'entre c et d. Socrate ne confond pas gymnastique et législation, médecine et justice : il affirme que ce que la gymnastique est pour le corps, la législation l'est pour l'âme ; de même, ce que la médecine est pour le corps, la justice l'est pour l'âme.

Écrire l'analogie sous forme mathématique

La rhétorique n'a pas sa place dans le tableau des arts. Il faut donc faire apparaître la flatterie – que Socrate personnifie de manière toute rhétorique. Se divisant et se glissant sous chacun des arts, elle redouble l'analogie en créant pour chacun son simulacre, imitation, apparence se donnant pour réalité, trompeuse, donc.

Quels sont les caractères attribués à la flatterie ? la ruse, intelligence astucieuse mais non rationnelle, la capacité de former des conjectures, des suppositions, savoir incertain et donc savoir inauthentique.

Que savons-nous de la rhétorique ? Qu'elle appartient, comme la cuisine, à la flatterie, donc ne sait pas ; qu'elle est le simulacre d'une partie de la politique, donc n'y appartient pas ; qu'elle vise le plaisir et non le bien, dont il est l'apparence, potentiellement trompeuse, donc. Partie de la flatterie, la rhétorique, donc, se fait passer pour autre chose qu'elle n'est, l'art qu'elle n'est pas, elle y a intérêt.

« Se faire passer pour », l'expression souligne l'intention de tromper, de faire **illusion**. Mais nous savons qu'il suffit d'un examen attentif pour percevoir que c'est seulement devant la foule ignorante que l'orateur persuade et est puissant. L'illusionniste doit dissimuler ses « trucs » pour que l'illusion fonctionne, son habileté consiste à détourner l'attention.

Analyser la flatterie

Relire La Fontaine : *Le Corbeau et le Renard*, *Le loup et le Chien*

Construire le concept d'art

Distinguer raison et intelligence

Achever le tableau

Au delà de la définition de la rhétorique, à travers elle, c'est une théorie générale de la flatterie que construit Socrate, c'est le genre lui-même que vise sa critique. Qu'est-ce que **flatter** ? on flatte un supérieur dont on recherche les faveurs (servilité), en lui attribuant des qualités qu'il n'a pas ou en amplifiant celles qu'il a, en le trompant donc sur sa valeur pour créer en lui un plaisir dont on attend une reconnaissance, un attachement, du pouvoir. Le vaniteux vit entouré de flatteurs qui l'entretiennent dans la bonne idée qu'il a de lui-même. On flatte aussi un animal familier, l'encolure d'un cheval, la croupe d'un chien. La caresse fait plaisir, assure la docilité, elle n'abolit pas la distance du maître à son animal domestique. Mélange de servilité et de condescendance, la flatterie est signe de mépris puisqu'elle tient le flatté pour incapable de supporter une vérité susceptible de lui déplaire.

La flatterie n'a nul souci du bien ni de la vérité, ce qu'elle vise, c'est le pouvoir. C'est pourquoi, sous le plaisir apparent qu'elle procure, en réalité elle fait du mal. En invitant le corps à la seule recherche du plaisir, ignorante des exigences de son vrai bien, la santé, la cuisine peut le rendre malade. En obscurcissant le jugement et en inversant les valeurs, la rhétorique corrompt l'âme et la Cité.

Il importe donc de discerner pour l'âme comme pour le corps, le réel sous l'apparent, le vrai bien sous le plaisir. **Qui** est capable de ce jugement ? l'exemple du tribunal d'enfants nous en instruit *a contrario* : si seuls des enfants ou *des hommes aussi peu raisonnables que des enfants* se laissent abuser par le cuisinier qui leur prépare des mets délicieux et rejettent les remèdes salutaires, souvent désagréables, du médecin, c'est qu'il appartient à la **raison** de faire la distinction entre bien apparent et bien véritable : la seule compétence qui vaille se fonde dans l'usage de la raison.

Construit dans sa différence d'avec son simulacre issu de la flatterie, le concept d'**art** peut désormais être compris. Un art vise le **bien**, qui ne se confond pas avec l'agréable ; un art **connaît** ce dont il parle, peut exposer les causes de ses effets, il est pratique **rationnelle**, par où nous voyons que la raison ne se confond pas avec l'intelligence. Sagacité, astuce, celle-ci est une habileté portant sur les moyens, indifférente aux fins (la vérité, le bien) qu'elle ignore[18]. Irrationnelle, déraisonnable, la flatterie est folie, en ce qu'elle est assujettie aux caprices du corps, des sens, sursauts de l'agréable, plaisir épidermique.

Dénoncée dans son principe, la flatterie doit encore l'être dans ses effets : Socrate complète le tableau des pratiques. La toilette (maquillage et vêtement), simulacre de la gymnastique, est *malfaisante* pour qui en use, et se donne l'illusion de la beauté d'un corps en bonne santé, *décevante* pour qui découvre sous l'apprêt et le fard qu'il n'avait affaire qu'à une beauté factice – culte de l'apparence.

On peut alors achever l'analogie, en soulignant sa valeur didactique. Prenant appui sur ce que nous comprenons à l'aide de ce qui est familier (le corps pour lequel nous distinguons plus aisément bien réel et bien apparent, médecine et cuisine, beauté réelle et beauté apparente, gymnastique et toilette), Socrate invite à comprendre qu'il en va de même pour l'âme. À l'art qui vise la beauté

18. Cf. *La République*, VII, 519a : *les coquins [qui] savent s'y prendre* sont définis comme ayant *une pauvre petite âme [au] regard perçant, [au] fin discernement à l'égard des choses vers lesquelles elle a été orientée, mais [qui] est forcée de se mettre au service de sa méchanceté, si bien que plus grande sera la finesse de son coup d'œil, plus elle fera de mal.* Le problème est donc celui de l'orientation de l'âme, qui doit être tournée vers (con-vertie) le vrai bien. Ce passage se trouve à la fin de l'allégorie de la caverne qui met en scène, précisément, la conversion de l'âme soumise à l'éducation philosophique.

Écrire la totalité de l'analogie sous forme mathématique
Retenir la définition socratique de la rhétorique

réelle de l'âme et de la Cité (la législation) correspond son simulacre qui n'en donne que l'apparence (la sophistique), à celui qui vise la santé réelle de l'âme et de la Cité (la justice) correspond son simulacre: la rhétorique[19]. Et puisque législation et justice constituent l'art politique, Socrate avait raison de définir la rhétorique comme *le simulacre d'une partie de la politique*.

Reprendre les définitions de la rhétorique données par Gorgias

La rhétorique s'exprime dans *les tribunaux et les autres assemblées* où elle prétend éclairer le **jugement** des citoyens sur ce qu'ils doivent faire, ce qu'il est beau et bien de faire, ce qui est **juste.** Mais elle ne fait que mimer, singer la véritable justice et toute son habileté consiste au contraire à les empêcher d'en juger vraiment – c'est-à-dire rationnellement – en les flattant. L'orateur apparaît ici comme un **démagogue**, au sens que la tradition a donné à ce terme[20]: celui qui guide le peuple en le flattant.

Rechercher dans les **ÉTUDES 1** et **2**, les premières marques du renversement platonicien

Réfléchissons cependant: cela, ne le savions-nous pas déjà? Ce long discours de Socrate ne fait-il pas que confirmer les analyses précédentes, **dévoilant** ce qui sous-tendait l'entretien avec Gorgias, c'est-à-dire le plaçant en pleine lumière en faisant désormais porter l'enquête sur le présupposé de la première partie du Dialogue?

Mesurer la progression dans le Dialogue

Détrompons-nous, le Dialogue progresse bien et donne à comprendre les raisons de la critique de la rhétorique, se hissant à la **métaphysique** en prenant appui sur deux distinctions essentielles: celle de l'âme et du corps, sur quoi s'ouvre et se clôt le texte, celle de l'être et de l'apparence, fondement véritable de l'analyse. Nous sommes désormais mieux à même d'en saisir le lien étroit.

Le parallèle entre l'âme et le corps n'est pas symétrie: ce n'est pas le corps qui sait, mais l'âme. Ce sur quoi nous renseigne le corps, c'est l'apparence sensible. La vraie réalité n'est pas **sensible**, elle est **comprise**, issue du discernement opéré par la raison, ce que l'on exprime en disant qu'elle est **intelligible**. Ce que nous percevons, ce qui nous affecte, ce n'est pas la réalité vraie: le plaisir ne nous dit pas **par lui-même** s'il est bon pour nous; **en lui-même**, il est changeant, de sorte qu'être gouverné par lui, c'est être voué à changer d'avis d'un jour à l'autre, d'une heure à l'autre[21], au gré des passions. C'est du même coup être voué à ne pas s'accorder avec les autres. Le vrai bien, lui, est stable, il peut rendre raison de lui-même, il est intelligible à chacun pour autant qu'il examine avec bonne foi, dans le *silence des passions*[22].

Prévenir un contresens

Gardons-nous toutefois d'un contresens : Socrate ne soutient pas que le plaisir soit mauvais, que la sagesse consiste à n'éprouver aucune passion[23]. Ce qui est en question ici, c'est la question du **pouvoir**: savoir ce qui doit nous gouverner, chacun et la Cité. Pas plus qu'il n'y a de corps sans âme, il n'y a de Cité sans législation : la Cité est un vivre ensemble sous des lois. Qui fait la **loi**[24], en nous et

Définir la cité

19. Sur la différence rhétorique/sophistique, voir aussi 520b.
20. Le mot *démagogue* désigne étymologiquement celui qui conduit le peuple, comme le pédagogue, originellement, est l'esclave qui conduit l'enfant à l'école. Le mot s'est chargé d'un sens péjoratif en incluant la flatterie précisément au cours du Vème siècle à Athènes. L'historien Thucydide fait de *l'élément de désir (erôs) qui s'empare de tous* le principe de la démagogie (*Histoire de la Guerre du Péloponnèse*, VI, 24, 3).
21. Comme lors de la lamentable affaire de Mytilène, où la décision de massacrer les habitants de l'île fut successivement prise par l'Assemblée, puis rapportée, puis finalement exécutée. Cf. également le portrait contrasté de Socrate et Calliclès (**ÉTUDE 6**, pp. 190-191).
22. Cf. **ÉTUDE 4**.
23. Cf. par exemple 481d-482c.
24. Cf. 504d: *L'ordre et la règle dans l'âme s'appellent légalité et loi, et c'est ce qui fait les hommes justes et réglés; et c'est cela qui constitue la justice et la tempérance.*

Commencer de définir le politique

Retenir la définition socratique de la justice

Rechercher la définition du mot «perversion»

dans la Cité? Réduire l'homme à la seule logique du plaisir sensible, c'est le penser sans âme. Or sans âme, il n'y a pas de limites[25], pas de lois et si nous avons un corps, nous ne sommes pas **que** corps. Le corps est soumis à l'autorité des lois rationnelles. Animal politique, l'homme est aussi animal métaphysique.

C'est pourquoi la question **morale** (comment devons-nous vivre, comment devons-nous nous **conduire**?) est inséparable de la question **politique** (comment les hommes doivent-ils vivre ensemble? comment la Cité doit-elle être **conduite**?), ce qui explique que Socrate nomme «politique» l'art de l'âme. Justice dans l'âme et dans la Cité, c'est la même question[26], parce que la justice est toujours identique à elle-même, elle est ordre. Déterminer ce qui est toujours semblable à soi, c'est dire ce qui est vraiment, c'est la tâche de la raison, ce pourquoi ce qui **est** vraiment, **l'essence**, Platon le nomme **Idée**.

Nous pouvons alors mieux comprendre ce qu'il y a de scandaleux, aux yeux de Socrate, dans la rhétorique et dans cet autre simulacre du *véritable art politique*[27] qu'est la sophistique: ce sont au sens propre des **perversions**. Impuissants à se gouverner[28], incapables de faire prévaloir leur âme sur leur corps et son appétit de pouvoir, ces prétendus guides sont des charlatans qui maintiennent leur auditoire dans l'assujettissement dont ils devraient bien plutôt les libérer[29], qui usent de leur *petite âme [au] regard perçant*, mal orientée, pour obscurcir le jugement de ceux à qui ils s'adressent, en les rivant à leur ignorance, en les empêchant de se tourner dans la bonne direction et de se rendre capables de se gouverner eux-mêmes. C'est pourquoi la rhétorique a partie liée avec la tyrannie[30].

On voit ici le caractère philosophique de la critique platonicienne de la politique, qui s'adosse à une **ontologie**[31]: la réalité empirique, l'apparence, n'est pas **le tout** de la réalité. Elle ne tire pas son être d'elle-même, mais d'une réalité invisible, qui n'est saisissable que par l'esprit[32].

25. Cf. *La République*, II, 372c et sq.
26. Cf. *La République*, 368d-e: invité à définir la justice, Socrate explique qu'elle est malaisée à voir dans l'individu, comme écrite en *petites lettres*, mais se lit en plus gros caractères dans la Cité.
27. Cf. 521d-e. Ce texte dans lequel Socrate affirme être vraisemblablement le seul Athénien qui s'attache au véritable art politique fait écho à celui dans lequel il déclare à Polos ne pas être au nombre des politiques (473e). Nulle contradiction dans ses propos qui doivent être compris, comme bien d'autres (cf. notamment **ÉTUDES 2**, p 118 et **4**, pp. 155 et sq.), à partir de l'opposition de l'apparence et de la réalité véritable. Mais celle-ci n'est pas empirique, elle n'est pas donnée aux yeux du corps. Cf. aussi **ÉTUDE 8**, pp. 232-235.
28. Cf. avec Polos la critique du tyran, **ÉTUDES 4**, p. 155 et **5**, pp. 175-176, et avec Calliclès la question de l'impuissance et de la vraie puissance, **ÉTUDES 6**, pp. 192-196 et **7**, pp. 213-215.
29. Cf. l'usage attribué par Socrate à la rhétorique (**ÉTUDE 5**, p. 176).
30. Cf. **ÉTUDES 4** et **5**.
31. Cf. **PRÉSENTATION GÉNÉRALE DE L'ŒUVRE**, pp. 96 et sq.
32. Cf. notamment *La République*, VI, la ligne droite divisée qui met en évidence les degrés de l'être (et corrélativement de la connaissance). Voir **ÉTUDE 4**, **RÉFÉRENCES** p. 169.

ÉTUDE DES NOTIONS

NOTIONS LEXICALISÉES : art, corps/âme, politique

ART

Rechercher les occurrences de la notion

Le mot, en français, est équivoque. Nous l'entendons généralement au sens où, s'il faut citer des arts, nous pensons à la peinture, la sculpture, la musique, ce que l'on nomme aussi les Beaux-Arts. Certaines expressions nous avertissent cependant d'un autre usage possible : un ouvrage d'art (un pont qui n'a pas nécessairement de valeur esthétique), les Arts et Métiers (dont le musée est un conservatoire des techniques), mais encore l'art médical (qui fait du médecin un praticien).

Se rendre attentif à la différence des usages d'un même mot

Notre mot art est dérivé du latin *ars*, qui correspond au grec *technè* figurant dans notre texte. Ce qui est commun aux deux usages français, c'est l'appartenance au domaine de la pratique, par opposition à celui de la théorie, ou de la connaissance. L'artiste, comme le technicien, comme le médecin, fait quelque chose, accomplit une action. Cette communauté conceptuelle est antérieure à la scission entre technique et beaux-arts, qui se produit au moment de la révolution industrielle (à partir du milieu du XVIIIe siècle), lorsque se diffuse en Europe une manière non artisanale de produire. Il est visible dans notre texte que le mot art, d'abord appliqué à la rhétorique, définit aussi bien les sciences mathématiques que la médecine, la gymnastique ou la politique[33], et c'est donc ce concept qu'il nous faut produire.

Analyser la notion dans son contexte

Les rhéteurs disent de la rhétorique qu'elle est un art ; Socrate lui dénie ce titre. Pourquoi ? Parce qu'il *ne donne pas le nom d'art à une chose dépourvue de raison.* Qu'oppose-t-il aux arts ? des pratiques définies comme empirisme et routine.

L'opposition se situe donc à l'intérieur du champ des pratiques, des « savoir-faire » : on distingue celles qui relèvent de la simple expérience de celles qui comportent une dimension rationnelle. Les premières sont aveugles, ignorantes de ce à quoi elles s'appliquent, purs savoir-**faire**, tandis que les secondes connaissent ce dont elles s'occupent, discernent les causes, sont des **savoir**-faire. Deux questions au moins se posent : pour savoir-faire, faut-il savoir ? N'y a-t-il de savoir que rationnel ?

Mais la distinction établie par Socrate fait intervenir un autre point : ces pratiques qui ne sont pas des arts en sont le *simulacre*, c'est-à-dire qu'elles imitent les véritables arts et se font passer pour eux. L'opposition ici est celle du **réel** et de l'**illusoire**.

Se reporter à l'**ÉTUDE 2**, pp. 134-136

Ce qu'il nous faut donc retenir, c'est d'abord que Platon ici ne distingue pas, parmi les arts, ce que nous appellerions pratique et théorie : la connaissance implique nécessairement un « faire », ainsi être philosophe, c'est maîtriser l'art dialectique ; être mathématicien, maîtriser l'art arithmétique ou géométrique. Toute connaissance véritable comporte une **dimension d'effectuation** ou **d'effectivité**. C'est pourquoi, par exemple, celui qui commet des actions injustes ne connaît pas véritablement la justice.

33. On pourrait aussi bien leur adjoindre la philosophie comme « art dialectique », *dialectikè technè*.

À l'inverse, nous ne pouvons agir véritablement, c'est-à-dire être tenus pour l'auteur de nos actes, si nous ne connaissons pas. Il se peut bien que, par hasard, je trouve le moyen de faire correctement quelque chose, mais rien ne garantit, puisque je ne sais pas comment j'ai réussi, que je réussirai une autre fois à obtenir le résultat attendu. Non **fondé**, mon savoir-faire est incertain. Or s'il est incertain, il est par principe entaché d'erreur: je n'ai pas le moyen de discerner ce qui est efficace et ce qui ne l'est pas, comme la croyance était tantôt vraie, tantôt fausse, tandis que le savoir était toujours vrai. Seule la raison est susceptible de fonder, de faire voir pourquoi, permet de distinguer l'être véritable de l'apparence.

Se reporter à l' **ÉTUDE 1**

On comprend alors l'enjeu de la distinction entre l'art et son simulacre: celui-ci maintient les hommes dans l'**ignorance**, et, par conséquent, dans la **soumission**.

Dégager l'enjeu de l'analyse

CORPS/ÂME

Rechercher les occurrences de la notion

Le corps (*sôma*) est le lieu de notre incarnation – incorporation. Il est chair, matière vivante, sensible. Il est ce par quoi nous sommes au monde, terrestre. Il est aussi senti, et donc apparence. Il est donc aussi signe, il donne à voir et à penser. L'âme (*psychè*), air, souffle est la part immortelle de notre être, siège immatériel de notre pensée, capacité de comprendre. Elle est ce qui nous définit, notre nature propre, notre essence. Les autres animaux, tout comme l'homme, voient, mais ils sont incapables de réfléchir sur ce qu'ils voient, d'en raisonner, d'en faire l'étude[34].

Le partage de l'âme et du corps ne fait pas difficulté pour les interlocuteurs. L'âme anime le corps mortel, dépourvu d'autonomie. Partie dominante dans l'homme, elle est ce qui lui confère ordre et harmonie; elle doit donc le **gouverner** pour qu'il accomplisse pleinement sa nature.

Se garder d'un contresens

Corps et âme connaissent des désirs[35], désir du plaisir sensible, désir de comprendre – d'intelligibilité, plaisir propre de l'âme. Rien de condamnable dans le désir – sa satisfaction est accomplissement – mais, précisément, le désir n'est pas **que** sensible. Le mal et le malheur viennent de l'oubli de l'âme. Or ce à quoi le corps nous donne accès, c'est le sensible, divers et changeant; l'âme raisonnable, elle, est capable d'accéder à ce qui ne change pas, à ce qui demeure toujours identique à soi-même, à ce qui n'est pas simplement pour nous, mais en soi, non pas à l'apparence des choses, mais à leur réalité, à leur essence – ce qu'elles sont vraiment. Les Idées sont ces réalités non sensibles mais connues par l'esprit, l'âme, qui confèrent au sensible son intelligibilité: pour être connu et compris, c'est à elles que le sensible doit être rapporté.

Approfondir la définition platonicienne de l'Idée

Ce qu'enseigne Platon, c'est que l'homme véritable, c'est l'homme intérieur: l'âme, mais le corps n'est pas rien. Nous **sommes** une âme et nous **avons** un corps. L'âme s'incarne et mène sa vie ici-bas, bonne ou mauvaise, c'est-à-dire selon les seules apparences ou selon la philosophie. Notre texte est porteur d'un double enseignement: en affirmant la prééminence de l'âme, il établit clairement une hiérarchie; en construisant une analogie entre l'âme et le corps, il fait de celui-ci le signe de celle-là. Le mythe creusera ce point.

Rendre raison de la hiérarchie établie par Socrate

Le corps ne connaît que le corps, c'est l'âme, la **pensée**, qui établit la distinction. C'est pourquoi c'est elle qui **doit** commander au corps, c'est l'âme qui **doit** juger, donner la mesure, car ***si l'âme ne commandait pas au corps*** *et qu'il* ***se gouvernât lui-même****, si l'âme*

34. Sur la distinction de l'âme et du corps, cf. aussi *Cratyle*, 399d-400b.
35. Cf. **ÉTUDE 7**, pp. 215-217.

n'examinait pas elle-même et ne distinguait pas la cuisine et la médecine, et que le corps ***seul*** *en jugeât en les appréciant sur les plaisirs qui* ***lui*** *en reviennent, on verrait souvent le chaos dont parle Anaxagore*[36]. L'âme est **principe d'ordre**, elle est **orientée** aux fins de notre nature immortelle (Bien, Beau, Juste, Vrai). De lui-même, le corps est incapable de mesure, ignore ce qui est bon pour lui, car sa seule règle est l'agréable, le présent.

Sensible, vulnérable, exposé, sollicité par les sens et les apparences, incapable de ne pas réagir en termes d'agréable/désagréable, le corps est victime des apparences séduisantes, cède aux plaisirs colorés et savoureux, divers et changeants, de la cuisine, à la voix flatteuse de la rhétorique. L'enfant est nécessairement dominé par son corps, et les hommes restent souvent enfants. Les plaisirs du corps ne sont pas en eux-mêmes mauvais : si le corps fait l'obstacle, c'est qu'il prétend savoir ce qui est bon, alors qu'il n'atteint que ce qui lui plaît, savoir ce qui est alors qu'il ne saisit que l'apparence des choses. Mais de même que le corps n'est pas rien, l'apparence n'est pas rien. L'illusion consiste à la tenir pour le **tout** de la réalité.

Et l'âme et le corps doivent être réglés : à chacun son art, à chacun sa **santé** – son état le meilleur, dans lequel sa propre nature s'accomplit, sa **vertu**, son état le plus harmonieux, sa **beauté**. Mais c'est l'âme qui s'élève et à l'art du corps et à l'art de l'âme.

Si donc c'est cette **vulnérabilité**, cette **passivité** du corps affectant l'âme qui en fait un obstacle, l'enjeu est de s'élever du sensible à l'intelligible, d'accéder à la connaissance vraie au-delà des apparences mouvantes, et donc être plus libre.

Dans l'affrontement des deux manières de vivre – selon son corps ou selon son âme – se confrontent deux manières de comprendre la nature de l'homme. Il ne s'agit pas de **nier** sa nature d'animal vivant mais de refuser de le **réduire** à son corps. Si l'homme n'a pas seulement un corps mais a aussi une âme, alors il faut faire droit à sa nature métaphysique et faire en sorte que l'âme commande en nous et dans la Cité – ne pas « perdre la tête »[37].

POLITIQUE

Rechercher les occurrences de la notion

Le mot (du grec *polis*, la Cité) désigne tout ce qui a rapport à la vie des hommes dans une communauté ordonnée par des lois, et, plus particulièrement l'art de gouverner, de *commander aux hommes dans les Cités*.

Le lecteur ne peut qu'être surpris de voir Socrate nommer *politique* l'art qui se rapporte à *l'âme* – qui nous apparaît plutôt comme concernant l'individu. Mais nous avons commencé de voir l'importance que l'homme grec attribue à l'exercice de la citoyenneté (la Cité est composée de citoyens, hommes libres, par opposition aux esclaves), Gorgias a situé la rhétorique, dont la fin est la puissance[38] dans le champ de la politique, Polos incarnera cette puissance suprême dans la figure du tyran et nous verrons qu'aux yeux de Calliclès, l'homme véritablement homme, l'homme excellent, c'est le politique. Ce qui fait obstacle à notre compréhension de la dénomination socratique, c'est sans doute la nette séparation que nous établissons entre **vie privée** (à laquelle ressortirait le soin de notre âme et son salut) et **vie publique** (dans laquelle nous sommes amenés à exercer nos responsabilités de citoyen).

36. Dans toute la citation, c'est nous qui soulignons.
37. Alain définit l'âme comme *ce qui refuse le corps*, résiste (*Définitions* : « *Âme* »).
38. Le *bien suprême* qu'elle procure est ce par quoi *les hommes sont libres eux-mêmes et en même temps [...] commandent aux autres dans leurs Cités respectives* (452d).

Examiner le rapport entre l'âme et la Cité

Lier le salut de l'âme et la politique, c'est affirmer une double relation :

- c'est estimer, d'une part, que l'organisation politique joue un rôle dans la vertu des citoyens, elle la conditionne – la politique aurait alors pour fin de rendre les hommes meilleurs[39]
- c'est considérer, d'autre part, puisque la politique est vie en commun des hommes, que des hommes injustes, méchants, sont nuisibles à la Cité.

Sur le premier point, suivons l'image suggérée par le mot même de régime politique[40] : un bon régime sera celui qui assure la santé, celui qui fournit aux hommes les nourritures convenables pour qu'ils vivent bien, c'est-à-dire qui satisfait les besoins de leur âme, au premier rang desquels la justice.

Sur le second, comprenons que l'homme injuste, notamment l'homme politique, en l'occurrence le tyran, est celui qui maltraite ceux qu'il gouverne, parce qu'il crée dans la Cité le **désordre** et **l'injustice**.

Préciser la notion de la justice

Les hommes ne peuvent pas ne pas vivre en Cités, la politique est donc une **dimension essentielle de leur existence d'hommes**. Or l'exigence de justice est au cœur de chacun. Elle se vit sur le mode du sentiment (nous sommes spontanément sensibles à l'injustice qui nous est faite) et suscite une revendication qui en appelle à la **raison**, seule capable de déterminer ce qui est dû à chacun (elle veut l'égalité). La question est donc : « comment vivre ensemble dans la justice, c'est-à-dire dans des relations de droit ? ». La réponse de Socrate est que cela est impossible si chacun, citoyens et hommes politiques[41], ne se gouverne pas lui-même, mais sa vie (et sa mort) atteste qu'il est extrêmement difficile d'être soi-même juste dans une Cité où règne l'injustice.

NOTIONS À DÉGAGER : illusion, méthode

S'ORIENTER

ILLUSION

Rechercher les termes en rapport avec la notion

Définir à partir des usages du mot

1. On parle d'illusions d'optique, on dit de quelqu'un qu'il se fait des illusions, des illusionnistes se produisent à la télévision. Dégagez ce qu'il y a de commun et formulez une première définition de l'illusion.

- Une illusion est-elle toujours fausse ?
- Quelle distinction faites-vous entre l'illusion et l'erreur ? Pour répondre à cette question examinez celle-ci : abandonnons-nous nos illusions comme nous corrigeons nos erreurs ?
- Puis-je échapper à une illusion ? La réponse à cette question est-elle différente selon les différents cas proposés plus haut ?
- Quel est le concept qui s'oppose à celui d'illusion ? le vrai ? le réel ?

Préciser sa définition par l'analyse du texte

2. Cuisine, toilette, rhétorique et sophistique sont dites ici créatrices d'illusion. Qu'y a-t-il de commun dans la manière de procéder du cuisinier, du maquilleur, du rhéteur et du sophiste ?
Cela vous permet-il de préciser votre définition initiale ?

39. Cf. notamment **ÉTUDE 8**, pp. 228-229.
40. Pensons aussi au terme de *constitution*.
41. Dans la démocratie athénienne, à l'exception du stratège, élu, les différentes magistratures sont exercées tour à tour, pour une durée limitée, par des citoyens tirés au sort.

Dégager les enjeux de l'analyse

3. Comment peut-on reconnaître une illusion ? (Attention : ce n'est pas la même question que celle de savoir si on peut échapper à une illusion). Appuyez-vous sur l'ensemble de vos exemples pour répondre.

• Avons-nous intérêt à renoncer à nos illusions ?

Pour répondre à cette question, prenez soin d'analyser la notion d'intérêt. Développez votre réponse en conséquence.

OBSERVER ET S'EXERCER

MÉTHODE

Rechercher les termes en rapport avec la notion

Rappeler les exigences de méthode déjà formulées par Socrate

Ce n'est pas la première fois que nous rencontrons, dans la bouche de Socrate, des indications de méthode. Au sens le plus général, une méthode est un ensemble de règles ou de préceptes dont l'application doit permettre de parvenir au but visé (en ce sens, une recette de cuisine fournit une méthode). Elle n'est donc pas n'importe quelle manière de procéder mais suppose une adéquation des **moyens** à la **fin** poursuivie. Il est ainsi inutile et vain de chercher **comment** faire quelque chose si l'on ne sait pas ce que l'on cherche à faire. Concevoir une méthode implique une représentation de cette fin à partir de laquelle déterminer les moyens à mettre en œuvre. Ce qui caractérisera une démarche méthodique, donc, c'est **l'ordre** dans lequel les moyens seront disposés.

Le reproche que Socrate fait ici à Polos, c'est précisément de ne pas suivre l'ordre qu'il faut dans l'examen de la question, puisqu'il veut **qualifier** la rhétorique (elle est belle) avant de savoir **ce qu'elle est**. L'ordre auquel en appelle Socrate n'est pas arbitraire mais simplement conforme à l'exigence du discours rationnel dans lequel je ne peux affirmer un attribut que d'un sujet.

Cette exigence de méthode n'est cependant pas purement logique, parce qu'à tout prendre, on pourrait aussi soutenir qu'il est impossible de dire si la rhétorique est belle ou laide si l'on n'a pas préalablement défini le beau et le laid, et ainsi de suite puisque toute définition exigerait que les mots dont elle est faite soient eux-mêmes définis.

Rappeler ce qu'est une définition nominale On pourra préciser l'analyse de la notion en se reportant à la **PRÉSENTATION GÉNÉRALE DE L'ŒUVRE**, pp. 93-94

Il faut donc y voir une exigence philosophique portant sur les **essences** des choses, sur leur réalité. La question « Qu'est la rhétorique ? » n'appelle pas seulement une définition nominale (Gorgias l'a fournie dès le départ, et elle est juste), elle interroge sur la question de savoir si la rhétorique est une réalité ou un simulacre. Ainsi, paradoxalement, chez Socrate aussi, la question de l'être et de la valeur sont liées. C'est bien pour juger de la valeur des choses (ou des conduites) qu'il faut interroger leur réalité.

Chercher ce qu'est la rhétorique pour pouvoir dire si elle est belle ou laide, c'est chercher à en produire un concept **non contradictoire** : pouvons-nous penser la rhétorique sans qu'apparaisse immédiatement qu'elle est une chose et son contraire, qu'elle est autre chose que ce qu'elle prétend être ?

Ainsi l'exigence d'une pensée méthodique n'est pas simplement celle d'une pensée formellement bien construite, ou plutôt cette exigence formelle est exigence de méthode au sens où c'est de **connaître ce qui est vraiment** qu'il s'agit.

TRAVAIL DE LA DISSERTATION

SUJET-EXEMPLE : Pourquoi est-on victime des apparences ?

L'étude du Mythe final (ÉTUDE 8, pp. 227 et sq.) viendra utilement préciser et enrichir la réflexion sur ce sujet.

S'ORIENTER

Analyse de l'énoncé

Déterminer sur quoi porte l'énoncé et éviter l'erreur d'une réponse énumérative

1. La question *Pourquoi ?* appelle deux types de réponse : lesquels ?
- Sur quelle affirmation porte la question ? Qu'y a-t-il exactement à comprendre dans cette affirmation ?
- Définir avec précision le mot *apparences*.
- Que suggère le pronom impersonnel *on* ?
- Chercher l'étymologie du mot *victime* ? Distinguez plusieurs sortes de victimes.
- Quelle relation est-elle impliquée dans le fait d'être victime ? Qu'est-ce qui peut faire de nous des victimes ?
- Que dit l'opinion des apparences ?

Prendre appui sur le présupposé pour déterminer le questionnement

2. À quoi tient le fait qu'il y a des apparences ? Est-il nécessaire ?
- Qu'est-ce qu'être crédule ? À quoi tient la crédulité ?
- Quel nom faut-il donner à une apparence dont on est victime ?
- Comment comprendre que nous puissions nous laisser prendre à ce qui nous a déjà trompés ?
- Si les choses ne peuvent pas ne pas apparaître, à quelles conditions pourrait-on ne pas être victime des apparences ?

Déterminer l'enjeu

3. Si l'on ne peut pas ne pas être victime des apparences, quelles conséquences :
- en ce qui concerne la connaissance ?
- en ce qui concerne la conduite de notre vie ?

4. Quelle conception de l'homme est-elle interrogée ici ?

Usage du texte

Rappeler le propre du corps et le propre de l'âme

Comment Platon analyse-t-il les apparences ?
- Distinguez apparence et simulacre.
- En quoi la théorie de la flatterie éclaire-t-elle notre position par rapport à nous-mêmes et par rapport aux autres ?
- À quoi tient donc notre situation de victime ?
- Comment Socrate explique-t-il que bien que nous ayons déjà été déçus nous nous laissions encore tromper ?

- Est-ce seulement parce que nous avons un corps ?
- À quoi tient à ses yeux la puissance de l'orateur, du tyran ? Sur quoi peut se fonder notre résistance ?
- Quelle est finalement la leçon de Socrate ici ?

Organisation possible du devoir

Construire l'introduction

Introduire : prendre acte du **fait** qu'on est victime des apparences et montrer ce qu'il y a d'incompréhensible dans ce fait : ne savons-nous pas que l'apparence n'est pas la réalité ?

Examiner le présupposé fondamental de l'énoncé

1. En quoi, en quel sens sommes-nous victimes des apparences ?

• Donner place aux analyses de l'opinion, à celles de notre expérience d'illusions, de naïveté, crédulité. Examiner les circonstances et les conditions de ces expériences : elles ne se révèlent qu'après-coup (déception : je croyais, j'avais cru...), sont expressives d'une **faiblesse** de nous-mêmes (passivité, fragilité) – noter que la question se pose nécessairement en termes de rapport (à quoi tient la **force** de ce qui nous affecte ?).

• Poser l'enjeu : **vérité**, **liberté**, **bonheur** – pourrons-nous connaître la réalité véritable ? être libres de conduire nos pensées ? sommes-nous voués à une perpétuelle déception ?

Approfondir l'examen de notre rapport aux apparences

2. Victimes des apparences, ou de soi ? ou des autres ?

Reprendre l'enseignement du **texte** :

• Âme et corps, qu'est-ce à dire ? dans quelle hiérarchie ?

• À quoi tient le pouvoir des flatteurs ?

• Que pouvons-nous contre la voix des Sirènes[42] ? Qu'est-ce qui est en notre pouvoir ? Comment résister ?

• Comment distinguer entre être et paraître ? croire et savoir ?

Construire la réponse à la question posée

3. Parce que nous le voulons bien.

Organiser sa réponse :

• Le fait indépassable de notre incarnation : nous ne pouvons pas ne pas entendre le chant des Sirènes.

• Le fait indépassable des relations de pouvoir dans la Cité : il y a toujours des marionnettistes.

• Consentir et résister : retrouver la puissance oubliée de notre âme ou l'exercice philosophique.

Conclure : sur le triple enjeu – connaître, être libre, être heureux.

OBSERVER ET S'EXERCER

Autres sujets proposés

1. Ce qui est inutile peut-il avoir une valeur ?
2. Comment savoir ce qui est juste ?

42. Homère, *Odyssée*, *Chant XII*. Le chant séducteur des Sirènes entraîne irrésistiblement les navigateurs à leur perte. Pour éviter d'en être victime et de faire naufrage, plutôt que de se boucher les oreilles, comme ses compagnons, Ulysse se fait lier au mât de son navire. Ainsi profite-t-il de la beauté du chant sans en subir le charme magique.

3. Être libre, est-ce être maître de soi?
4. La politique a-t-elle pour fin de rendre l'homme meilleur?
5. Le langage est-il source d'illusion?
6. Les apparences sont-elles trompeuses?
7. Puis-je parler de ce que je ne connais pas?
8. Puis-je vouloir le mal?
9. Que faut-il penser de la formule «Qui veut la fin veut les moyens»?
10. Sommes-nous responsables de nos illusions?
11. Une faute n'est-elle rien de plus qu'une erreur?
12. Y a-t-il une rationalité propre à la technique?

RÉFÉRENCES

TEXTES APPARTENANT À LA MÊME ŒUVRE

• 500b et sq.

Approfondir les conséquences de la «théorie de la flatterie»

Socrate récapitule avec Calliclès l'enseignement du texte de notre **ÉTUDE**, et en reformule les conclusions.

• 456a-c

Reprendre la comparaison du rhéteur et du médecin

Dans son plaidoyer en faveur de la rhétorique, Gorgias évoque son pouvoir de persuader le malade d'accepter les remèdes proposés par le médecin alors même que celui-ci, armé de sa seule science médicale, n'y parvient pas.

• 479a-b

Celui qui se soustrait au châtiment, affirme Socrate, est semblable à un homme gravement malade qui s'arrangerait pour cacher ses symptômes à son médecin afin d'éviter les désagréments du traitement.

• 521e-522b

Reprendre la comparaison du cuisinier et du médecin

C'est seulement devant un tribunal d'enfants – ou aux yeux d'hommes aussi peu raisonnables que des enfants – que le cuisinier l'emporte sur le médecin.

• 517d-518e

Reprendre le parallèle des arts du corps et de l'art politique

Qui est habilité à *dresser les corps*: le maître de gymnastique ou bien le boulanger, le cuisinier, le marchand de vin?

TEXTES APPARTENANT À D'AUTRES ŒUVRES DU MÊME AUTEUR

Protagoras, 312b-320c

Poursuivre l'analogie

Défini par Socrate comme *un homme qui fait commerce, en gros ou en détail, des denrées dont l'âme se nourrit*, c'est-à-dire des connaissances, quelle science possède au juste le sophiste? Or, ce dont fait profession Protagoras, c'est bien, comme le souligne Socrate, *l'art politique*.

La République

• VI, 493a-494a

Approfondir la thèse socratique

En prenant appui sur l'image d'un animal gros et fort que l'on flatte, Socrate développe la critique de la prétention du rhéteur sophistique à posséder un art, et montre le caractère démagogique de son enseignement prétendu.

• II, 371e-373e

Approfondir la réflexion sur la santé

Il s'agit de la genèse de la Cité et de la division sociale du travail comme condition de la société politique. On y observera au passage la multiplication illimitée des besoins, d'abord de nourriture, et on pourra réfléchir sur le rapport entre le régime alimentaire et le régime politique.

• VII, 514a- 521b

Approfondir la réflexion sur l'illusion

L'un des textes les plus célèbres de la philosophie, l'allégorie de la caverne met en scène *notre nature selon qu'elle a ou non reçu l'éducation*. L'image puissante, suggestive, créée par Platon repose sur une analogie[43] telle qu'il ne suffit pas de confronter le monde « d'en-bas » avec le monde « d'en-haut ». On pourra soutenir sa lecture de la considération de la ligne droite divisée qui précède immédiatement notre texte (*La République*, fin du *Livre VI*)[44]. On se rendra particulièrement attentif à discerner les causes de l'illusion, son mécanisme, à distinguer apparence et illusion, et on s'interrogera avec précision sur les moyens de sortir de l'illusion. Enfin, on ne manquera pas de réfléchir au contexte politique du texte.

Phèdre, 246a

Approfondir la réflexion sur les rapports de l'âme et du corps

Dialogue consacré à l'amour et à la beauté, on y lira notamment le mythe de l'attelage ailé, représentation de notre nature, évocation de notre destinée d'êtres incarnés.

TEXTES D'AUTRES AUTEURS

Aristote, *Les Politiques*, I, 2

Approfondir la dimension politique de l'existence humaine

[...] La cité fait partie des choses naturelles, et [...] l'homme est par nature un animal politique. [...] or seul parmi les animaux l'homme a un langage. Certes la voix est le signe du douloureux et de l'agréable, aussi la rencontre-t-on chez les animaux; leur nature, en effet, est parvenue jusqu'au point d'éprouver la sensation du douloureux et de l'agréable et de se les signifier mutuellement. Mais le langage existe en vue de manifester l'avantageux et le nuisible, et par suite aussi le juste et l'injuste. Il n'y a en effet qu'une chose qui soit propre aux hommes par rapport aux autres animaux: le fait que seuls ils aient la perception du bien, du mal, du juste, de l'injuste et des autres notions de ce genre. Or avoir de telles notions en commun, c'est ce qui fait une famille et une cité.

Spinoza, *Traité politique*

• I, §§ 5 et 6

Approfondir le rapport de la politique et de la morale

Si le salut d'un État dépend de la loyauté de quelqu'un et si ses affaires ne peuvent être correctement gérées qu'à la condition que ceux qui s'en occupent acceptent

43. Cf. **ÉTUDE 4**, **ÉTUDE DU TEXTE**, p. 138 et **RÉFÉRENCES**, p. 169.
44. Ibid.

d'agir loyalement, cet État n'aura aucune stabilité. Pour qu'un État puisse subsister, il faudra instituer un ordre tel que ceux qui l'administrent, qu'ils soient guidés par la raison ou par les passions, ne puissent être amenés à se montrer déloyaux ou à mal agir. Peu importe à la sécurité de l'État pour quels motifs les hommes sont conduits à bien gouverner, pourvu qu'ils gouvernent bien car la liberté du cœur ou le courage, c'est là une vertu privée. Alors que la vertu de l'État, c'est la sécurité.

• VI, § 4

Le corps politique, pour continuer à relever de son propre droit, est tenu de maintenir ce qui le fait craindre et respecter ; autrement, il cesse d'exister en tant que corps politique. En effet, il est impossible à celui ou à ceux qui sont maîtres de l'État de courir les rues en état d'ivresse, ou nus avec des prostituées, de se comporter en histrions[45]*, de violer ou de mépriser ouvertement les lois dont ils sont eux-mêmes les auteurs, et en même temps de conserver leur majesté : c'est aussi impossible que d'être et de ne pas être en même temps. Enfin, assassiner leurs sujets, les spolier, enlever les jeunes filles et autres actions semblables, c'est changer la crainte en indignation et par conséquent la société civile en état de guerre.*

Rousseau, *Confessions*, IX

Approfondir le rapport de la politique et de la morale

J'avais vu que tout tenait radicalement à la politique, et que, de quelque façon qu'on s'y prît, aucun peuple ne serait jamais que ce que la nature de son gouvernement le ferait être ; ainsi cette grande question du meilleur gouvernement possible me paraissait se réduire à celle-ci : Quelle est la nature du gouvernement propre à former le peuple le plus vertueux, le plus éclairé, le plus sage, le meilleur enfin, à prendre le mot dans son plus grand sens ? *J'avais cru voir que cette question tenait de bien près à cette autre-ci, si même elle en était différente :* Quel est le gouvernement qui, par sa nature, se tient toujours le plus près de la loi ? De là, qu'est-ce que la loi ?

Kant, *Projet de Paix perpétuelle*, II, Ier Supplément

Approfondir le rapport de la politique et de la morale
Chercher ce que sont des anges et des démons

Faut-il que les hommes soient vertueux pour qu'ils puissent vivre selon le Droit, c'est-à-dire dans la paix et la sécurité ? On pourrait croire que la République ne convient qu'à un peuple d'anges. Mais *le problème de la formation de l'État [...] n'est pourtant pas insoluble, même s'il s'agissait d'un peuple de démons (pourvu qu'ils aient quelque intelligence) ; il se formule de la façon suivante : « Ordonner une foule d'êtres raisonnables qui réclament tous d'un commun accord des lois générales en vue de leur conservation, chacun d'eux d'ailleurs ayant une tendance secrète à s'en excepter ; et organiser leur constitution de telle sorte que ces gens qui par leurs sentiments particuliers s'opposent les uns aux autres, réfrènent réciproquement ces sentiments de façon à parvenir dans leur conduite publique à un résultat identique à celui qu'ils obtiendraient s'ils n'avaient pas ces mauvaises dispositions ». Un pareil problème doit pouvoir se résoudre. Car il ne requiert pas l'amélioration morale des hommes, mais il s'agit simplement de savoir comment on peut utiliser par rapport aux hommes le mécanisme de la nature pour diriger l'antagonisme des dispositions hostiles, dans un peuple, de telle sorte que les hommes s'obligent mutuellement eux-mêmes à se soumettre à des lois de contrainte, produisant ainsi nécessairement*

45. Un *histrion* est un acteur jouant des farces grossières, un bouffon.

l'état de paix où les lois disposent de la force. Kant observe que déjà dans des États imparfaits, les hommes se conforment extérieurement aux prescriptions de l'idée du droit, *et cependant l'élément interne de la moralité n'en est certainement pas la cause (comme l'on ne doit pas attendre de la moralité, la bonne constitution politique, mais plutôt inversement d'abord de cette dernière la bonne formation morale d'un peuple).*[46]

Approfondir le rapport de la politique et de la morale

Machiavel, *Le Prince*, ch. XVIII

[...] Il y a deux manières de combattre : l'une avec les lois, l'autre avec la force. La première est le propre de l'homme, la seconde celui des bêtes. [...] Comme le prince est donc contraint de savoir bien user de la bête, il doit entre toutes choisir le renard et le lion...

On a coutume d'affirmer que Machiavel sépare radicalement la politique de la morale – il est vrai qu'à ses yeux les vertus morales peuvent se révéler des vices politiques en sorte que le jugement ne doit pas être troublé par des considérations morales – et d'en faire le père du machiavélisme entendu comme la doctrine des hommes politiques sans scrupules. Le lire avec attention permet de comprendre quel rôle il attribue aux passions et à la violence – le prince est capable de maîtriser la violence afin d'en user efficacement, elle devient alors l'auxiliaire de la raison – quelle place doit avoir la ruse, dont il use non seulement contre ses ennemis, mais pour s'attacher le peuple, fondement le plus assuré de son pouvoir. Ainsi y a-t-il chez Machiavel une fécondité du mal[47].

Approfondir les rapports de l'âme et du corps

Spinoza, *Éthique*, III, Proposition 57, scolie

Les affects des animaux, qu'on dit privés de raison (nous ne pouvons douter en effet que les bêtes n'aient une sensibilité interne, dès lors que nous connaissons l'origine de l'Esprit) diffèrent autant des affects de l'homme, que leur nature diffère de la nature humaine. On attribue et au cheval et à l'homme un Désir de procréer ; mais à l'un c'est un Désir de cheval et à l'autre, un Désir d'homme. [...] Aussi, bien que chaque individu soit content de sa nature et s'en réjouisse, la vie dont chacun est satisfait, et ce contentement même, ne sont rien d'autre que l'idée ou l'âme de l'individu ; c'est pourquoi le contentement d'un individu se distingue de celui d'un autre, autant que l'essence de l'un diffère de l'essence de l'autre. On peut enfin conclure de la proposition précédente que la différence n'est pas mince non plus entre le contentement qui mène l'ivrogne par exemple, et le contentement dont jouit le Philosophe.

Approfondir les rapports de l'âme et du corps

Nietzsche, *Ainsi parlait Zarathoustra*, I, « Des contempteurs[48] du corps »

Le corps, dont Nietzsche fait l'apologie, n'est pas l'opposé de l'âme, parce que l'âme n'est pas une substance immatérielle intelligible, mais une force sensible, une puissance de sentir et d'agir.

46. Cf. aussi l'*Idée d'une histoire universelle au point de vue cosmopolitique*, 6ème proposition. Voir **ÉTUDE 7**, **RÉFÉRENCES**, p. 224.
47. Selon l'expression de P. Manent, *Histoire intellectuelle du libéralisme*, *« Machiavel et la fécondité du mal »*, Le Livre de Poche.
48. Du latin *contemno*, mépriser, dévaloriser.

ÉTUDE 4

(ŒUVRE INTÉGRALE PAGE 32)

Cette ÉTUDE vous propose plusieurs EXERCICES GUIDÉS : l'étude des NOTIONS d'AUTRUI et de CERTITUDE, une partie du TRAVAIL DE LA DISSERTATION, un parcours de lecture de textes appartenant à l'œuvre.

471 e **Socrate** : Bienheureux Polos, tu essayes de me réfuter avec des preuves d'avocat, comme on prétend le faire dans les tribunaux. Là, en effet, les avocats croient réfuter leur adversaire quand ils produisent à l'appui de leur thèse des témoins nombreux et considérables et que leur adversaire n'en produit qu'un seul ou pas du tout. Mais cette manière de réfuter est sans valeur pour découvrir la vérité, car on peut avoir contre soi les fausses dépositions de témoins nombreux et réputés pour
472 a leur sérieux. Et dans le cas présent, sur ce que tu dis, presque tous les Athéniens et les étrangers seront du même avis que toi, si tu veux produire des témoins pour attester que je ne dis pas la vérité. Tu feras déposer en ta faveur, si tu le désires, Nicias[1], fils de Nicératos et avec lui ses frères, dont on voit les trépieds placés à la file dans le sanctuaire de Dionysos ; tu feras déposer, si tu veux,
b Aristocratès[2], fils de Skellios, de qui vient cette belle offrande qu'on voit à Pythô, et, si tu veux encore, la maison entière de Périclès[3], ou toute autre famille d'Athènes qu'il te plaira de choisir.

Mais moi, quoique seul, je ne me rends pas ; car tu ne me convaincs pas ; tu ne fais que produire contre moi une foule de faux témoins pour me déposséder de mon bien et de la vérité. Moi, au contraire, si je ne te produis pas toi-même, et toi seul, comme témoin, et si je ne te fais pas tomber d'accord de ce que j'avance, j'estime que je n'ai rien

1. Général et homme politique athénien de belle réputation, issu d'une famille considérée, dont les offrandes placées dans le sanctuaire du Dieu attestent la richesse et la piété. Nicias est l'un des interlocuteurs de Socrate dans le *Lachès*. Il a laissé son nom à la « Paix de Nicias » dans la Guerre du Péloponnèse qui opposa Athènes à Sparte.
2. Lui aussi général et homme politique athénien dont le rôle fut important : il a appartenu au gouvernement des Quatre-Cents, qu'il contribua ensuite à renverser.
3. ~495 ~429 av. J.-C., le plus influent des hommes politiques athéniens pendant la trentaine d'années à laquelle la tradition a donné le nom de « siècle de Périclès », et qui fut la période la plus brillante d'Athènes.

c fait qui vaille pour résoudre la question qui nous occupe, et que tu n'as rien fait non plus, si je ne témoigne pas moi-même, et moi seul, en ta faveur et si tu ne renvoies pas tous ces autres témoins. Il y a donc une manière de réfuter, telle que tu la conçois, toi et bien d'autres ; mais il y en a une autre, telle que je la conçois de mon côté. Comparons-les donc et voyons si elles diffèrent entre elles. Car les objets dont nous contestons[4] ne sont pas de petite conséquence et l'on peut dire qu'il n'y en a point qu'il soit plus beau de connaître et plus honteux d'ignorer, puisqu'en somme il s'agit de savoir ou d'ignorer qui est heureux et qui ne l'est pas. Ainsi tout d'abord sur le point qui nous occupe, tu es
d d'avis qu'on peut être heureux quand on fait le mal et qu'on est injuste, puisque tu crois qu'Archélaos[5] est heureux en dépit de ses crimes. Ne devons-nous pas croire que telle est ta manière de voir ?

Polos : Si, absolument.

Socrate : Et moi, je soutiens que c'est impossible. C'est le premier point sur lequel nous sommes en désaccord. Passons à l'autre : un homme injuste sera-t-il heureux, s'il vient à être puni et châtié ?

Polos : Pas du tout ; en ce cas, il sera très malheureux.

e **Socrate** : Alors, s'il n'est pas puni, il sera heureux à ton compte ?

Polos : Assurément.

Socrate : Et moi je pense, Polos, que l'homme qui commet une injustice et qui porte l'injustice dans son cœur est malheureux en tous les cas, et qu'il est plus malheureux encore s'il n'est point puni et châtié de son injustice, mais qu'il l'est moins, s'il la paye et s'il est puni par les dieux et par les
473 a hommes.

Polos : Tu nous débites là, Socrate, d'étranges paradoxes.

Socrate : Je vais essayer, camarade, de te faire partager mon sentiment ; car je te considère comme un ami.

4. Dont nous discutons.

5. ? ~399 av. J.-C., roi de Macédoine. Fils naturel de Perdiccas dont il usurpa le trône en faisant disparaître les héritiers légitimes. Figure emblématique du tyran, invoquée par Polos à l'appui de sa thèse selon laquelle commettre les plus grands crimes n'interdit pas d'être heureux. À ses yeux, c'est l'homme tout-puissant qui est le plus heureux.

OBSERVER ET S'EXERCER

ÉTUDE DU TEXTE

I. SITUATION

Établir le lien avec ce qui précède

Touché à vif par la thèse de Socrate selon laquelle la rhétorique n'est pas un art mais une flatterie, non pas une chose noble, mais une chose vile, Polos monte à l'assaut pour défendre son maître-modèle Gorgias, les orateurs en général, et aussi, bien sûr, une idée ou une image de lui-même. Socrate contraint sa fougue et l'invite à répondre à ses questions, l'exerce à (s') interroger et lui donne à entendre des vérités déplaisantes à son oreille, voire inaudibles. *Tu tiens des propos pitoyables, Socrate...*, dit Polos, croyant ainsi rabaisser son interlocuteur et l'éliminer rapidement. Quels sont donc ces propos?

Se reporter en 466a et sq.

Socrate a osé affirmer
- que les orateurs ne sont *pas considérés*
- que s'ils ne le sont pas, c'est parce qu'ils sont *les moins puissants des citoyens*
- et que s'ils ne sont pas puissants, c'est parce qu'ils font non ce qu'ils *veulent*, mais ce qui leur *plaît*.

Ces propos ne peuvent que scandaliser Polos, et semblent aisés à contredire en invoquant l'expérience, la réalité – aux yeux de Polos: la situation **de fait** est que les rhéteurs sont admirés, suivis. Polos ne prête pas attention à la distinction produite par Socrate entre faire ce que l'on veut et faire ce qui plaît.

Polos, le *jeune et vif* Polos, l'ambitieux qui n'a pas la prudence de son maître Gorgias épris de respectabilité, dévoile alors ses convictions, rapprochant l'orateur et le **tyran** – emblème du pouvoir le plus puissant, qui n'a de comptes à rendre à personne et fait donc entièrement ce qu'il veut. L'enjeu **politique** de la rhétorique apparaît pleinement. L'idéal du rhéteur, c'est le tyran. Le modèle de pouvoir qu'il a en vue, c'est celui-ci. La rhétorique est à son service.

Examiner les difficultés de l'élève Polos, la manière de procéder du maître Socrate

Socrate s'attache surtout à mettre Polos sur le chemin du dialogue[6] et ses propos nous confirment que l'un des objets essentiels du *Gorgias* est bien l'autre de la rhétorique, le dialogue, ses fins et ses règles. Polos est donc invité **non à discourir**, mais à **réfuter**, à entrer dans l'exigence dialectique[7]. Ce sont de véritables **exercices de dialogue** que nous suivons.

Il faut donc procéder à la distinction des concepts: en quoi faire ce qui plaît n'est-il pas la même chose que faire ce que l'on veut? La distinction repose, une fois encore, sur la distinction de **l'apparence** et de **la réalité**: faire ce qui plaît, c'est faire ce qui ***paraît*** *le meilleur*[8], mais **est**-ce vraiment le meilleur? Comment en décider? C'est la **raison** qui permet de faire le départ entre l'apparent et le réel, c'est pourquoi Polos doit produire une *réfutation en règle*.

Se reporter en 467c

Mais, parce qu'il n'y parvient pas, Socrate reprend progressivement, puis explicitement, la direction de l'entretien. Interroger est un art, que ne possède pas

6. Cf. **ÉTUDE 2**.
7. Rappelons que dialectique est d'abord l'adjectif qui correspond au substantif dialogue. La dialectique, c'est la *dialectikè technè*, l'art du dialogue.
8. C'est nous qui soulignons.

Polos. Le nerf de l'argumentation consiste à admettre que **toute action vise le bien**. S'il l'admet formellement, Polos, cependant, résiste, s'ancre dans l'intérêt particulier : il est tenté par le type de liberté incarné par le tyran.

Aussi réagit-il de manière épidermique, passionnelle, il recourt à un argument *ad hominem*[9] *(Alors toi...)*. Jamais il ne se hisse à un autre point de vue que le désir, le *caprice*, dont les deux pôles d'orientation sont ce qui procure du plaisir (et attire) et ce qui fait mal (et repousse).

C'est pourquoi il soutient qu'il est mieux de pouvoir faire tout ce qui plaît, tel un tyran violent, et ce, impunément et injustement. Il s'enlise sans vraiment raisonner; il croit réfuter et invoque la figure d'Archélaos, l'affirme heureux.

Voilà le problème noué : Polos refuse le lien nécessaire du **bonheur** et de la **justice** comme vertu, il refuse le souci prioritaire d'agir justement.

Éduquer Polos, c'est le contraindre[10] à examiner ce qu'il dit, comment il le dit, de quel droit – et à aller jusqu'aux conséquences, bref, à penser et à parler en personne. Éduquer Polos suppose de préciser davantage encore la différence radicale entre la rhétorique et la dialectique ou philosophie. **Fond et forme sont inséparables**, l'enjeu est toujours la vérité : apprendre à réfuter, distinguer une pseudo-réfutation d'une réfutation authentique, c'est bien apprendre à penser.

2. ANALYSE

Déterminer l'objet du texte
Se reporter à l'**ÉTUDE 2**, pp. 120-121

Notre texte reprend l'analyse de la réfutation, mais l'interlocuteur a changé, il s'agit de Polos, à éduquer, à exercer. Aussi ne suffit-il plus de déterminer la fin de la réfutation, d'en dire l'utilité dans la recherche de la vérité : il faut ici se faire pédagogue, et entrer dans l'analyse de la fausse réfutation afin de faire apparaître ce qu'elle doit être. Ici encore, à la question « qu'est-ce que réfuter ? », Socrate répond – et c'est le cœur du texte – qu'il y a **deux manières de réfuter**, mais ce n'est pas une description neutre : l'une – les *preuves d'avocat* – est *sans valeur*, car la valeur se mesure à l'aune de la recherche de la vérité, ce dont seul Socrate se soucie ; l'autre seule est vraie, réfutation réelle et non apparente.

Il s'agit donc de dénoncer un **croire réfuter**, de ramener Polos à la **raison**, de le sortir des lieux propres aux orateurs (les tribunaux, les assemblées), de prendre du recul à l'égard de ces pratiques, en un mot, de le faire réfléchir. Il s'agit du même coup de faire apparaître ce que doit nécessairement être l'activité rationnelle qu'est la réfutation, incarnée par Socrate, et, finalement, de décider quel homme être, et d'abord dans la Cité.

On pourrait croire qu'il ne s'agit que de logique, mais l'enjeu est bien **éthique** et **politique**. Il s'agit de savoir qui est **heureux** et qui ne l'est pas, c'est-à-dire mérite d'être heureux. Un tyran peut-il être heureux ? Un homme injuste et impuni peut-il être heureux ? Ces questions sont l'occasion pour Socrate de formuler ces *étranges paradoxes*, que l'on désigne sous le nom de « paradoxes moraux » dont le développement occupera la suite du texte : que s'il faut choisir entre subir l'injustice et la commettre, il vaut mieux la subir que la commettre, et, si on

9. Argument qui consiste à mettre en cause la personne de l'interlocuteur dont on souligne le désaccord entre les paroles et les actes (supposés).
10. Sur la contrainte dans l'éducation, cf. *La République*, VII (l'itinéraire du prisonnier de la caverne).

l'a commise, être châtié que de ne pas l'être. Le désaccord est entier: Polos ne peut entrer dans la pensée de Socrate, alors que celui-ci veut le convaincre qu'il se trompe, est trompé par la rhétorique, par sa pratique fallacieuse au tribunal.

Se reporter en 471 d

Quelle est donc **la manière de réfuter de Polos**, celle qui reçoit le nom de *preuves d'avocat*, nom ironique qui revient à dire que ce ne sont pas du tout des preuves? – une preuve, Socrate vient de le rappeler, c'est un *raisonnement*, qui montre que l'on a *tort de soutenir* ce que l'on soutient et qui laisse l'interlocuteur *convaincu*.

Reprendre l'analyse de la notion de croyance (**ÉTUDE 1**[11], pp. 106 et sq.)

Approfondir l'analyse de la notion de preuve

Elle repose principalement sur la production de *témoins nombreux et considérables*. Parce qu'ils sont, au sens propre, dignes de considération, ils apparaissent comme crédibles, on peut leur faire **confiance**, croire ce qu'ils disent, le tenir pour vrai. Et parce qu'ils sont nombreux, ils doivent avoir raison, car comment serait-il **vraisemblable** qu'un seul ait raison contre eux tous? Pourquoi alors les affirmations de tels témoins ne constituent-elles pas des preuves?

Observons comment elles fonctionnent. Tout d'abord, la confiance qu'on doit leur accorder ne résulte pas de leur contenu propre, qui ne fait pas l'objet d'un examen, mais de la qualité de la personne qui les avance. Nous n'avons donc pas le moyen de les juger par nous-mêmes, mais devons nous en rapporter aux témoins. Rien ne nous garantit qu'ils ne se trompent pas, voire qu'ils ne cherchent pas à nous tromper. Seul l'examen rationnel de l'affirmation nous permettra d'en juger. Il en va de même en ce qui concerne le poids du nombre. Il n'est pas vraisemblable, sans doute, que de nombreuses personnes se trompent, mais le vrai-semblable n'est pas le vrai. Il n'en est que l'apparence, et un seul peut bien avoir raison contre tous. Dans le préjugé, des erreurs sont partagées par beaucoup, cela ne les rend pas plus vraies pour autant. Ici encore, le critère est **externe**, l'autorité invoquée – celle du nombre, celle du caractère considérable des témoins – est étrangère. Il faut donc comprendre, et c'est ce que Socrate s'apprête à développer, que la seule autorité à laquelle j'aie véritablement à me rendre est celle de la raison elle-même. Elle seule est susceptible de me **garantir** la vérité d'une affirmation, de me fournir une **certitude**, de me convaincre, donc.

Il faut donc quitter le monde du tribunal, du moins tel qu'il fonctionne empiriquement, car Socrate file la métaphore et pense le dialogue sur le modèle du tribunal. Il s'agit toujours de produire des témoins, mais ils sont dépouillés[12] des caractères qui leur conféraient autorité: il n'y a plus que deux interlocuteurs en présence – *toi-même, et toi seul/moi-même et moi seul* – et ils sont à **égalité**. Point d'autorité empruntée, point de supériorité de l'homme *considérable*, bien né, de grande famille, de belle réputation. Chacun est juge de ce qu'avance l'autre.

Reprendre la distinction persuader/convaincre (**ÉTUDE 1**, pp. 106 et sq.)

Le dialogue ainsi conçu exige que je reconnaisse l'autre comme mon semblable, comme également capable de juger, en un mot comme également capable de raison et de vérité. Alors, je dois renoncer à tout ce qui est étranger à la raison elle-même: l'appel à la sensibilité, à la pitié[13], la production d'*épouvantails* suscitant l'effroi, le nombre et la réputation qui en imposent, en d'autres termes à la manipulation des **passions** qui assure au rhéteur son succès de persuasion. La discussion, alors, n'est

11. Cf. aussi l'analyse de Hobbes (**ÉTUDE 1**, **RÉFÉRENCES**, p. 116).
12. Cf. le tribunal suprême du mythe (**ÉTUDE 8**, pp. 232-233).
13. Gémir ou supplier, amener au tribunal femme et enfants en pleurs pour attendrir les juges (*Apologie de Socrate*, 17c et 38d).

plus un débat dont la foule des spectateurs[14] est l'arbitre, qui compte les coups, elle n'est plus un théâtre où l'on applaudit ou bien où l'on siffle. Elle est **étude**, sérieuse, attentive, **de l'objet** même dont il est question, ce qui n'est possible que dans *le silence des passions*[15]. Ce qui la gouverne n'est plus le désir de l'emporter sur un autre conçu comme un adversaire, c'est **la vérité** elle-même qui est juge de chacun.

L'appel que Socrate adresse à Polos est donc une invitation à se hisser à **l'universel**, grâce à la raison dont chacun est porteur. Celle-ci ne m'est pas étrangère, elle est mienne, mais elle est en moi ce qui me dépasse, ce qui en moi est supérieur à moi, ce devant quoi je m'incline et, ce faisant, ce grâce à quoi j'entre en possession de moi-même. Mais c'est bien là un risque, le risque même du dialogue, dont le progrès peut bien me conduire à renoncer à ce à quoi je croyais, à ce que je désirais immédiatement, à ce qui me plaisait, pour faire enfin ce que je veux vraiment, ce que je reconnais comme mon vrai bien.

Prévenir un contresens

Il ne faut pas se méprendre, sur l'expression de Socrate: *me déposséder de mon bien et de la vérité*. Elle n'évoque pas l'attachement passionnel à une manière de penser ou de vivre à laquelle il serait douloureux de renoncer. Ce renoncement, c'est celui que Socrate attend de Polos. Si la position de Socrate est inexpugnable[16], c'est qu'elle est **fondée en raison** et que la raison dit toujours la même chose, ne se contredit pas[17]. La cohérence du discours est la source de la fermeté de Socrate, et c'est pourquoi seule une *réfutation en règle* pourrait le faire changer d'avis, lui montrant que ce qu'il tient pour vrai ne l'est pas: ce pouvoir n'appartient qu'à la raison, pas au rhéteur, pas aux avocats dont Polos copie les «preuves». *Mon bien*, doit donc s'entendre au sens fort: ce bien que la raison me montre comme le vrai bien est parfaitement mien, non au sens où il n'appartiendrait qu'à moi (il ne tient qu'à Polos de le partager) mais au sens où je suis capable d'en répondre, et ainsi au sens où je suis vraiment en accord avec moi-même.

Dégager l'enjeu de la distinction

Ces deux manières de réfuter ne sont donc pas simplement deux **procédures** différentes, mais bien deux manières d'être homme, et même, nous le verrons mieux un peu plus loin – deux manières de **définir l'homme**, ce qu'il est et ce qu'il doit être. Socrate insiste sur l'enjeu: savoir qui est heureux, savoir comment il faut agir pour être heureux, y a-t-il rien de plus important?

Polos et Socrate sont en désaccord, mais, nous l'avons vu, ce n'est pas le désaccord qui fait obstacle au dialogue. Au contraire, poser, expliciter le désaccord, c'est déterminer avec netteté l'objet du dialogue. Il peut alors commencer: interrogation, réfutation, justification. L'accord est à l'horizon, garanti par la rationalité de son déroulement. Ainsi établira-t-il ce que Polos à présent ne peut comprendre: *Je suis convaincu, moi, que, toi et moi et tous les hommes,* ***nous pensons tous***[18] *que c'est un plus grand mal de commettre l'injustice que de la subir et de n'être pas puni que de l'être.*

14. Le nombre des juges composant le Tribunal de l'Héliée est de 6000. Ils siègent répartis en commissions comprenant le plus souvent 501 membres (c'est le cas lors du procès de Socrate), parfois 1001, 1501, 2001.
15. L'expression est chez Rousseau.
16. Littéralement, ce dont aucun combat ne saurait le déloger.
17. Cf. 490e et sq.: *Te rends-tu compte, excellent Calliclès, combien sont différents les reproches que tu me fais et ceux que j'ai à t'adresser? Tu prétends, toi, que je dis toujours les mêmes choses et tu m'en fais un crime; moi, je te reproche, au contraire, de ne jamais dire les mêmes choses sur les mêmes sujets...* Cf. également *Criton*, 46b
18. C'est nous qui soulignons.

Faisons le point, avec Socrate, du désaccord sur la question « Qui est heureux? qui ne l'est pas? ».

Examiner le rapport de la vertu et du bonheur

1. Être heureux n'est ni un hasard, ni un état, mais doit être **légitime**, conforme à l'exigence rationnelle : qui mérite d'être heureux? On ne saurait être heureux si on ne le mérite pas. Pour Socrate, la réponse est dans la question : le bonheur se mérite, et consiste dans la pratique de la justice, et, si l'on a agi injustement, dans le châtiment qui délivre l'âme. Cela est clair et sans compromis : on ne peut être heureux quand on a fait le mal et que son âme reste corrompue.

Polos, admirateur et défenseur des tyrans-*épouvantails*, soutient au contraire que l'on peut parfaitement être heureux quand on a fait le mal (puisque pour lui, c'est faire ce qui plaît), et Archélaos et d'autres sont ses témoins prestigieux, l'opinion commune, la caution du nombre.

Socrate remarque finement : être *heureux en dépit de ses crimes*? C'est bien ce « en dépit de » qui introduit la contradiction, le coup de force : bonheur et crime sont incompatibles, bonheur et justice sont nécessairement liés, puisque agir c'est faire ce que l'on veut et qu'on ne peut vouloir que son bien (tout le problème étant de discerner le bien véritable).

2. Le second désaccord est solidaire du premier : il concerne la nécessité et la légitimité de la **punition** si l'on a commis l'injustice.

Pour Socrate, échapper au châtiment, c'est rester malheureux puisque c'est rester injuste, et donc être plus malheureux que celui qui est puni ; pour Polos, l'injuste sera heureux précisément s'il échappe au châtiment : être châtié, c'est avoir mal, c'est désagréable, voilà le ressort.

Revenir sur l'enjeu du texte

La mise en place est achevée, le dialogue peut reprendre – cette fois entièrement conduit par Socrate. Nous sommes sur notre faim, bien sûr. Comment Socrate pourra-t-il arracher Polos à la position dans laquelle il se plaît, comment pourra-t-il l'amener à renverser son système de valeurs, comment pourra-t-il, au sens propre, le convertir à la nécessité de la justice, à une vie animée par le souci de son âme, à la philosophie? Le pourra-t-il seulement? Nous ne pouvons qu'être frappés par le ton du texte : cette parfaite fermeté (*mais moi, quoique seul, je ne me rends pas* – où l'on peut voir, ce n'est pas le seul moment de notre dialogue, une préfiguration de la destinée de Socrate, de son procès et de sa mort) alliée à la bienveillance à l'égard de Polos, quelque peu moqueuse *(Bienheureux Polos)*, qui s'exprime dans la formule finale *car je te considère comme un ami* et qui ne se démentira pas tout au long de la discussion à laquelle Polos est invité à se *[livrer] bravement comme à un médecin.* **Exigence** et **encouragement**, à quoi, sans doute, se reconnaît le vrai pédagogue.

Reformuler l'enjeu du dialogue véritable

Dialoguer, c'est penser, c'est prendre le risque de penser – en personne ; c'est s'adresser à quelqu'un à qui l'on veut du bien, d'autant plus que ce qui est en question, c'est le choix de la vie, la sienne, dans la Cité où les hommes accomplissent leur destin d'hommes, le choix des valeurs – la Justice – et ce qui concerne tous les hommes – le bonheur. C'est bien le sens de l'existence humaine qui est en question dans le « Que dois-je faire? »[19]. Où l'on voit que jamais une remarque sur la raison **théorique** n'est coupée de la raison dans son usage **pratique**. S'il faut bien penser, penser juste, c'est pour être juste, et être homme.

19. Il s'agit de la formulation kantienne de la question morale.

ÉTUDE DES NOTIONS

NOTIONS LEXICALISÉES : bonheur, vérité

BONHEUR

Rechercher les occurrences de la notion
Se reporter en 494c-497a

Distinguer plaisir et bonheur

Étymologiquement, le bonheur est hasard, chance, quelque chose qui arrive, nous échoit ; différent du plaisir qui se lie au déplaisir, alors que bonheur et malheur s'excluent nécessairement. Ponctuel et éphémère, le plaisir se disperse, s'évanouit. Le bonheur se pense, et comme fin et comme état, dont la complétude et la persistance nous rendraient bienheureux (tel en l'éternité mythique).

Être heureux n'est donc **jamais une donnée immédiate** – et **il ne suffit pas d'être pour être heureux**. Être heureux est un devenir heureux qui est notre volonté d'agir. Le bonheur s'effectue dans la pratique de la vertu et est toujours visé par notre vouloir. Il dépend donc de nous et s'il s'agit d'être vertueux, alors on comprend qu'il soit possible à Socrate de dire qui est heureux, qui ne l'est pas. Nous le savons, il n'y a pas de tyran injuste **et** heureux. L'injuste est nécessairement malheureux. Le malheur n'est donc pas non plus ce qui nous arrive, telle une fatalité incompréhensible, une quelconque malédiction, un quelconque accident. **Nous faisons notre malheur**, en **commettant l'injustice** – qui plus est, impunément. Socrate s'autorise à apprendre à ceux qui dialoguent avec lui comment on doit vivre pour être **plus** ou **moins** heureux, comment on risque de devenir **plus** ou **moins** malheureux. Ce n'est donc pas dans l'appréciation subjective particulière que cela se décide, mais dans une explication par les **causes** du bonheur comme du malheur. La justice est donc – connue et effectuée – principe de bonheur, l'injustice, de malheur. Tous les hommes, dans leurs actions, visent le bonheur, leur propre bien ; ils ne peuvent vouloir leur malheur. S'ils veulent vraiment ce qu'ils veulent, ce ne peut être que la santé de leur corps et l'harmonie de leur âme. Platon n'autorise aucun relativisme au sens d'un « ça dépend…, pour moi… ».

Approfondir le rapport du bonheur et de la vertu

VÉRITÉ

Rechercher les occurrences de la notion

Reprendre l'étude de la notion de dialogue (**ÉTUDE 2**, pp. 121 et sq.)

La vérité est la valeur que le dialogue vise comme sa **fin**. Ici, la vérité consiste à dire comment vivre. Elle est recherchée, et en même temps **oriente** la recherche philosophique. Elle **fait sens**. À quelles conditions ?
- que je la dise en mon nom, et que je puisse en convaincre autrui
- qu'elle se découvre en soi par la médiation du dialogue
- qu'elle résiste à la réfutation à laquelle elle se soumet, afin d'être universelle, permanente.

Ainsi Socrate peut-il et doit-il se répéter, contre les variations, les fluctuations de l'opinion.

Quelles sont les voies d'accès à la vérité ? Ce qui lui fait obstacle doit être débusqué : ignorance, erreur, illusion. Ce qui permet de l'établir doit être élaboré : argumentation, réfutation, preuve, démarches rationnelles écartant les mauvais exemples, les preuves d'avocat, la foule des témoins.

Reprendre l'étude des notions de savoir et croire (**ÉTUDE 1**, pp. 106 et sq.)

Bref, la vérité n'a pas de critères **extérieurs**, nombre ou prestige des témoins. Elle résulte d'un juger par soi-même. Seule la **certitude** de la raison l'**atteste** et elle se **partage**. Socrate ne se satisfait ni du crédible, ni du vraisemblable : l'apparence doit être distinguée de la réalité, ce dont seule la **raison** est capable.

NOTIONS À DÉGAGER : volonté, certitude, argumentation, existence, imagination, autrui

VOLONTÉ

Rechercher les termes en rapport avec la notion
Se reporter à l'analyse des textes des **ÉTUDES 3** et **7**, pp. 137 et 214

Le Bien n'est pas le plaisir, vouloir n'est pas faire ce qui plaît. À la fois qualité de caractère et puissance de la pensée à affirmer en s'orientant vers le Bien, la volonté est la **force** propre de l'**âme qui sait** et non une faculté séparée. C'est pourquoi il n'y a pas pour Socrate d'écart entre connaissance vraie et action juste.

S'ORIENTER

CERTITUDE

Rechercher les termes en rapport avec la notion
Se reporter à l'**ÉTUDE 1**, pp. 106 et sq.

- Persuader et convaincre, c'est produire chez l'interlocuteur la certitude. Donnez de la certitude une définition qui convienne dans les deux cas. Montrez en quoi consiste la différence entre les deux types de certitude.
- Qu'est-ce qu'un témoignage ? Pourquoi les témoignages, même véridiques, des *témoins nombreux et réputés* ne sont-ils ici d'aucune utilité ? Pourquoi Polos est-il pour Socrate le seul témoin légitime, et Socrate pour Polos ? La réponse à cette question vous conduit-elle à modifier votre définition du témoignage ? Précisez.
- Qu'est-ce qu'être d'accord avec quelqu'un ? Donnez une définition générale. Distinguez entre plusieurs manières d'être d'accord. Qu'en concluez-vous ?
- En quoi cette analyse de la certitude permet-elle de préciser la notion de dialogue ?

OBSERVER ET S'EXERCER

ARGUMENTATION

Rechercher les termes en rapport avec la notion
Poser la distinction de la démonstration et de l'argumentation

Au sens le plus général, argumenter c'est mettre en œuvre un raisonnement destiné à **prouver** ou à **réfuter** une proposition, c'est-à-dire à en établir la **vérité** ou la **fausseté**. En un sens plus restreint, on distinguera l'argumentation de la **démonstration** : ainsi, par exemple, en mathématiques, où il s'agit pourtant bien d'établir la vérité d'une conclusion, on ne dira pas que l'on argumente en sa faveur, mais qu'on la démontre, ce qui signifie que l'on en produit la **nécessité**. L'argumentation, alors, concerne non pas le domaine du certain parce que nécessaire, mais celui du **probable** au sens de vraisemblable. Tandis donc que la nécessité d'une conclusion mathématique s'impose **universellement** – nul ne peut refuser d'acquiescer –, la force d'une argumentation est **relative** à son destinataire, plus ou moins sensible à tel ou tel argument, à ses yeux plus vraisemblable qu'un autre. Or, s'il s'agit d'obtenir l'adhésion d'un auditeur dont on prend en compte la disposition subjective, le terme d'argumentation peut s'étendre au-delà du seul raisonnement et concerner aussi le style, le ton, les gestes, les actes.

Reprendre la critique socratique

Qu'est-ce alors qu'argumenter **philosophiquement**? Dans ce partage, il semblerait que ce soit la rhétorique qui se tienne du côté de l'argumentation, tandis que la philosophie, elle, serait du côté de la démonstration. Ainsi Socrate reproche-t-il à Polos de ne pas s'en tenir au strict raisonnement, de faire usage d'images, de jouer sur les passions (frayeur, admiration...), de prendre les faits, c'est-à-dire l'apparent, l'empirique, pour preuve[20]. Mais les choses ne sont peut-être pas si simples[21], ce que nous pourrons comprendre en réfléchissant à la manière dont Socrate en use avec ses interlocuteurs et en examinant ce qu'est une démonstration mathématique.

Examiner le raisonnement mathématique

Raisonner, c'est toujours enchaîner des propositions de telle sorte que l'une découle de l'autre (raisonner juste, c'est les enchaîner de manière logique[22]). Cela suppose donc une ou des propositions initiales, qui ne sont pas elles-mêmes la conclusion d'un raisonnement, autrement dit des **principes** qu'il faut admettre pour pouvoir démontrer. D'où viennent-ils? Dans la présentation des *Eléments* d'Euclide, on en distingue trois sortes: les définitions (ce que désignent les mots *point, droite*), les axiomes[23] (le tout est plus grand que la partie) et les postulats (par un point situé hors d'une droite ne passe qu'une seule parallèle à cette droite). Leur point commun, pour les mathématiciens classiques, c'est qu'ils sont évidents par eux-mêmes et ne sauraient être refusés ou contredits. La conclusion n'est donc pas simplement formellement vraie (valide), mais puisque les principes sont vrais, elle est **absolument certaine**. La mathématique contemporaine a abandonné cette conception: axiomatiser une théorie, c'est expliciter toutes les propositions initiales nécessaires à son développement considérées comme toutes de même nature, et ces axiomes ou postulats de départ sont sans rapport avec l'évidence intuitive des principes euclidiens[24]. La démonstration mathématique est l'opération logique par laquelle on déduit, par voie de calcul. Mais la théorie n'est alors qu'un système **hypothético-déductif**, puisque rien ne vient garantir la vérité des principes, ce que montre, par exemple, l'existence de plusieurs géométries construites à partir de principes différents.

On voit déjà que la philosophie ne peut se satisfaire pleinement d'un tel modèle: ce qu'elle cherche, ce n'est pas une certitude suspendue à des principes en un sens arbitraires. C'est pourquoi Descartes, par exemple[25], entreprend de fonder l'édifice de la science, déductivement conçue, sur la certitude métaphysique du *cogito*. C'est encore ce que montre Platon pour qui les mathématiques, précieuses pour le philosophe, ne procèdent cependant que par hypothèses et ne sont pas une connaissance achevée: celle-ci requiert le principe anhypothétique du Bien qui rend ultimement raison des choses[26].

20. Cf. **ÉTUDE 1** (**SAVOIR et CROIRE**), pp. 106 et sq.
21. Cf. *Fichier d'exercices*, op. cit., *Fiche 8* (*Distinguer mathématiques et philosophie*).
22. Cf. **ÉTUDE 2**, (**LOGIQUE**), pp. 123-124.
23. Étymologiquement, un *axiome* est une proposition *digne* d'être admise; un *postulat* est une proposition que l'on *demande* d'admettre.
24. Sur la naissance et le développement de l'axiomatique, on pourra consulter R. Blanché, *L'Axiomatique*, P.U.F.
25. Cf. **RÉFÉRENCES**, pp. 170-171. On pourrait examiner cette exigence de fondement chez un autre philosophe pour qui les mathématiques sont modèle de connaissance, Spinoza.
26. Cf. **RÉFÉRENCES**, p. 169.

Approfondir la réflexion

Que nous enseigne ici l'exemple de Socrate? Certes, ainsi que nous l'avons vu, l'argumentation philosophique est **rationnelle**. Elle entend établir ses propositions de façon logique et non à la manière des rhéteurs qui persuadent par des arguments **de fait** qui ne sont pas des raisons: tout l'effort que Socrate demande à Polos est là, examiner rationnellement si ce qu'il croit résiste à la réfutation, se hisser à l'universel. Mais philosopher, c'est dialoguer, ce qui suppose la nécessaire présence de **l'interlocuteur**, et puisqu'il s'agit de conduire chacun à examiner sa propre pensée, Socrate s'adresse diversement à ses divers interlocuteurs[27]. Que sont alors les premières propositions de l'argumentation philosophique? Non pas des définitions posées arbitrairement, non pas des affirmations posées comme des évidences indiscutables, mais des propositions tenues pour vraies par celui qui en est «accouché» sur lesquelles précisément, il s'agit de revenir, de réfléchir ensemble, des définitions qui cernent le sens ordinaire des mots tels qu'ils sont employés dans la langue – ainsi de la définition nominale de la rhétorique proposée par Gorgias[28]. C'est du commun langage que part le philosophe, de la conception immédiate dont il est porteur, des valeurs communément reconnues. C'est cela son matériau, le matériau de la pensée. Mais le langage, ce ne sont pas seulement *les mots de la tribu*[29], les signes de reconnaissance de ceux qui vivent de fait ensemble. S'ils n'étaient que cela, les **signes** du langage ne seraient que des **signaux**, propres à faire réagir, à produire chez l'autre la réaction attendue et tel est, finalement, l'usage qu'en fait le rhéteur. Mais les signes signifient, ils sont ce grâce à quoi, ce dans quoi nous pouvons penser, c'est-à-dire exercer notre commune raison. Ils portent le témoignage d'une exigence de raison et de vérité qui habite le langage lui-même. Ainsi ce que nous montre le dialogue avec Socrate, figure du dialogue intérieur et silencieux de l'âme avec elle-même[30], c'est qu'argumenter philosophiquement, ce n'est pas seulement faire un usage techniquement correct de notre intelligence, c'est chercher, à travers *(dia)* les mots, à rejoindre l'essence intelligible des choses[31]. Argumenter, c'est s'enseigner à soi-même quelque chose, or *apprendre c'est se ressouvenir*[32].

Réinterroger la distinction de la démonstration et de l'argumentation

Reprendre l'analyse de la notion de **LANGAGE** (**ÉTUDE 1**, pp. 109-110) Distinguer signal et signe

Récapituler les acquis de l'analyse

On peut donc dire que l'argumentation philosophique a bien pour but de convaincre l'interlocuteur et non de persuader l'auditoire, mais il faut ajouter que convaincre, c'est faire en sorte que chacun se convainque lui-même, retrouve en son âme la vérité qu'il avait oubliée. C'est bien pourquoi la réfutation[33] joue un rôle décisif: en nous délivrant de l'erreur, en dissipant l'illusion qui nous abuse, elle permet à l'âme de recouvrer la vue.

27. Cf. **ÉTUDES 4**, **5**, **6**, voir aussi l'affirmation de Socrate (486e) s'adressant à Calliclès: *J'ai la certitude que, si tu tombes d'accord avec moi sur les opinions de mon âme, elles seront de ce fait absolument vraies.*
28. Cf. **ÉTUDE 1**, p. 104.
29. L'expression est de Mallarmé.
30. Cf. **PRÉSENTATION GÉNÉRALE DE L'ŒUVRE**, p. 94 et **ÉTUDE 8**, pp. 233 et 235-236.
31. Voir aussi **ÉTUDE 8**, **ÉTUDE DES NOTIONS**, **MÉTAPHYSIQUE**, pp. 241-242
32. Cf. **ÉTUDE 1**, **RÉFÉRENCES**, p. 115.
33. Cf. 508e-509a: *Ces vérités qui nous sont apparues plus haut dans nos précédents discours, comme je le soutiens, sont attachées et liées, si je puis employer cette expression hardie, par des raisons de fer et de diamant, du moins à ce qu'il me semble. Si tu ne parviens pas à les rompre, toi ou quelque autre plus vigoureux que toi, il n'est pas possible de tenir un autre langage que le mien, si l'on veut être dans le vrai.* Et 527b: *Tu vois qu'à vous trois, qui êtes les plus savants des Grecs d'aujourd'hui, toi, Polos et Gorgias, vous êtes hors d'état de prouver qu'on doive mener une autre vie que celle-ci [...]. Au contraire, parmi tant d'opinions, toutes les autres ayant été réfutées, celle-ci seule reste inébranlable...*

EXISTENCE

Rechercher les termes en rapport avec la notion

En un sens, exister, c'est **être**, mais l'existence se distingue de l'essence comme le fait d'être se distingue du « ce que c'est ». Être et exister se distinguent en un autre sens : les choses – les pierres, les autres animaux – sont, l'homme existe, parce qu'il s'**interroge** et s'**inquiète** : comment faut-il vivre ? comment vivre pour être heureux ? Dans cette distance à soi s'ouvre la relation avec ce qui est autre que soi – le monde, la Cité, autrui – et se pose le problème des fins. L'existence ne se justifie que dans sa pratique qui suppose toujours la connaissance du Bien, et donc dans son accomplissement – le bonheur. Exister n'est donc pas simplement vivre, c'est vivre comme une âme incorporée.

IMAGINATION

Rechercher les termes en rapport avec la notion

Puissance de nous figurer les choses, l'imagination produit des images (l'étymologie est la même qu'**imiter**) à partir des apparences, d'où son discrédit. Si l'imagination séduit, c'est qu'elle flatte le corps : parce qu'elle emprunte au sensible, c'est le sensible qu'elle touche – qu'elle fasse plaisir ou qu'elle effraie – elle n'atteint donc que le vraisemblable, potentiellement trompeur, non le vrai. Polos n'a du tyran qu'une image, l'éduquer ce sera l'arracher aux images pour qu'il se tourne vers les Idées. Ce n'est donc que de l'un des sens de l'imagination qu'il s'agit ici.

S'ORIENTER

AUTRUI

Rechercher les termes en rapport avec la notion

- Cherchez dans un dictionnaire l'étymologie du mot. Observez aussi son fonctionnement dans des phrases : ne dirait-on pas qu'on l'utilise à la manière d'un nom propre ?
Dites pourquoi autrui, ce n'est pas les autres.
Cherchez dans le texte les passages qui permettent d'illustrer cette différence.

- Quel enseignement cette différence permet-elle de dégager en ce qui concerne la recherche de la vérité ?

- Caractérisez le rapport de Polos et de Socrate tel que le pose ce dernier. Quelle conclusion en tirez-vous quant à ce qui définit le rapport à autrui ?

- Que signifie l'expression *alter ego* ?
Autrui est-il un *alter ego* ? Pourquoi ?

- Quelle conception d'autrui présuppose la définition socratique de la réfutation ?
La rhétorique concerne-t-elle autrui ? Pourquoi ?
Qu'implique nécessairement la **reconnaissance** d'autrui ?

TRAVAIL DE LA DISSERTATION

Ce sujet est présenté en partie sous forme d'exercice guidé.

SUJET-EXEMPLE 1 :
Le bonheur se mérite-t-il?

Analyse de l'énoncé

Déterminer sur quoi porte la question

Prêtez attention à la forme de la question:
- demande-t-elle ce qu'est le bonheur? ce qu'il faut faire pour être heureux?
- sur quelle proposition demande-t-elle que l'on s'interroge? Reformulez-la en en conservant les termes, de façon à bien mettre en évidence ce qu'elle demande.

Déterminer pourquoi elle se pose

La question peut paraître provocatrice, elle est au moins surprenante:

1. Qu'est-ce que le mérite?
- quand dit-on de quelqu'un que c'est une personne méritante?
- qu'est-ce qu'une punition méritée? une récompense méritée?
- dire de quelque chose qu'il se mérite, est-ce dire que tous peuvent en bénéficier?

Qu'en conclure en ce qui concerne la question posée?
- si le bonheur se mérite, cela signifie-t-il qu'il dépend de certaines conditions? à quelles conditions peut-on penser?
- si le bonheur se mérite, cela signifie-t-il que tous ne peuvent être heureux? que tous ne doivent pas l'être?

Quelle est la notion à laquelle le mérite apparaît nécessairement lié?

2. Quelle est l'étymologie des mots bonheur et malheur?
- défini en ce sens, le bonheur peut-il se mériter?
- en quel sens? vérifiez si une double réponse, par oui et par non, n'est pas possible.
- vous paraît-il qu'il y a des bonheurs immérités? donnez un exemple.
- quelle définition du bonheur s'accorderait-elle avec l'idée qu'il doit être mérité?

Déterminer son enjeu

3. Si le bonheur doit être mérité, comment faire pour être heureux?
- de quoi, de qui pourrait dépendre mon bonheur?
- s'il dépend de moi, un certain savoir est-il nécessaire? de quelle sorte?
- s'il dépend de moi, une certaine conduite est-elle requise? laquelle?

Avec quoi ne faut-il pas confondre le bonheur pour pouvoir penser qu'il se mérite?
- est-ce à dire que certains sont heureux et ne le méritent pas?
- ou bien que ceux qui ne le méritent pas ne peuvent en aucun cas être heureux?

OBSERVER ET S'EXERCER

Dégager du texte les éléments pertinents

Usage du texte

Le texte, dans sa lettre, est clair : il s'agit de savoir **qui est heureux et qui ne l'est pas** et, pour le dire crûment, ce n'est pas celui qui le dit, ou que l'on croit, qui l'est. Si le bonheur se mérite, semble-t-il, aux yeux de Socrate, il se gagne, aux yeux de Polos. Dans les deux cas, il est en rapport avec la conduite, et non sans conditions, il n'est pas de rencontre ou de hasard. L'exemple choisi par Polos, **le tyran injuste et heureux**, est bien propre à faire paraître la différence.

Polos croit le tyran heureux, celui-ci peut bien se croire heureux. Illusion, pour Socrate. Comment peut-il prétendre aller contre le sentiment lui-même ? N'est-ce pas à moi de dire si je suis heureux ou pas ? N'est-il pas étrange que Socrate prétende le savoir mieux que moi ?

C'est qu'il faut s'accorder sur la définition du bonheur, et, une fois encore, distinguer l'apparence de la réalité. Si par bonheur on entend un contentement parfait et durable, pur de tout malheur, alors le plaisir, éphémère et sans cesse menacé du tyran n'est pas le bonheur. Ce qu'il croit être son bonheur, ce que Polos croit être le bonheur, n'en est que le simulacre. Comment s'en rendre compte, sinon en examinant **ce que c'est** que le bonheur, en en produisant l'idée non contradictoire, philosophique ? On découvre alors qu'il est inséparable de la justice, de la santé de l'âme. Une âme malade n'est pas heureuse, seule une âme vertueuse est en parfait accord avec elle-même.

En ce sens, on peut dire, en effet, que tous ne méritent pas d'être heureux : il serait injuste que l'homme injuste soit heureux. Mais ce n'est pas vraiment le problème, puisqu'en réalité, l'homme injuste qui **se croit** heureux ne l'**est** pas. Aussi tous peuvent-ils être heureux, parce que tous peuvent penser et vivre selon la justice.

Il faut pour cela poser la question essentielle – comment faut-il vivre ? – et l'examiner **philosophiquement**, c'est-à-dire rationnellement. Préférer la vérité, s'attacher à la vertu véritable plutôt qu'à son apparence, au bien véritable plutôt qu'à son simulacre, c'est **assurer** son propre bonheur, un bonheur mérité, juste, dont rien ne peut déposséder, un bonheur proprement inaliénable. Ce que le tyran prend pour son bonheur, c'est la satisfaction de ses caprices multiples et changeants, fragile puisqu'elle repose sur sa puissance, elle-même toujours susceptible de n'être pas la plus forte. Cette satisfaction, obtenue au prix de la violence qui se soumet les autres hommes en niant leur caractère raisonnable, est injuste. Elle ne saurait donc être parfaite et pure, puisque dès que je m'examine, pour autant que je m'examine, j'y découvre la honte et le malheur. Un tel bonheur n'est pas **conforme à son concept**.

Approfondir la réflexion

Cela nous conduit à interroger notre lecture : est-il sûr qu'aux yeux de Socrate le bonheur se mérite ? Dire oui, c'est dire, comme Polos, qu'il se gagne, mais, à la différence de Polos, qu'il se gagne grâce à la vertu. Or, à bien y regarder, il n'y a pas entre la vertu et le bonheur une relation de **moyen à fin** qui serait d'extériorité : ce n'est pas **parce qu'**il est vertueux que l'homme juste gagne le bonheur, c'est **en étant** vertueux qu'il est heureux. C'est la pratique de la justice elle-même qui comble le désir de l'âme. Le bonheur consiste dans l'**exercice** de la vertu, il n'est rien d'autre qu'elle et non pas une récompense qui viendrait s'ajouter du dehors. L'homme juste n'est pas vertueux **pour** être heureux.

S'ORIENTER

- Vous dégagerez avec précision le rapport entre :
- la conception du bonheur de Polos et le **corps**
- la conception du bonheur de Socrate et l'**âme**.
- Qu'y a-t-il de commun ?
- À quoi tiennent les différences ?
- Rassemblez votre analyse en une formule concise.

OBSERVER ET S'EXERCER

Organisation possible du devoir

Déterminer la notion qui gouverne la réflexion sur la question posée

1. Le point de départ est l'analyse de la notion de **mérite** qui permet de saisir le caractère provocateur ou surprenant de la question :
- soit que l'on entende par bonheur ce qui arrive par chance, ce que l'on n'a pas à proprement parler voulu, ce à quoi on n'a pas travaillé
- soit que l'on estime au contraire qu'il doit y avoir une relation nécessaire entre la conduite et le bonheur.

Examiner les présupposés des attitudes immédiates

2. Il faut donc interroger les présupposés de ces attitudes et se demander quel rapport le bonheur entretient avec la notion de **justice** :
- pourquoi trouve-t-on injuste que certains soient comblés par la vie sans avoir rien fait ?
- pourquoi le malheur du juste apparaît-t-il[34] scandaleux ?

Formuler le problème Se donner les moyens de l'examiner

3. La question sera alors celle de savoir **s'il y a un rapport nécessaire** entre bonheur et justice. C'est ici que le **texte** étudié pourra utilement éclairer la réflexion.

Approfondir la recherche

4. Si on veut poursuivre dans le sens d'un **refus** de la position socratique, on peut :
- interroger la source du besoin de justice, en s'inspirant notamment de Calliclès : lier le bonheur à la justice, n'est-ce pas une revendication issue de la faiblesse ?
- interroger les limites de l'exigence de justice : lier le bonheur à la justice, n'est-ce pas méconnaître qu'au-delà de l'équivalence il y a une place pour la grâce, l'amour ? Vouloir la justice est-ce exclure le pardon ?
- interroger la conception socratique du bonheur comme jouissance d'elle-même de l'âme bien réglée : la vertu n'est-elle pas ce qui ne saurait avoir rapport à la jouissance, fût-ce de l'âme ?

Dans tous les cas, on prendra soin de ne pas faire de faux-procès à la position socratique, on lui donnera au contraire toute sa puissance critique afin de mieux penser ce que l'on entend lui opposer.

Autres sujets proposés

1. Apprend-on à penser ?

2. Dégager l'intérêt philosophique de ce texte en procédant à son étude ordonnée :
Dès que le plus faible des hommes a compris qu'il peut garder son pouvoir de juger, tout pouvoir extérieur tombe devant celui-là. Car il faut que tout pouvoir persuade. Il a des gardes, c'est donc qu'il a persuadé ses gardes. Par un moyen ou par un autre,

34. Cf. par exemple le personnage de Job (*La Bible, Livre de Job*).

promesse ou menace; si les gardes refusent de croire, il n'y a plus de tyran. Mais les hommes croient aisément. Ils soumettent leur jugement aux promesses et aux menaces. Nous ne le voyons que trop. Ce n'est pas peu de dissoudre d'abord cette force politique, qui se présente à l'esprit sous les apparences d'une force mécanique. Toute force politique agit par les esprits et sur les esprits. Les armées sont armées par l'opinion. Dès que les citoyens refusent d'approuver et de croire, les canons et les mitrailleuses ne peuvent plus rien.

ALAIN

3. La liberté est-elle la condition première du bonheur?
4. Le tyran peut-il être heureux?
5. L'unanimité est-elle un critère de vérité?[35]
6. Peut-on vouloir ce que l'on ne désire pas?
7. Pourquoi punir?
8. Pourquoi vouloir la justice?
9. Puis-je avoir raison tout seul?
10. Y a-t-il des critères de vérité?

RÉFÉRENCES

S'ORIENTER

Approfondir la différence entre argumentation philosophique et argumentation rhétorique[36]

TEXTES APPARTENANT À LA MÊME ŒUVRE

• 449b et 461e-462a
Pourquoi la brièveté des discours est-elle l'une des conditions du dialogue?

• 450e
Pourquoi ergoter sur les mots ne constitue-t-il pas une manière philosophique d'argumenter?

• 453b-c
Pourquoi faut-il que Gorgias formule ce qu'il a en vue?

• 470c-471e
Analyser les preuves d'avocat déployées par Polos.

• 473e-474b et 476a
Socrate propose à Polos de faire *l'expérience de l'argumentation telle qu'elle doit être à [son] avis*. Quel en est le principe?

35. Ce sujet est travaillé dans la *Fiche 30* du *Fichier d'exercices*, op. cit.
36. Vous avez dû rencontrer ces textes à l'occasion de l'exercice de l'**ÉTUDE 2**, p. 128.

• **508b-509a**

Analyser l'exigence de cohérence affirmée par Socrate. Que sont ces *raisons de fer et de diamant*? Quel rapport entre l'exigence intellectuelle et la conduite de la vie?

• **513c-d**

À Calliclès remarquant que tandis que Socrate lui **paraît** avoir raison, il ne le **croit** cependant qu'à demi, Socrate fournit l'explication suivante: *C'est que l'amour du peuple implanté dans ton âme, Calliclès, combat contre moi.* Qu'indique-t-il ici?

OBSERVER ET S'EXERCER

TEXTES APPARTENANT À D'AUTRES ŒUVRES DU MÊME AUTEUR

Ménon, 75c-d

Approfondir la distinction de la rhétorique et du dialogue

Parce que dialoguer, ce n'est pas combattre en vue de vaincre, il convient non seulement de *répondre la vérité*, mais de *[se servir] pour répondre de ce qu'en outre a reconnu savoir celui à qui la question a été posée.*

La République

• **VI, 509d-511e**

Examiner le statut de la connaissance mathématique

Il s'agit du texte qui précède immédiatement l'allégorie de la caverne. Socrate propose à son interlocuteur une figure géométrique destinée à faire comprendre, au moyen d'une analogie, ce que c'est que connaître et quel rapport entretient chaque degré de la connaissance avec les réalités qu'il appréhende. On prend une ligne divisée en deux segments inégaux, que l'on divise encore selon la même proportion. La première section est celle du genre visible, la seconde celle du genre intelligible. La connaissance mathématique occupe la partie inférieure de cette seconde section: la déduction mathématique n'atteint pas la raison ultime des choses. Ses principes, auxquels le raisonnement est suspendu, ne sont encore que des hypothèses. Premiers dans l'ordre du commencement, ils permettent d'enchaîner les propositions de manière nécessaire, mais non une compréhension complète de la réalité puisqu'ils doivent être admis sans pouvoir rendre raison d'eux-mêmes. Au-dessus des mathématiques, il y a la science de la dialectique qui consiste, comme le fait le dialogue, à remonter des opinions immédiatement admises vers le principe qui les fonde.

• **VII, 522c-527c**

À quoi servent les mathématiques, en-dehors de leur utilité pour la vie quotidienne? À tirer l'âme dans la direction de la vérité, c'est pourquoi leur étude est indispensable dans l'éducation philosophique dont Socrate trace le projet pour les futurs gouvernants.

TEXTES D'AUTRES AUTEURS

Descartes, *Principes de la philosophie*, Lettre-préface

Approfondir le rapport de la connaissance philosophique à ses principes

Dans cette lettre au traducteur de son ouvrage, Descartes déploie sa conception de la philosophie figurée dans l'image célèbre d'*un arbre, dont les racines sont la métaphysique, le tronc est la physique, et les branches qui sortent de ce tronc sont*

Analyser l'image de l'arbre

toutes les autres sciences, qui se réduisent à trois principales, à savoir la médecine, la mécanique et la morale.

Descartes, *Méditations métaphysiques,* II

Approfondir le rapport de la connaissance philosophique à ses principes

Le début de la Méditation rappelle les résultats de la mise en œuvre du doute méthodique[37] et la nécessité de trouver un premier principe : *Archimède, pour tirer le globe terrestre de sa place et le transporter en un autre lieu, ne demandait rien qu'un point qui fût fixe et assuré. Ainsi j'aurai droit de concevoir de hautes espérances, si je suis assez heureux pour trouver seulement une chose qui soit certaine et indubitable.* Ce sera, dans les paragraphes qui suivent, la certitude *je suis, j'existe.*

Spinoza, *Éthique I,* Appendice

Examiner le modèle mathématique dans la philosophie de Spinoza

L'*Éthique* est rédigée *more geometrico*[38], c'est-à-dire de manière entièrement déductive[39] à partir d'un petit nombre de définitions et d'axiomes. Dans l'*Appendice* à la Première partie, Spinoza revient sur les préjugés qui font obstacle à l'intelligence de son propos – et produit l'analyse du finalisme[40]. Notons cette opposition : *les hommes jugent des choses selon la disposition de leur cerveau et [...] ils imaginent les choses plus qu'ils ne les comprennent. Car s'ils en avaient une connaissance, celle-ci, comme en témoigne la Mathématique, pourrait sinon plaire à tous les esprits, du moins les convaincre tous.*

Kant, *Critique de la raison pratique,*
Analytique, ch. III : Des mobiles de la raison pure pratique
Dialectique, ch. II : De la dialectique de la raison pure dans la détermination du concept de souverain bien

Approfondir la réflexion sur le rapport de la vertu et du bonheur

Voir aussi **ÉTUDE 5, RÉFÉRENCES**, p. 185

L'objet de la réflexion de Kant est l'existence de la loi morale et son propos est d'établir le principe de la moralité dans le sujet. Mais si la volonté, pour se déterminer, doit bien avoir un mobile, le mobile moral ne peut être emprunté à la sensibilité. Être moral, c'est faire de la représentation de la loi de la raison le principe déterminant de sa volonté, car la volonté est précisément ce pouvoir de se déterminer à agir selon les principes que l'on se représente. Leur nécessité lui apparaît sous la forme d'impératifs, mais ces impératifs peuvent être hypothétiques ou catégorique. Les impératifs hypothétiques commandent l'action à titre de moyen, l'impératif catégorique la présente comme absolument nécessaire, sans conditions. La loi morale n'a pas d'autre motif d'être obéie qu'elle-même : elle est *a priori*, inconditionnée, formelle. On peut alors comprendre que le bonheur ne peut être une fin en lui-même : seule la vertu – accomplir son devoir – est le bien suprême. Mais la raison cherche l'absolu, le « souverain bien ». Or « souverain » ne signifie pas seulement « suprême » mais aussi « complet ». Définir le souverain bien, c'est donc joindre à l'idée de vertu celle de bonheur, mais celui-ci ne doit

37. Cf. **ÉTUDE 1**, **RÉFÉRENCES**, p. 115.
38. À la façon, selon l'usage, géométrique.
39. Rappelons que la déduction est l'opération par laquelle on tire de prémisses une conclusion nécessaire en vertu des règles logiques.
40. Cf. **ÉTUDE 1**, **RÉFÉRENCES**, p. 115.

pas faire perdre à la volonté son autonomie – son pouvoir de se déterminer d'après sa propre loi, indépendamment de tout mobile sensible. Seule la volonté d'agir par pur respect pour la loi morale nous rend dignes d'être heureux. Nous ne pouvons pas vouloir être heureux, nous pouvons seulement espérer de l'être. Encore doit-on bien comprendre que *tout reste ici désintéressé et simplement fondé sur le devoir, sans que la crainte ou l'espérance puissent, comme mobiles, être prises pour principes, car dès qu'elles deviennent des principes, elles détruisent toute la valeur morale des actions. La loi morale ordonne de faire du souverain bien possible dans un monde l'objet ultime de toute ma conduite. Mais je ne puis espérer de le réaliser que par l'accord de ma volonté avec celle d'un auteur du monde saint et bon, et bien que* ***mon propre bonheur*** *soit compris dans le concept de souverain bien, comme dans celui d'un tout où le plus grand bonheur est représenté comme lié dans la plus exacte proportion avec le plus haut degré de perfection morale (possible dans des créatures), ce n'est cependant pas mon propre bonheur, mais la loi morale (qui au contraire limite par des conditions rigoureuses mon désir illimité de félicité), qui est le principe déterminant de la volonté, indiqué pour travailler à la réalisation du souverain bien.*

[Si] la ***vertu*** *(comme nous rendant dignes d'être heureux) [est] la* ***condition suprême*** *de tout ce qui peut nous paraître désirable, partant de toute recherche du* ***bonheur*** *et aussi du bien suprême, [...] la morale n'est donc pas à proprement parler la doctrine qui nous enseigne comment nous devons nous* ***rendre*** *heureux, mais comment nous devons nous rendre* ***dignes*** *du bonheur.* Une doctrine du bonheur serait celle qui traite des moyens de l'obtenir, tandis que la morale *n'a exclusivement à faire qu'à la condition rationnelle (conditio sine qua non) du bonheur.*

Ainsi la sagesse, que poursuit la philosophie, n'est pas un art de vivre au sens où l'entendaient les Anciens, un art d'être heureux, elle est la doctrine qui énonce *ce que l'on* ***doit*** *faire et qui doit servir de règle aux* ***maîtres*** *pour bien préparer et faire connaître le chemin de la sagesse.*

Kant examine la manière dont les écoles de l'Antiquité – Épicurisme et Stoïcisme – se sont efforcées en vain à ses yeux de concilier vertu et bonheur.

Approfondir la réflexion sur le rapport de la vertu et du bonheur

Nietzsche[41], *Antéchrist*, § 2, *Aurore*, § 468, *Par-delà le bien et le mal*, § 259

Il est difficile de lire Nietzsche et l'on ne saurait trop mettre en garde contre le contre-sens – accrédité par le détournement de son œuvre par sa sœur au bénéfice du nazisme – qui fait de lui le précurseur des horreurs du XXe siècle, l'idéologue des bourreaux. Interroger avec lui le rapport de la vertu et du bonheur, c'est oser interroger la pensée de Socrate *présenté [...] comme le décadent type. La «raison» s'oppose à l'instinct. La «raison» à tout prix apparaît comme une puissance dangereuse, comme une puissance qui mine la vie.*[42]

Approfondir la réflexion sur la question de la réfutation

Popper, *La Logique de la découverte scientifique*, I, 6 et IV

Ces textes figurent dans les **RÉFÉRENCES** de l'**ÉTUDE 2**, p. 130.

41. Cf. aussi **ÉTUDE 6**, **RÉFÉRENCES**, p. 209.
42. Nietzsche, *Eh, pourquoi j'écris de si bons livres, «La Naissance de la tragédie», §1.*

ÉTUDE 5

(ŒUVRE INTÉGRALE PAGE 37)

Trois études de NOTIONS vous sont ici proposés sous forme d'EXERCICE GUIDÉ : DEVOIR, CONSCIENCE, RHÉTORIQUE.

476 e **Socrate** : Et celui qui est châtié en punition d'une faute ne subit-il pas un traitement juste ?

Polos : Il y a apparence.

Socrate : Or nous sommes tombés d'accord que ce qui est juste est beau.

Polos : Sans contredit.

Socrate : Alors de ces deux hommes, l'un fait une action belle, et l'autre, l'homme châtié la supporte.

Polos : Oui.

477 a **Socrate** : Mais si elle est belle, elle est bonne, puisqu'elle est ou agréable ou utile ?

Polos : Il semble.

Socrate : Il en tire donc utilité.

Polos : Oui.

Socrate : Est-ce l'utilité que je conçois ? Son âme ne s'améliore-t-elle pas, s'il est puni justement ?

Polos : C'est vraisemblable.

Socrate : Ainsi celui qui est puni est débarrassé de la méchanceté de son âme ?

Polos : Oui.

Socrate : N'est-il pas ainsi délivré du plus grand des maux ? Examine la question de ce biais. Pour l'homme qui veut amasser une fortune, vois-tu
b quelque autre mal que la pauvreté ?

Polos : Non, je ne vois que celui-là.

Socrate : Et dans la constitution du corps, le mal, à tes yeux, n'est-il pas la faiblesse, la maladie, la laideur et les autres disgrâces du même genre ?

Polos : Si.

Socrate : Et l'âme, ne crois-tu pas qu'elle a aussi ses vices ?

Polos : Naturellement.

Socrate : Ces vices, ne les appelles-tu pas injustice, ignorance, lâcheté et autres noms pareils ?

Polos : Certainement.

c **Socrate** : Donc pour ces trois choses, fortune, corps et âme, tu as reconnu trois vices, la pauvreté, la maladie, l'injustice ?

Polos : Oui.

Socrate : Maintenant, de ces trois vices quel est le plus laid ? N'est-ce pas l'injustice et, pour le dire en un mot, le vice de l'âme ?

Polos : Sans comparaison.

Socrate : Si c'est le plus laid, c'est aussi le plus mauvais ?

Polos : Comment entends-tu cela, Socrate ?

Socrate : Voici : la chose la plus laide n'est telle que parce qu'elle cause le plus de douleur, de dommage ou de ces deux maux à la fois ; c'est ce que nous avons reconnu précédemment.

Polos : C'est exact.

Socrate : Or n'avons-nous pas reconnu tout à l'heure que ce qu'il
d y a de plus laid, c'est l'injustice et en général la méchanceté de l'âme ?

Polos : Nous l'avons reconnu en effet.

Socrate : Et le plus laid n'est-il point tel parce que c'est le plus douloureux et le plus pénible, ou parce que c'est le plus dommageable, ou à cause de l'un et de l'autre ?

Polos : Nécessairement.

Socrate : Est-il donc plus pénible d'être injuste, intempérant, lâche et ignorant que d'être pauvre et malade ?

Polos : Il ne me semble pas, Socrate, d'après ce que nous avons dit.

Socrate : Il faut donc pour que la méchanceté de l'âme soit la chose la plus laide du monde, qu'elle surpasse tout par la grandeur extraordinaire du dommage et le mal prodigieux
e qu'elle cause, puisque ce n'est point par la douleur, d'après ce que tu as dit.

Polos : C'est évident.

Socrate : Mais ce qui l'emporte par l'excès du dommage est le plus grand mal qui existe.

Polos : Oui.

Socrate : Donc l'injustice, l'intempérance et en général la méchanceté de l'âme sont les plus grands maux du monde ?

Polos : Il y a apparence.

Socrate : Maintenant quel est l'art qui nous délivre de la pauvreté ? N'est-ce pas l'économie ?

Polos : Si.

Socrate : Et de la maladie ? N'est-ce pas la médecine ?

Polos : Incontestablement.

478 a **Socrate :** Et de la méchanceté et de l'injustice ? Si ma question ainsi posée t'embarrasse, reprenons-la de cette manière : où et chez qui conduisons-nous ceux dont le corps est malade ?

Polos : Chez les médecins, Socrate.
Socrate : Et où conduit-on ceux qui s'abandonnent à l'injustice et à l'intempérance ?
Polos : Tu veux dire qu'on les conduit devant les juges ?
Socrate : Pour y payer leurs fautes, n'est-ce pas ?
Polos : Oui.
Socrate : Et maintenant n'est-ce pas en appliquant une certaine justice qu'on punit, quand on punit avec raison ?
Polos : Évidemment, si.
Socrate : Ainsi donc l'économie délivre de l'indigence, la méde-
b cine de la maladie, la justice de l'intempérance et de l'injustice.
Polos : Il y a apparence.

OBSERVER ET S'EXERCER

ÉTUDE DU TEXTE

1. SITUATION

Établir le lien avec ce qui précède

On récapitule et le ton se durcit, tout comme le désaccord Socrate-Polos. Les paradoxes[1] moraux sont en discussion, hissant Socrate au sommet de l'exigence morale[2]. Polos, cependant, campe sur ses positions, prisonnier de ses modèles et de ses passions. La question de la réfutation perdure, unité de tout le dialogue qui réfléchit ses propres conditions et son enjeu.

Comment Polos peut-il se justifier? Comment peut-il entendre Socrate qu'il imagine aveugle, et presque délirant, seul de son espèce, étranger au monde des hommes[3], tenant des propos incompréhensibles, en tout cas incompréhensibles pour lui Polos? Si chacun d'eux, pour penser, doit *se mettre à la place de tout autre*[4], le fait-il? C'est **l'universel** qui est en cause, que nous avons appris à distinguer du grand nombre, de l'opinion générale.

Se reporter en 475e

L'examen du désaccord se déroule méthodiquement, en deux temps, comme il y a deux points de désaccord, deux *paradoxes* : le premier moment a conclu : *J'avais donc raison de dire que ni moi, ni toi, ni personne au monde ne préférerait commettre l'injustice à la subir, puisque c'est une chose plus mauvaise.* Et Polos a acquiescé : *Il y a apparence*. En d'autres termes, s'il a suivi le chemin dans lequel l'a conduit Socrate, s'il a vu la **nécessité** de la conclusion à laquelle la discussion est parvenue, il n'est pas **persuadé** : de ce que lui montre sa raison, il ne tire pas

1. Rappelons qu'un paradoxe, étymologiquement, est une affirmation qui va contre (*para*) l'opinion commune (*doxa*).
2. Michel Alexandre souligne l'*atmosphère* de *pureté, sublimité, intransigeance de la morale pure* dans laquelle se déroule notre Dialogue (op. cit.).
3. Ce reproche, présent chez Polos, sera précisément thématisé par Calliclès (cf. **ÉTUDES 6** et **7**).
4. Selon la deuxième maxime du sens commun chez Kant, *Critique de la faculté de juger*, §40

la conséquence pour lui – raison théorique et raison pratique restent séparées parce que la raison ne le gouverne pas, mais ses passions. Cette première étape a à nouveau donné lieu à une explicitation, par Socrate, des règles de la discussion illustrées par la démarche accomplie sur laquelle on revient, réflexivement.

Reste à établir la seconde proposition, le second paradoxe scandaleux : l'homme injuste, loin de fuir la punition, doit la rechercher, puisque sans elle il ne saurait être heureux.

Restituer le raisonnement qui sous-tend l'affirmation de Socrate

Si l'on voit bien que cette seconde proposition découle **logiquement** de la première – si ce qui doit être recherché, c'est la justice, ce qui en éloigne doit être fui, ce qui en rapproche doit être recherché ; or une juste punition ramènera la justice dans l'âme de l'homme injuste. Il est donc préférable d'être châtié que de ne pas l'être – comment faire admettre à Polos ce qui, au sens propre, le révulse, comment vaincre les représentations issues de la **sensibilité** – le châtiment fait mal, à tous points de vue – physiquement, par la douleur, moralement parce qu'on perd la face, on est humilié, alors qu'il est si aisé, si agréable, si confortable de jouir de l'injustice commise en toute impunité ? Pourquoi n'est-ce pas là que seraient le bien, la liberté, la puissance, le bonheur enfin ?

Éduquer Polos est donc un rude défi. Examinons comment procède Socrate.

Être puni, est-ce pâtir ou agir ? (476d)

Il commence par obtenir l'accord de Polos sur une proposition générale, comprise à partir de l'usage linguistique, sur quelques exemples : *telle est l'action de l'agent, tel est l'effet supporté par le patient.* Actif et passif, deux modes verbaux, deux manières de décrire une action, selon qu'on l'envisage du côté de celui qui l'accomplit (l'agent) ou de celui qui la subit (le patient), modes solidaires, puisqu'il s'agit dans les deux cas de la même action. *À quoi tend cela, Socrate ?*[5] pourrait demander un interlocuteur soupçonneux, mais Polos ne le demande pas. Pour notre part, nous entrevoyons un rapport possible avec commettre/subir l'injustice, mais discernons-nous le rapport avec le châtiment ?

S'ORIENTER

2. ANALYSE

Examiner la conduite de l'entretien

1. Observez la brièveté des questions et des réponses. À quelle conclusion Polos est-il conduit ? Est-il convaincu ?
- Le but de Socrate vous paraît-il d'instruire Polos ?
- Rappelez-vous que dans l'enseignement dispensé par les Dialogues platoniciens, il ne faut jamais négliger le point de vue de l'auditeur devant lequel ils étaient lus (et, pour nous, du lecteur)[6]. Quel pourrait être le but poursuivi par Platon mettant en scène ce questionnement brutal de Polos ?

S'interroger et se proposer une hypothèse de lecture

Déterminer l'objet du texte

2. Que s'agit-il apparemment de faire comprendre à Polos ?
- Quels sont, aux yeux de Socrate, les effets de la punition ? Pour répondre à cette question, rappelez-vous les places respectives de la justice et de la médecine dans le tableau des pratiques (cf. **ÉTUDE 3**, pp. 138-141).

5. Gorgias en 453b.
6. Cf. notamment A. Koyré, *Introduction à la lecture des dialogues de Platon*, Gallimard, 1962.

• Comment se définit donc ici la punition ? De quoi peut-elle être distinguée ?
• Qui administre la punition ? Pourquoi ? Quel rapport entre la justice comme institution et la justice comme vertu ?

Analyser l'argumentation

3. Dégagez les deux temps de l'argumentation :
• Rappelez l'identité acceptée par Polos au départ et énoncez la série des équivalences sur lesquelles Socrate obtient son accord.
• À quelle conclusion parvient-il ?
• Dire que celui qui est puni est débarrassé de la méchanceté de son âme, ce n'est pas encore avoir établi que son injustice est **le plus grand** des maux. Comment l'établit-on ?
• Quel est l'enjeu de ce superlatif ?

Poursuivre la réflexion
Se reporter en 479a-481b

4. En vous appuyant sur la comparaison de la médecine et de la justice, dégagez les conclusions du passage quant à l'utilité de la rhétorique.

5. Pouvez-vous vérifier votre hypothèse initiale ? Quelles conclusions en tirez-vous ?

ÉTUDE DES NOTIONS

OBSERVER ET S'EXERCER

NOTIONS LEXICALISÉES : justice, raison

JUSTICE

Rechercher les occurrences de la notion

La justice est une vertu, **la vertu** même, car que serait un courage ou une tempérance injustes ? Elle est **l'ordre de l'âme**, qui assigne à chaque chose sa place au sein d'une hiérarchie rationnellement comprise : elle est l'œuvre de la **raison**, seule capable de savoir ce qui est bon parce que seule capable de distinguer le réel de l'apparent. Il n'y a pas de véritable justice sans connaissance de la vérité[7].

Reprendre les éléments présents dans les précédentes ÉTUDES

Ordre raisonnable, la justice est l'exigence qui anime les hommes rassemblés en Cités, ce pourquoi elle est vertu **politique**. Décider du bien commun, telle est la tâche des citoyens au premier rang desquels les hommes politiques. C'est bien pourquoi la question de la nature et de la valeur de la rhétorique est si importante, puisqu'elle prétend conseiller les citoyens.

Voir aussi ÉTUDE 6 (ÉTUDE DES NOTIONS), p. 202

Ordre de l'âme, ordre de la Cité, la justice est troublée, voire détruite, par les passions déraisonnables. Si l'instituer est l'œuvre du législateur, la restaurer est l'œuvre du juge, qui décide des peines, avec justice. Ainsi, le même mot désigne-t-il le principe de son jugement et l'institution judiciaire. Se soumettre à la justice, payer ses fautes, c'est rétablir une juste proportion dans l'âme, c'est restaurer entre les hommes des relations équilibrées.

7. Voir aussi **ÉTUDE 8**, pp. 232-234.

RAISON

Rechercher les occurrences de la notion

Logos, en grec, *ratio*, en latin, le mot désigne d'abord et très généralement l'aptitude de l'homme à connaître, juger, à déterminer ses conduites, et aussi, et surtout, à les évaluer. La raison **explique** et **s'explique**, elle rend raison. Elle est susceptible d'un double usage, **théorique** et **pratique** – connaissance et détermination de la volonté – et la question se pose de leur rapport. La raison calcule-t-elle seulement les moyens de l'action, ou n'a-t-elle pas pour tâche d'en poser les fins?[8]

Distinguer et articuler usage théorique et usage pratique de la raison

C'est la raison qui, pour Socrate, prend en charge la question humaine par excellence «Comment vivre?», c'est-à-dire comment faut-il vivre, comment moi, dois-je vivre: à quelles fins dois-je ordonner ma conduite? C'est elle qui impose l'examen et conduit la pensée avec ordre et mesure.

Ici elle est fondement, elle légitime la punition: punir avec raison, c'est-à-dire justement, légitimement. C'est elle qui juge du bien et du mal, distingue le mal apparent – la douleur du châtiment – du mal réel – l'injustice de l'âme méchante.

L'âme raisonnable – comme le montrera plus clairement la fin du Dialogue[9] – c'est l'âme ordonnée, en laquelle règne la justice. L'âme déraisonnable, insensée, c'est celle qui se laisse gouverner par l'apparence sensible, parce qu'elle ignore son vrai bien. Il n'y a pas d'écart, chez Socrate, entre la connaissance et l'action.

S'ORIENTER

NOTIONS À DÉGAGER: devoir, conscience, rhétorique

DEVOIR

Rechercher les termes en rapport avec la notion
Examiner la polysémie du mot

1. Le verbe «devoir» en français, de même que le substantif, a diverses significations.

• Efforcez-vous d'en dresser l'inventaire à partir de phrases et d'expressions de la vie quotidienne.

• Regroupez ces différentes significations et formulez les concepts ainsi dégagés.

Distinguer nécessité, contrainte, obligation

• On distingue ordinairement la nécessité, la contrainte et l'obligation. Sur la base des phrases suivantes, donnez une définition de chacune d'elles qui en fasse apparaître la différence:
- dans l'arithmétique classique, il est nécessaire que 2 + 2 = 4
- sous la menace d'une arme, il m'a contraint à lui donner tout l'argent que j'avais sur moi
- dans un contrat, les deux parties s'obligent mutuellement

• Dans quels cas peut-on dire que l'on agit volontairement ? Précisez votre réponse.

• Pour cette première partie de l'exercice, vous pouvez consulter les textes de Rousseau et de Kant qui figurent dans les **RÉFÉRENCES**, p. 184.

2. Qu'est-ce qu'obéir?
- En reprenant les analyses précédentes, distinguez plusieurs cas.

8. Cf. **ÉTUDES 2** et **3**.
9. Cf. **ÉTUDES 6**, **7** et **8**.

- Obéir à soi-même, est-ce être contraint d'obéir ? En quel sens ?
- Suivre son inclination, faire ce que l'on désire, est-ce obéir à soi-même ? En quel sens ?
- Obéir par crainte du châtiment, est-ce obéir à soi-même ? Pourquoi ?

Dégager les enjeux de l'analyse

3. Puis-je être libre en faisant ce que je dois ? Précisez votre réponse.

• Vous pourrez enrichir votre réflexion en étudiant, ci-dessous, la notion de conscience.

Voir aussi 507a-c

4. Quel rapport entre l'idée de justice et celle de devoir ?

CONSCIENCE

Rechercher les termes en rapport avec la notion

• Donnez le sens le plus général du mot (conforme à son étymologie). Être conscient c'est...

• On distingue ordinairement conscience psychologique et conscience morale.
Donnez deux exemples qui permettent de préciser la différence.
Qu'appelle-t-on le for intérieur ? Qu'est-ce qu'un examen de conscience ? S'agit-il ici plutôt de la conscience psychologique ou de la conscience morale ? Pourquoi ?

Distinguer l'erreur et la faute

• Qu'est-ce qu'une faute morale ? Est-ce la même chose qu'une erreur ? Quand savons-nous que nous avons commis une telle faute ? Réfléchissez à l'expression « avoir sa conscience pour soi ».

• Qu'est-ce qu'avoir des remords ?
Distinguez le regret, le remords et le repentir.
Auquel de ces sentiments Polos vous paraît-il accessible ? Dites pourquoi.

• Diriez-vous que pour Socrate la conscience, c'est la conscience morale ? Précisez votre réponse.

Dégager un enjeu de la lecture du texte

• Faites usage de l'étude du texte pour examiner la question suivante : La conscience morale est-elle un produit de l'éducation ?

RHÉTORIQUE

La notion de RHÉTORIQUE a déjà été examinée dans l'ÉTUDE 1, p. 109, mais la connaissance que nous en avons a désormais bien progressé. Il s'agit de faire le point de ce que nous en savons.

Rechercher les termes en rapport avec la notion

• La rhétorique est apparemment absente de notre texte. Dégagez les éléments qui permettent néanmoins de l'évoquer.

• Reprenez les définitions données par Gorgias et dégagez-en le caractère problématique.

• Rappelez les exigences concernant le dialogue formulées par Socrate depuis le début du Gorgias (Cf. Exercice, pp. 168-169).

• Rappelez l'analyse socratique de la rhétorique.

• Dressez un tableau comparatif de la rhétorique et de la dialectique.

• En ce moment du Dialogue, quel est l'enjeu de cette comparaison ?

OBSERVER ET S'EXERCER

TRAVAIL DE LA DISSERTATION

SUJET-EXEMPLE : Dégager l'intérêt philosophique du texte suivant[10] en procédant à son étude ordonnée :

La vengeance se distingue de la punition en ce que l'une est une réparation obtenue par un acte de la partie lésée, tandis que l'autre est l'œuvre d'un juge. C'est pourquoi il faut que la réparation soit effectuée à titre de punition, car, dans la vengeance, la passion joue son rôle et le droit se trouve ainsi troublé. De plus, la vengeance n'a pas la forme du droit, mais celle de l'arbitraire, car la partie lésée agit toujours par sentiment ou selon un mobile subjectif. Aussi bien le droit qui prend la forme de la vengeance constitue à son tour une nouvelle offense, n'est senti que comme conduite individuelle et provoque, inexpiablement, à l'infini, de nouvelles vengeances.

HEGEL

Analyse de l'énoncé

Dans un sujet-texte, l'énoncé n'est ni simplement la formule « Dégagez l'intérêt philosophique du texte en procédant à son étude ordonnée », ni simplement le texte lui-même, mais bien l'ensemble constitué par les deux. En d'autres termes, on n'analyse pas le texte pour lui même, mais pour s'interroger philosophiquement sur ce dont il traite.

Déterminer sur quoi porte le texte

Le texte est bref et fortement structuré : il propose une **distinction entre deux concepts** (vengeance et punition) qu'il définit en une phrase. De cette distinction découle une conséquence *(c'est pourquoi)* assortie de ses justifications *(car… ainsi – de plus… car – aussi bien)*.

Dressez un tableau aussi complet que possible des oppositions

Il met en œuvre une série d'oppositions (par exemple : *un acte de la partie lésée/l'œuvre d'un juge, la forme du droit/celle de l'arbitraire*) mais toutes ne sont pas explicitées. Aussi, comparer la vengeance et la punition, comme en un tableau, suppose-t-il d'**expliciter** les termes manquants : ainsi, si la *passion* joue un rôle (du côté de la vengeance) et trouble le droit, il faut comprendre que le droit (du côté de la punition) relève de la raison ; ou encore si la partie lésée agit toujours par *un mobile subjectif* (vengeance), la punition est animée par un mobile objectif ; et encore si la vengeance n'est sentie que comme *conduite individuelle*, c'est que la punition doit être sentie comme générale ou universelle.

L'objet du texte est donc de déterminer **en quel sens il faut distinguer** la punition de la vengeance. Ce qui nous conduit immédiatement à deux questions :
- pourquoi y a-t-il lieu de distinguer ?
- pourquoi faut-il choisir la punition plutôt que la vengeance ?

10. Hegel, *Propédeutique philosophique, §21, Éclaircissement.*

Déterminer pourquoi la question se pose

À la première, on répondra que vengeance et punition sont parfois confondues: celui qui entreprend de venger un affront qu'il a subi, ou de venger la mort d'un proche, dira volontiers qu'il punit le coupable; à l'inverse, lorsqu'un tribunal prononce une peine, on dit parfois que la société se venge. La punition ne serait alors que la forme légale de la vengeance. Qu'y a-t-il donc de commun entre vengeance et punition pour qu'on puisse les confondre? C'est que l'une comme l'autre prétendent à la **justice**: il n'est pas juste que le coupable reste impuni, tel est le sentiment général; dans l'esprit de celui qui venge une mort en infligeant à son tour la mort existe aussi le sentiment qu'il rétablit un équilibre que le crime avait rompu.

En déterminer l'enjeu

La question devient alors celle de savoir pourquoi Hegel estime **juste** la punition et **injuste** la vengeance, ce qui nous devra nous conduire, à travers l'examen de ses arguments, à **définir la justice**.

Procéder à l'étude ordonnée du texte

Rappeler les définitions de médiat et immédiat

Vengeance et punition se donnent donc pour deux **réparations**. Le premier point sur lequel elles se différencient est que la première prétend à une réparation **immédiate** (c'est celui-là même qui a subi, en lui-même ou dans ce prolongement de lui-même qu'est sa famille, ou sa patrie, qui, comme on dit, veut «se faire justice lui-même»), tandis que la seconde attend d'un autre (le juge) la réparation du préjudice subi. Nous dirons donc que le juge est la **médiation** entre les deux parties: il n'est ni l'un ni l'autre – il est un «tiers» – mais il a pour charge d'établir un rapport entre eux, une proportion entre le préjudice subi et sa réparation.

Orienter son étude

Pourquoi la punition décidée par un juge serait-elle plus juste?

Chercher dans le texte les réponses aux questions que l'on se pose

1. Première réponse: parce que dans la vengeance, la passion joue son rôle. Quel rôle? Celui de mobile: c'est le désir de vengeance qui meut le vengeur. Mais ce désir de vengeance n'avons-nous pas dit qu'il était désir de justice? Sans doute, mais qu'il en soit le désir n'implique pas nécessairement qu'il soit capable de justice, désirer la réparation n'est pas encore savoir ce qui sera une juste réparation. Animé par la passion, par l'esprit de vengeance, comment celui qui se venge serait-il lucide? Il est sous l'emprise de la douleur subie, vécue, situation dans laquelle il est bien difficile, voire impossible, de se placer à un autre point de vue que le sien.

Analyser la notion de droit

Voilà pourquoi *le droit* est ici *troublé*. Le droit peut s'entendre en deux sens: il est l'ensemble des textes qui définissent ce qui est permis, ce qui est défendu, ce qui est prescrit. En ce sens, il comporte aussi (droit pénal) une définition des peines encourues par celui qui le viole. Mais le droit c'est aussi ce que j'ai le droit de faire, mon droit, ce à quoi je peux légitimement prétendre, ce qui m'est reconnu par le droit positif que nous venons de définir, ou ce qu'il ne me reconnaît pas encore mais dont j'estime qu'il le devrait. En ce sens, mon droit n'est pas mon pur caprice: parce qu'il veut être reconnu, je ne peux affirmer comme droit que ce dont les autres sont susceptibles de reconnaître la légitimité. Affirmer un droit, c'est m'inscrire dans un rapport avec d'autres: si tel est mon droit, il est de leur devoir d'accepter que j'agisse de telle manière, et réciproquement, si quelqu'un a le droit de faire quelque chose, il n'est pas légitime que je l'en empêche. Dans un cas comme dans l'autre, donc, le droit suppose la reconnaissance réciproque, la prise en compte par moi des droits de tous. Prétendre se faire justice à soi-même, c'est donc s'excepter, faire valoir ce que l'on estime être son droit sans s'assurer de sa légitimité.

Approfondir sa réflexion parce que l'on rencontre une difficulté

2. Comment donc m'assurer de la légitimité de ma revendication ? C'est ici qu'intervient la distinction que nous avons relevée entre *la forme du droit* et *celle de l'arbitraire*. Qu'est-ce que l'arbitraire ? Au sens littéral, ce qui est arbitraire, c'est ce qui relève de mon arbitre, de mon pouvoir de choisir – ce qui, en somme, ne relève que de moi-même, de ma seule volonté. Mais le mot se charge d'une connotation péjorative (être soumis à l'arbitraire, précisément, est senti comme une injustice) : ce qui est arbitraire, c'est ce qui relève du bon plaisir de celui qui ordonne. Ainsi, par exemple, parlera-t-on de l'arbitraire royal qui, sous l'Ancien Régime, permettait au monarque de faire embastiller qui lui déplaisait. L'arbitraire, c'est ce qui n'est pas tenu de se **justifier**, c'est-à-dire de produire des raisons, qui ne soumet pas sa décision à l'examen, c'est ce qui reste enfermé dans la **particularité** de celui qui prononce l'arrêt. Si la seule « justification » est *car tel est mon bon plaisir*, on comprend immédiatement que seul celui qui a le **pouvoir**, c'est-à-dire la puissance, la force, d'imposer sa décision, de se faire obéir peut accomplir des actions qui aient la forme de l'arbitraire. Se venger, c'est mettre la force dont on dispose (son corps, ses armes, son intelligence ou sa ruse, ses relations) au service du seul *sentiment* qui occupe celui qui a été blessé, celui qui a senti l'acte comme blessure. On peut bien admettre qu'il se peut que la décision soit juste, quant à son **contenu** (peut-être le monarque avait-il, au bout du compte, raison, dans l'intérêt de l'État, de faire emprisonner tel ou tel), mais elle n'a pas la *forme du droit*, elle n'en respecte pas les conditions, puisqu'elle demeure purement **subjective**, insoucieuse de produire les raisons qui pourraient la légitimer. Pour être telles, ces raisons devraient pouvoir être acceptées de tous : la forme du droit, c'est **l'universel**. Seul, donc, est conforme à la forme du droit ce qui est susceptible d'être reconnu par tous.

Analyser la notion d'arbitraire

Approfondir sa réflexion parce que l'on rencontre une difficulté

3. Mais comment un tel accord est-il possible ? Il est clair que l'universalité postulée de la décision ou de l'acte juste ne peut relever de la subjectivité blessée, de la passion, du sentiment. Ce qui la fonde, c'est précisément la **raison**, seule capable de s'élever à l'appréciation **objective** du dommage et de la légitimité de la revendication. La douleur ressentie ne peut être, à strictement parler, partagée ; en tant que telle, c'est-à-dire comme contenu subjectif, elle peut bien, d'ailleurs, être irréparable. L'objectivité ne doit donc pas seulement s'entendre comme impartialité du juge, étranger à la cause[11], mais bien comme examen de la chose elle-même, **en tant qu'elle est définie par le droit**. C'est ainsi, par exemple, que le droit juge des actes et non, du moins directement, des intentions. Dire que le juge juge objectivement, c'est donc dire qu'il juge en fonction du droit. Ce qui nous permet encore de préciser le sens de l'expression la forme du droit. Respecter *la forme du droit*, même lorsque subjectivement cela nous paraît injuste[12], c'est garantir la justice, puisque c'est manifester que la loi est la même pour tous et que c'est selon elle et elle seule que nous serons jugés.

Confirmer son interprétation en recourant au texte lui-même

4. C'est ce qui permet de comprendre l'ultime argument de Hegel : le droit qui prend la forme de la vengeance ouvre un **cycle infini** de vengeances. Qu'est-ce qu'un droit qui prend la forme de la vengeance ? On peut l'entendre à nouveau en deux sens : soit que le jugement prononcé par le juge ne se tienne pas dans le cadre de

11. *Cause* est pris ici dans son sens d'affaire judiciaire, procès (cf. l'expression « mettre en cause »).
12. Ainsi, par exemple, lorsqu'une plainte est déclarée irrecevable alors que tout désigne le coupable, pour des motifs formels, comme par exemple, le fait qu'elle a été déposée hors des délais légaux, ou devant un tribunal qui n'est pas juridiquement compétent.

la loi, soit que le droit revendiqué par celui qui se venge ne soit que l'affirmation de sa passion subjective. Dans l'un et l'autre cas, celui qui subit la vengeance ou la fausse punition – une punition qui n'est pas conforme à son concept mais se confond avec ce dont on vient de la distinguer – ne peut que se considérer, à bon droit, comme **victime**. Faute de la médiation rationnelle du droit, il est maintenu dans la particularité vécue, dans la souffrance subie. Il lui est impossible de s'élever au point de vue sous lequel le châtiment pourrait lui apparaître comme juste. Il est condamné à sentir ce à quoi il est soumis, non comme la légitime réparation du préjudice qu'il a lui-même infligé, mais bien comme une *offense*. Car ce qui définit l'offense, ce n'est pas le mal subi, mais l'intention de nuire[13]. Dans la punition, la peine est bien un mal subi – douleur physique ou morale de l'emprisonnement, difficultés résultant de l'obligation d'avoir à réunir la somme nécessaire au paiement de dommages et intérêts, etc. – mais ce mal peut être compris comme juste. Subi, il peut être pensé. Dans la vengeance, ou dans une punition qui prend sa forme, le mal subi demande à son tour réparation, *inexpiablement*, puisqu'il ne peut apparaître comme expiation.

Conclure

Pourquoi la punition décidée par un juge serait-elle ***plus juste***, nous demandions-nous en commençant?

Nous pouvons désormais répondre que bien qu'il s'enracine dans une revendication de justice, dans le sentiment de l'injustice subie, le désir de vengeance ne saurait produire une décision et une action justes, puisque ce qui est juste, c'est précisément ce qui peut être rationnellement établi, ce qui suppose l'arrachement à la particularité subjective, ce qui peut être reconnu universellement comme légitime. Ainsi, ce n'est pas parce qu'**en sa personne** le juge serait plus impartial qu'il jugerait justement, mais c'est parce qu'il incarne la loi, égale pour tous, parce qu'il juge selon la forme du droit et non de l'arbitraire. Qu'il puisse lui arriver de ne pas le faire – emporté à son tour par la passion, l'intérêt – n'autorise donc pas à penser la punition comme la forme légale de la vengeance. La distinction des concepts est essentielle puisqu'elle est précisément ce qui nous permet d'estimer juste ou injuste la peine prononcée.

Usage du texte

Dégager du texte les éléments pertinents

Le problème de Polos est qu'il ne parvient pas à comprendre comment une punition – qui consiste à subir un mal – peut être un bien. Pourquoi faudrait-il payer ses fautes, si on peut l'éviter? Le bonheur ne consiste-t-il pas précisément à éviter le mal?

L'argumentation de Socrate fait du juge le médecin de l'âme: se présenter devant le juge, c'est recouvrer la santé. La réparation est rétablissement de la justice de l'âme elle-même que l'injustice commise a détruite ou endommagée.

Dans notre texte aussi, le juge est **médiateur**. Parce que je ne suis pas capable – du moins pas souvent! – de m'infliger à moi-même le châtiment que je mérite, parce que je ne parviens pas (c'est tout le sens de l'argumentation de Polos) à séparer en moi ce qui relève de la subjectivité **sensible** (désirer le plaisir, fuir la douleur) et ce qui relève de ma **raison** (penser le juste, c'est-à-dire m'élever à un point de vue universel), le juge accomplit en moi cette séparation et, ce faisant il me permet de me retrouver moi-même.

13. Ainsi que le dit Rousseau, cf. *Apprendre à philosopher en lisant Rousseau*, op. cit., p. 85.

Organisation possible du devoir

Ainsi qu'on l'a déjà dit[14], il n'y a pas, pour le sujet-texte, de méthode imposée. Vous aurez observé que les moments de l'explication constituent un approfondissement de la première réponse apportée.

Approfondir l'étude ordonnée

L'étude du texte telle qu'elle a été conduite ci-dessus est une «étude ordonnée», en ce qu'elle s'est attachée à faire paraître l'ordre des raisons du texte à partir de la prise en charge, par le lecteur, de la question qu'il examine: pourquoi la punition est-elle préférable à la vengeance? – question dont on a déployé la **signification philosophique** en faisant apparaître que ce qui est en question ce n'est pas de déterminer, par exemple, si l'une est plus efficace que l'autre dans la vie sociale, mais de **penser la justice**.
Vous pourrez reprendre cette étude, en la mettant en perspective à partir, par exemple, de la question: La punition n'est-elle que la forme légale de la vengeance? dont le caractère problématique demandera à être plus précisément développé, et en enrichissant votre réflexion de l'apport du texte de Platon.

Autres sujets proposés

1. À quelles conditions un raisonnement est-il convaincant?
2. À quelles conditions une punition peut-elle être juste?
3. Comment puis-je connaître mon devoir?
4. Est-ce par crainte que l'on obéit à la loi?
5. Est-il vrai de dire que le châtiment dompte l'homme mais ne le rend pas meilleur?
6. Faut-il punir les méchants?
7. La philosophie peut-elle être définie comme une médecine de l'âme?
8. Les passions sont-elles une maladie de l'âme?
9. Puis-je faire le mal volontairement?

RÉFÉRENCES

TEXTE APPARTENANT À LA MÊME ŒUVRE

• 479d-480e

Dégager les conséquences de la thèse socratique quant à l'utilité de la rhétorique

Socrate conclut l'examen sur un dernier paradoxe: quelle est donc l'utilité de la rhétorique? non pas d'éviter le châtiment mérité, mais de persuader le coupable de se rendre devant le juge afin de subir sa peine. On se rappelle que Gorgias avait donné pour preuve éclatante de la puissance de la rhétorique le fait qu'il réussissait à persuader le malade de se faire soigner là où le médecin lui-même échouait.

14. **INDICATIONS DE MÉTHODE ou COMMENT TRAVAILLER?**, p. 91.

TEXTES D'AUTRES AUTEURS

Nietzsche, *Généalogie de la morale*, II, §§ 1, 2, 3, 4, 12, 13, 14

Approfondir la réflexion sur le châtiment

Quelle est l'origine et quel est le but du châtiment? Deux problèmes ordinairement confondus, que Nietzsche se propose de distinguer.

Rousseau, *Du Contrat social*, I, 3[15]

Approfondir la distinction des concepts de nécessité, contrainte, obligation

Le problème examiné par Rousseau dans le *Contrat social* est celui du fondement de l'ordre politique. Sans obéissance un État ne peut subsister, mais dans l'État, la liberté humaine court le risque d'être détruite (tyrannie). À quelles conditions donc l'obéissance qu'il exige est-elle légitime? Comment faut-il penser l'État pour que l'obéissance y soit libre et la liberté assurée?
Le Livre I pose le problème en éliminant les fausses solutions. Le chapitre 3 *(Du droit du plus fort)* examine le bien-fondé de l'argument selon lequel c'est la force qui crée le droit – et le détruit.

Kant, *Fondements de la métaphysique des mœurs*, II, §13 et sq

Apprendre à distinguer entre les impératifs

Que dois-je faire? est la deuxième des questions essentielles qu'examine la philosophie. Elle se pose parce que si, en tant que nous sommes des êtres naturels, sensibles, nous sommes déterminés à agir d'après les lois de la nature, en tant que nous sommes aussi des êtres raisonnables, nous avons *la faculté d'agir d'après la représentation des lois, c'est-à-dire d'après les principes*, ce qui définit la **volonté**.
Comment nous déterminons-nous à agir? Quand notre action est-elle véritablement morale? La réponse à cette question passe par la distinction entre des impératifs – *La représentation d'un principe objectif, en tant que ce principe est contraignant pour une volonté, s'appelle un commandement (de la raison), et la formule du commandement s'appelle un* IMPÉRATIF. Tous sont exprimés par le verbe « devoir », mais certains commandent hypothétiquement – c'est-à-dire sous une certaine condition : par exemple, les moyens employés par le médecin pour soigner ou par l'empoisonneur pour tuer dépendent de la fin visée, mais techniquement ce qui est à considérer c'est leur seule efficacité, leur adéquation à la fin ; on distinguera ici les impératifs techniques et les impératifs pragmatiques ou de la prudence, qui concernent le choix des moyens de notre bonheur. L'impératif catégorique, lui, commande absolument, il ne concerne ni *la matière de l'action, ni ce qui doit en résulter, mais la forme et le principe dont elle résulte elle-même ; et ce qu'il y a en elle d'essentiellement bon consiste dans l'intention, quelles que soient les conséquences. Cet impératif peut être nommé l'impératif de la* MORALITÉ. C'est à ce dernier qu'on réservera le nom de devoir.

15. Pour l'étude de ce texte voir *Fichier d'exercices*, op. cit., *Fiche 34*.

ÉTUDE 6

(ŒUVRE INTÉGRALE PAGE 43)

Vous trouverez deux EXERCICES GUIDÉS dans cette ÉTUDE : l'étude de la NOTION de JUSTICE, déjà rencontrée dans l'ÉTUDE 5 et une partie du travail de la dissertation.

482 c **Calliclès** : Tu m'as l'air, Socrate, d'être aussi présomptueux dans tes discours qu'un véritable orateur populaire, et tu déclames ainsi parce que Polos a eu la même défaillance qu'il accusait Gorgias d'avoir eue avec toi. Polos a dit en effet que Gorgias, lorsque tu lui as demandé, au cas où quel-
d qu'un, désireux d'apprendre la rhétorique, viendrait à son école sans connaître la justice, s'il la lui enseignerait, avait répondu qu'il l'enseignerait, par fausse honte et pour ne pas heurter les préjugés des gens, qui s'indigneraient qu'on répondît autrement ; que cet aveu avait réduit Gorgias à se contredire, et que c'est justement cela que tu cherches. Là-dessus Polos s'est moqué de toi et à juste titre, à mon avis.
Et voilà que Polos s'est mis lui-même dans le même cas que Gorgias, et, pour ma part, je ne saurais l'approuver de t'avoir accordé qu'il est plus laid de com-
e mettre l'injustice que de la subir. C'est à la suite de cette concession que tu as pu l'empêtrer dans tes raisonnements et lui fermer la bouche ; parce qu'il n'a pas osé parler suivant sa pensée. Car au fond, Socrate, c'est toi qui, tout en protestant que tu cherches la vérité, te comportes comme un vulgaire déclamateur et diriges la conversation sur ce qui est beau, non selon la nature, mais selon la loi. Or, le plus souvent, la nature et la loi s'opposent l'une à l'autre. Si donc, par pudeur, on n'ose pas dire ce qu'on pense, on est forcé de se contredire. C'est
483 a un secret que tu as découvert, toi aussi, et tu t'en sers pour dresser des pièges dans la dispute. Si l'on parle en se référant à la loi, tu interroges en te référant à la nature, et si l'on parle de ce qui est dans l'ordre de la nature, tu interroges sur ce qui est dans l'ordre de la loi. C'est ainsi, par exemple, qu'à propos de l'injustice commise et subie, tandis que Polos parlait de ce qu'il y a de plus laid selon la loi, tu poursuivais la discussion en te référant à la nature. Car, selon la nature, tout ce qui est plus mauvais est aussi

plus laid, comme de souffrir l'injustice, tandis que selon la loi, c'est la commettre. Ce n'est même pas le fait d'un homme, de
b subir l'injustice, c'est le fait d'un esclave, pour qui la mort est plus avantageuse que la vie, et qui, lésé et bafoué, n'est pas en mesure de se défendre, ni de défendre ceux auxquels il s'intéresse. Mais, selon moi, les lois sont faites par les faibles et par le grand nombre. C'est pour eux et dans leur intérêt qu'ils les font et qu'ils distribuent les éloges ou les blâmes; et, pour
c effrayer les plus forts, ceux qui sont capables d'avoir l'avantage sur eux, pour les empêcher de l'obtenir, ils disent qu'il est honteux et injuste d'ambitionner plus que sa part et que c'est en cela que consiste l'injustice, à vouloir posséder plus que les autres; quant à eux, j'imagine qu'ils se contentent d'être sur le pied de l'égalité avec ceux qui valent mieux qu'eux.

Voilà pourquoi, dans l'ordre de la loi, on déclare injuste et laide l'ambition d'avoir plus que le commun des hommes, et c'est ce
d qu'on appelle injustice. Mais je vois que la nature elle-même proclame qu'il est juste que le meilleur ait plus que le pire et le plus puissant que le plus faible. Elle nous montre par mille exemples qu'il en est ainsi et que non seulement dans le monde animal, mais encore dans le genre humain, dans les cités et les races entières, on a jugé que la justice voulait que le plus fort commandât au moins fort et fût mieux partagé que
e lui[1]. De quel droit, en effet, Xerxès[2] porta-t-il la guerre en Grèce et son père en Scythie, sans parler d'une infinité d'autres exemples du même genre qu'on pourrait citer? Mais ces gens-là, je pense, agissent selon la nature du droit et, par Zeus, selon la loi de la nature, mais non peut-être selon la loi établie par les hommes. Nous formons les meilleurs et les plus forts
484 a d'entre nous, que nous prenons en bas âge, comme des lionceaux, pour les asservir par des enchantements et des prestiges, en leur disant qu'il faut respecter l'égalité et que c'est en cela que consistent le beau et le juste. Mais qu'il paraisse un homme d'une nature assez forte pour secouer et briser ces entraves et s'en échapper, je suis sûr que, foulant aux pieds nos écrits, nos prestiges, nos incantations et toutes les lois

1. Qu'il ait un meilleur partage, c'est-à-dire une meilleure part.
2. ~486-~465, roi de Perse, fils de Darius. Darius est à l'origine de la première guerre médique (victoire grecque de Marathon, ~490), Xerxès de la seconde (victoire perse des Thermopyles et incendie d'Athènes, puis victoires grecques de Salamine (~480) et de Platées (~479). Avant d'envahir la Grèce, Darius avait étendu son empire à l'est (vallée de l'Indus) et à l'ouest (Thrace). Contre les Scythes, au nord du Danube, il échoua (~513). Il s'agit des plus grands conquérants connus à l'époque, très présents à la conscience athénienne: les guerres médiques sont constitutives de la conscience grecque, de sorte que leur invocation par Calliclès a un caractère particulièrement provocant.

contraires à la nature, il se révoltera, et que nous verrons appa-
raître notre maître dans cet homme qui était notre esclave : et
alors le droit de la nature brillera dans tout son éclat.
b Il me semble que Pindare[3] met en lumière ce que j'avance
dans l'ode où il dit : *« La loi, reine du monde, des mortels et des
immortels »*. *« Cette loi*, ajoute-t-il, *justifiant les actes les plus vio-
lents, mène tout de sa main puissante. J'en juge par les actions
d'Héraclès*[4]*, puisque, sans les avoir achetés... »*
Voici à peu près son idée, car je ne sais pas l'ode par cœur ;
mais le sens est que, sans avoir acheté ni reçu en présent les
c bœufs de Géryon, Héraclès les emmena, estimant que le droit
naturel était pour lui et que les bœufs et tous les biens des
faibles et des petits appartiennent au meilleur et au plus fort.
Voilà la vérité, tu le reconnaîtras, si, laissant de côté la philo-
sophie, tu passes à des occupations plus importantes. La phi-
losophie, Socrate, est certainement pleine de charme, lors-
qu'on s'y adonne modérément dans la jeunesse ; mais si l'on
s'y attarde plus qu'il ne faut, c'est la ruine qui vous attend.
Car, si bien doué qu'on soit, quand on continue à philosopher
jusqu'à un âge avancé, on reste nécessairement neuf dans
d tout ce qu'il faut savoir, si l'on veut être un honnête homme
et se faire une réputation. Et en effet on n'entend rien aux
lois de l'État et au langage qu'il faut tenir pour traiter avec les
hommes dans les rapports privés et publics ; on n'a aucune
expérience des plaisirs et des passions, en un mot, des carac-
tères des hommes. Aussi lorsqu'on se mêle de quelque affaire
e privée ou publique, on prête à rire, de même que les hommes
politiques, j'imagine, lorsqu'ils se mêlent à vos entretiens et à
vos disputes, se couvrent eux aussi de ridicule.
Il arrive alors, comme dit Euripide[5] que :
*« Chacun brille et se porte à l'art où il se surpasse lui-même et il
y consacre la meilleure partie du jour. »*
485 a Mais celui où l'on est médiocre, on l'évite et on le critique,
tandis qu'on vante l'autre, par amour-propre, croyant par là se
louer soi-même. Mais, à mon avis, le mieux est de prendre
connaissance des deux. Il est beau d'étudier la philosophie
dans la mesure où elle sert à l'instruction et il n'y a pas de

3. ~518-~438, le plus grand poète lyrique, comblé d'honneurs par ses contemporains. Les œuvres de Pindare sont principalement des éloges des vainqueurs (militaires ou aux Jeux, notamment olympiques), exaltant le patriotisme des Grecs.
4. Héros de la mythologie grecque, que les Latins nomment Hercule. La capture des bœufs du géant Géryon à laquelle se réfèrent Pindare et à sa suite Calliclès est l'un des douze fameux travaux.
5. ~480-~406, l'un des grands poètes tragiques ; il fut l'ami de Socrate.

honte pour un jeune garçon à philosopher; mais, lorsqu'on continue à philosopher dans un âge avancé, la chose devient
b ridicule, Socrate, et, pour ma part, j'éprouve à l'égard de ceux qui cultivent la philosophie un sentiment très voisin de celui que m'inspirent les gens qui balbutient et font les enfants. Quand je vois un petit enfant, à qui cela convient encore, balbutier et jouer, cela m'amuse et me paraît charmant, digne d'un homme libre et séant[6] à cet âge, tandis que, si j'entends un bambin causer avec netteté, cela me paraît choquant, me blesse l'oreille et j'y vois quelque chose de servile. Mais si c'est
c un homme fait qu'on entend ainsi balbutier et qu'on voit jouer, cela semble ridicule, indigne d'un homme, et mérite le fouet. C'est juste le même sentiment que j'éprouve à l'égard de ceux qui s'adonnent à la philosophie. J'aime la philosophie chez un adolescent, cela me paraît séant et dénote à mes yeux un homme libre. Celui qui la néglige me paraît au contraire avoir une âme basse, qui ne se croira jamais capable d'une action
d belle et généreuse. Mais quand je vois un homme déjà vieux qui philosophe encore et ne renonce pas à cette étude, je tiens, Socrate, qu'il mérite le fouet. Comme je le disais tout à l'heure, un tel homme, si parfaitement doué qu'il soit, se condamne à n'être plus un homme, en fuyant le cœur de la cité et les assemblées où, comme dit le poète, les hommes se distinguent, et passant toute sa vie dans un coin avec trois ou quatre
e jeunes garçons, sans que jamais il sorte de sa bouche aucun discours libre, grand et généreux.

Pour moi, Socrate, je suis fort bien disposé pour toi, et il me semble que ta présence éveille en moi les mêmes sentiments que Zéthos[7] éprouvait à l'égard d'Amphion, chez Euripide, que je viens justement de citer. J'ai envie de te donner des conseils pareils à ceux que Zéthos adressait à son frère et de te dire que tu négliges, Socrate, ce qui devrait d'occuper, « que tu déformes
486 a ton naturel si généreux par un déguisement puéril, que dans les délibérations relatives à la justice, tu ne saurais apporter une juste parole, ni saisir le vraisemblable et le persuasif, ni donner un conseil généreux »[8]. Et cependant, mon cher Socrate, – ne te fâche pas contre moi: c'est l'amitié que j'ai

6. Qui sied (du verbe seoir), qui convient; cf. un vêtement seyant.
7. Zéthos et Amphion, personnages mythologiques, fils d'Antiope et de Zeus, qui ont inspiré, entre autres, Euripide.
8. Dans tout ce passage, Calliclès mêle librement à son discours des éléments tirés de l'*Antiope* d'Euripide. C'est ce que signalent les guillemets.

pour toi qui me fait parler – ne te paraît-il pas honteux d'être dans l'état où je te vois, toi et tous ceux qui poussent toujours plus loin leur étude de la philosophie ? En ce moment même, si l'on t'arrêtait, toi ou tout autre de tes pareils, et si l'on te traînait en prison, en t'accusant d'un crime que tu n'aurais pas
b commis, tu sais bien que tu serais fort embarrassé de ta personne, que tu perdrais la tête et resterais bouche bée sans savoir que dire, et que, lorsque tu serais monté au tribunal, quelque vil et méprisable que fût ton accusateur, tu serais mis à mort, s'il lui plaisait de réclamer cette peine. Or qu'y a-t-il de sage, Socrate, dans un art qui « prenant un homme bien doué le rend pire », impuissant à se défendre et à sauver des plus
c grands dangers, soit lui-même, soit tout autre, qui l'expose à être dépouillé de tous ses biens par ses ennemis et à vivre absolument sans honneur dans sa patrie ? Un tel homme, si l'on peut user de cette expression un peu rude, on a le droit de le souffleter[9] impunément.

Crois-moi donc, mon bon ami, renonce à tes arguties[10], cultive la belle science des affaires, exerce-toi à ce qui te donnera la réputation d'un habile homme ; « laisse à d'autres ces gentillesses », de quelque nom, radotages ou niaiseries, qu'il faille les appeler, « qui te réduiront à habiter une maison vide ».
d Prends pour modèle non pas des gens qui ergotent sur ces bagatelles, mais ceux qui ont du bien, de la réputation et mille autres avantages.

OBSERVER ET S'EXERCER

ÉTUDE DU TEXTE

I. SITUATION

Établir le lien avec ce qui précède

Premier à parler dans le Prologue, hôte de Gorgias, auditeur attentif, cultivé et sans retenue, Calliclès ouvre le troisième acte, le plus risqué pour Socrate et la philosophie – un ennemi de bonne mesure que Socrate ne convainc pas.

Il a suivi l'épisode Socrate/Gorgias, puis Socrate/Polos, il a entendu dans leur détail et la définition négative de la rhétorique par Socrate et sa réfutation de Polos, quant à savoir s'il vaut mieux commettre l'injustice ou la subir, être châtié ou ne

9. Gifler
10. Raisonnement subtil (péjoratif) ; cf. arguer, argument

pas l'être. Il a vu Gorgias quitter la scène, Polos céder sans véritable conviction devant les raisonnements de Socrate; enfin, il vient d'entendre les derniers coups portés à la rhétorique et aux orateurs. Socrate, en effet, gardait en réserve depuis la mise en danger de Gorgias la question: quelle est l'**utilité** de la rhétorique? Aucune, si au tribunal elle a pour but d'éviter au coupable son juste châtiment. Tout au contraire, elle est **nocive** puisqu'elle empêche que l'âme soit délivrée du mal, elle rend mauvais et malheureux. Reste alors à tirer la leçon et Socrate le fait à sa manière, provocante: dénonçons-nous, dénonçons le coupable, persuadons-le de se rendre lui-même devant les juges, pour son salut. Quant à l'homme juste, qu'aurait-il à faire de la rhétorique? Elle n'est *bonne à rien*.

EXERCICE

Confronter l'entrée en scène de chacun des interlocuteurs de Socrate

Calliclès n'y tient plus et entre dans l'arène à son tour, pressé de rétablir la juste hiérarchie des valeurs que Socrate a bouleversée, bien décidé à ne pas se laisser prendre à son tour à ses arguties, sûr de l'emporter. Calliclès n'a rien du respectable et somme toute bonhomme Gorgias, il n'a rien du jeune Polos dont l'assurance n'a pas résisté aux assauts de Socrate. Il a la distance de l'ironie, son assurance s'adosse à son expérience de la Cité. La manière dont il interpelle Socrate situe immédiatement **l'enjeu** à sa hauteur: *si tu parles sérieusement et si ce que tu dis est vrai, c'est de quoi* ***renverser***[11] *notre vie sociale, et nous faisons [...]* ***tout le contraire*** *de ce qu'il faudrait*. Callliclès apparaît, au sens propre du terme, comme l'anti-Socrate, son exact **répondant**.

Comment un dialogue avec Calliclès est-il possible?[12]

Le ton de Socrate, comme nous l'avons déjà observé, s'adapte à son nouvel interlocuteur. Le portrait qu'il trace de Calliclès veut d'abord mettre en évidence les points communs, établir ce minimum de **communication** possible entre eux deux: être amoureux, éprouver la passion de l'amour[13]. Le ton semble léger et plaisant, Socrate s'autorise même un jeu de mots[14]. Mais au-delà de cette rencontre – chacun poursuit un jeune garçon de ses assiduités –, au-delà de cet élan qui porte chacun vers un objet – la philosophie, le Démos – la différence même de l'objet avertit des différences irréductibles de leur poursuite: deux **existences** se dessinent ici, qui sont peut-être exclusives l'une de l'autre (l'homme politique/le philosophe). Calliclès est un flatteur, un démagogue[15] habile dont les opinions varient au gré des désirs du peuple, quelqu'un dont la loi est d'opportunisme. Peu flatteurs, en revanche, les propos de Socrate qui insiste sur la faiblesse d'une telle attitude – anticipant sur la place que Calliclès accordera à la force: *tu n'as pas la force de le contredire [...] tu te laisses ballotter [...] tu l'abandonnes [...] tu est hors d'état de résister aux volontés [...] tu ne pourrais pas t'empêcher...*

Donner la définition du mot «opportunisme»

Si tel est toujours Calliclès, constant dans son opportunisme, tel est toujours Socrate en son autoportrait, constant dans son amour, dans ses discours et ses actes. Versatilité et constance sont explicitement rapportées aux objets poursuivis: c'est la nature de la philosophie qui fait que Socrate tient toujours le

11. C'est nous qui soulignons.
12. Cf. **ÉTUDES 2** et **4** et **TRAVAIL DE LA DISSERTATION**, pp. 125 et sq.
13. On se gardera du contresens qui attribuerait à Socrate mépris et condamnation des passions. Cf. **ÉTUDES 3**, pp. 215 et 216-217 et **7**, p. 143.
14. Le jeune homme dont Calliclès est réputé être amoureux est plaisamment nommé Démos. Ce prénom est le mot même qui désigne le peuple qui exerce le pouvoir dans un régime démocratique.
15. Cf. l'étymologie et l'analyse de la démagogie dans l'**ÉTUDE 3**, note 20, p. 140.

EXERCICE

1. Rechercher dans l'ensemble du Dialogue les autoportraits des différents protagonistes.
2. Les analyser afin de mettre en évidence leur rôle dans le dialogue.

même discours, on peut penser que c'est la nature du peuple qui conduit Calliclès à ne jamais tenir le même. À moins qu'il y ait une autre manière de faire de la politique que celle envisagée par Calliclès – c'est ce qu'il nous faudra examiner[16]. Pour l'instant, ce qui est réitéré, c'est le principe fondamental qui veut que l'on soit toujours **en accord avec soi-même**.

Les termes du face à face sont donc posés: les exigences du dialogue sont en place. À Calliclès de réfuter Socrate, c'est-à-dire la philosophie comme mode d'être et de pensée.

2. ANALYSE

L'ampleur du discours de Calliclès pourrait décourager le lecteur. On peut y repérer, sans en altérer l'unité de ton et d'intention, trois grands moments, sommairement définis de manière thématique.

S'orienter dans le texte

§§ 1 et 2: le retour sur les entretiens précédents
§§ 3, 4, 5 et 6: la thèse de Calliclès sur la nature de la justice
§§ 7, 8, 9, 10 et 11: la thèse de Calliclès sur la philosophie.

I. Le retour sur les entretiens précédents

Dégager les présupposés des entretiens précédents

Dans cette introduction au grand discours rhétorique, Calliclès s'adresse à Socrate et lui montre qu'il a su tirer les leçons des deux premiers actes: si Gorgias et Polos ont perdu la face, c'est qu'ils ont été victimes des ruses de Socrate et ainsi contraints de se contredire. Calliclès, d'une autre trempe, ne se laissera pas faire: il osera, lui, parler selon sa pensée et il monte à l'assaut.

La première attaque consiste à faire de Socrate lui-même un sophiste, un de ces *orateurs populaires* dont il a fait la critique, un *vulgaire déclamateur*. Ainsi est d'emblée déniée la possibilité de faire du langage un usage différent autre que de combat, il n'est que rapport de forces: il ne s'agit que de faire en sorte d'être le plus fort, de trouver les trucs et les astuces qui mettront l'interlocuteur dans l'embarras afin de le contraindre à l'aveu d'impuissance et au silence.

Quel est donc ce procédé qui a assuré la victoire à Socrate? confondre délibérément *ce qui est beau non selon la nature mais selon la loi*. Tout le problème est là: il nous est encore opaque, mais sera explicité dans un deuxième temps.

L'analyse qui revient sur les raisons de l'échec de Gorgias puis Polos en face de Socrate vise donc à montrer que ce prétendu homme de dialogue ne diffère pas de ceux qu'il condamne, et que c'est lui Calliclès qui accomplira l'exigence socratique d'un accord de la pensée avec elle-même, puisqu'il ne reculera pas par *pudeur* ou *fausse honte* devant les implications et les conséquences de ses affirmations.

Examiner la mise en place de l'argumentation de Calliclès

Ainsi Calliclès, fidèle à la méthode des rhéteurs, entend prendre sur Socrate un ascendant qui lui assure la victoire. On se rappelle comment Gorgias, d'abord, était enclin à poursuivre sur la voie de sa pratique habituelle – la «démonstration»[17] –

16. Cf. aussi **ÉTUDE 3**, p. 142.
17. L'*epideixis* rhétorique dans laquelle l'orateur fait une démonstration de son talent, moment propre à assurer sa réputation et indispensable au recrutement de nouveaux élèves. C'est une séance de ce genre que Gorgias venait de donner lorsque Socrate est arrivé. Gorgias se vante, on s'en souvient, d'être capable d'improviser un discours brillant sur n'importe quel thème qui lui est offert par un membre de l'assistance. Ne pas confondre, donc, avec la démonstration mathématique.

qui lui vaut reconnaissance et prestige, comment Polos, ensuite, avait cru s'assurer un avantage en prenant la direction de l'entretien et en soumettant Socrate à ses questions. Calliclès, à son tour, entend faire la preuve de sa **maîtrise** dans l'usage du langage, ordonné à la seule fin de vaincre: c'est lui qui contraindra Socrate et non celui-ci qui le contraindra à dire ce qu'il ne veut pas dire.

Se familiariser avec la distinction de ce qui est «par nature» et de ce qui est «par convention»

Cette assurance repose sur une réflexion, nourrie de l'enseignement des sophistes, concernant la distinction entre **«ce qui est par nature»** et **«ce qui est par convention ou par loi»**. Thème essentiel de la pensée sophistique, cette distinction de ce qui est *phusei* (par nature) et *nomô* (par loi), est au cœur des doctrines qu'ils diffusent dans la société grecque et d'une puissante portée critique[18]: dans la pensée traditionnelle, les lois sont divines et conformes à la nature des choses. Leur pérégrination de Cité en Cité conduit les sophistes à l'affirmation de leur relativité: si elles sont variables, c'est qu'elles ne sont que conventions et peuvent donc être changées. Cette relativisation des lois est à l'origine de l'opposition rencontrée par les sophistes dans les milieux traditionnels qui les accusent de dissoudre le lien social en ruinant la moralité[19] et qui refusent de prendre au sérieux leur prétention à enseigner la vertu, chose ou bien appartenant par nature aux hommes bien nés, ou bien reçue dans la pratique familiale et civique.

II. La thèse de Calliclès sur la nature de la justice

Le cœur du discours est une théorie exposée en soi, présentant son principe et développant en trois paragraphes ses implications. Calliclès ne se contente pas de reprendre l'enseignement sophistique, au demeurant plus divers, mais en fait usage, le met au service de sa conception du monde et des hommes, de la nature et de la Cité, en dégage avec force les conséquences renversantes[20], en dévoile l'enjeu qui légitime son ambition politique. Suivons son analyse.

Rappeler l'énoncé du principe de non-contradiction

Reprendre l'entretien de Socrate et Polos relativement aux deux «paradoxes moraux»

L'argument de Calliclès consiste à dire que la confusion délibérée, qui interdit de percevoir l'opposition, conduit à penser qu'il y a contradiction alors qu'on ne parle pas **sous le même rapport**[21]. On a, en fait, affaire à deux discours, deux **points de vue**, ou deux **perspectives**, que Socrate et Polos ont chacun illustrés:
- l'un en **se référant à la nature** (Polos): ce qui est le plus laid, le plus mauvais, c'est de **subir** l'injustice
- l'autre en **se référant à la loi** (Socrate): ce qui est le plus laid, le plus mauvais, c'est de **commettre** l'injustice,

et le tort des deux est de ne pas le dire, de ne pas faire apparaître la perspective dans laquelle il se situe. Chacun, en effet, peut bien avoir raison, puisqu'ils ne parlent en réalité pas de la même chose.

18. On retrouvera, *mutatis mutandis*, cette puissance critique dans la lutte contre l'absolutisme monarchique aux XVII et XVIIIèmes siècles: une monarchie de droit divin est intangible, mais si l'autorité politique résulte d'une convention, d'un contrat, ce que les hommes ont fait, ils peuvent aussi le défaire. (cf. par exemple *Apprendre à philosopher en lisant Rousseau*, op. cit.).
19. On reconnaît ici les thèmes qui inspirent la mise en accusation de Socrate (impiété et corruption de la jeunesse) assimilé aux sophistes. C'est, en effet, par exemple, la position d'Anytos, membre influent du parti démocratique qui fut l'un de ceux qui déposèrent la plainte contre lui (cf. notamment *Ménon*, 89e et sq.).
20. Cf. son entrée en matière: *si tu parles sérieusement et si ce que tu dis es vrai, il y a de quoi renverser notre vie sociale* (481b).
21. Cf. **ÉTUDE 2, ÉTUDE DES NOTIONS: LOGIQUE**, pp. 123-124.

Qu'est-ce que la nature, et qu'est-ce que la loi – telles du moins que les conçoit Calliclès ? Le sens des concepts se construit dans l'opposition de ces deux ordres, de ces deux « lois » pourrait-on dire : la loi de nature et la loi de convention.

Préciser le sens de la distinction

• **L'ordre de la nature n'est pas institué par l'homme** : il ne lui est pas propre car c'est un ordre général ou, mieux, **universel** et **nécessaire** régissant toute vie. Il est en même temps posé comme la bonne **norme** à retrouver et à respecter : les hommes devraient vivre selon cette loi de la nature.

• **L'ordre de la loi est institué par les hommes**, qui font les lois civiles comme les lois morales. Il relève de la **culture** et il est, de ce fait, **particulier** et **contingent**. Ordre juridique et moral institué, il ne saurait s'imposer avec la même force que l'ordre naturel, il peut être contesté, on peut lui désobéir, pour autant que la nature le permette.

Rappeler la distinction du fait et du droit

On voit que dès la présentation de ces deux ordres, Calliclès les rapporte lui aussi à la question posée par Socrate – **Comment vivre ?** comment les hommes **doivent-ils** vivre ? À quelle loi doivent-ils se référer ? – de sorte que la question « de fait » (ce qui est) et la question « de droit » (ce qui doit être) sont d'emblée mêlées : si la nature **doit** servir de **norme**, le droit doit se conformer au fait. Le problème ne se pose, observons-le, que pour **les hommes** : les animaux ne se demandent pas s'ils doivent obéir à la loi de la nature, ils y sont nécessairement soumis, ils relèvent entièrement de l'ordre du fait.

Préciser la conception calliclèenne de la nature

Calliclès, toutefois, dans la question « Comment les hommes doivent-ils vivre ? » n'entend pas à proprement parler « les hommes », car à ses yeux l'humanité n'est pas **une**. Conformément à ce qui se passe dans l'ensemble de la nature (ainsi chez les animaux), elle se divise en **deux** : les faibles (qui constituent le grand nombre) et les forts (l'exception). Comment doit-on vivre ? Selon la nature : les faibles doivent vivre comme des faibles, selon leur nature de faibles ; les forts, comme des forts, selon leur nature de forts. La prétention du faible de vivre comme s'il était fort est **anti-naturelle**, contraire à l'ordre des choses.

Ainsi, **selon l'ordre de la nature**, subir l'injustice, c'est-à-dire souffrir, c'est être passif, être **esclave** de plus fort que soi. C'est ne pas faire triompher la vie, aller dans le sens de la faiblesse et de la mort, ne pas être actif et acteur de sa propre vie. Être esclave, c'est être soumis. Si l'on est un fort, c'est être *lésé*, *bafoué* dans ses droits. C'est cette image dégradante de l'homme que propose la thèse socratique en affirmant pour **tous** les hommes qu'*il vaut mieux subir l'injustice plutôt que de la commettre*. Une telle morale ne peut convenir qu'aux esclaves. Elle ne saurait s'appliquer au fort, le seul véritablement homme aux yeux de Calliclès, à qui sa nature confère tous les droits.

Préciser la conception calliclèenne de la loi

L'ordre de la loi est celui institué et imposé par le grand nombre des faibles – le nombre, c'est la force des faibles, ce par quoi ils peuvent l'emporter sur les forts et qui renverse l'ordre naturel. Les lois sont non seulement artificielles mais **anti-naturelles**. On pourrait, en effet, concevoir les lois d'une Cité qui se conformeraient à la nature – il s'agit d'une Cité tyrannique, et c'est celle qu'a en vue Calliclès. L'ordre de la loi auquel il réfère Socrate est un ordre démocratique, dans lequel, par définition, c'est le nombre qui fait la loi. Or dans quel but institue-t-on la loi, sinon l'intérêt de celui qui la fait : une loi tyrannique sert le tyran, une loi démocratique sert l'intérêt du grand nombre. Et quel est l'intérêt du grand nombre sinon de se protéger de la force des forts ? La loi dont il s'agit ici ne doit pas seulement être entendue de manière juridique : porteuse de valeurs, elle exprime également une morale. Elle doit donc être intériorisée, et c'est le but de l'éducation par laquelle les enfants apprennent ce qui est bien et ce qui est mal. Il faudra donc brider dès l'enfance la force des forts, les accoutumer à penser que la force est un mal, ce qui convient au grand nombre, un bien. On leur inculquera donc ces valeurs pernicieuses, au nom desquelles l'ambition, le désir de posséder davantage, est *injuste et honteux*, seule l'égalité est juste, l'inégalité est injustice.

Examiner la conception calliciéenne des rapports entre les hommes

Comment vivent les hommes ? toujours nécessairement dans un **rapport de domination**, les forts l'emportant sur les faibles et leur imposant leur volonté et leurs valeurs conformes à leurs intérêts. Or actuellement, observe Calliclès, c'est le grand nombre qui impose sa force, interdisant à la force de ceux qui sont forts par leur nature même de se déployer, de l'emporter, et de gouverner. La conception de la justice qui prévaut est la leur : justice-égalité, justice-nivellement, méconnaissance des différences naturelles entre les hommes afin de se protéger du danger que le fort constitue pour le faible. Naturellement impuissants, les faibles ne peuvent être animés que par le ressentiment, l'envie – d'où le trait ironique : *j'imagine qu'ils se contentent d'être sur le pied de l'égalité avec ceux qui valent mieux qu'eux*. Incapables de se hisser à la hauteur des forts, ils ne peuvent que rabaisser ceux-ci à leur propre niveau.

Qu'attend donc Calliclès ? Un renversement de ce rapport, une domination non plus contre-nature mais qui, retrouvant l'ordre naturel, retrouvera sa légitimité. Les forts feront des faibles leurs esclaves, ce à quoi leur nature les destine. Mais comment renverser l'ordre institué dans la Cité ? Seul un homme providentiel, un **tyran**, au-dessus des lois (lui-même ?) pourra remettre le monde dans le bon sens. La force ne s'impose que par la force : la **violence** est le principe revendiqué.

Prévenir un contresens

Calliclès ne peut penser un monde sans domination ni violence, sans division des hommes en deux groupes antagonistes. Son propos légitime donc sa conception du monde et il choisit son camp, autre que celui de Socrate. Prenons garde, cependant, une fois encore : d'une part, ce n'est pas Socrate qui parle, mais Calliclès, et c'est celui-ci qui lui assigne une place dans le tableau qu'il brosse ; d'autre part, si Calliclès revendique la tyrannie contre l'ordre démocratique, son opposition à Socrate ne se ramène pas à des catégories politiques modernes. Poursuivons donc au plus près des affirmations de Calliclès lui-même et tâchons nous aussi de trouver notre place dans le dialogue mis en scène par Platon.

Aux yeux de Calliclès, le discours que tient Socrate est propre à légitimer cet ordre régnant qu'il convient au contraire de renverser. Mais Calliclès ne se laisse pas impressionner par la force des faibles et leurs discours, il s'empresse de redéfinir **ce qu'est être fort** : c'est *[valoir] mieux que les faibles*, et ce, par nature. C'est donc avoir le droit – **naturel et donc légitime** – de les dominer.

Dégager l'enjeu du discours

La vérité du discours de Calliclès est à la fois morale et politique : il oppose deux conceptions de l'humanité, deux conceptions de la vie et de la politique. En décrivant une humanité de fait coupée en deux, ordonnée selon des rapports de domination, il conteste l'idée même d'une égalité naturelle des hommes. Les vies humaines ne sont pas équivalentes : un homme libre vaut mieux qu'un esclave. L'**inégalité naturelle** devient norme de justice. Pour rompre avec la démocratie et promouvoir la tyrannie, il faut passer de l'ordre artificiel de la loi, de la parole et de la raison à celui de la force et de la violence. **C'est la force et non la loi qui doit faire le droit. L'enjeu** est de taille : **force ou droit ? raison ou violence ?**

En se maintenant dans le langage de la morale puisqu'il s'agit de définir ce qui est juste, en se maintenant dans le langage tout court qui prétend faire valoir des raisons, Calliclès n'est-il pas ce personnage qui **accule la philosophie** à défendre une pensée politique fondée en raison, contre la violence, pour une vérité de la loi ? L'opposition est formulée ici en termes de nature contre culture – au sens de ce qui est institué par l'homme non pas seulement comme être biologique, animal, mais comme proprement humain, qui donne sens et valeur à ses actes. Or l'humanité de l'homme ne consiste-t-elle pas, précisément, à s'écarter de la nature, à s'affranchir dans une certaine mesure du déterminisme naturel, notamment en protégeant les faibles, à corriger, en somme, la nature dans ce qu'elle a d'inhumain ? Plus nous entendons Calliclès, plus nous souhaitons **l'interroger**.

Questionner Calliclès

Pourquoi définir l'homme par une nature donnée, subie, et non par l'activité d'instituer qui est la sienne ? Pourquoi la nature constituerait-elle une norme absolue ? Quelles sont ces valeurs qu'il invoque : la nature, la vie ?

Calliclès prétend s'en tenir aux faits, qui, selon lui, parlent d'eux-mêmes : *je **vois** que la nature elle-même **proclame**...*[22] Le droit naturel serait de l'ordre de ce qui se **constate** – et Calliclès d'énumérer les témoignages empruntés à la nature tout entière : le monde animal, dont l'exemplarité ne souffre aucune discussion, mais aussi le monde humain, le monde politique des villes et des peuples, gouvernés par des rapports de forces ainsi que le montre l'expérience constante de la guerre – expérience particulièrement vive pour les Athéniens engagés dans un expansionnisme de type impérialiste, et qui gardent encore le souvenir des combats que leur Cité a dû livrer contre l'envahisseur perse durant les Guerres médiques[23]. Mais ces faits **parlent-ils** vraiment ? Ne pourrait-on pas leur faire **dire** autre chose ?

Et d'autres faits ne résistent-ils pas ? Le grand nombre des faibles fait la loi : comment cela est-il possible ? Effet du nombre, certes, mais aussi effet de l'éducation définie ici non comme formation de l'homme raisonnable mais comme *enchantements et prestiges*, parole **magique**, hommage (paradoxal, mais c'est toujours Platon qui écrit, et ses auditeurs devaient être sensibles au raffinement de la pointe) de Calliclès à la puissance incantatoire du langage qui métamorphose la réalité[24], qui rend l'irréel réel, transmute la faiblesse en force, ou le lion en mouton – tout de même que l'art rhétorique fait d'un mauvais argument un bon, d'un coupable un innocent. Il faut dissiper ces enchantements et ces prestiges, rendre à la nature tout son éclat, restaurer la nature dans son *droit*.

Suivre la nature, revenir à la nature, retrouver l'ordre naturel perdu, **l'équivocité** de ces expressions nous laisse perplexe. Si la nature, c'est le fait, ce qui est, comment peut-on s'en écarter ? Comment rendre compte de ce pouvoir humain, attribué au langage, aux discours ? Comment Calliclès peut-il dire à la fois que la nature est et n'est pas ? s'impose et est vaincue ? De quelle nature parle-t-il au juste ?

22. C'est nous qui soulignons.
23. Cf. note 2, p. 186.
24. Cf. notamment Gorgias, *Éloge d'Hélène* (**ÉTUDE 1**, **RÉFÉRENCES**, p. 115).

Examiner la différence entre discours rhétorique et discours philosophique

Un tel examen, qui serait **philosophique**, n'est pas la voie empruntée par Calliclès qui poursuit au contraire à la manière des avocats dont les preuves ont été dénoncées par Socrate : il fait venir à la barre, après la nature tout entière, les hommes politiques – dont l'exemple est propre à servir ses desseins : Xerxès et son père Darius –, les poètes célèbres et admirés de tous – Pindare –, les mythes communs – Héraclès, héros de la force victorieuse, figure emblématique empruntée au passé de la Grèce, héraut des temps à venir.

Conclure l'analyse

La force l'emporte, il est juste et légitime qu'elle l'emporte, tout ce qui œuvre à renverser cet ordre n'est que discours creux, au service d'intérêts serviles, indigne d'un homme véritable. Telle est donc la vision calliciéenne du monde des hommes, du monde politique. C'est à Socrate qu'il s'adresse, c'est lui qu'il s'agit d'ébranler dans ses convictions, voire d'inciter à une conversion. Mais comment cela serait-il possible, sinon en quittant ce dont il est amoureux, la philosophie ? Car, rappelons-nous ce que nous a montré l'introduction du discours de Calliclès, c'est de renverser les rôles qu'il s'agit. Aussi, tandis que Socrate disait à Polos : À quoi sert la rhétorique ? **à rien**, **à nuire**, à **se** nuire, si en elle se résume tout usage possible du langage – Calliclès rétorque ici : À quoi sert la philosophie ? **à rien**, **à nuire**, à **se** nuire si l'on s'y attarde et si l'on en fait sa vie.

III. La thèse de Calliclès sur la philosophie

S'orienter dans la troisième partie du discours

Fort de son intelligence, de sa culture de lettré, de son habileté à parler, de son expérience des hommes dans la Cité, de sa valeur, enfin, Calliclès ose dire à Socrate et devant tous, oui Socrate s'est fourvoyé – remise en question **radicale**, symétrique de celle exprimée par Socrate à l'égard de la rhétorique dans son entretien avec Polos, contestation de **l'être** même de Socrate qui se confond avec son existence définie comme philosopher[25] – mais tout n'est pas perdu. Condescendant, il le rassure : il est encore temps de te rééduquer, à une condition, toutefois : *laisse la philosophie*, occupation futile et infantile. Inversion encore du rapport de maître à disciple : Socrate s'adressait à l'élève Polos, qu'il fallait convertir à la philosophie, c'est désormais Calliclès qui se donne pour le maître de Socrate qu'il faut détacher d'elle.

De même que la rhétorique dont il était question n'était pas simplement la discipline enseignée par les rhéteurs, visant à développer une habileté dans le maniement du langage, mais le genre de vie et le système de valeurs, et jusqu'à la conception de l'homme, du monde et de l'être qu'elle enveloppe, la philosophie dont il est question ici n'est pas seulement une autre discipline appartenant au cursus des gens cultivés, connaissance théorique, développement d'une habileté dans le maniement des idées, mais celle-là même que Socrate enseigne aux jeunes gens, genre de vie et système de valeurs, conception du langage et de la vérité, de la justice et du bien, distinction de la réalité vraie et de ses simulacres, non pas seulement activité intellectuelle mais **exercice de la raison** tout ensemble **théorique** et **pratique**.

25. Qu'aux yeux de Socrate, vivre se confonde avec philosopher, c'est ce que montre par exemple le passage où, s'interrogeant sur la mort, il envisage deux possibilités : dans le cas où il y aurait une vie après la mort, Socrate la passerait en entretiens avec les grandes figures du passé qu'il rencontrerait dans l'Hadès (*Apologie de Socrate*, 40e-41c).

Examinons quelle argumentation développe Calliclès, fidèle à sa vision du réel et à son éducation sophistique. On peut y distinguer trois moments commandés par la question « À quoi sert la philosophie ? » :

• elle part du **fait** : la place de la philosophie dans la Cité – positive dans la formation des élites politiques, négative au-delà

• indique en conséquence quel usage il convient d'en faire – passant ainsi du fait au **droit**

• et s'achève sur les effets désastreux d'un usage non réglé – mobilisant les ressources classiques de la rhétorique : argument *ad hominem*[26], appel aux témoins, recours aux images, tous procédés destinés à frapper la **sensibilité**.

Comme précédemment chez Socrate, le ton est celui de l'exhortation. Sincère ou non (mais ne nous étions-nous pas posé la question à l'égard de Socrate s'adressant à Polos ?), Calliclès presse Socrate, au nom de l'amitié, de changer de vie. L'enjeu est, précisément, la vie même de Socrate puisque, s'il s'obstine à philosopher, **il sera mis à mort**.

Lisons donc.

Examiner l'argumentation de Calliclès

L'affirmation centrale est qu'**il y a un âge pour philosopher**. Comment l'établit-il ?

La philosophie est ici mise en balance avec la *science des affaires*, occupation d'importance, but de l'existence humaine auquel les diverses activités sont subordonnées. C'est la politique qui est l'affaire sérieuse de l'existence, ce par quoi un homme est homme, libre. Mais pour y parvenir, la philosophie a sa place – **subordonnée**. L'ensemble de l'argumentation peut ainsi être lue comme un miroir de l'analyse socratique de la rhétorique, dont on se rappelle qu'elle devait se subordonner à la seule chose qui vaille : le salut de l'âme.

Ainsi, deux raisons sont invoquées, l'une positive et l'autre négative : la philosophie est **nécessaire**, mais elle est **insuffisante**.

Dépourvue de philosophie, l'éducation est incomplète, mais l'éducation n'est pas une fin en soi, elle n'est qu'un moyen appelé à se dépasser dans la fin poursuivie ; demeurer philosophe, c'est s'interdire l'accès au monde des hommes. Loin donc d'être la science suprême, parfaite, la philosophie, au contraire, rend ignorant et naïf, éloigne du savoir véritablement utile, celui qui permet de tenir sa place dans la Cité des hommes, mutile celui qui la pratique au-delà de la place qui lui est réservée, le rendant incapable de jouir *des plaisirs et des passions*. Elle rend donc sot et faible, elle maintient dans l'enfance.

Examiner la différence entre discours rhétorique et discours philosophique

On voit que la réponse de Calliclès à la question « À quoi sert la philosophie ? » est posée d'emblée, avant l'examen de ce qu'elle est. Pour argumentée qu'elle soit, elle n'échappe donc pas au genre rhétorique. Blâme ou éloge, elle contrevient à l'exigence méthodique posée par Socrate, elle reproduit la démarche à laquelle celui-ci avait été conduit lorsqu'il était interrogé par Polos, pseudo-maître du dialogue.

Il n'est donc pas surprenant qu'elle soit exprimée sur le mode **normatif** : il y a *ce qu'il faut savoir*, le langage qu'*il faut tenir*. Et, parce qu'il ne doute pas de la valeur de ce qu'il affirme, Calliclès ne peut concevoir la position de Socrate que comme un effet de l'impuissance où il est d'agir et de penser comme lui. Ce que dit le

26. Argument qui prétend établir ou ruiner une affirmation en s'attaquant non pas à ce qu'elle dit mais à la personne de l'adversaire (Cf. **ÉTUDE 4**, note 9, p. 156).

faible doit toujours être rapporté à sa faiblesse : chacun ne pense et n'exprime rien d'autre que ce que sa position au sein du rapport des forces lui permet. En guise d'argument, Calliclès invoque ici l'autorité d'Euripide.

Ce n'est qu'ensuite, sous l'autorité d'Euripide, que Calliclès développe son analyse qui se cantonne, ou prétend se cantonner, à l'observation des faits. Il n'est pas question de **définir** la philosophie, dont le concept est simplement emprunté à la culture commune : le mot désigne une pratique identifiable dans la Cité, qui, comme telle, a deux occurrences : font de la philosophie, les jeunes gens dans le cours de leur formation ; font aussi de la philosophie des hommes mûrs, tel Socrate. Les premiers font bien, les autres, non. Pourquoi ?

Dégager le présupposé de l'affirmation

La conception qui sous-tend cette affirmation est, il fallait s'y attendre, **naturaliste** : il y a un âge pour philosopher parce qu'à chaque âge correspond naturellement une activité. La nature de l'enfant exige l'éducation, celle de l'adulte, la pratique politique. On accomplit donc sa nature en se livrant à l'activité qui lui convient.

Le jeu convient à l'enfant, parce qu'il est dans la nature de l'enfant de jouer ; il faut donc que les enfants jouent. Mais le jeu ne convient pas à la nature de l'homme mûr, qui est autre, aussi, s'il continue à jouer, cette pratique, d'enfantine devient infantile. La philosophie est donc assimilée à un jeu – exercice des jeunes forces intellectuelles, propre à les fortifier ; pratiquée par l'adulte, elle est ridicule.

Inversement, les discours d'adultes dans la bouche des enfants sont contre-nature : ils *sont choquants et blessent l'oreille*.

L'homme vraiment *libre*, c'est celui qui accomplit sa nature, d'enfant, puis d'adulte. Pratiquer les activités qui ne conviennent pas à cette nature, c'est être servile, c'est se soumettre à une loi autre que sa loi propre qui est de développer sa propre nature. Et l'esclave, nous le savons, est fait pour être dominé : il *mérite le fouet, on a le droit de le souffleter impunément*. Aussi, de même, celui qui, jeune homme, ne philosopherait pas a-t-il *une âme basse*.

Interroger la « défense » calliciéenne de la philosophie

Tout ce développement inspiré aux dires de Calliclès, rappelons-le, par l'amitié, mêle condescendance et violence, menaces à peine voilées qui se précisent peu à peu. Mais Calliclès s'offre le beau rôle : n'est-il pas l'homme modéré, l'homme de la synthèse – *le mieux [n']est[-il pas] de prendre connaissance des deux ?* De la philosophie, oui, il en faut ; il ne serait donc pas un ennemi de la philosophie. Mais que vaut cette apparente défense de la philosophie ? Ce qui se profile, en effet, derrière cette argumentation qui semble faire une place honorable à la philosophie – n'est-elle pas indispensable à l'homme *libre, grand, généreux* ? ne serait-il pas moins qu'un homme celui qui ne la connaîtrait pas ? – c'est sa **soumission à une fin étrangère**. Cette place marginale assignée à la philosophie, qui fait d'elle une activité parmi d'autres, doit être rapportée à l'idée de l'homme qu'il s'agit de former, entre autres grâce à elle : un homme habile, aiguisant ses capacités intellectuelles, se préparant à l'action, à la prise de pouvoir, tournant le dos aux esclaves qu'il s'apprête à soumettre. Tout autre homme que celui-là est ridicule, seulement digne de mépris, il peut bien – il doit ? – être mis à mort sans honte. La vie qu'il s'agit de vivre, la vie réussie, c'est la puissance et la jouissance. L'autre, l'impuissant, l'incapable d'assouvir ses passions, n'est **rien**.

Examiner la composition rhétorique du discours

Le discours s'enfle progressivement (observons la fin de chaque paragraphe) et s'achève dans la préfiguration du procès et de la mort de Socrate. L'image du tribunal, l'accusé réduit à l'impuissance balbutiante de l'enfant qu'il n'a pas cessé d'être, rendu *pire* – dénaturé – par l'abus de sa pratique philosophique, tel est le final choisi par Calliclès (c'est-à-dire, ne l'oublions pas, par Platon, et soulignons l'art qui confie à la rhétorique le soin de présenter l'enjeu philosophique) : le philosophe, c'est-à-dire celui qui passe sa vie à philosopher, celui dont la vie est philosophique – ne peut **que** mourir dans la Cité voulue par Calliclès.

Conclure

Il y a donc bien lieu de choisir : une Cité où meurt Socrate, ou une Cité où il peut vivre, c'est-à-dire philosopher.

Interroger le texte

Le paradoxe est que la Cité où meurt Socrate est la Cité démocratique, contre laquelle nous semblaient dirigées les accusations de Calliclès. Qu'enseigne donc ici Platon ? Quelle leçon faut-il tirer de l'étrange position attribuée à Socrate, réputé suppôt des démocrates par l'aristocrate Calliclès, irritant le parti du peuple par ses questions incessantes sur les valeurs communément partagées, confondu avec les sophistes par ses accusateurs ? Dans et à l'égard de quelle Cité la philosophie est-elle dangereuse ? Qu'est-ce que la vraie politique et comment faut-il concevoir la Cité ?

Rappeler les positions en présence

Ce qui est au cœur de cette interrogation, c'est bien de savoir **ce qu'est la vertu**, l'excellence, **ce par quoi l'homme est homme** et accomplit sa vocation d'homme, et **si elle s'enseigne**[27]. Car, de deux choses l'une, semble-t-il, ou bien elle ne s'enseigne pas – parce qu'elle est naturelle (c'est, sommairement parlant, la thèse aristocratique) – ou bien elle s'enseigne, mais ici s'ouvrent deux possibilités : pour un partisan du gouvernement populaire (un Anytos, par exemple), elle s'enseigne sans professeurs, dans la pratique ordinaire, familiale et civique, qui suffit à former les bons citoyens ; les sophistes, eux, tiennent qu'elle s'enseigne, mais qu'il faut, comme pour tout autre art, des maîtres de vertu, et ils se donnent pour tels. Cette prétention fait l'unanimité contre elle[28] : il est impossible d'enseigner la vertu si elle est naturelle ; il est inutile d'avoir recours à des maîtres qui ne peuvent être que des charlatans, car elle doit être également partagée dans une Cité où tous ont part à la décision politique.

Approfondir la lecture

Ce jeu, que nous simplifions, est troublé par le questionnement socratique : la vertu est bien un **savoir** (lorsqu'il s'agit de prendre une décision[29], ce n'est pas l'homme *habile à parler* que l'on consultera, mais l'homme de l'art concerné, le médecin pour les questions intéressant la santé, par exemple), **mais** elle ne l'est **pas au sens où l'entendent les sophistes** (elle ne se transmet pas à la manière d'une chose que l'on pourrait recevoir du dehors[30]). C'est pourquoi, à la fois, Socrate peut nous apparaître comme un tenant de la thèse aristocratique (tous ne possèdent pas le savoir) et comme un tenant de la thèse démocratique (tous sont susceptibles de le posséder pour autant qu'ils s'examinent eux-mêmes).

Calliclès lui aussi trouble le jeu : aristocrate classique quand il affirme que seuls des hommes d'exception, bien doués par la nature, peuvent légitimement commander, mais recueillant l'enseignement sophistique dont il s'est rendu maître, pour le mettre au service de son ambition[31]. Sa nature est une nature cultivée.

27. Pour cette mise au point, nous avouons notre dette à l'ouvrage de F. Wolff, *Socrate*, op. cit.
28. Calliclès lui-même n'est pas sans mépris à l'égard des sophistes – cf. 520a.
29. Cf. 455b.
30. Cf. l'exhortation à penser par soi-même l'enseignement reçu, par exemple dans l'entretien avec Polos.
31. Cf. **PRÉSENTATION GÉNÉRALE DE L'ŒUVRE**, p. 97.

En ce sens, l'excellence telle qu'il la conçoit ne se ramène pas à l'ancienne conception oligarchique[32] athénienne, celle des grandes familles et des gens bien nés. La situation historique dans laquelle la démocratie a eu à affronter les anciens oligarques n'est plus: les sophistes ont renouvelé la donne.

Conclure (provisoirement)

Réitérons notre question: que veut enseigner Platon? La vérité de la rhétorique, ce à quoi elle aboutit lorsqu'elle s'est affranchie des restes de moralisme d'un Gorgias ou d'un Polos, c'est Calliclès, figure accomplie du tyran. Ne serait-il pas alors aussi, paradoxalement, la vérité d'une démocratie en proie à la démagogie, soumise à l'influence des sophistes? Seule demeurerait alors possible et souhaitable la politique telle que la conçoit Socrate, ordonnée aux fins de la raison, seule juste et ainsi susceptible d'assurer le salut de l'âme. Elle ne saurait assurément pas se confondre avec la démocratie.

Afin d'éclaircir cet enseignement, poursuivons donc notre lecture du Dialogue.

ÉTUDE DES NOTIONS

NOTIONS LEXICALISÉES: nature et droit, philosophie, justice

NATURE et DROIT

Rechercher les occurrences de la notion

La nature est posée par Calliclès comme un **ordre**, **donné**, nécessaire – autant chez les animaux que chez les hommes. Elle relève d'un **fait**. Il voit la nature gouvernée par le partage entre des forts et des faibles: les forts s'imposent aux faibles, les faibles sont soumis aux forts.

Cette nature est posée comme **bonne** et, de là, comme norme. D'où l'idée d'un **droit de nature** – le droit, c'est d'abord ce qui est conforme à une règle. Le fait est ici générateur de droit: ce que l'on a le droit de faire et ce qu'il faut faire, c'est se conformer à la loi de nature.

Le premier problème soulevé est donc celui du passage du **fait** au **droit**: de ce que je **peux** faire, s'ensuit-il que je **doive** faire?

On voit en outre clairement ici que la nature est une **idée**, l'idée que s'en fait Calliclès. Une autre idée de la nature est possible: pourquoi seraient-ce la force et la faiblesse qui décident de ce que je suis? La question serait donc d'abord d'établir **ce qui est**.

Se reporter à l'**ANALYSE DU TEXTE (II)**

On peut donc interroger la position de Calliclès à la fois quant à la définition de la nature et quant à ce qu'il convient de faire par rapport à la nature car **le fait**

32. Étymologiquement, gouvernement du petit nombre, l'oligarchie est la forme de gouvernement qui avait succédé à la monarchie à Athènes. La démocratie s'est établie à la fois contre elle et contre la tyrannie (bien que celle des Pisistratides ait été renversée par une coalition aristocratique). Le parti aristocratique, toujours actif, renversera à son tour la démocratie, à l'occasion des défaites subies par Athènes dans la guerre qui l'opposa à Sparte (guerre du Péloponnèse).

et le droit doivent être distingués – sinon on ne comprendrait pas que ce qui est nécessaire – et donc ne peut pas ne pas être – demande à être suivi – ce qui implique qu'il ne le soit pas.

Que tout ce qui existe dans la nature, par nature, soit nécessaire ne signifie pas que cela soit **juste**. L'exigence de justice, exigence proprement humaine, que ne connaît pas l'animal, est précisément ce qui conduit l'homme à **instituer** le droit – ce que Calliclès reconnaît puisqu'il affirme que le droit humain doit restaurer l'ordre naturel. L'homme est donc juge de la nature, le droit institué visera tantôt à la conserver, tantôt à la rectifier. En ce sens l'homme **nie** la nature dans la culture, mais pour que le droit soit juste, il doit être fondé. Seule la raison peut le fonder – dans une **idée rationnelle** de la nature.

PHILOSOPHIE

Rechercher les occurrences de la notion

Deux conceptions de la philosophie s'affrontent ici. Pour Socrate, elle est **genre de vie** parce que recherche de ce qui vaut vraiment, de ce sans quoi, donc, on ne saurait mener une vie proprement humaine. Le savoir qu'elle procure est science suprême. Pour Calliclès, elle est certes, nécessaire à l'homme libre, mais à son rang, qui est second par rapport à la seule science qui vaille, celle des affaires (politiques) où les hommes qui le méritent détiennent le pouvoir. Elle n'est qu'un **élément de** leur **culture**.

La défense de la philosophie que présente Calliclès ne doit donc pas tromper: sous les bonnes intentions affichées, elle est celle qui met à mort le philosophe.

Pourquoi faire de la philosophie? Que vaut-elle? Ces questions renvoient à la question de tout notre Dialogue: quelles sont les **fins** d'une vie vraiment humaine?

Établir le lien entre la philosophie et la détermination des fins de l'existence

On repérera sa première occurrence dans le moment où Gorgias qui assigne pour objet à la rhétorique le juste et l'injuste – ce que l'on doit faire, comment l'on doit se conduire, ce que l'on peut appeler « les valeurs » auxquelles se réfèrent les hommes dans leur vie privée et publique – en entreprend la défense. On se rappelle que son argument est d'en faire une technique, un pur **moyen**. Mais qui dit le moyen dit en même temps la **fin**. Or la rhétorique est incapable de découvrir sa fin en elle-même.

À quelles fins devons-nous ordonner notre conduite? Qui nous le dira si ce n'est pas la religion, ou l'État? C'est dans l'usage de notre **raison** que nous le découvrirons: connaissance du bien, la philosophie est cette science des fins. La **liberté** en est l'enjeu, puisqu'aussi bien si nous obéissons aux prescriptions de la religion ou aux lois de l'État ce ne sera pas par crainte du châtiment mais parce que **nous jugerons** que cela est juste. C'est ainsi que Socrate honore les dieux et refuse de s'enfuir de la prison, au prix de sa vie.

Aussi, si la philosophie est genre de vie, cela ne signifie pas que tous les hommes doivent passer toute leur vie à philosopher. Mais cela veut dire qu'une vie dépourvue de philosophie est aveugle[33]. Il faut pratiquer la philosophie non au sens de Calliclès – pour exercer son intelligence ou connaître ce que les grands esprits ont pensé – mais au sens où sans elle on est incapable de se conduire

33. Cf. Descartes: *C'est proprement avoir les yeux fermés que de vivre sans philosopher.* (Lettre-*Préface* aux *Principes de la philosophie*).

soi-même de s'orienter. Qui pratique la philosophie au sens où Socrate nous engage à le faire apprend à distinguer le réel de l'apparent, à préférer la vérité et le bien, à vivre une vie d'homme, libre et heureux.

C'est pourquoi ou bien la philosophie est tout – au sens où elle est science suprême, exercice de la raison qui assigne à chacune de nos activités sa vraie place et sa vraie valeur – ou bien elle n'est rien – même quand on prétend libéralement lui faire une petite place. Aimer[34] (la sagesse, la vérité, le bien), c'est toujours préférer.

S'ORIENTER

JUSTICE

Rechercher les termes en rapport avec la notion

1. Choisir un exemple simple d'injustice subie[35] :
- Comment vivons-nous cette injustice ?
- En quoi consiste notre revendication ?
- À quelles conditions peut-elle aboutir ?
- Comment définir positivement ce qui est juste ?

Se reporter à l'ÉTUDE 5 (ÉTUDE DES NOTIONS), p. 176

2. Dans le même exemple, placez-vous du point de vue de celui qui a commis l'injustice :
- Pourquoi l'a-t-il commise ?
- Comment peut-il la justifier ? faites usage des catégories posées par Calliclès (selon la nature/selon la loi)
- Que peut-on lui objecter ?
- Comment définir positivement ce qui est juste ? Précisez votre réponse précédente.

OBSERVER ET S'EXERCER

NOTIONS À DÉGAGER : pouvoir, violence, théorie et expérience

POUVOIR

Rechercher les termes en rapport avec la notion

Pouvoir *de* ou pouvoir *sur*, le pouvoir est toujours **rapport**, relation. En son premier sens, le pouvoir est capacité, puissance : pouvoir faire quelque chose, c'est en avoir les moyens, la force. Mais pouvoir, c'est aussi avoir le droit de faire quelque chose, y être autorisé – songeons aux verbes anglais *can* et *may*. Ce pouvoir là est autorité, il n'est pas seulement subi mais reconnu comme légitime.

Dans la nature, le pouvoir de chacun se mesure à sa puissance, c'est un pouvoir **de fait** : un gros poisson peut manger les petits, une gazelle ne peut pas se défendre du lion. Mais la puissance est relative, le nombre des plus faibles peut leur donner la force de l'emporter sur ceux qui étaient les plus forts.

Analyser l'expression : « argument d'autorité »

Voilà une première raison pour que le pouvoir cherche à se transformer en **autorité** : assurer sa stabilité. Avoir le droit de commander, c'est obtenir l'obéissance de plein gré. Les échanges avec Gorgias et Polos nous ont montré les déguisements, les masques du pouvoir : flatterie, séduction, charisme, respectabi-

34. Rappelons l'étymologie bien connue : philo – de *philein*, aimer et *sophia* – la sagesse.
35. Vous pouvez choisir de réfléchir à partir d'un exemple personnel, mais vous trouverez chez Rousseau un exemple célèbre, celui du peigne qu'on accuse le petit Jean-Jacques d'avoir cassé (*Confessions*, Livre I, le Livre de Poche, p. 41) et l'analyse qu'en donne le philosophe.

lité, réputation, appel à l'autorité des bien-nés, des anciens, des poètes, tout est bon pour la rhétorique.

Mais à quelles conditions le pouvoir est-il légitime? À qui suis-je tenu d'obéir? Qui a le **droit** de me commander? La question du pouvoir est toujours celle de son **fondement**: qu'est-ce qu'une autorité véritable?

Calliclès prétend trouver dans la nature la justification de la domination du tyran. Si c'est la force qui fait la loi, le tyran est sans lois, au-dessus des lois, hors la loi. Sa puissance ne relève que de lui-même. Prétendre fonder la loi sur la force est **contradictoire**: ou bien la force est forte, alors elle se fait obéir; ou bien elle est trop faible pour le faire, quel droit aurait-elle alors d'exiger l'obéissance?[36]. La vérité du pouvoir tyrannique est la passion, l'amour de la domination[37].

Socrate déplace la question du pouvoir en invitant Calliclès, après Polos, à penser le pouvoir sur les autres dans son rapport au **pouvoir sur soi**. Commander aux autres échappe à la passion du pouvoir chez celui qui est capable de se gouverner lui-même, de régler ses passions. C'est ce qu'illustre le moment de l'allégorie de la caverne[38] où le prisonnier délivré, après avoir contemplé les essences, est contraint de redescendre parmi les hommes en proie à l'illusion – contraint, parce qu'il n'est pas animé par la passion du pouvoir.

Le pouvoir tel que le désire Calliclès est, par définition, sans limites: il ne s'agit pas seulement d'être fort, mais d'être **le plus** fort, pour imposer l'obéissance. Le rêve du maître est toujours d'être maître du monde[39]. Le pouvoir tel que le pense Socrate est, par définition, un pouvoir **mesuré**, ordonné à des **fins** qui lui sont supérieures. C'est parce qu'il a en vue le bien que l'homme politique s'attache à rendre ses concitoyens meilleurs. Seul l'homme **maître de soi**, qui a pouvoir sur soi, peut exercer un pouvoir qui ne s'abîme pas dans la violence tyrannique.

En démasquant les faux-semblants du pouvoir, Socrate invite enfin à reconnaître que le pouvoir n'est pas dans ses fastes, mais dans l'âme qui connaît.

VIOLENCE

Rechercher les termes en rapport avec la notion
Distinguer violence et force, violence et contrainte

Nous avons appris[40] à discerner la violence sous le masque de la parole. Elle est ici déchaînée, incarnée dans des figures caricaturales qui expriment la vérité – en dernier ressort – de la rhétorique. Les tyrans réduisent en esclavage, spolient, assassinent, leur démesure n'écarte aucune injustice. Cette violence dont la brutalité n'exclut pas le raffinement, l'intelligence et la ruse, incarne la parfaite injustice. Il faut donc bien distinguer la violence de la force – il est une force d'âme –, la violence de la contrainte – il est des contraintes légitimes, celle de la loi ou de l'éducation peuvent l'être. La violence est du côté de la **démesure** destructrice de la liberté et de la vie. Démesure, elle est sans **raison**, impossible à justifier; elle est nécessairement du côté de l'**abus**. Figure du désordre, elle ruine l'âme et la Cité. Il n'y a pas de place ici pour une violence légitime. Notons

36. Cf. l'argumentation de Rousseau, *Du Contrat social*, I, 3 (**ÉTUDE 5**, **RÉFÉRENCES**, p. 184). Voir aussi *Fichier d'exercices*, op. cit., *Fiche 34*.
37. Cf. *La République*, VIII.
38. Cf. **ÉTUDE 3**, **RÉFÉRENCES**, p. 150.
39. Cf. **ÉTUDE 7**, **TRAVAIL DE LA DISSERTATION**, pp. 219 et sq.
40. **ÉTUDE 2**, **ÉTUDE DES NOTIONS**, pp. 124-125.

cependant qu'il peut être juste de tuer, de bannir, de dépouiller les gens[41], mais c'est là l'application de la loi, et celui qui doit le faire ne peut être envié.

THÉORIE et EXPÉRIENCE

Rechercher les termes en rapport avec la notion

Théorie et expérience ne sont pas des notions intéressant la seule connaissance scientifique. Calliclès, ici, prétend produire une véritable théorie, et il entend la fonder sur l'expérience.

Prendre appui sur l'analyse de la notion d'expérience

Au sens le plus simple, l'expérience c'est d'abord ce qui nous arrive par les **sens**, ce que nous voyons, percevons (expérience sensible) ; c'est aussi le savoir que nous accumulons tout au long de notre vie, dans nos rapports avec le monde naturel et le monde des hommes. La répétition des mêmes faits nous conduit à **généraliser** et à nous attendre à ce que les choses se passent comme nous avons toujours vu qu'elles se passaient. Un savoir de cet ordre, empirique au sens propre[42], c'est celui dont disposent les prisonniers de la caverne accoutumés au défilé des ombres sur la paroi, capables de prévoir leur retour. Dans notre vie, en effet, nous avons besoin de prévoir pour agir et nous nous appuyons sur la régularité apparente des phénomènes. L'expérience, enfin, très généralement, c'est ce que nous appréhendons nous-mêmes, et non pas par ouï-dire, ce que nous vivons (on parle ainsi d'expérience esthétique, mystique, etc.). Elle suppose un contact avec l'objet.

Une théorie, c'est-à-dire, ici encore au sens le plus simple, une représentation générale des phénomènes, est-elle possible à partir de l'expérience ? – sans doute, puisque c'est ainsi que procède Calliclès. De ce qu'on *voit* partout dans la nature le plus fort l'emporter sur le plus faible, *non seulement dans le monde animal, mais encore dans le genre humain, dans les cités et les races entières*, Calliclès conclut : il formule des **propositions**, qu'il **articule** entre elles en une représentation du monde, sur ce que c'est que la nature, ce que c'est qu'être homme, ce que c'est que la justice. Ces propositions sont données pour un savoir et ce, précisément parce qu'elles s'appuient sur l'expérience. Celle-ci lui semble un fondement assuré : on ne saurait contredire les faits.

À cet égard, Calliclès a raison : les faits ne peuvent être contredits, ils **sont**. Seul le **discours** peut être contredit. C'est bien pourquoi sa « théorie » peut et doit être soumise à l'examen et c'est ce à quoi l'engage Socrate.

On voit qu'ici la théorie n'a pas de valeur **explicative** : elle ne cherche pas à rendre raison des phénomènes (encore faudrait-il les établir). Elle a pour but de **justifier le fait** de la domination en le masquant sous l'apparence du **droit** – Calliclès prétend *voir* la nature proclamer *qu'**il est plus juste**[43] que le meilleur ait plus que le pire et le plus puissant que le plus faible*. Une telle théorie est ce que l'on appelle une **idéologie**.

Définir l'idéologie

41. 469a-b et 470a-b.
42. Est empirique ce qui relève de la seule expérience.
43. C'est nous qui soulignons.

TRAVAIL DE LA DISSERTATION

SUJET-EXEMPLE : Le droit n'est-il que l'expression des rapports de force ?[44]

S'ORIENTER

Analyse de l'énoncé

Déterminer sur quoi porte la question

- Le sujet propose une définition du droit, laquelle ?
- Qu'implique la restriction *ne... que* ?
- Prêtez attention à chacun des termes de l'énoncé :
  - des rapports de force et non de rapports de force
  - des *rapports* de force et non de la force ou des forts
  - qu'est-ce qu'exprimer ?
  - distinguez plusieurs sens du mot de *droit*.

Donner sens à la totalité de l'énoncé

- Quelle conception du droit est-elle présentée ici ?
- Qu'est-ce qui peut conduire à interroger de cette façon ?
- Dire l'origine du droit, est-ce en établir le *fondement*[45] ?

Déterminer l'enjeu

- Le droit n'est-il que cela ou a-t-il tendance à l'être dans la société et dans l'État ?

Rappeler la distinction de la contrainte et de l'obligation

- S'il n'est que cela :
  - à quoi bon le droit ?
  - comment peut-il prétendre être juste ?
- À quelles conditions peut-on concevoir un droit nécessaire et juste ?

Usage du texte

Rechercher dans le texte les éléments pertinents

1. Qu'est-ce que le droit dont parle Calliclès ?
- Quel est son modèle des rapports de force ?
- À quoi tient à ses yeux sa légitimité ?
- Quelle est la limite d'un tel droit ?

2. Un droit exprimant la loi des faibles unis contre les forts est-il autre chose qu'un droit exprimant un rapport de force ?
- Que ne reconnaît pas un tel droit ?
- Précisez le rapport que les faibles et les forts entretiennent avec le droit.

Rappeler la définition socratique de la justice

Se reporter en 508a[46]

3. Pourquoi Socrate répond-il en employant davantage le mot de justice que celui de force ?
- Qu'est-ce qu'un droit juste selon Socrate ?

44. Ce sujet est traité sous forme de sujet-exemple dans *Apprendre à philosopher en lisant Rousseau*, op. cit., **ÉTUDE 2**, pp. 124 et sq. La confrontation des deux traitements est vivement recommandée.
45. Cette distinction est très précisément travaillée dans *Apprendre à philosopher en lisant Rousseau*, **ÉTUDES 1** et **2**, pp. 101 et 122.
46. L'égalité géométrique se distingue de l'égalité arithmétique en ce qu'elle est proportionnelle.

• Quelle différence entre la conception de la nature chez Socrate et chez Calliclès ?
• Quelle différence entre la conception de la vertu chez Socrate et chez Calliclès ?
• Qu'est-ce Calliclès néglige selon Socrate ?

OBSERVER ET S'EXERCER

Rédiger l'introduction du devoir

Faire les lectures suggérées

Organisation possible du devoir

1. Oui, le droit est l'expression des rapports de force, si j'entends
• le droit de la nature comme fait de la nature
• le droit de la nature comme norme
• le passage du droit de nature au droit civil comme effet de la crainte inspirée par la force des forts[47]
• l'État comme expression de la lutte des classes[48]

2. Ce qu'il faut déduire concernant l'idée de droit dans cette perspective
• une conception du droit qui méconnaît la distinction du fait et du droit
• une conception du droit comme reflet et réification des rapports en place
• une conception du droit qui ramène son fondement à son origine
• une conception du droit dont le destin suit celui de la force[49]

3. Le droit comme idée morale de justice et institution d'un juste
• le droit est une dimension de la culture. En tant que tel il n'a pas à entériner les données de la nature mais à tenter d'y remédier : substitution à l'ordre naturel d'un ordre spécifiquement humain (examiner, en ce sens, par exemple, le droit des victimes développé au XXe siècle – sans méconnaître qu'il fait problème).
• le droit assure donc le **passage de l'animalité à l'humanité**. Il me considère non comme simple partie ou instrument de la Cité, mais comme citoyen, sujet, précisément, de droits. C'est ainsi qu'il tend, comme le dit Kant[50], à **faire coexister entre elles les libertés**.

Néanmoins, ne nous leurrons pas : le droit, la justice, ont besoin de la force – la force de l'ordre. Une telle force, légitime, seul l'État de droit en a le monopole[51]. Nous le voyons, **le droit est à vouloir**.

Autres sujets proposés

1. À quoi sert la philosophie ?

2. Ce qui est artificiel est-il dépourvu de valeur ?[52]

3. Dégager l'intérêt philosophique de ce texte en procédant à son étude ordonnée : *La force semble être l'injustice même ; mais on parlerait mieux en disant que la force est étrangère à la justice ; car on ne dit pas qu'un loup est injuste. Toutefois le loup*

47. Cf. par exemple, Hobbes. Voir **RÉFÉRENCES**, p. 208.
48. Cf. Marx et Engels. Voir **RÉFÉRENCES**, pp. 209-210.
49. Cf. Rousseau. Voir note 36, p. 203.
50. Voir **RÉFÉRENCES**, p. 208-209.
51. Cf. Max Weber. Voir **RÉFÉRENCES**, p. 210.
52. Le sujet « Ce qui est naturel peut-il avoir une valeur ? » est traité sous forme de sujet-exemple dans *Apprendre à philosopher en lisant Rousseau* (**ÉTUDE I**, pp. 109 et sq.). Il ne s'agit évidemment pas du même sujet mais il peut être intéressant de s'y reporter et de s'exercer, notamment, à discerner **l'écart**.

raisonneur de la fable[53] est injuste, car il veut être approuvé ; ici se montre l'injustice qui serait donc une prétention d'esprit. Le loup voudrait que le mouton n'ait rien à répondre, ou tout au moins qu'un arbitre permette ; et l'arbitre, c'est le loup lui-même. Ici les mots nous avertissent assez ; il est clair que la justice relève du jugement, et que le succès n'y fait rien. Plaider, c'est argumenter. Rendre justice, c'est juger. Peser des raisons, non des forces. La première justice est donc une investigation d'esprit et un examen des raisons. Le parti pris est par lui-même injustice ; et même celui qui se trouve favorisé, et qui de plus croit avoir raison, ne croira jamais qu'on lui a rendu bonne justice à lui tant qu'on n'a pas fait justice à l'autre, en examinant aussi ses raisons de bonne foi ; de bonne foi, j'entends en leur cherchant toute la force possible, ce que l'institution des avocats réalise passablement.

ALAIN

4. Faut-il suivre la nature ?
5. La force n'est-elle qu'une puissance physique ?
6. La loi opprime-t-elle la liberté ?
7. La sagesse consiste-t-elle à vivre sans passions ?
8. La raison peut-elle faire l'objet d'une passion ?
9. La violence peut-elle être légitime ?
10. Les rapports entre les hommes sont-ils nécessairement des rapports de domination ?
11. Peut-on se passer de l'idée de nature humaine ?
12. Pourquoi l'injustice mobilise-t-elle les hommes plus que la justice ?
13. Toute inégalité est-elle une injustice ?
14. Y a-t-il des normes naturelles ?
15. Y a-t-il un droit du plus fort ?

RÉFÉRENCES

TEXTES APPARTENANT À LA MÊME ŒUVRE

Approfondir la conception socratique du politique

• 503a-505b

Pour moi, il me paraît que le nom de sain convient à l'ordre qui règne dans le corps et que de là vient la santé, ainsi que toutes les autres qualités physiques. [...] L'ordre et la règle dans l'âme s'appellent légalité et loi, et c'est ce qui fait les hommes justes et réglés ; et c'est cela qui constitue la justice et la tempérance.

• 506c-508e

Ainsi, la vertu de chaque chose consiste dans l'arrangement et la disposition établis par l'ordre.

53. Il s'agit de la fable de La Fontaine, *Le Loup et l'Agneau*.

• 515a- 521a

Quel est le devoir de l'homme politique? *Dois-je combattre les Athéniens afin de les rendre les meilleurs possible, comme fait un médecin, ou les servir et chercher à leur complaire?*

TEXTES APPARTENANT À D'AUTRES ŒUVRES DU MÊME AUTEUR

La République,

Approfondir la réflexion sur la justice

• Livre I, à partir de 331e

Petit dialogue à l'intérieur de l'œuvre, on y recherche la définition de la justice: consiste-t-elle à dire la vérité et à rendre à chacun ce qui lui appartient? Dans la discussion avec Polémarque, on retrouve un écho de l'entretien avec Polos, mais Thrasymaque, tout comme Calliclès, n'y tient plus et entre à son tour dans la discussion. On cherchera les points communs et les différences entre sa position et celle de Calliclès.

• Livre II, 358b-362c

Le mythe de l'anneau de Gygès (anneau magique qui rend invisible celui qui le porte) sert à montrer que l'on n'est juste que par impuissance à commettre l'injustice: si nous étions assurés de l'impunité, resterions-nous fidèles à la justice?

• Livre II, 362e- 367e

Adimante souligne la nocivité des discours et des images qui assurent le bonheur à l'injuste à qui il suffit de se faire passer pour juste pour demeurer impuni.

• Livre IV

En quoi consiste la justice, dans l'individu et dans la Cité? Socrate montre qu'elle est proportion.

Apologie de Socrate, 40e-41c

Approfondir le sens socratique de la vie philosophique

Que vivre, c'est philosopher, même après la mort[54].

TEXTES D'AUTRES AUTEURS

Aristote, *Éthique à Nicomaque,* VIII, Ch. IX

Approfondir la réflexion sur la justice

L'amitié et la justice concernent les mêmes objets et s'appliquent aux mêmes êtres. [...] L'association politique n'a évidemment en vue que l'intérêt commun [...]. C'est là uniquement ce que recherchent les législateurs; et le juste, selon eux, est ce qui est conforme à l'utilité générale.

Hobbes, *Léviathan,* ch. XIII: De la condition naturelle des hommes en ce qui concerne leur félicité et leur misère

Approfondir la conception des rapports humains comme rapports de force

À l'état de nature, les hommes ont un droit égal sur toutes choses. Leur droit s'étend aussi loin que s'étend leur puissance et leurs forces sont à peu près égales. La possibilité de sortir de la pure nature réside partiellement dans les passions humaines, partiellement dans la raison.

54. Voir aussi **ÉTUDE 7** (**ÉTUDE DES NOTIONS: DÉSIR**), p. 216.

Approfondir l'analyse de la notion de droit

Rousseau, *Du Contrat social*, I, 3

Ce texte figure dans les **RÉFÉRENCES** de l'**ÉTUDE 5**, p. 184.

Approfondir l'analyse de la notion de droit

Kant, *Métaphysique des mœurs : Doctrine du droit*, C et D

Le droit concerne la législation **extérieure** (la législation intérieure est morale). La question est celle de savoir quel critère nous permet de reconnaître ce qui est conforme et ce qui est contraire au droit. Seule la raison peut répondre, *car elle est l'unique fondement de toute législation possible* – seule elle peut déterminer un droit résultant de la nature des hommes.

Approfondir les rapports de la force, de la justice et du droit

Pascal, *Pensées*, Brunschvicg 298[55]

Intitulé *Justice, force*, ce fragment opère la genèse théorique de la notion de droit. Force et justice s'opposent radicalement – l'une s'impose nécessairement, l'autre suppose une libre reconnaissance – mais ni l'une ni l'autre ne peut subsister seule. Les accorder, ce sera faire que ce qui est fort soit juste : le droit établit comme juste le coup de force initial. La force alors cesse d'être tyrannique.

Identifier les thèmes communs à Calliclès et Nietzsche

Mesurer l'écart

Nietzsche, *Généalogie de la morale*, I[56]

On fait souvent de Calliclès un précurseur de la pensée nietzschéenne dont il est vrai que des thèmes semblent fort voisins. La lecture du philosophe devra pourtant s'attacher à discerner sa perspective propre. La *Généalogie* ne se ramène pas à une critique de la morale comme triomphe des faibles, elle n'est pas apologie de la force et du plaisir. Elle interroge non la valeur de la morale, mais partant du fait que la morale est valeur suprême, la valeur de cette valeur – celle de la valeur « bien » en tant que valeur suprême, celle de la valeur « mal » comme ce qui doit être évité, celle de la vérité comme « idéal théorique ». Si la morale est négation de la vie, du corps, maladie, triomphe du morbide ressentiment, elle est à la fois symptôme et cause de la décadence de l'humain appelé à se dépasser non dans un homme « supérieur », mais dans le surhomme comme exigence de la vie, capacité de donner à la vie sa plus grande puissance affirmative et créatrice. Et *qui donc atteindra quelque chose de grand s'il ne se sent pas la force et la volonté d'ajouter de grandes douleurs ? C'est le moindre de savoir souffrir : les femmes faibles et même les esclaves y arrivent à la maîtrise. Mais ne pas périr de misère intérieure et d'incertitude lorsque l'on provoque la grande douleur et que l'on entend le cri de cette douleur – cela est grand, cela fait partie de la grandeur*[57]. Nous sommes loin de Calliclès[58].

Approfondir les rapports de la force et du droit

Machiavel, *Le Prince*, ch. XVIII

Ce texte figure parmi les **RÉFÉRENCES** de l'**ÉTUDE 3**, p. 152. On pourra le reprendre pour mieux comprendre la différence entre le tyran selon Calliclès et le prince machiavélien – de la logique de l'intérêt personnel à la logique de l'intérêt de l'État.

55. Les *Pensées* sont un ouvrage inachevé dont l'ordre des fragments est inconnu. Nous donnons ici la référence dans le classement Brunschvicg.
56. Cf. aussi **ÉTUDE 4**, **RÉFÉRENCES**, p. 171.
57. Nietzsche, *Le Gai savoir*, §325.
58. Sur l'hédonisme de Calliclès, voir **ÉTUDE 7**.

Marx & Engels, *Manifeste du Parti communiste*, I

Approfondir l'étude des rapports de force

Les lois, la morale, la religion sont pour [le prolétaire] autant de préjugés bourgeois derrière lesquels se cachent autant d'intérêts bourgeois.
Toutes les classes précédentes qui avaient conquis le pouvoir ont essayé de consolider leur situation acquise en soumettant la société à leur propre mode d'appropriation. Les prolétaires ne peuvent s'emparer de forces productives sociales qu'en abolissant leur propre mode d'appropriation et, par suite, le mode d'appropriation en vigueur jusqu'à nos jours.

Engels, *Origine de la famille, de la propriété privée et de l'État*, Éditions sociales, p. 155

Approfondir la notion d'idéologie

L'État exprime le rapport des classes antagonistes. Il en est le produit – il naît quand un groupe d'hommes s'occupe uniquement de gouverner, appropriation du pouvoir politique par quelques-uns afin d'assurer leur domination ; il en est aussi le masque, obtenant l'adhésion et l'obéissance au nom de l'intérêt général.

Max Weber, *Le Savant et le politique,* Plon, 10-18, p. 100

Approfondir les rapports de la force et du droit

Max Weber est un **sociologue** et c'est d'abord de ce point de vue qu'il étudie le métier d'homme politique. La définition qu'il donne de l'État, en ce sens n'est pas normative mais descriptive. *L'État consiste en un rapport de* domination *de l'homme sur l'homme fondé sur le moyen de la violence légitime.* Il y a État quand cette violence est le monopole de l'État. Sa légitimité relève d'un triple fondement : la tradition, le charisme, la légalité.

Baudelaire, « Éloge du maquillage » in *Curiosités esthétiques*

Approfondir l'idée de la nature comme norme

Le propos développé par Baudelaire est esthétique : qu'est-ce que le beau ? est-ce la nature, le naturel, qui doit être considéré comme tel ? Mais *c'est cette infaillible nature qui a créé le parricide et l'anthropophagie, et mille autres abominations que la pudeur et la délicatesse nous empêchent de nommer. C'est la philosophie [...], c'est la religion qui nous ordonne de nourrir des parents pauvres et infirmes. La nature (qui n'est pas autre chose que la voix de notre intérêt) nous commande de les assommer. [...] Tout ce qui est beau et noble est le résultat de la raison et du calcul. Le crime, dont l'animal humain a puisé le goût dans le ventre de sa mère, est originellement naturel. La vertu, au contraire, est artificielle, surnaturelle, puisqu'il a fallu dans tous les temps et chez toutes les nations, des dieux et des prophètes pour l'enseigner à l'humanité animalisée, et que l'homme, seul, eût été impuissant à la découvrir. Le mal se fait sans effort,* naturellement, *par fatalité ; le bien est toujours le produit d'un art.*

ÉTUDE 7

(ŒUVRE INTÉGRALE PAGE 51)

Plusieurs parties de cette ÉTUDE vous sont proposées sous forme d'EXERCICE GUIDÉ : l'ANALYSE DU TEXTE, l'étude de la NOTION de LIBERTÉ, une partie du TRAVAIL DE LA DISSERTATION.

491 c **Socrate :** Allons, mon bon, dis-moi une fois pour toutes quels peuvent bien être et relativement à quoi ceux que tu qualifies de meilleurs et de plus puissants.

Calliclès : Mais je te l'ai déjà dit : ce sont ceux qui s'entendent aux affaires publiques et qui sont courageux ; c'est à ceux-là qu'il appartient de gouverner les
d États et la justice veut qu'ils aient plus que les autres, les gouvernants devant avoir plus que les gouvernés.

Socrate : Mais quoi ? par rapport à eux-mêmes, sont-ils gouvernants ou gouvernés ?

Calliclès : Que veux-tu dire ?

Socrate : Je veux dire que chacun se commande lui-même. Ou bien est-ce inutile de se commander soi-même et suffit-il de commander les autres ?

Calliclès : Qu'entends-tu par se commander soi-même ?

Socrate : Rien de compliqué ; j'entends, comme le
e vulgaire[1], être tempérant et maître de soi et commander en soi aux plaisirs et aux passions.

Calliclès : Que tu es plaisant ! Ce sont les imbéciles que tu appelles tempérants.

Socrate : Comment cela ? qui ne voit que ce n'est pas d'eux que je parle ?

Calliclès : C'est d'eux très certainement, Socrate. Comment en effet un homme pourrait-il être heureux, s'il est esclave de quelqu'un. Mais voici ce qui est beau et juste selon la nature, je te le dis en toute franchise, c'est que pour bien vivre, il faut laisser prendre à ses passions tout l'accroissement possible, au lieu de les réprimer, et, quand elles ont atteint toute leur force, être capable de leur donner satisfaction par son courage et son intelligence et
492 a de remplir tous ses désirs à mesure qu'ils éclosent. Mais cela n'est pas, je suppose, à la portée du vulgaire. De là vient qu'il décrie[2] les gens qui en sont capables,

1. Comme tout le monde (du latin *vulgus*, la foule).
2. Décrier (≠ décrire) : attaquer en dépréciant, en rabaissant, notamment dans sa réputation.

parce qu'il a honte de lui-même et veut cacher sa propre impuissance. Il dit que l'intempérance est une chose laide, essayant par là d'asservir ceux qui sont mieux doués par la nature, et, ne pouvant lui-même fournir à ses passions de quoi
b les contenter, il fait l'éloge de la tempérance et de la justice à cause de sa propre lâcheté. Car pour ceux qui ont la chance de naître fils de roi, ou que la nature a faits capables de conquérir un commandement, une tyrannie, une souveraineté, peut-il y avoir véritablement quelque chose de plus honteux et de plus funeste que la tempérance ? Tandis qu'il leur est loisible[3] de jouir des biens de la vie sans que personne les en empêche, ils s'imposeraient eux-mêmes pour maîtres la loi, les propos, les censures de la foule ! Et comment ne seraient-ils pas malheu-
c reux du fait de cette prétendue beauté de la justice et de la tempérance, puisqu'ils ne pourraient rien donner de plus à leurs amis qu'à leurs ennemis, et cela, quand ils sont les maîtres de leur propre cité ? La vérité, que tu prétends chercher, Socrate, la voici : le luxe, l'incontinence[4] et la liberté, quand ils sont soutenus par la force, constituent la vertu et le bonheur ; le reste, toutes ces belles idées, ces conventions contraires à la nature, ne sont que niaiseries et néant.

d **Socrate :** La franchise de ton exposé, Calliclès, dénote une belle crânerie : tu dis nettement, toi, ce que les autres pensent, mais ne veulent pas dire. Je te prie donc de ne rien relâcher de ton intransigeance, afin que nous puissions nous faire une idée vraiment claire de la façon dont il faut vivre.

OBSERVER ET S'EXERCER

ÉTUDE DU TEXTE

Établir le lien avec ce qui précède

1. SITUATION

En dépit de la violence du discours que vient de faire Calliclès, Socrate n'est pas démonté. Il prend la mesure de son adversaire, le seul qu'il faudrait vraiment convaincre, le seul face auquel il est décisif de montrer ce qu'est la philosophie, en occupant le terrain ouvert par Polos, mais non encore pleinement exploré, celui de la vie politique, que Calliclès a en vue. Néanmoins, Socrate choisit plutôt la métaphysique et la morale, le discours de l'âme, car c'est de son être et de son

3. Possible, permis (cf. loisir).
4. Le fait de ne pas se contenir, c'est-à-dire se restreindre ici en matière de plaisirs.

salut qu'il s'agit. Sérieux, Socrate, mais ironique dans le portrait qu'il fait de Calliclès. Un portrait en forme d'éloge : Calliclès a-t-il les qualités qu'il lui prête – science, bienveillance, franchise ? Il nous appartiendra d'en juger. Tout ce que nous connaissons de lui pour l'instant, c'est son appétit de pouvoir, son ambition, son audace, son assurance, notamment intellectuelle. Socrate croit-il vraiment capter la bienveillance[5] de son interlocuteur en faisant son éloge ? Ou bien dessine-t-il pour nous le portrait de l'élève idéal, du jeune homme bien doué pour la philosophie ? Fidèle à sa manière d'interroger, il commence en tout cas par concéder à Calliclès ce qu'il vient de déclarer, mais entend l'examiner, en faire un objet pour la réflexion. L'enjeu est d'emblée placé au plus haut : *de tous les sujets de discussion, Calliclès, le plus beau est [...] de savoir ce que l'homme doit être*. Un bref rappel des règles de la discussion philosophique suit, qui exige de chacun qu'il aille jusqu'au bout de sa pensée, sans honte et même avec dureté *(tiens-moi pour un lâche...)* et Socrate, ironiquement, c'est-à-dire aussi bien sérieusement, propose de tout recommencer : *Mais, reprenons les choses au commencement : qu'entendez-vous Pindare et toi... ?*

Examiner la manière dont Socrate commence l'entretien

Il s'agit d'examiner le **concept central** du discours de Calliclès : la justice selon la nature et, pour cela, d'abord de reformuler l'essentiel de son affirmation. Socrate propose une série d'équivalences : le droit du plus puissant sur le plus faible (l'usage de la force), le droit du meilleur sur le moins bon, ou, plus largement, de celui qui vaut plus sur celui qui vaut moins. Calliclès acquiesce. De son point de vue, ces expressions sont équivalentes. Mais Socrate analyse, c'est-à-dire met en question l'équivalence : le meilleur est-il le plus puissant ? Autrement dit, la puissance est-elle **valeur** ? Est-elle marque, signe, de la valeur (est-ce parce qu'il est le meilleur qu'il est le plus fort ?), est-elle cause, fondement de la valeur (est-ce parce qu'il est le plus fort qu'il est le meilleur ?) ? Peut-on disjoindre force et valeur, c'est-à-dire accorder de la valeur au faible ? Et la puissance elle-même se confond-elle avec la force (toute puissance est-elle physique ? la force physique est-elle nécessairement marque ou signe de puissance ?) ?

Examiner l'analyse proposée par Socrate

À travers ces questions, nous pressentons, nous lecteurs, les voies d'une critique possible[6], mais Calliclès réplique avec assurance : c'est la même chose. Socrate développe, à partir d'exemples : l'union fait la force, le grand nombre est donc puissant, mais que vaut sa puissance, aux yeux d'un Calliclès ? Il s'agit de lui montrer qu'il y a de la contradiction dans son affirmation, que l'identité est incertaine, à ses propres yeux d'abord. Mais Calliclès refuse de se laisser mener là où Socrate veut aller. Il piaffe, il ne cédera pas à un mouvement de *fausse honte* comme ses prédécesseurs et il le prend de haut : tu ne peux pas prétendre, Socrate, que j'attribue de la valeur à un *ramassis d'esclaves [...] sans autre mérite peut-être que leur force physique*. Tu feins, mais avec moi, cela ne prend pas. Ne t'arrête pas aux **mots**, comprends ce que je dis.

Dégager le principe de la résistance de Calliclès

Déterminer ce que c'est que comprendre pour chacun des interlocuteurs

Mais c'est précisément ce que cherche à faire Socrate, ou plutôt, ce qu'il cherche c'est à faire en sorte que Calliclès lui-même comprenne ce qu'il dit, c'est-à-dire en mesure les implications et les conséquences. Hors des mots, nous le savons[7],

5. La *captatio benevolentiae* – manière de s'assurer la bienveillante attention du lecteur ou de l'auditeur – est une règle de base du discours rhétorique, dont nous constatons une fois de plus que Socrate maîtrise parfaitement les règles.
6. Rappelons que *critique*, en son sens premier et propre, signifie distinguer, d'où juger (du grec *krinein*, cribler, discerner, juger). Cf. le mot de *critère*.
7. Cf. notamment 457e, voir **ÉTUDE 1**, pp. 109-110 et **ÉTUDE 2**, p. 122.

EXERCICE

Rechercher les passages provocateurs des entretiens de Socrate avec Gorgias et Polos et mettre en évidence les fonctions de la provocation

nous n'avons aucun moyen de nous assurer de ce que nous voulons vraiment dire. Il faut donc «accoucher» Calliclès de l'idée qui est la sienne, et l'examiner pour en déterminer la valeur. Mais Calliclès est rétif: il est horrifié par la vulgarité des propos de Socrate, qui, comme à son habitude, provoque, en multipliant les petites fables: avoir une *plus grosse part*, mais de quoi? *de vivres, de boissons, [...] de vêtements?* alors que l'on a en vue le pouvoir politique, l'activité la plus noble! et proposer en modèle un médecin, vulgaire artisan aux yeux de Calliclès, un laboureur, et pourquoi pas un cordonnier, un foulon[8], un cuisinier, toutes gens bien au-dessous de l'homme politique? Qu'est-ce donc alors qui a de la valeur pour Calliclès? Qui est celui qui vaut mieux et est, de ce fait, le plus apte à commander? Qui est le plus puissant? Sans nul doute le plus sage, accorde Calliclès, sans même demander ce que c'est qu'être sage. Mais alors le droit de nature s'écarte nettement de son origine physique, animale, biologique.

Interroger la définition de Calliclès

De son point de vue, Calliclès a résisté victorieusement aux assauts de Socrate: les puissants et les meilleurs dont il parle, ce sont seulement des hommes politiques, Socrate le sait bien, et de toute façon, il n'a rien dit d'autre, depuis le début. Comment les définit-il? *les hommes qui s'entendent à diriger comme il faut les affaires de l'État, et qui sont non seulement intelligents, mais encore courageux, parce qu'ils sont capables d'exécuter ce qu'ils ont conçu et ne se découragent pas par faiblesse d'âme.* C'est bien là une réponse, et c'est une riche définition dont chacun des termes appelle examen. Pour nous lecteurs, quel progrès Calliclès a-t-il accompli dans l'analyse de sa propre pensée? Décrit-il la réalité du pouvoir (ceux qui commandent, de fait, sont donc bien les meilleurs)? Trace-t-il le portrait de l'homme politique idéal (intelligent, courageux, dirigeant *comme il faut*)? La force physique n'a-t-elle plus aucune place, remplacée par la force d'*âme*? Le pouvoir politique s'exerce-t-il sans violence? Qu'est devenu le modèle de la nature, censé justifier la force du fort? Car enfin, ce que Calliclès devait expliquer, c'est ce qu'il entend par *justice selon la nature*: de quelle nature parle-t-il? Socrate a beau jeu de remarquer qu'on ne saurait faire à Calliclès le reproche qu'il fait lui-même à Socrate: Calliclès, en dépit de ce qu'il affirme, semble bien ne jamais dire la même chose. Nous avons appris[9] à reconnaître ici l'indice d'une discordance et d'une dysharmonie entre les idées, d'une contradiction interne au discours, qui demande bel et bien examen. C'est à quoi Socrate va s'employer.

S'ORIENTER

2. ANALYSE

Examiner la conduite de l'entretien

1. Rappeler la question réitérée par Socrate.
- Que **ne** met-elle **pas** en question?
- Quels sont les deux points sur lesquels elle s'interroge?
- Dégager l'enjeu de chacun d'eux.

Préciser la position de Calliclès

2. Quelle est la réponse de Calliclès?
- Tient-elle compte des enjeux pointés par Socrate? Pourquoi?
- Analysez-la.

8. Le foulage est l'une des étapes du travail des tissus, des cuirs et des peaux.
9. Cf. **ÉTUDE 2**, pp. 120 et 123-124.

Dégager le fondement de la position socratique

3. Pourquoi Calliclès ne comprend-il pas la question : *par rapport à eux-mêmes, sont-ils gouvernants ou gouvernés ?*

- Définissez le mot « gouverner ».
- Pourquoi Socrate lie-t-il la question du gouvernement des hommes (politique) et le gouvernement de soi (morale) ?
- Examinez sa réponse, formulée dans le langage de la foule. En quoi éclaire-t-elle la question : « Qui doit gouverner ? »

Commencer de dégager l'enjeu de la confrontation

4. Pourquoi la position de Socrate paraît-elle risible et ridicule à Calliclès ?

- Quelle conception de l'homme affirme-t-il ? Reportez-vous à l'**ÉTUDE 6** et montrez comment elle sous-tendait son discours.
- Formulez clairement l'opposition entre les deux réponses à la question : Quelle est la véritable nature de l'homme ?[10]

Préciser la réflexion

Se reporter en 481c

5. Que s'ensuit-il concernant la conception du bonheur ?

- Sur quoi les deux interlocuteurs sont-ils d'accord ?
- Sur quel point s'opposent-ils ? Montrez le renversement des valeurs affirmé par Calliclès lors de son entrée en scène.

Prevenir un contresens

6. Socrate ou Calliclès ? Où situer exactement les termes de l'alternative ? Pour répondre à cette question, examinez celles-ci :

- Est-elle entre Calliclès l'aristocrate et la foule ignorante et lâche ?
- Est-elle affrontement politique entre aristocratie et démocratie ? Rappelez-vous que c'est un tribunal démocratique qui condamne Socrate.

Conclure l'analyse

- Reprenez les qualités qui définissent, selon Calliclès, l'excellence.
  - À quelles fins sont-elles ordonnées[11] ?
  - Montrez, pour chacune, en quoi Socrate peut aussi bien les revendiquer comme autant de vertus philosophiques.
  - À quelles fins sont-elles alors ordonnées ?
  - Où se situe donc l'alternative ?

Poursuivre la réflexion

Se reporter à l'**ÉTUDE 3**

7. Si le désir du corps est la loi de l'homme, quelles conséquences :

- quant à la possibilité de hiérarchiser les désirs ?
- quant à la possibilité du bonheur ?

8. Si c'est à l'âme qu'il revient de gouverner, quelles conséquences sur ces deux mêmes points ?

- Définissez le désir de l'âme.
- Comment pourra-t-il être satisfait ?
- Pourquoi la réalité vraie, que Platon nomme Idées, est-elle, au sens propre, méta-physique ?
- Pourquoi est-ce à l'Idée du Bien – le Bien en soi – qu'il confère la plus haute réalité[12] ?

10. L'*arètè*, que l'on traduit par vertu, signifie l'excellence, le point le plus haut auquel un être peut atteindre, en quoi il est pleinement lui-même. On notera que la racine est la même que dans aristoi, les meilleurs, qui donne son nom à la forme de gouvernement qu'est l'aristocratie.
11. Cf. *La République*, 519a – passage cité p. 139 (**ÉTUDE 3**).
12. Cf. notamment *La République*, 506d-521c.

OBSERVER ET S'EXERCER

ÉTUDE DES NOTIONS

NOTIONS LEXICALISÉES : homme, désir, passions

HOMME

Rechercher les occurrences de la notion

Distinguer deux sens du mot « humanité »

Ce terme générique peut renvoyer à l'**espèce humaine** ou à **l'humanité**. Dans le premier cas, on entendra l'une des espèces animales et le développement des connaissances à son sujet – d'ordre scientifique, qu'il s'agisse de la biologie ou des sciences dites humaines – en précisera la description au sein du règne animal, montrera ses points communs et ses différences d'avec les autres animaux, l'étudiera en un mot comme n'importe quel élément de la nature. Dans le second cas, on a affaire à une **idée** de l'homme qui enveloppe une appréciation de sa **valeur**. Sa définition n'est plus alors **descriptive** mais **normative** : c'est ainsi, par exemple, qu'on dira de certains actes commis par des hommes (humains, donc au premier sens) qu'ils sont **inhumains** (c'est-à-dire indignes de l'humanité, attentatoires à l'homme comme valeur, en celui qui les subit comme en celui qui les accomplit).

Se reporter à l'ÉTUDE 4 (EXISTENCE), p. 164

L'homme ne va pas de soi : en ce sens, il **n'est pas** – comme les choses du monde – il a à **devenir** homme, il vise un **être pleinement homme**. Il est ainsi désigné par des attributs qui vont du plus au moins et, même lorsque chez Calliclès ils sont empruntés à la nature (plus puissants/moins puissants) ils renvoient à un jugement de valeur : ***meilleurs***. Aussi, poser la question de sa **nature**, c'est toujours interroger ce qu'il **doit** être.

Comment le savoir, si une description ne suffit pas ? Comment juger de ce qu'est l'homme, c'est-à-dire de ce que c'est qu'être vraiment homme ? En prétendant emprunter son modèle à la nature, Calliclès échoue. Ce que montre Socrate, c'est qu'il faut revenir à ce **fait** indépassable que l'homme n'est pas seulement un corps : il est **une âme**, capable de raison et de vérité, seule espèce animale qui **s'interroge** pour savoir comment il faut vivre, qui aspire à la **justice** et au **bonheur**. C'est la raison qui construira **l'idée philosophique** de l'homme, conforme à sa nature d'être doué de *logos*[13], capable d'interroger et répondre, d'établir des relations justes avec les autres hommes, animal rationnel et raisonnable[14], animal politique.

DÉSIR

Rechercher les occurrences de la notion

Le désir, c'est ce qui nous **meut**, ce qui pousse hors de soi. Qu'il soit désir de savoir ou désir de pouvoir, il est toujours cette attente, cette quête, cette chasse[15], toujours mêlée d'espoir et de crainte, ce **trouble** exprimant à la fois notre manque et notre espérance d'être enfin comblés. Rien **dans le désir lui-même** qui le mesure, rien en lui qui le guide infailliblement vers l'objet qui le satisfera. Le désir peut s'attacher à des objets incapables de le satisfaire, il peut

13. Le mot, grec, désigne à la fois la parole, le discours et la raison.
14. En définissant l'homme comme doué de raison, on évoque à la fois l'usage théorique (le rationnel) et l'usage pratique (le raisonnable) de la raison.
15. Cf. dans *Le Banquet*, le mythe de la naissance d'Eros (**RÉFÉRENCES**, p. 224).

se relancer à l'infini parce qu'il est désir d'absolu ou désir du désir de l'autre, ou encore désir sans objet, désir de désirer.

Mais Platon détermine la **hiérarchie** des désirs à partir de leur objet – purs reflets, apparences changeantes, trompeuses et décevantes, ou réalités stables, éternelles, parentes de notre être. L'opposition n'est donc pas entre le désir du corps et le désir de l'âme. C'est l'âme seule qui est capable d'établir la hiérarchie des désirs, de les juger, de les mesurer. C'est elle qui exerce ce pouvoir. Nos désirs, donc, sont en notre pouvoir : il faut les retenir et non être semblables à ces tonneaux percés[16], âmes passoires parce que soumises à la loi du corps. La vertu essentielle ici, la justice concernant les désirs, a nom **tempérance** : elle vaut pour l'individu comme pour l'homme politique.

Nous voyons que Calliclès ne comprend pas ce que vaut une telle vie qui pour lui n'est pas une vie : la vie est agitation, batailles à gagner, puissance à exercer – mais tout cela tourné vers **le dehors** – présence de cadavre, présence d'une pierre. Observons que ces figures de l'inerte ignorent l'âme et ne s'appuient que sur le corps et sa logique de l'inassouvissement.

Se reporter en 493a et sq.

En quel sens le désir définit-il l'homme ? comme ce qui le caractérise dans son essence temporelle, corporelle et mortelle ? ou bien est-il le signe d'autre chose, car même si nous n'étions qu'une âme, cesserions-nous de désirer ?[17]

Plus qu'une psychologie du désir, c'est une métaphysique du désir que déploie Platon.

PASSIONS

Rechercher les occurrences de la notion

Elles appartiennent à la nature de l'homme. *Patior*, pâtir, souffrir, est l'étymologie. La passion est désir exacerbé qui oriente activité et pensée, subordonne les autres désirs. Amour, recherche, poursuite, ce qui spécifie la passion, c'est d'abord son objet.

Distinguer désir et passion

Socrate et Calliclès sont tous deux amoureux, mais leurs objets différents confèrent à leurs passions des caractères opposés. L'amour de la vérité, amour de la pensée (philosophie), passion propre à l'âme, n'aveugle pas, ne fait pas perdre la maîtrise de soi, au contraire. Dans le *Phédon*, Platon dira qu'elle est concentration de l'âme. Calliclès, lui, incarne la dispersion de l'âme : parce qu'il s'attache à un objet changeant – le peuple et ses désirs – il ne peut que courir en tous sens, sans repos, incapable de se procurer aucune satisfaction véritable, nécessairement insatiable.

Le texte n'analyse pas l'essence de la passion, ne l'évalue pas en elle-même, mais selon ses effets : selon qu'elle entrave ou non, voire favorise, l'activité de l'âme, elle est ou non aliénante. On reconnaîtra dans les passions louées par Polos et Calliclès la description que Spinoza donne de l'*ambition*[18], passion vulgaire par laquelle nous nous efforçons d'*accomplir des actions, et [de] nous en abstenir afin seulement de plaire [...] notamment lorsque nous nous efforçons de plaire à la foule avec une propension telle que nous agissons ou nous abstenons à notre propre détriment ou à celui d'autrui* : l'ambitieux est ignorant de son propre bien, de ce qui lui est véritablement utile.

16. Cf. notamment **ÉTUDE 8**, p. 228.
17. Cf. dans *Le Banquet*, l'ensemble du discours de Diotime et dans l'*Apologie de Socrate* l'évocation d'une vie après la mort consacrée à l'exercice philosophique (**ÉTUDE 6**, **RÉFÉRENCES**, p. 208).
18. *Éthique*, III, Proposition 29, scolie

Image de subjectivité impérieuse, néanmoins livrée au caprice de ceux qu'elle flatte, la passion dénoncée par Platon empêche tout décentrement, condition et du dialogue et de la vie sociale harmonieuse. La passion socratique est bien passion, en ce que le philosophe se laisse affecter par la beauté, mais celle-ci lui est un motif de poursuivre ce à quoi son âme aspire et connaît comme son vrai bien.

NOTIONS À DÉGAGER : nature et culture, liberté

NATURE et CULTURE

Dégager les termes en rapport avec la notion

Se reporter à l'**ÉTUDE 6**

Distinguer perspective positive (scientifique) et questionnement philosophique

En son sens le plus courant, le couple « Nature et culture » renvoie à la distinction de ce que l'homme – qu'il s'agisse de l'humanité ou de l'individu – apporterait avec lui en naissant[19] et de ce qu'il recevrait du fait qu'il vit parmi d'autres hommes qui ont élaboré, au cours de leur histoire, des institutions, autant de manières de vivre, de penser et d'agir ensemble. L'opposition serait donc celle du donné et du construit – voire du biologique et de l'historique –, du nécessaire et du contingent. Concevoir la culture comme s'ajoutant à la nature pose la question de savoir si elle est pur **artifice**, supplément sous lequel une nature véritable, originelle, pourrait être retrouvée, ou bien si, parce qu'elle **cultive**, précisément, elle transforme radicalement et irréversiblement l'homme qui s'y trouve engagé. Mais poser que la nature de l'homme est d'être un être de culture – il n'y a pas d'humanité sans technique, sans langage, sans lois, parce que l'homme doit inventer ses propres moyens d'existence – n'élimine pas la question de savoir ce qu'**est** l'homme au sens de ce qu'il **doit** être, c'est-à-dire de ce qu'il doit faire de cela qui lui est donné, fût-ce une culture.

Si l'anthropologie scientifique **fige** nature et culture dans leur différence conçue comme une opposition, c'est bien plutôt le questionnement philosophique qui lui donne vie. Peut-il s'agir de deux moments successifs, de deux états, l'un plus animal, l'autre plus perfectionné ? S'agit-il d'une distinction que l'homme opère parce qu'il se pense lui-même par rapport à une nature soit pour rompre avec elle, soit pour la continuer, la suivre ? La question est nécessairement celle de la **nature de l'homme** et celle-ci déplace la ligne de partage puisqu'elle interroge la **valeur** : dire qu'il faut suivre la nature, c'est toujours en effet prendre acte d'un **écart** par rapport à la nature, c'est dire que son essence n'est pas un pur donné.

S'ORIENTER

LIBERTÉ

Ainsi que nous l'avons vu à de nombreuses reprises, la liberté est l'un des enjeux de notre Dialogue. Le travail proposé est d'abord de récapitulation, puis d'approfondissement grâce au texte de cette ÉTUDE.

Rechercher dans l'ensemble du Dialogue les occurrences les plus significatives de la notion

Récapituler et passer au concept

• Retenir pour chacun des interlocuteurs de Socrate une formule :
- comment Gorgias conçoit-il la liberté ?
- comment Polos conçoit-il la liberté ?
- comment Calliclès conçoit-il la liberté ?
Qu'y a-t-il de commun ?

19. *Nature* vient du latin *nascor* (naître).

Articuler concept et problème

• Analysez la critique opérée par Socrate dans chacun des cas.
- Qu'y a-t-il de commun ?
- Quel problème pose la conception affirmée par les rhéteurs ?
- Dégagez de la critique la conception socratique.
- Montrer comment le concept socratique constitue une réponse au problème.

• Formulez :
- les obstacles à la liberté telle que la conçoit Socrate,
- les conditions de cette liberté.

Déterminer les enjeux

• Quelles sont les conséquences de cette conception critique :
- quant à la vertu ?
- quant au bonheur ?
- quant à la vie politique ?
- quant à la conception de l'homme ?

TRAVAIL DE LA DISSERTATION

SUJET-EXEMPLE : Qu'est-ce qu'un maître ?

S'ORIENTER

Analyse de l'énoncé

Déterminer sur quoi porte la question
Rappeler la distinction définition nominale / définition réelle

1. Que demande une question de cette forme ?
• Donnez des exemples des usages du mot de «maître».
• Considérez l'étymologie[20] : suffit-elle à rendre compte de la multiplicité de ces usages ?
• Reprenez vos exemples : de quoi, de qui, est-on maître ? Qu'en conclure ?

2. Quels sont les présupposés d'une telle question ? En quoi peuvent-ils être interrogés ?
• En quels termes poseriez-vous la question de l'unité ?
• Peut-on se demander ce qu'est un maître sans chercher ce qu'est un bon maître ? Quelle est alors la question ?

Commencer de cerner l'enjeu

• À qui appartient la définition du maître ? Qu'est-ce que reconnaître quelqu'un pour son maître ?

20. *Magister* et *dominus* sont deux mots latins que l'on traduira identiquement par maître. Ils permettent de poser une distinction conceptuelle qui n'apparaît pas immédiatement en français.

OBSERVER ET S'EXERCER

Rechercher les figures de la maîtrise dans l'ensemble du Dialogue

Usage du texte

Le *Gorgias* nous offre plusieurs figures du maître : Gorgias est un maître de rhétorique, Polos est l'élève de ce maître, et il aspire à la maîtrise. Gorgias a soutenu que la maîtrise de son art lui assurait une universelle maîtrise – la domination du médecin, du pédotribe et du financier de la chanson[21], le *pouvoir de persuader par ses discours, celle qui fait que les hommes sont libres eux-mêmes et en même temps qu'ils commandent aux autres*. Polos, le premier, a incarné le maître dans le tyran[22], Archélaos le puissant, qui fait tout ce qu'il veut impunément. Calliclès, à présent, dépeint le maître – celui qu'il ambitionne de devenir. Mais Socrate aussi est un maître, et il dénie la maîtrise des puissants. Comment comprendre tout cela ? Réfléchissons donc d'abord en suivant notre texte.

Reprendre l'analyse du texte

• Qu'est-ce qu'un maître selon Calliclès ?

Le maître se distingue du vulgaire : il fait partie des *meilleurs et des plus puissants, de ceux qui s'entendent aux affaires publiques et sont courageux*. À ceux-là, il appartient de gouverner les autres et d'avoir plus que les autres. Bref, un maître est un **fort**, qui mérite d'être chef, un *dominus* fait pour dominer. Le maître est donc **de fait et de droit**, maître dans la Cité, maître des autres. Le sens est politique, et le maître **s'impose de l'extérieur** sur les gouvernés, plus faibles. Le **rapport** est **vertical** : maître « de », c'est maître « sur ».

Selon Calliclès, ce sont **ses qualités propres qui font le maître** : meilleur, plus puissant, courageux, s'entendant aux affaires publiques. Mais elles ne sont pas transparentes, sont-elles même homogènes ? On y trouve l'idée d'une force, le désir de dominer, et aussi comme un savoir, ou un savoir-faire, dans les affaires publiques.

Le maître, donc, exerce **le pouvoir** – ou devrait l'exercer. **À quoi** reconnaissons-nous qu'un maître est un maître ? à sa prétention ? à ses discours, ou à ses actes ? **Qui** le reconnaît ? ses pairs ? ceux qui lui sont soumis ? ceux qui ont besoin d'un maître pour sortir d'un état de nature où ils vivent dans la crainte permanente de perdre leur vie ? ceux qui sont par nature esclaves, voués à être dominés ?

Interroger le maître selon Calliclès

Mais si le maître se pense dans un rapport d'extériorité, vertical, comment faire en sorte que ce rapport soit stable ? Le maître n'a-t-il aucune concurrence, malgré les superlatifs ? Et les dominés ne peuvent-ils accéder à sa place ? Seul un rapport **figé par la nature** et qui **échapperait au temps**, à l'usure de soi et du pouvoir peut poser le maître dans la stabilité. La figure du tyran qui a servi de modèle à Polos laisse entrevoir la violence, les complots, la nécessité d'actes qui maintiennent le pouvoir. Le pouvoir est toujours menacé.

Socrate interrompt cette image du « seigneur et maître » au pouvoir dans la Cité par une **question intempestive** : les maîtres, *par rapport à eux-mêmes, sont-ils gouvernants ou gouvernés ?* Question si étrangère à l'image du maître que Calliclès a en vue que dans un premier temps il ne la comprend même pas.

• Qu'est-ce alors qu'un maître selon Socrate ?

Nous voici désormais dans une **relation intérieure, de soi à soi**, relation réflexive ou réfléchie : sont-ils **maîtres de soi** ? sont-ils maîtres d'eux-mêmes ? Que serait ce *maître*

21. Cf. 452d-e.
22. Cf. 470d et sq.

Articuler *magister* et *dominus* dans la conception socratique du maître

intérieur[23] – *magister*, sans *dominus*? Qu'y aurait-il à maîtriser en soi? *Magister* et *dominus*, ce double aspect de la maîtrise révèle une équivocité, une tension, un risque contenu dans cette double source. **L'analyse du texte travaille cela**: en quel sens être homme c'est savoir se conduire (savoir et se conduire), savoir se déterminer, se donner des règles de conduite; en quel sens est-ce savoir? Quel est ce savoir? Qui doit gouverner en moi-même? Qui commande? – l'âme, et à quoi commande-t-elle? – aux désirs et aux passions liés au corps. Le maître, alors, c'est l'homme vertueux, tempérant, maître de soi et de ses passions, qui ne fait que ce qu'il veut, c'est-à-dire ce qu'il juge être bon, l'homme libre et heureux. Ce maître-là n'est pas maître tout de suite, il le **devient**, par l'examen et l'exercice; c'est ce qu'accomplit **l'éducation**.

Mais pour y parvenir, n'avons-nous pas besoin d'un maître – extérieur d'abord?

Socrate a-t-il changé de terrain? Non puisque, d'après lui, le maître en politique ne peut l'être qu'à condition de satisfaire lui-même à ces exigences: d'abord se gouverner soi-même, c'est-à-dire prendre soin, avant toute chose, de son âme, la régler, la rendre tempérante. Cette **maîtrise de soi** est requise de tout maître: on ne saurait commander aux autres sans se commander soi-même.

Le texte nous fournit donc tout d'abord le principe d'une réponse à la question – qu'est-ce qu'un maître? – au sens de **à quelles conditions un maître est-il un maître?** Et si la maîtrise de soi est un effet de l'éducation par laquelle nous apprenons à nous conduire nous-mêmes[24], il n'y a pas de maître **par nature** et Calliclès est débouté de sa prétention à commander immédiatement aux autres.

Reste que, si on ne devient maître que par l'éducation, l'éducation pour intérieure qu'elle soit, suppose, comme nous le suggérions plus haut, un maître. En ce sens, le maître **enseigne** et c'est désormais en confrontant les deux figures du maître que sont Gorgias et Socrate qu'il faut poursuivre la réflexion.

S'ORIENTER

Se reporter à l'**ÉTUDE 1**

1. Enseigner, c'est toujours enseigner quelque chose.
- Que présuppose donc tout enseignement?
- Distinguer instruire et informer quant à l'objet et au destinataire.

2. Que prétend enseigner Gorgias?
- Aux yeux de Socrate, Gorgias ne saurait instruire? Pourquoi?
- Quel rapport y a-t-il entre sa prétention et sa manière de procéder?

Se reporter aux **ÉTUDES 2, 4, 5 et 6**

3. Comment Socrate prétend-il enseigner?
Examinez attentivement les textes et analysez avec précision.
- Quel rapport y a-t-il entre sa manière et la fin poursuivie?
- L'idéal du maître socratique est-il la puissance exercée sur le disciple?
- Pourquoi?
- Comment formuleriez-vous l'idéal du maître socratique?
- Ou encore: Qu'est-ce qu'une éducation réussie?

4. Quelles conclusions quant au rapport du *magister* et du *dominus*?
- Rappeler pourquoi le rapport vertical (maître sur) n'est pas indépendant du rapport horizontal (de soi à soi).

23. L'expression est de Saint Augustin, *De Magistro*.
24. Cf. l'étymologie latine du mot: *ducere*, conduire (ex, hors de).

- Pourquoi le rapport de soi à soi doit-il être médiatisé par un maître ?
- À quelles conditions cette médiation est-elle possible ?
- du côté du maître
- du côté de l'élève.

Organisation possible du devoir

Ce qui vous est proposé ci-après n'est pas à proprement parler un « plan » mais l'indication d'un parcours permettant d'approfondir le travail accompli dans les deux moments précédents.

Examiner des exemples

1. Affronter la multiplicité des images du maître et opérer des regroupement significatifs.

Interroger le(s) fondement(s) de la maîtrise

2. Analyser les qualités de celui qui se dit, ou qui est reconnu, maître

- *Maître de, maître en, maître sur...* Ces qualités sont à la fois de l'ordre du pouvoir, de l'influence, et du savoir.

Le maître serait celui qui commande ou qui guide selon ses compétences : spécialiste, détenteur d'un art.

- Distinguer la reconnaissance du maître selon qu'il s'agit
- de celui qui sait et qui sait enseigner ce qu'il sait,
- de celui qui inspire la crainte parce qu'il est en son pouvoir d'user de la force pour contraindre.
- Poser la question du fondement de la maîtrise.

Approfondir l'analyse

3. Mesurer le caractère relatif de la maîtrise :

- Quant à ce qu'il sait et quant à ce qu'il peut.
- Observer qu'être maître, dans tous les cas, c'est être en relation.
- Interroger le rapport au temps :
- Pourquoi le maître a-t-il tendance à se considérer comme inamovible ?
- qu'est-ce qui menace une maîtrise fondée sur la force ?
- le maître qui éduque n'a-t-il pas vocation à disparaître ?
- que concluez-vous de cette confrontation ?

Approfondir le problème

4. Si l'on n'est pas maître absolument, que **révèle le désir, l'ambition d'une maîtrise totale** ?

- Peut-il jamais être satisfait ? De quel ordre est-il alors ?
- Le désir de savoir échappe-t-il à cette tentation ? Songez à l'usage souvent fait du propos de Descartes[25] : devenir *comme maîtres et possesseurs de la nature.*
- Contre le risque de la démesure, analysez avec précision la condition posée par Socrate : être maître de soi
- quelles conséquences dans le rapport aux autres hommes ?
- quelles conséquences quant à la place de l'homme dans le monde ?

25. *Discours de la méthode*, VI (cf. **RÉFÉRENCES**, p. 224).

Rassembler les acquis

5. Si telle est la condition, **qu'est-ce qu'un vrai maître**?
- Montrez précisément comment se conjuguent chez Socrate le politique et l'éducateur.
- Montrez précisément pourquoi.

6. Ne pas perdre de vue qu'être un maître n'est pas un **fait**, mais un **devenir** et une **exigence**, mais ne pas perdre de vue non plus que nos désirs ne baissent pas facilement la garde : la vie sociale, politique, en est le champ, le théâtre, le spectacle.

7. Que révèlent le culte du maître ? l'idolâtrie du maître ? le désir non plus d'**être** un maître mais d'**avoir** un maître[26] ? Examinez le risque des maîtres à penser, des maîtres de vie.

Dégager l'enjeu

8. Désir d'être maître, désir d'avoir un maître mais aussi **besoin d'un maître** :
- Analysez ces trois cas
- Formulez la question de la légitimité
- Dégagez l'enjeu de la question de la maîtrise.

Pour organiser votre devoir, nous vous suggérons de partir de l'enjeu de la question.

OBSERVER ET S'EXERCER

Autres sujets proposés

1. Apprend-on à être libre ?
2. Être libre, est-ce être maître de soi ?
3. Le bonheur se confond-il avec le plaisir ?
4. Le courage est-il une vertu ?
5. Le désir est-il la marque de la misère de l'homme ?
6. Pourquoi défendre le faible ?
7. Qui doit gouverner ?
8. Tous les plaisirs se valent-ils ?

RÉFÉRENCES

TEXTES APPARTENANT À LA MÊME ŒUVRE

Rassembler les acquis de la lecture

• 506c-510a

Il s'agit de la grande récapitulation, destinée à Calliclès, de l'ensemble de la discussion.

Approfondir le problème politique

• 511c-522e

Dernière partie de l'entretien avant le mythe : qu'est-ce qu'un homme politique ?

26. Cf. Kant, *La Religion dans les limites de la simple raison* (cf. **RÉFÉRENCES**, p. 224).

TEXTES APPARTENANT À D'AUTRES ŒUVRES DU MÊME AUTEUR

Le Banquet, 203b-204c

Approfondir l'analyse du désir

Le mythe de la naissance d'Eros nous montre le philosophe animé par le désir, dépourvu de savoir mais connaissant son ignorance, poursuivant sans relâche ce dont il est amoureux. Sans désir, point de philosophie.

Alcibiade

Approfondir la réflexion sur ce qu'est un homme politique

Ce petit Dialogue porte sur la compétence politique.

TEXTES D'AUTRES AUTEURS

Sénèque, *De la brièveté de la vie,* éd. Arléa, pp. 104 et sq

Approfondir l'analyse de la tempérance

Au premier rang des égarés, je place ceux qui ne s'intéressent qu'au vin et aux désirs amoureux...

Saint Augustin, *De Magistro,* (*Du maître*)

Approfondir l'analyse de la maîtrise

Saint Augustin a médité l'enseignement de Platon. Mais c'est un philosophe qui pense à la lumière de la foi dans le Dieu chrétien.

Descartes, *Discours de la méthode,* VI

Approfondir l'analyse de la maîtrise

Descartes exprime l'espoir que fait naître la nouvelle physique[27] dont les applications sont susceptibles de nous rendre *comme maîtres et possesseurs de la nature*. Formule souvent caricaturée, parce que l'on oublie d'y lire le *comme* – comme si, précisément, Descartes oubliait que l'homme n'est pas Dieu.

Kant,

• *Idée d'une histoire universelle au point de vue cosmopolitique,* 6e proposition

Approfondir l'analyse de la maîtrise

Pourquoi l'homme a-t-il *besoin d'un maître – dès l'instant qu'il vit au milieu de ses semblables?* Et que doit être ce maître? Et où le trouverons-nous s'il doit lui-même être un homme qui a besoin d'un maître?

• *Réponse à la question «Qu'est-ce que les Lumières?»*

Pourquoi cherchons-nous des maîtres? *Sapere aude*[28], *Ose te servir de ton entendement est la devise des Lumières.*

• *La Religion dans les limites de la simple raison, Doctrine philosophique de la religion,* IV, 2e section, §4, note

Comment apprend-on à être libre? Qu'il s'agisse d'un peuple ou d'un individu, faut-il attendre d'être *mûr pour la liberté* pour ne plus être tenu en tutelle, ne plus être assujetti? Ou faut-il être mis en liberté pour apprendre à se diriger soi-même?

27. Cf. l'image de l'arbre (*Lettre-Préface* aux *Principes de la philosophie*), **ÉTUDE 4, RÉFÉRENCES**, pp. 169-170.
28. Littéralement, *Ose savoir.*

ÉTUDE 8

(ŒUVRE INTÉGRALE PAGE 80)

Dans cette ÉTUDE vous sont proposées sous forme d'EXERCICE GUIDÉ : deux ÉTUDES de NOTION (MAL, JUGEMENT), une partie du TRAVAIL DE LA DISSERTATION et l'étude d'une RÉFÉRENCE.

523 a **Socrate** : Écoute donc, comme on dit, une
belle histoire, que tu prendras, je m'en doute,
pour une fable, mais que je tiens pour une histoire
vraie ; car je te garantis vrai ce que je vais dire.
Comme le dit Homère[1], Zeus[2], Poséidon et Pluton,
ayant reçu l'empire de leur père, le partagèrent
entre eux. Or au temps de Cronos, il y avait à
l'égard des hommes une loi, qui a toujours subsisté
et qui subsiste encore parmi les dieux, que celui
b qui a mené une vie juste et saine aille après sa
mort dans les îles des Bienheureux pour y
séjourner à l'abri de tout mal dans une félicité parfaite, et qu'au contraire celui qui a vécu dans l'injustice et l'impiété aille dans la prison de l'expiation et de la peine, qu'on appelle le Tartare.
Or, au temps de Cronos et au début du règne de
Zeus, les juges étaient vivants et jugeaient des
vivants, le jour même où ceux-ci devaient mourir.
Aussi les jugements étaient mal rendus. Alors
Pluton et les surveillants des îles Fortunées[3] allaient
rapporter à Zeus qu'il leur venait dans les deux
c endroits des hommes qui ne méritaient pas d'y
séjourner. « Je vais mettre un terme à ces erreurs,
répondit Zeus. Ce qui fait que les jugements sont
mal rendus, c'est qu'on juge les hommes tout vêtus ;
car on les juge de leur vivant. Aussi, poursuivit-il,
beaucoup d'hommes qui ont des âmes dépravées
sont revêtus de beaux corps, de noblesse et de
richesse, et, à l'heure du jugement, il leur vient une
foule de témoins pour attester qu'ils ont vécu selon
d la justice. Les juges sont éblouis par tout cela. En
outre, ils jugent tout habillés eux aussi, ayant

1. Poète (IXe siècle av. J.-C.) auquel la tradition attribue deux grandes épopées : *L'Iliade* et *L'Odyssée*. Selon l'expression de Platon, Homère fut « l'éducateur de la Grèce ».
2. Dans la mythologie, Zeus est le « père des dieux et des hommes » (Homère), le roi des dieux, dieu du ciel et des phénomènes célestes ; Poséidon règne sur la mer et les eaux, Pluton sur les Enfers, situés sous la terre. À eux trois, ils gouvernent l'ensemble du monde hérité de leur père Cronos, divinité plus ancienne, lui-même issu de Gaia, la terre, et Ouranos, le ciel.
3. Les îles des Bienheureux.

devant leur âme, comme un voile, des yeux, des oreilles et tout leur corps. Cet appareil[4] qui les couvre, eux et ceux qu'ils ont à juger, leur offusque[5] la vue. La première chose à faire, ajouta-t-il, c'est d'ôter aux hommes la connaissance de l'heure où ils doivent mourir, car ils la connaissaient à l'avance. Aussi Prométhée[6] a déjà été averti de mettre un terme à cet abus.
e Ensuite il faut qu'on les juge dépouillés de tout cet appareil. Il faut aussi que le juge soit nu et mort, pour examiner avec son âme seule l'âme de chacun, aussitôt après sa mort, et que celui qu'il juge ne soit assisté d'aucun parent et qu'il laisse toute cette pompe sur la terre afin que le jugement soit équitable. J'avais reconnu ce désordre avant vous ; en consé-
524 a quence j'ai établi comme juges trois de mes fils, deux d'Asie, Minos[7] et Rhadamanthe, et un d'Europe, Eaque. Lorsqu'ils seront morts, ils rendront leurs jugements dans la prairie, au carrefour d'où partent les deux routes qui mènent, l'une aux îles des Bienheureux, l'autre au Tartare. Rhadamanthe jugera les hommes de l'Asie, Eaque ceux de l'Europe. Pour Minos, je lui réserve le privilège de prononcer en dernier ressort, si les deux autres sont embarrassés, afin que le jugement qui décide du voyage des hommes soit aussi juste que possible. » Voilà, Calliclès, ce que j'ai entendu raconter et que je tiens pour vrai, et de ces récits je tire la conclusion suivante. La
b mort, à ce qu'il me semble, n'est pas autre chose que la séparation de deux choses, l'âme et le corps. Quand elles sont séparées l'une de l'autre, chacune d'elles n'en reste pas moins dans l'état où elle était du vivant de l'homme. Le corps garde sa nature propre avec les marques visibles des traitements et des
c accidents qu'il a subis. Si par exemple un homme était de haute taille de son vivant, soit par nature, soit grâce à son régime, soit pour les deux causes à la fois, son corps est également de grande taille après sa mort ; s'il était gros, son cadavre est gros et ainsi de suite ; s'il affectait de porter des cheveux longs, son corps garde sa chevelure ; si c'était un

4. L'*appareil*, comme plus loin la *pompe*, renvoient au déploiement extérieur du luxe.
5. Offusquer : empêcher de voir en masquant.
6. L'un des Titans de la mythologie, parfois en rivalité avec les dieux. C'est lui qui, dans certains récits, leur dérobe le feu pour l'apporter aux hommes. Dans d'autres, il les façonne à partir de la glaise, ou encore il leur enseigne l'ensemble du savoir et des arts qui constituent une civilisation.
7. Fils de Zeus et d'Europe, il est le roi légendaire fondateur de la civilisation crétoise ; Rhadamanthe est lui aussi fils de Zeus et d'Europe : on lui attribue la rédaction du code crétois ; Eaque est le fils de Zeus et d'Egine. Tous trois sont, en effet, attestés dans la mythologie comme juges des Enfers.

homme à étrivières[8] et, si, pendant sa vie, il portait sur son
corps les traces cicatrisées des coups de fouet ou d'autres bles-
sures, on peut les voir sur son cadavre; s'il avait des membres
brisés ou contrefaits, tandis qu'il était en vie, ces défauts sont
encore visibles sur son cadavre. En un mot, les traits de son
d organisation physique pendant la vie restent tous ou presque
tous visibles après la mort durant un certain temps. Il me
paraît, Calliclès, qu'il en est de même à l'égard de l'âme et que,
lorsqu'elle est dépouillée de son corps, on aperçoit en elle tous
les traits de son caractère et les modifications qu'elle a subies
par suite des divers métiers que l'homme a pratiqués.
e Lors donc que les morts sont arrivés devant le juge, par exemple
ceux d'Asie devant Rhadamanthe, celui-ci les fait approcher de
lui et il examine chaque âme, sans savoir à qui elle appartient.
Souvent mettant la main sur le Grand Roi[9] ou sur tout autre sou-
verain ou potentat, il constate qu'il n'y a rien de sain dans son
âme, qu'elle est toute tailladée et balafrée par les parjures et l'in-
525 a justice dont chacun des actes de l'homme y a marqué l'em-
preinte, que tout y est tordu par le mensonge et la vantardise et
que rien n'y est droit, parce qu'elle a été nourrie loin de la
vérité, et qu'enfin la licence[10], la mollesse, l'insolence et l'incon-
tinence de sa conduite l'ont remplie de désordre et de laideur. À
cette vue, Rhadamanthe la renvoie ignominieusement tout droit
à la prison pour y subir les châtiments qui lui conviennent.

ÉTUDE DU TEXTE

OBSERVER ET S'EXERCER

Établir le lien avec ce qui précède

1. SITUATION

Le *Gorgias* s'achève sur un mythe raconté par Socrate – qui en poursuivra l'interprétation au-delà du passage ci-dessus jusqu'à cette ultime conclusion: *Prenons donc pour guide la vérité qui vient de nous apparaître et qui nous enseigne que la meilleure conduite à suivre est de vivre et de mourir en pratiquant la justice et les autres vertus. Attachons-nous donc à cette doctrine et engageons les autres à la suivre, au lieu de celle qui t'a séduit et que tu m'exhortes à pratiquer; car elle ne vaut rien, Calliclès.*

8. Les étrivières sont les courroies par lesquelles l'étrier est suspendu à la selle. Un homme à étrivières est un cavalier.
9. L'expression désigne le roi des Perses (cf. Darius et Xerxès dont il a été question dans l'**ÉTUDE 6**, p. 186).
10. La liberté sans frein.

Pourquoi un mythe ?

Se reporter en 523a-b
Compléter l'exercice sur les auto-portraits[11]

Une première réponse, de fait, à cette question, est que Socrate introduit ce récit afin d'éclairer les propos qu'il vient de tenir sur **la mort**. Dans un portrait « héroïque », il s'imagine au tribunal, ne cédant rien à ses juges – la vérité ne peut être cédée. Condamné à mort et refusant l'aide d'une rhétorique flatteuse, il affirme : *La mort en soi n'a rien d'effrayant, à moins que l'on ne soit tout à fait insensé et lâche ; ce qui est effrayant, c'est l'injustice*. La comparution de Socrate devant le tribunal, nous l'avons déjà rencontrée, à la fin du grand discours de Calliclès, quand celui-ci cherchait à l'effrayer pour obtenir l'aveu de l'impuissance de la philosophie. Nous la retrouvons désormais, dans la bouche même de Socrate. Que s'est-il donc passé depuis le dernier échange que nous avons lu ?

Lire l'ensemble du passage 492c-523a

L'entretien de Socrate et de Calliclès a consisté en l'examen des affirmations de ce dernier qui portaient à leur plus haut point de clarté les grands thèmes du Dialogue : comment faut-il vivre ? vivre en homme, est-ce se soumettre à la logique du corps – à l'agréable – ou est-ce se gouverner soi-même, soumettre son être au commandement de l'âme, principe d'ordre, de vrai, de juste et donc de Bien ? L'argumentation de Socrate a convoqué, entre autres, l'image du tonneau des Danaïdes[12] : Calliclès choisit l'insatiable désir d'une liberté égoïste, tandis que Socrate choisit la voie de la tempérance et de la modération, du gouvernement des passions, source de bonheur stable, inaliénable, conciliant ainsi vertu et contentement.

Les positions sont tranchées : Calliclès reproche à Socrate un bonheur qui convient aux *pierres* et aux *cadavres* – tout le contraire, donc, de ce qui convient à un homme et à la vie. À travers de multiples exemples, ce qui est en jeu c'est la question de savoir ce que c'est que vivre : n'avons-nous le choix qu'entre le flux, l'écoulement perpétuel et la perpétuelle insatisfaction, et la pierre, stable, certes, mais sans vie ? N'avons-nous le choix qu'entre l'absence de désir et de passions et le désir qui toujours manque ? Le bonheur serait-il inaccessible à l'homme ? La réflexion est tout entière appuyée sur les distinctions conceptuelles mises en place dans la théorie de la flatterie[13]. Elles se sont radicalisées en s'incarnant dans les figures antagonistes de Calliclès et Socrate. Celui-ci précise la valeur de la vie réglée, tandis que Calliclès s'absente peu à peu de l'entretien – comme déjà nous avions vu Polos le faire, mais tandis que celui-ci était encore subjugué par l'argumentation socratique, Calliclès, lui, fidèle au serment qu'il s'est fait à lui-même devant tous, affirme sa condescendance. Socrate déploie la signification de sa vérité morale, et **éclaire son lien avec la politique** : l'art politique est l'art de l'âme, nous le savons[14], la Cité doit être gouvernée comme l'âme doit l'être, qui se soumet le corps et ses passions, éclairée par la force de la vérité et du bien, qui est en soi – ce par quoi elle est libre.

Reprendre les distinctions conceptuelles rencontrées dans l'**ÉTUDE 3**

Définir l'art politique

C'est que l'art politique est celui qui s'applique à *rendre* les hommes, *les citoyens, meilleurs*, plus justes, plus doux et qui les guérit de leurs maux. Une politique qui rend les hommes féroces, violents, parce qu'elle ne les exerce pas à changer

11. Cf. **ÉTUDE 6**, p. 191.
12. Les cinquante filles de Danaos qui égorgèrent leurs époux la nuit de leurs noces furent condamnées, selon la légende, à verser éternellement de l'eau dans un tonneau sans fond.
13. Cf. **ÉTUDE 3**, pp. 137-141.
14. Cf. **ÉTUDE 3**, pp. 138-141 et 144-145.

leurs désirs et à y résister quand ils sont injustes n'en est que le simulacre, remplît-elle la ville de richesses et le port de navires. C'est là une manière servile de traiter les hommes que de satisfaire les désirs de leurs corps dès qu'ils s'expriment et sans réflexion, comme le cuisinier ignorant de l'art médical nourrirait les enfants conformément à leurs désirs au point de les rendre malades. Il en va de même pour l'âme. Ce n'est qu'un simulacre de justice que le sophiste a suscité dans l'âme de son élève puisque celui-ci, loin d'être devenu bon et juste, est capable de faire un usage injuste de ce qu'il a appris de son maître. C'est devant un Calliclès désormais quasi muet que Socrate a rassemblé une fois encore les enseignements du Dialogue : **il faut choisir**, entre deux genres de vie, entre deux façons de faire de la politique. *Quelle méthode veux-tu donc que je choisisse pour prendre soin de l'État : dois-je combattre les Athéniens afin de les rendre les meilleurs possible, comme fait un médecin, ou les servir et chercher à leur complaire?* demande Socrate. La réponse sonne comme une menace – *Eh bien, je te conseille de les servir [...] car si tu ne fais pas ce que je dis...*

Revenir à la question « Pourquoi Socrate meurt-il ? »

À ce destin annoncé, Socrate s'attend, il peut expliquer à Calliclès pourquoi il sera mis à mort : c'est la conclusion de toute la réflexion précédente, ironique, sans doute – c'est-à-dire véridique mais contre l'apparence –, mais sincère et émouvante, exprimée avec conviction et chaleur : il est *le seul [Athénien] qui s'attache au véritable art politique et [qui] le pratique actuellement.*

Montrer pourquoi la présence de la mort radicalise la question du sens et de la valeur de la vie

Il peut aussi expliquer pourquoi il se bornera à *[s']attendre à ce qu'il plaira au sort d'ordonner*, pourquoi ce n'est pas la mort qui est à craindre et dont il faut se garder, mais l'injustice. La présence de la mort **radicalise la question** de savoir s'il vaut mieux commettre l'injustice ou la subir : elle met clairement en question la valeur de la vie. Quel est vraiment le bien suprême ? Est-ce simplement de vivre, fût-ce dans l'injustice (alors la rhétorique est utile pour défendre l'accusé au tribunal), ou bien y a-t-il une valeur supérieure à la vie qui la rende digne d'être vécue ?[15]

La réponse de Socrate, nous la connaissons : c'est le **fait** de sa mort acceptée ; mais ce qu'il en **dit** ici prend la forme d'un *récit* de ce qui se passe chez Hadès – récit que lui concède Calliclès – censé *prouver* ce qu'il affirme.

Mais **comment** un mythe pourrait-il **prouver** quelque chose ?

Et, au juste, **qu'est-ce qu'un mythe** et comment le **lire** ?

Se familiariser avec la définition anthropologique du mythe

Un mythe est d'abord un récit, une *histoire* racontée.
L'anthropologie[16] nous a appris à y reconnaître la manière dont les peuples s'expriment à eux-mêmes le sens de leur existence notamment en la rapportant à son origine et à ses fins dernières. En ce sens, un mythe est un récit tenu pour vrai qui met en scène des personnages fabuleux – héros, divinités, animaux –, dont l'action se déroule dans un temps primordial – un temps d'avant le temps humain – et qui porte sur l'expérience des limites : la naissance, la mort, l'origine

15. Il s'agit évidemment d'une alternative fondamentale, qui se rencontre à plusieurs reprises dans l'œuvre de Platon. C'est expressément la question sur laquelle il quitte ses juges à la fin de l'*Apologie* : *Mais voici l'heure de nous en aller, moi pour mourir, vous pour vivre ; qui de nous a le meilleur partage, nul ne le sait excepté le dieu.*
16. Cf. par exemple, Mircéa Eliade, *Aspects du mythe*, Gallimard.

du monde (cosmogonie), des hommes, de la différence des sexes ou encore d'une coutume. Un mythe raconte comment les choses en sont venues à être ce qu'elles sont : il explique en justifiant. Description symbolique de la condition humaine, le mythe répond à la question de savoir pourquoi les choses sont ce qu'elles sont et, ce faisant, il fonde l'action des hommes qui prend sens en se situant par rapport à elles. Il dit comment il faut agir pour tenir sa juste place d'homme dans le monde.

La Grèce ancienne a connu de tels mythes, anonymes et véhiculés par la tradition orale. Mais d'une part la Grèce du Ve siècle n'est plus la Grèce archaïque, et d'autre part, Platon est un auteur.

Se familiariser avec la distinction *mythos/logos*

Deux points méritent, en effet, d'être soulignés. Tout d'abord, l'écriture a rassemblé les mythes anciens, les a transformés en récits littéraires, a constitué une mythologie, de sorte que les mythes grecs que nous connaissons et déjà que connaît Platon, n'ont plus le même statut que dans une civilisation primitive, sans écriture. En outre, la science et la philosophie sont nées précisément dans le refus du *mythos*, d'une explication qui faisait intervenir des puissances surnaturelles. Ainsi, les premiers philosophes – ceux que l'on appelle présocratiques – ont-ils cherché à rendre compte du monde non par une généalogie divine, mais par la mise en œuvre d'un principe – matériel (l'eau, le feu, la terre) ou spirituel (l'esprit, le souffle, l'illimité) – afin de substituer au récit un enchaînement rationnel des causes – *logos*. Platon est l'héritier de cette révolution et on ne peut considérer qu'il aborde naïvement les mythes.

Orienter sa lecture

Se pose alors la question du sens de la présence de mythes dans l'œuvre platonicienne. Ils sont nombreux[17] et, s'ils empruntent des thématiques traditionnelles, ils sont néanmoins des créations originales. Mais si le mythe est étranger à la raison, récit dont la vérité demande à être crue, quelle place peut-il avoir dans une entreprise tout entière consacrée à la mise en œuvre des exigences de la rationalité ? Si le mythe est un récit symbolique, qui parle par images, quelle place peut-il avoir dans une philosophie qui s'attache à dénoncer les prestiges trompeurs des images[18] ? Le mythe n'est-il pas du côté de la puissance magique du langage[19], ce qui rend sa présence d'autant plus énigmatique dans un Dialogue où précisément s'affrontent deux conceptions de l'usage du langage, l'un fait pour charmer, émouvoir, assurer une puissance sur celui qui l'écoute, l'autre qui met chacun des interlocuteurs en position de juge de la vérité du discours, qui procède par échange d'arguments rationnels à la recherche de la maîtrise du sens de ce que l'on dit ?

Réfléchir au statut du mythe

Une réponse classique consiste à dire que Platon recourt au mythe là où le *logos* est impuissant, là où le détour par l'image permet à l'interlocuteur à la recherche de la vérité de reprendre courage, là où l'image, parce qu'elle fait signe vers un au-delà d'elle-même, oriente la pensée dans la bonne direction.

17. On pourra lire notamment le mythe de la réminiscence dans le *Ménon*, le mythe de l'attelage ailé dans le *Phèdre*, le mythe d'Er à la fin de *La République* et, bien sûr, dans ce dernier ouvrage, l'allégorie de la caverne.
18. Le mythe comme *fable symbolique dont on attend qu'elle exerce un empire sur nous, comme malgré nous*, selon l'expression de M. Eliade (op. cit.) n'est-il pas plutôt du côté de ce que dénonce Platon en *République, II* ?
19. Ainsi, par exemple, dans beaucoup de civilisations archaïques, le récit du mythe accompli par le *chaman* joue-t-il un rôle thérapeutique. Voir aussi **ÉTUDE 6**, p. 195.

La situation de notre mythe semble conforter cette réponse : Calliclès est un interlocuteur récalcitrant voire hostile, et la fin de l'entretien nous l'a montré de moins en moins interlocuteur, de plus en plus silencieux. À défaut de réussir à le convaincre, Socrate n'entreprendrait-il pas de le persuader ? À défaut de lui faire entendre raison, ne pourrait-on pas au moins l'émouvoir, ce qui correspondrait à l'exhortation finale ? Dans le silence du *logos*, Socrate n'en serait-il pas réduit à parler tout seul, à sortir du dialogue ? En d'autres termes, notre mythe signerait l'échec du *logos*, l'échec de la raison, mais ne serait-ce pas dire alors l'échec de l'entreprise platonicienne elle-même, l'échec de la philosophie terrassée par la rhétorique ? Quel sens faut-il attribuer au recours au mythe quant à la question de savoir pourquoi Socrate est mort ? C'est ce que notre lecture devra nous apprendre.

Se donner des principes de lecture

Distinguer traduction et interprétation

Mais comment **lire** un mythe ? Une histoire ne se laisse pas analyser comme un texte théorique : on n'y cherchera pas une thèse, des arguments ; on y trouvera des personnages, des actions, une intrigue. Ces éléments sont symboliques, ils renvoient à autre chose qu'eux-mêmes. Mais le symbole n'appelle pas une simple traduction[20], il demande une interprétation. Dans une interprétation, tout peut faire sens et le sens est inépuisable. En se tenant au plus près de sa lettre, la lecture d'un mythe ouvre le sens, elle laisse jouer les images, les correspondances, il faudra donc s'y rendre attentif, laisser jouer le sens. Enfin, nous ne devrons pas oublier que notre mythe a un auteur, Platon, qui l'élabore en combinant à ses propres fins des éléments empruntés aux poètes, à Homère, à Hésiode, et que ces éléments relèvent d'une tradition qui est celle de la Grèce. Ainsi, dans la définition même de son thème, il nous faut veiller à ne pas projeter des images qui nous sont plus familières mais que nous héritons de la Bible (le Jugement dernier).

2. ANALYSE

Prendre des repères quant au statut du texte

C'est à Calliclès que s'adresse expressément le récit, et nous savons que Socrate prend toujours soin d'adapter son discours à son interlocuteur. L'entrée en matière joue sur le **statut** de cette *belle histoire*, et ce, en faisant varier le sens du mot lui-même : Calliclès la tiendra sans doute pour une *fable*, c'est-à-dire un discours dépourvu de vérité, tandis que Socrate en revendique la vérité, la *tient pour une histoire vraie*. Deux questions se posent immédiatement :

- pourquoi Socrate estime-t-il utile de raconter à Calliclès quelque chose dont il dit d'emblée être à peu près convaincu qu'il n'y accordera aucune valeur ? (ce qu'il redira plus loin : *un conte de bonne femme pour lequel tu n'éprouves que du dédain*) ;
- comment peut-il espérer *prouver* la vérité de ses discours précédents grâce à ce récit puisqu'au contraire il affirme que c'est lui-même qui en *garantit* la vérité ? N'y a-t-il pas là quelque chose comme un cercle, une pétition de principe[21] ? Retenons que Socrate parle en son nom propre *(je)*.

20. C'est le point décisif qui sépare le mythe de l'allégorie, d'où la question de savoir s'il faut parler du « mythe de la caverne » ou de « l'allégorie de la caverne ». Dans une allégorie, il y a une correspondance terme à terme des éléments et de leur signification ; dans un mythe, le symbole assume pleinement sa fonction polysémique.
21. Une pétition de principe est une faute logique qui consiste à prendre pour accordée la thèse même qu'il s'agit d'établir.

Que raconte Socrate?

S'orienter dans le texte

Conformément aux caractères du mythe, son *histoire* met en scène des divinités, en un temps archaïque et fabuleux, et traite de la destinée des hommes après leur mort, voyageant dans des espaces eux-mêmes fabuleux, et elle énonce la loi de ce monde: les méchants sont punis, les justes, récompensés. Le décor est en place.

Dans un deuxième temps, elle décrit la situation qui motive le changement de cet état initial: *les jugements étaient mal rendus*, et Zeus, le père des Dieux, décide de *mettre un terme à ces erreurs*. Le cœur du mythe est le **récit de cette réforme**, dont il fournit les raisons, dont il énonce les dispositions et dont il montre les effets.

Un troisième moment dégage les enseignements du récit, entremêlant analyse théorique (la mort comme séparation de l'âme et du corps, l'analogie du corps et de l'âme) et symbolique mythique (la présentation des âmes devant leur juge).

Dégager l'orientation générale du texte

Autour de la question du **jugement**, le thème général du mythe semble donc être le **lien nécessaire entre la vie et la mort**, celui d'une correspondance essentielle entre la vie vécue et la vie après la mort. Elle est commandée par une exigence de **justice**: à telle vie correspond tel destin. Observons qu'avant et après la mort, c'est toujours de vie qu'il s'agit.

L'objet propre du récit, c'est la **réforme** de Zeus, qui établit une séparation radicale entre un avant et un après. Elle est motivée par le souci d'accomplir pleinement la loi du monde qu'il nous décrit, c'est-à-dire par la question **Comment rendre la justice?** Entendons: À quelles conditions la justice est-elle juste? ou encore À quelles conditions la justice est-elle justice? ce qui peut se dire aussi: Qu'est-ce que la justice? Pour être juste, un jugement doit être **adéquat à la réalité**, c'est-à-dire tenir pour juste ce qui est juste, tenir pour injuste ce qui est injuste. On voit que se conjuguent ici les deux concepts qui correspondent à l'adjectif juste: la **justice** et la **justesse**. Pour être juste (accomplir la justice), le jugement doit être juste (vrai, correct).

Distinguer justice et justesse, et établir leur rapport

Dégager les obstacles au jugement juste

La réflexion s'oriente alors vers les conditions du jugement juste à partir des *erreurs* auxquelles il s'agit de mettre un terme. Quels sont les **obstacles** au jugement? Qu'est-ce qui empêche le jugement d'être juste?

Observons que juger est un **rapport** entre quelqu'un qui juge (un sujet, le juge) et quelqu'un ou quelque chose qui est jugé (un objet, le justiciable). Ce rapport est présenté comme une rencontre, voire une interaction puisque l'objet du jugement peut venir troubler le juge. La première condition d'un jugement juste est alors l'**impartialité** du juge qui ne doit pas être impliqué dans le jugement.

Observons qu'il y a des obstacles à l'impartialité **des deux côtés**: parce que les hommes étaient avertis de l'heure de leur mort, c'est-à-dire de leur comparution devant le juge, ils pouvaient s'y préparer en mettant en scène la façon dont ils apparaîtraient; parce qu'ils étaient jugés vivants, ils étaient revêtus de leur corps et de leurs vêtements, et ils pouvaient se faire accompagner d'une foule de témoins. Nous reconnaissons ici le tribunal où l'emportent les *preuves d'avocat* de Polos, mise en scène dans laquelle **l'apparence** l'emporte sur la **réalité**. Elle se donne pour la réalité, mais aussi elle est prise pour la réalité: trom-

Rappeler la définition de l'illusion

peuse, elle trompe *(les juges sont éblouis par tout cela)*. À quelles conditions donc, les juges sont-ils victimes de **l'illusion** créée par le justiciable? C'est qu'eux **aussi** sont vivants, revêtus de leur corps et de leurs vêtements.

Ramené à son expression la plus radicale, ce que nous dit ici le mythe, c'est que le corps vivant fait obstacle à la vérité et à la justice du jugement. **Le corps est mauvais juge.** Cela, nous l'avons déjà entendu: le corps tient le plaisir, l'agréable, pour le bien.

La conclusion s'impose aussitôt: pour bien juger, il faut dépouiller et le juge et le justiciable de leur corps – de leurs vêtements, mais aussi de leur vie. Tous doivent être *nus et morts*. En d'autres termes, seule l'âme est capable de bien juger, et ce qu'elle juge c'est une âme. Réduisons encore: le jugement juste et vrai est un **rapport d'âme à âme**. Le jugement juste est celui qui ne se laisse pas abuser par l'apparence, mais saisit la réalité véritable. La justice du jugement est donc commandée par sa justesse. Nul ne peut être juste s'il ne **connaît** pas la justice. Et connaître la justice, c'est être juste. Être juste, c'est posséder la **vérité**.

Faire le point à l'issue d'une première lecture

En ce moment de notre lecture, nous comprenons donc que la leçon de Socrate n'est pas une «leçon de morale» qui consisterait à dire «il faut être juste pour n'être pas puni» (cela, c'est bien plutôt l'attitude de Polos), c'est, authentiquement, une leçon de philosophie, qui lie étroitement le principe de la conduite à la connaissance de la vérité.

En outre, de même que le jugement d'avant la réforme de Zeus avait tous les caractères du tribunal empirique, celui d'après la réforme nous apparaît comme la figuration du **dialogue** socratique, lui-même figure et lieu de la **pensée**, for intérieur[22]. Dans ce tribunal, juge et justiciable sont à égalité; ils ont dépouillé leur corps pour ne s'entretenir que d'âme à âme, n'accepter comme vrai que ce que la raison leur montre, ils ont renoncé aux prestiges et aux enchantements du langage fleuri de la rhétorique et visent à saisir, derrière l'apparence trompeuse, la réalité vraie qui n'est pas visible (aux yeux du corps), mais qui est intelligible (saisissable par l'esprit). Aussi, juger doit-il être pris en son sens plein: il ne s'agit pas seulement de juger les hommes, mais de juger du vrai, de tenir un discours vrai, de penser juste. Rapport d'âme à âme, le jugement dont il est ici question n'est au bout du compte que le jugement de moi-même par moi-même.

C'est pourquoi affirmer qu'il faut être mort pour bien juger, ce n'est pas dire que la connaissance de la vérité nous est interdite, c'est dire que notre jugement ne doit pas être soumis aux **intérêts de la vie**. Celle-ci n'est pas la valeur suprême, car si nos jugements lui sont soumis – si l'âme ne commande pas au corps dans l'individu et dans la Cité – ils ne pourront être justes. Nous penserons de manière erronée et vivrons dans l'injustice.

Enfin, observons que la réforme nous a fait passer du jugement des *hommes* au jugement des *âmes* et que ce déplacement est requis par l'exigence de justice, puisque quand le corps juge le corps, il n'atteint pas la vérité. Comprenons donc qu'il s'agit ici d'une définition de l'homme: ce qui définit proprement sa **nature**, c'est son âme. C'est pourquoi, d'une part, **être** véritablement homme, c'est s'attacher prioritairement à la santé de son âme et non tenir à sa vie par-dessus

22. Dans cette expression, le *for* (du latin *forum*), c'est le tribunal.

tout, et d'autre part, **traiter** l'autre comme un homme, c'est s'adresser à son âme et non flatter les désirs de son corps. La confusion de l'art politique avec la démagogie sophistique est donc un déni d'humanité : une Cité véritablement humaine ne peut qu'être ordonnée au souci de vérité et de justice.

Revenir au texte et vérifier son interprétation

Achevons le déchiffrage de la réforme de Zeus. Deux nouvelles dispositions sont présentées : Zeus établit trois de ses fils comme juges, de sorte que, compte tenu de la représentation du monde à laquelle se réfère notre texte, aucun des hommes n'échappe au jugement. Celui-ci est donc **universel**. Il est aussi **nécessaire**. Poursuivant le fil de notre interprétation, nous comprenons qu'il s'agit moins, une fois encore, d'effrayer par un *conte de bonne femme* en menaçant du châtiment divin auquel nul n'échapperait, que de l'affirmation selon laquelle **tout** homme est capable d'humanité. L'humanité n'est pas, comme le pense Calliclès, duelle – hommes libres et esclaves. Chacun, parce qu'il a une âme capable de vérité, peut accomplir sa nature, penser droitement et vivre selon la justice. Chacun a en lui le principe de son jugement et de sa conduite. En ce sens, aussi, chacun est responsable de la vie qu'il mène. Ce ne sont ni les dieux ni les lois qui nous disent, du dehors, ce que nous devons faire, c'est en nous-même qu'il faut chercher ce qui convient à notre nature.

C'est ce que confirme l'ultime disposition prévue par la réforme : Minos *prononce en dernier ressort*, pour le cas où l'un ou l'autre des juges serait *embarrassé*. Si la géographie mythique dont Socrate nous entretient ici est une figuration de l'âme qui pense, Minos en est le juge suprême, autant dire que la raison à laquelle nous nous soumettons en dernière instance ne nous est pas étrangère : supérieure à nous, elle est **en nous** ce qui nous dépasse. Notons au passage que c'est en empruntant le langage de la mythologie et de ses dieux que Platon exprime la situation de désacralisation de la loi. Mais tandis que chez les sophistes, elle conduit à un relativisme des valeurs sans cesse changeantes, c'est au contraire à fonder une nouvelle permanence que Platon s'attache ici.

Approfondir la leçon du mythe

Rechercher des expressions utilisant la même image[24]

De ce parcours, que retient Socrate ? Faisant fond sur la représentation ordinaire de la mort – la déliaison de l'âme et du corps – il reprend l'analogie que nous avons vue à l'œuvre dans la théorie de la flatterie[23] afin de montrer que la mort n'est pas une métamorphose, mais la **vérité** – nue – **de la vie.** De même que le corps garde les traces de ses vicissitudes, de même l'âme est ce que nous en faisons ; elle est ce que nous sommes. Ce moment confirme notre fil interprétatif, puisqu'il apparaît explicitement que le propos de Socrate est de rendre l'âme **visible**. Cette explicitation nous fournit du même coup une clef possible pour répondre à notre question initiale : comment, sans le mythe, qui est une figuration, rendre visible ce qui par nature ne l'est pas ? Comment donner à voir ce qui n'a pas d'image ?

Le juge infernal, nu et mort, **connaît** la vérité de chacun : dépouillé de ses apparences, chacun est ramené à ce qu'il **est** vraiment. Mais l'être, c'est précisément ce que le corps ne saurait voir, ce dont il ne saurait juger avec justesse.

Aussi, de même que l'espace du récit est l'image de la réalité de l'âme pensante, de même le temps fabuleux n'est-il pas un autre temps, hors du temps (un temps avant l'histoire – celui de Cronos et de Zeus – un temps d'après la mort

23. Cf. **ÉTUDE 3**, pp. 137-141.
24. Par exemple : *la vérité nue*, ou *sans fard* ...

Distinguer deux sens du mot «actuel»

– celui du jugement. Il figure le temps **non empirique** de l'**actualité**[25]. De même que l'espace décrit figure l'universalité et la nécessité de l'exercice rationnel, le temps décrit comme totalité du temps nous renvoie à ce qui n'est pas temporel, à ce qui n'est pas soumis au flux du changement; temps **métaphysique** dans lequel la vérité est toujours vraie, la justice toujours juste, l'être toujours semblable à lui-même. Ce temps est le temps de l'âme, qui saisit des vérités indestructibles. Pour y atteindre, il faut rompre avec le temps ordinaire, s'élever au-dessus des apparences changeantes. Aussi ce temps est-il toujours présent.

Donner un titre au mythe du Gorgias

Nous aurions donc bien tort de croire que le récit de Socrate est celui du Jugement dernier: ce n'est pas de la fin des temps qu'il s'agit. S'il faut qualifier le jugement qu'il met en scène, c'est plutôt de **jugement suprême** qu'il faut parler. De même que la pensée rationnelle est le juge de tous les discours – ce pourquoi la philosophie entreprend d'examiner, à sa façon qui lui est propre, la rhétorique et sa valeur, de même le jugement des juges infernaux est-il le jugement de nos propres jugements, puisqu'il nous invite à réfléchir aux conditions sous lesquelles ils pourront être tenus pour vrais.

Conclure en s'attachant à répondre aux questions posées en début de lecture

Concluons, certes provisoirement puisqu'une interprétation est toujours inachevée.

- Il est clair que Socrate ne raconte pas une histoire destinée à être crue au sens où elle charmerait nos oreilles – et celles de Calliclès – et nous engagerait grâce à la puissance de ses images à le suivre. Cela, c'est l'usage que Gorgias fait du langage. Il est donc clair aussi qu'il ne s'agit pas d'effrayer Calliclès – comment un *conte de bonne femme* pourrait-il avoir raison de son assurance? – en lui représentant les châtiments dispensés par les dieux infernaux. Cela, c'est l'usage des *épouvantails* familier à Polos.

- Quel usage Platon fait-il donc ici des images, puisque celui-ci ne se ramène pas à l'usage rhétorique que nous avons appris à connaître?

Poursuivons la réponse que nous avons commencé d'esquisser. Le mythe rend visible ce qui par nature est invisible. Il figure dans l'espace ce qui n'est d'aucun lieu. Il déroule dans le temps ce qui n'appartient à aucun temps. En ce sens, il ne **dit** pas autre chose que ce qui s'expérimente **dans le dialogue** lui-même: il dit **l'expérience de la pensée**.

S'il s'adresse à Calliclès, c'est que Calliclès a refusé cette expérience: **interpréter** le mythe – n'est-ce pas ce que nous nous sommes efforcés de faire? – c'est retrouver cette expérience par un autre moyen. Aussi, une fois encore, c'est à l'interlocuteur, c'est à nous, de faire le travail. Socrate, en ce sens, en effet, n'enseigne rien que nous ne sachions déjà.

- C'est ce qui nous permet du même coup de comprendre en quel sens le mythe, aux yeux de Socrate, *prouve* sa vérité: il demande que l'on en fasse **l'épreuve**. Pensons, et nous saurons que le mythe est vrai – non de la vérité d'Homère, mais de la nôtre et de celle de tout homme qui s'engage à la recherche de la vérité. Pensons, et nous comprendrons que *la mort en soi n'a rien d'effrayant*, puisque dès

25. Le mot est pris ici dans son sens fort de ce qui est en acte, de ce qui est pleinement ce qu'il est, de ce qui est accompli. Il ne faut donc pas le confondre avec l'usage qui lui fait désigner, au contraire, ce qui n'est que provisoirement («les actualités télévisées»), comme lorsqu'on oppose l'actuel (le contemporain) au passé ou à l'avenir. Cf. notamment **PRÉSENTATION GÉNÉRALE DE L'ŒUVRE**, dernier paragraphe, p. 100.

cette vie, la pensée me fait connaître l'éternelle vérité, mais que *ce qui est effrayant, c'est l'injustice*, puisqu'une âme injuste ignore tout d'elle et donc, pour reprendre les termes de Calliclès, de *ce qu'il faut savoir* pour être homme. Ne pas le comprendre, c'est être *insensé* (refuser de faire usage de sa raison) et *lâche* (soumis aux désirs du corps qui veut vivre, fût-ce de façon méprisable). Le comprendre, c'est être *libre*, puisque c'est n'obéir qu'à soi-même, être pleinement maître de soi.

• C'est enfin ce qui permet de résoudre l'énigme du *je* socratique, *garant* de la vérité. La vérité ne peut pas être communiquée du dehors, comme prétendent le faire les sophistes. Elle ne se découvre qu'à qui la cherche. Mais il est vrai que pour la chercher, il faut déjà l'avoir en quelque sorte trouvée, il faut en avoir éprouvé la valeur, ce qui ne se peut que dans le mouvement de la recherche. En ce sens, il y a bien, si l'on veut, un cercle: la valeur de la philosophie n'apparaît qu'à celui qui philosophe. Aucun discours **sur** elle n'y atteint. Tout discours qui ne consisterait pas à **faire** de la philosophie serait impuissant à la faire connaître. La conclusion de Socrate, c'est bien qu'**il faut philosopher**, que cette injonction se découvre en chacun pour autant qu'il se rende attentif à ce qu'il est vraiment, et qu'elle engage l'existence tout entière. Loin de priver l'homme, comme le croit Calliclès, des satisfactions auxquelles il aspire, elle seule, au contraire, est capable de combler le **désir** proprement humain de vérité et de justice. De ce bonheur dont on ne peut être dépossédé, fût-ce dans la mort qui ne change rien à l'affaire, Socrate ne peut qu'être le *témoin*. Nul en effet ne peut penser à ma place.

On voit donc en quel sens le mythe peut être dit prendre le relais du *logos*. Loin que Platon abandonne le terrain à la rhétorique dont il emprunterait les dépouilles, il renvoie à ce fait indépassable qu'**il n'y a de pensée que pour qui pense**. On ne saurait démontrer la valeur de la démonstration, puisque pour entendre des raisons, il faut avoir choisi la raison.

Revenir sur le sens général du Dialogue

Alors peut-être pouvons-nous trouver une solution à une question récurrente de notre lecture: que signifient les échecs successifs des entretiens? Quel interlocuteur est-il susceptible d'être instruit et éduqué? Et si notre Dialogue avait moins pour but d'éclairer Gorgias, d'éduquer Polos, de convertir Calliclès, que de **nous** engager à penser?

ÉTUDE DES NOTIONS

NOTIONS LEXICALISÉES : mort, mal, temps, jugement

MORT

Rechercher les occurrences de la notion

Pour l'homme mortel et qui se sait tel, la question de la vie est inséparable de celle de la mort. Répondre à la question « qu'est-ce que mourir, qu'est-ce que la mort? » pour répondre à la question « qu'est-ce que vivre? comment vivre? », mais aussi inversement, savoir comment il faut vivre, c'est savoir comment il faut mourir.

La présence de la mort est constante dans le *Gorgias* – dans notre texte, certes : le jugement de l'âme suppose l'homme nu et mort – mais tout au long du Dialogue : dans les exemples de la santé, de la maladie et de la médecine ; lorsqu'il s'agit du crime et de la punition ; dans les multiples allusions au procès et à la condamnation de Socrate. Elle est ainsi l'horizon permanent de la question « que vaut la vie ? » : faut-il chercher à la préserver à tout prix, la mort que nous redoutons comme un mal est-elle le mal le plus redoutable ? Et que savons-nous de la mort ? Et si nous n'en savons rien, pourquoi la redouter ?

Ordinairement définie comme cessation de la vie, en tout cas du corps, la mort est posée par Socrate comme **déliaison de l'âme et du corps**. Et si notre âme a part dès ici à l'éternité de la vérité, du bien, de la justice et des autres valeurs, étrangères au temps, impérissables, ne faut-il pas **inverser** la représentation que nous avons ordinairement, brillamment illustrée par Calliclès : *Qui sait si vivre n'est pas mourir, et si mourir n'est pas vivre ?* dit Socrate citant Euripide[26]. Une vie gouvernée par le corps, cette vie de passions à laquelle Calliclès oppose l'immobilité du cadavre, n'est-elle pas **oubli de l'âme**, c'est-à-dire de ce par quoi nous touchons à l'éternité ? Que peut la mort du corps contre la possession de la vérité, l'exercice de la justice ? Ce qui est effrayant, ce n'est pas d'abandonner le corps, c'est l'injustice dans laquelle notre âme malade est comme déjà morte. *Philosopher, c'est apprendre à mourir*[27], *car de vivre plus ou moins longtemps, c'est [...] un souci dont l'homme véritablement homme doit se défaire*[28].

Se reporter à l'**ÉTUDE 3 (CORPS/ÂME)**, pp. 143-144

La mort telle qu'elle paraît dans le mythe, nous avons appris à la reconnaître comme l'âme délivrée des séductions du corps, délivrée des apparences trompeuses, jugeant et jugée en vérité.

S'ORIENTER

MAL

Rechercher les occurrences de la notion

- Examinez les occurrences de la notion et dégagez un principe de classement : donnez une première définition.
- Reportez-vous aux **ÉTUDES 4** et **5** et précisez votre définition.
- Distinguez mal physique et mal moral : quel nom pouvez-vous donner à chacun d'eux ?
- Quel est le terme qui s'oppose dans l'un et l'autre cas ?
- Peut-on les confondre ? Pourquoi ?
- Pourquoi selon Socrate doivent-ils être distingués ?
- L'homme est-il responsable de la méchanceté de son âme ? Précisez votre réponse.
  – Aux yeux de Socrate, puis-je vouloir le mal ?
  – Est-ce à dire que je n'y ai aucune part ?
- Comment se définit selon Socrate l'âme méchante ?
  – Reprenez l'analogie avec le corps.

26. 492e.
27. *Phédon*, cf. **RÉFÉRENCES**, p. 247.
28. 512e.

Se reporter en 525b (RÉFÉRENCES, p. 247)

– Que peut le méchant contre l'homme juste ? À qui en réalité fait-il du mal ?

• Pourquoi la douleur et les souffrances sont-elles *le seul moyen de se débarrasser de l'injustice* ?

OBSERVER ET S'EXERCER

Rechercher les occurrences de la notion

TEMPS

L'homme se pense temporel – il mourra – et découvre en lui sa part immortelle – son âme. Le temps est celui de la vie, d'abord au sens du laps de temps que nous avons à vivre. Mais il ne s'estime pas en quantité mais en **qualité** : une vie brève et vertueuse peut me contenter. Ce qui importe, c'est de *vivre le mieux possible le temps qu'[on] a à vivre*[29].

Définir l'éternité

Le temps de la vie, c'est aussi le temps du **changement** – naissance, croissance, maturité, déclin, décrépitude et effacement – mais ce temps-là est celui du corps. Si nous désirons une longue vie, si nous avons peur de la mort, c'est parce que nous privilégions les valeurs du corps. Le mythe enseigne que l'autre du temps, c'est l'**éternité** – éternel est ce que le temps ne saurait corrompre, altérer. Ce temps-là, qui n'est pas un temps, c'est celui de l'âme – le temps de la vie n'en est que l'image, dégradée –, il est la vérité du temps.

C'est pourquoi le temps pendant lequel notre âme est liée à un corps, il nous revient de l'employer à vivre selon notre âme. En ce sens, il n'y a pas de rupture entre le temps de la vie et le temps de la mort : celui-ci est dans la continuité de celui-là, c'est pourquoi le destin de l'âme apparaît dans le mythe entièrement prévisible : elle a ce qu'elle **mérite**. Le temps de la vie nous est donné pour apprendre à devenir juste : il n'est **pas** un temps **neutre**, mais ce grâce à quoi nous pouvons devenir meilleurs. Il y a donc bien une polarisation du temps, une dimension linéaire et non seulement cyclique.

S'ORIENTER

JUGEMENT

Rechercher les occurrences de la notion

1. Considérez les expressions suivantes :
- *Ne jugez point et vous ne serez point jugés.*
- Le tribunal a prononcé un jugement.
- Le médecin est seul juge du traitement à administrer à son malade
- *L'histoire jugera.*
- *Tous les hommes sont mortels* est un jugement de la forme S est P (sujet est prédicat).
- L'enfant est mauvais juge de ce qui est bon pour sa santé.
- *Considérant que cette proposition « je suis, j'existe » est vraie toutes les fois que je la prononce ou que je la conçois en mon esprit, je jugeai que je pouvais la recevoir pour le premier principe de la philosophie que je cherchais.*
- Cet homme manque de jugement.

Se rendre attentif à la polysémie du terme

• Et cherchez à votre tour des expressions contenant les termes « jugement », « juger », « juge ».

29. Ibid.

Passer au concept

2.
- Quel est le point commun à tous ces jugements ?
- Trouvez un principe permettant de les classer.

Distinguer jugement de réalité et jugement de valeur

3. On distingue classiquement jugements de fait ou de réalité et jugement de valeur :
- quel sens donnez-vous à ces expressions ?
- donnez un exemple pour chacun d'eux.

4. Dans l'un et l'autre cas, un jugement doit être juste.
- Distinguez « justesse » et « justice ».
- Quel point commun ? Précisez votre réponse.

Dégager l'enjeu de l'analyse

5. À quelles conditions un jugement peut-il être juste ?

OBSERVER ET S'EXERCER

NOTIONS À DÉGAGER : espace, perception, mémoire, sens (interprétation), métaphysique

Recherchez les termes en rapport avec la notion

ESPACE

L'espace ne désigne pas seulement le milieu dans lequel évoluent les spationautes, mais plus largement le milieu universel dans lequel tous les corps sont situés. Il est une condition générale de notre perception. Percevoir un objet, c'est toujours le saisir comme un fragment d'espace, comme situé dans l'espace. De même, nous ne pouvons nous représenter un objet sans qu'il occupe une portion d'espace. Mais ce qui est spirituel – une idée, un sentiment, un désir, l'âme elle-même – n'occupe aucun espace, ne fait l'objet d'aucune perception. Comment saisissons-nous les réalités spirituelles ? La **métaphore** la plus fréquente, tout au long de l'histoire de la philosophie, est celle de la vision : ainsi Platon dit-il que nous saisissons l'intelligible avec les *yeux de l'âme*, éclairés par la lumière de la vérité et du bien. En décrivant une géographie mythique – l'Hadès, le Tartare, les Iles Fortunées, la prairie, le carrefour, les routes ...– au sein de laquelle les âmes accomplissent leur voyage, notre texte **figure l'invisible**.

Définir le terme de « géographie »

Recherchez les termes en rapport avec la notion

PERCEPTION

Percevoir un objet, c'est saisir un **corps** au moyen de notre **corps** – avec les *yeux du corps* – c'est-à-dire au moyen de nos sens. Les objets nous sont donnés dans leur diversité et leur multiplicité : ce que je perçois, c'est toujours cet homme-ci, ici et maintenant. Ramener cette multiplicité à l'unité – reconnaître un homme, nommer homme ce que je vois – c'est l'œuvre de l'esprit : aucun des hommes vus n'est l'homme en lui-même, que je conçois. Mais savoir ce qu'est réellement un homme, ce n'est pas seulement en former le **concept**, c'est connaître son essence, c'est-à-dire en avoir une **idée rationnelle**. Ainsi, connaître la réalité de la rhétorique, ce n'est pas seulement en produire la définition nominale, comme l'a fait Gorgias au début du Dialogue. C'est discerner ce qu'il y a de **réel** en elle, ou si elle n'est que simulacre. C'est la tâche de l'investigation philosophique.

Distinguer concept et idée

Interroger le rapport de la perception à la vérité

La perception ne nous fournit que des **apparences** des choses, elle ne nous les fait pas connaître. Elle les pose cependant comme réelles, en quoi elle est source d'**illusion**. Polos **voit** dans la punition le corps souffrant, et ne peut la **penser** comme juste ; Calliclès avait bien cru **voir** la justice à l'œuvre dans la nature, il n'avait vu que des faibles dévorés par plus forts qu'eux. La justice est une Idée, qui se pense mais qui ne se voit pas.

En outre, parce que notre corps est sensible, il obéit à la polarité de l'agréable et du douloureux. Le plus souvent, la perception s'accompagne de plaisir ou de désagrément, elle juge donc de la **valeur** des choses. Son jugement est aussi versatile qu'elles sont changeantes : le vin qui me paraît doux lorsque je suis en bonne santé me semblera amer lorsque je serai malade ; le tyran déchaîné me paraît libre et heureux, il me semble juste si je suis de son côté, mais si j'en suis la victime ? Se laisser **séduire** par l'apparence, c'est se condamner à ne pas connaître. Ainsi Polos se laisse-t-il prendre au mal apparent que constitue la douloureuse punition, sans comprendre que si elle est juste, elle est un bien. Ainsi Calliclès se laisse-t-il séduire par l'apparence de justice qui flatte son désir de pouvoir.

Un jugement juste ne peut résulter de la seule perception : c'est pourquoi les juges doivent être *nus et morts*, des âmes.

MÉMOIRE

Rechercher les termes en rapport avec la notion

Choisir un exemple de reprise dans le dialogue et l'analyser

Distinguer deux mémoires

Mémoire d'empreintes et de traces, portées par le corps comme par l'âme, récollection de ce que l'on a fait soi-même ou de ce qui est arrivé[30], elle constitue notre identité et notre être, notre expérience, bien sûr, à ouvrir aux autres dans le dialogue. Observons l'usage remarquable que fait Socrate de la **reprise**, s'il s'agit de savoir vraiment de quoi on parle, ce que l'on pense – s'il s'agit d'être en accord avec soi-même. La dissonance, l'incohérence naît de l'oubli, Gorgias le premier en a fait la rude expérience, tout entier présent à chaque moment de son discours, incapable de tenir sous le regard de l'esprit ses différentes affirmations. La mémoire est condition de **l'unité**. Sans mémoire, pas de pensée.

Distinguons alors deux mémoires : celle de l'âme qui retient, se tient, se conduit, fidèle à elle-même et à la vérité qui lui est apparue[31] et celle du sophiste et de l'orateur qui émaille ses discours de citations flatteuses, propres à leur donner du brillant – apparence vive et séduisante – de l'élève Polos qui a retenu les leçons de son maître sans les interroger, sans souci de les penser. Cette mémoire là est toute d'**extériorité**, ce savoir n'est pas un véritable savoir puisqu'aussi bien celui qui a suivi et retenu ces leçons est capable d'user injustement de l'art qui lui a été transmis. Qu'est-ce qu'apprendre alors ? Comment faut-il retenir les leçons du maître ? Le véritable savoir est mémoire de ce que l'on savait déjà, de toute éternité – selon l'expression du *Ménon* : *Apprendre n'est rien autre chose que se ressouvenir*[32]. La mémoire est alors ce par quoi je suis contemporain de la vérité, laquelle est éternelle. Elle exprime la **nature** même de l'**âme**. Être homme, c'est être un être de mémoire.

30. 515a-517c.
31. *Prenons donc pour guide la vérité qui vient de nous apparaître* … 527e.
32. *Ménon*, 81e.

SENS

Recherche les termes en rapport avec la notion

Le mot de « sens » est polysémique : les sens sont les organes de la perception, on parlera également du bon sens, au dire de Descartes, *la chose du monde la mieux partagée*, mais le sens ce peut être aussi la direction, l'orientation (ainsi y a-t-il des sens interdits), ou s'agissant d'un texte, ce qui demande à être compris, sa signification.

Ces différents sens du mot « sens » ne sont pas indépendants les uns des autres : retenons ici, puisque nous lisons un mythe, **l'orientation** générale du récit, porteuse de sa **signification**. Le mythe est un texte qui demande à être interprété, ce qui suppose qu'il soit dé-chiffré : son sens apparent renvoie à un sens latent, caché, à son tour susceptible d'une nouvelle interprétation. Parce que le mythe est un texte comprenant plusieurs niveaux de sens, il est propre à mettre en évidence un trait caractéristique du **langage** : le langage n'exhibe pas les choses mêmes, c'est néanmoins en lui que nous pouvons accéder à leur vérité. Selon le mot d'Héraclite parlant de l'oracle de Delphes, *il ne dit ni ne cache, il fait signe* – il nous invite à rejoindre les choses parce que le discours est sensé, ce faisant, il fonde la possibilité d'une communauté des hommes donnant sens à leur existence.

Notre mythe traite précisément du sens de notre vie, des **fins** qui l'orientent – c'est-à-dire de ce qui vaut – et lui confèrent ainsi la signification d'une vie humaine, sensée. Le sens est polarisation, il exprime une **valeur**.

MÉTAPHYSIQUE

Recherche les termes en rapport avec la notion

Recherche dans l'explication de tous les textes des **ÉTUDES** les occurrences des termes :
- métaphysique
- renversement platonicien
- Idée(s)

Le mot n'appartient pas au vocabulaire platonicien, il vient d'Aristote ou, plus exactement, du classement de ses œuvres[33], et si les penseurs présocratiques ont cherché parfois au-delà de la nature le principe de son organisation, il revient à Platon d'édifier la première grande métaphysique de notre histoire. Le *Gorgias* ne la développe pas entièrement[34], mais nous en montre la **naissance**. Seul le dialogue peut permettre aux hommes d'échapper à l'injustice et à la violence, parce que le discours est habité par une exigence d'universalité, dont témoigne la répugnance à se contredire. Fonder en vérité[35] cette **universalité**, c'est chercher à atteindre, par-delà les apparences changeantes données aux sens, **l'être véritable**. Car pour qu'un jugement soit vrai, il faut que la qualité attribuée à un objet lui appartienne réellement, il faut que *en eux-mêmes et pour eux-mêmes, les objets possèdent une certaine constance de leur réalité ; qu'ils ne soient pas, par rapport à nous et par notre moyen, tirés en haut, en bas, avec l'image que nous nous en faisons ; mais que, au contraire, par eux-mêmes et par rapport à eux-mêmes, ils possèdent l'exacte réalité originale de leur nature*[36]. Ces objets qui sont en eux-mêmes *(en soi)* et non simplement par rapport à nous, sont **intelligibles**, ce qui signifie à la fois qu'ils sont conçus et non perçus, et qu'ils sont ce qui donne sens

33. *Ta meta ta physica* (littéralement, ce qui vient après l'ouvrage traitant de la nature) est le nom donné à l'ouvrage qui suivait la *Physique* dans le classement opéré par Andronicos de Rhodes au Ier siècle avant J.-C. Le nom s'est conservé à la faveur d'un jeu de mots dans lequel *meta* (après) prit le sens d'*au-delà*, qui convenait aux matières traitées par Aristote – au-delà de la nature, suprasensible.
34. Pour la découvrir il faudrait lire au moins *La République* et le *Phédon*.
35. Cf. les raisons *de fer et de diamant* évoquées par Socrate en 509a.
36. *Cratyle*, 386e.

et vérité à ce qui est perçu, Platon les nomme *Idées* ou *Formes*. Pour les saisir, il faut nous délivrer de notre soumission au sensible, opérer le **retournement** par lequel nous comprenons que le sensible n'est pas le tout de la réalité : ce que nous tenons pour réel n'est qu'apparent, seul est absolument réel ce dont notre âme rationnelle nous montre la vérité.

L'intelligible, invisible, est plus réel que le visible, il est la vérité du visible, parce qu'il en est le modèle : c'est à lui que nous nous rapportons lorsque nous jugeons de ce que nous voyons. C'est pourquoi remonter du visible à l'intelligible, ce n'est nullement le produire, c'est retrouver **en nous** le principe éternel de toute connaissance possible : l'Idée est ce qui nous guide dans notre recherche du vrai.

Approfondir le rapport du mythe à la métaphysique platonicienne

C'est pourquoi, encore, nous avons tort d'appeler « objets » les Idées[37], parce qu'elles ne peuvent à proprement parler faire l'objet d'une démonstration, puisqu'elles sont elles-mêmes **fondatrices** – elles sont, à la limite, ineffables, elles excèdent le langage. Elles se donnent dans une *theôria*[38], une contemplation, elles s'éprouvent et permettent de vivre autrement. Cette expérience, que nul ne peut faire à ma place, le mythe la suggère en en fournissant le substitut.

Rassembler les acquis sur la naissance de la métaphysique[39]

Ce que nous montre donc le *Gorgias*, c'est comment la **réflexion sur le discours**, sur ce que c'est que parler, appelle une **théorie de l'Être** – une ontologie ; comment la notion d'universalité engage celle de vérité, comment l'exigence de légitimation du discours requiert l'établissement d'un fondement. S'il est vrai que par le dialogue nous pouvons nous accorder, alors il faut admettre que la parole révèle une réalité autre que celle dont nous faisons sensiblement l'expérience, une réalité oubliée, mais que nous sommes capables d'atteindre parce que notre âme en a la connaissance.

TRAVAIL DE LA DISSERTATION

SUJET-EXEMPLE : Doit-on vivre comme si l'on ne devait jamais mourir ?

Analyse de l'énoncé

Déterminer sur quoi porte la question

Devoir vivre/devoir mourir, les deux expressions ne sont pas symétriques. *Doit-on vivre... ?* : l'homme ne se contente pas de vivre, mais il s'interroge sur ce fait de vivre qui ne va pas de soi : comment vivre ? comment doit-on vivre ? C'est la question d'un sujet à qui il revient de décider, d'un sujet moral qui pense qu'il

37. Nous suivons ici l'analyse de F. Châtelet, *Platon*, Gallimard, 1965, pp. 161 et sq.
38. Le mot, grec, formé sur une racine qui signifie *voir*, se traduit par *contemplation*. Il a donné notre mot *théorie*.
39. Cf. notamment **PRÉSENTATION GÉNÉRALE DE L'ŒUVRE**, p. 99.

a à **conduire** sa vie pour être heureux, pour donner du sens à sa vie. Mais ce sujet n'ignore pas qu'il doit mourir: nul choix ici, mais la soumission à une **nécessité**. Comme tout vivant, l'homme meurt, à la différence des autres vivants, il le sait, il sait qu'il mourra: la mort est l'horizon nécessaire de sa vie. Comment vivre, donc, en nous sachant mortels? Que devons-nous faire de ce savoir?

Donner sens à l'énoncé

Il faut donc entendre ce «se savoir mortel» comme une donnée de l'humaine condition qui nous fait problème. C'est donc une idée et non pas seulement une expérience (celle de la mort des autres, de génération en génération) qui nous fait problème et que, peut-être, nous cherchons à évacuer. Mais est-ce si simplement l'idée de la mort ou plutôt l'idée de **perdre** la vie? Ne pas perdre la vie, garder la vie, être toujours là, vivant, immortel, est-ce là notre **désir**?

Dégager le problème

Que mettons-nous, en effet, sous ne jamais *devoir* mourir? une vie longue, très longue, sans fin? Est-ce même une idée, ou plutôt une représentation vague, une **image** confuse? Mais si nous nous **savons** mortels, nous ne pouvons que faire *comme si*, faire semblant, feindre. Cette fiction, s'impose-t-elle à nous, expression de notre refus de perdre la vie, ou bien décidons-nous de faire comme si au sens où nous estimons que la considération de la mort ne doit pas entrer en ligne de compte dans la conduite de notre vie?

Quelle place l'idée de la mort comme «se savoir mortel» a-t-elle et doit-elle avoir dans notre vie?

Orienter la recherche

Car enfin, dans l'un et l'autre cas, il nous faut choisir comment vivre – mais, en fait, nous vivons toujours ... d'une certaine façon. Notre vie témoigne de la place que nous accordons à cette donnée de notre existence. Aussi vivre comme si on ne devait jamais mourir peut bien s'entendre en **deux sens**:

- détourner notre regard de ce qui suscite l'effroi, la tristesse, la nostalgie, voire l'angoisse, passions négatives, passions tristes, expression de ce que notre imagination nous représente – un jour nous ne serons plus et nous éprouvons à l'avance le regret de cette perte de nous-mêmes; l'oublier, étourdiment en quelque sorte, tout entier absorbés dans la jouissance du présent; – ou bien
- affronter ce savoir de notre mort et juger qu'elle n'est pas à redouter, parce que de la vie à la mort il n'y a pas rupture – que la mort soit une autre vie, la continuation de la vie, ou que la vie s'ordonne à des valeurs qui la dépassent – de sorte que la crainte de perdre la vie ne puisse l'emporter, ne puisse gouverner notre vie.

Dégager l'enjeu

Vivre comme si l'on ne devait jamais mourir: aveu de **faiblesse** ou marque de **force d'âme**?

On le voit, notre question nous demande de mettre à l'épreuve une hypothèse, et ce qu'elle signifie. Doit-on vivre comme si l'on ne devait jamais mourir? Comme si l'on était immortel? Parce que nous sommes immortels? Parce que, mortels, nous avons à vivre et à décider de ce qu'est une vie digne d'être vécue? Il faut choisir notre vie – quelle vie?

Usage du texte

Rechercher dans le texte l'illustration de l'analyse menée dans le dialogue

Le mythe poursuit ce que le dialogue a ouvert: comment vivre, c'est-à-dire quelle vie choisir? Deux conceptions s'affrontent, incarnées par Socrate et par Calliclès, chacun faisant la critique de l'autre:

• une vie faite de désirs et de passions, exercice de la puissance n'excluant pas la violence, une vie de libre jouissance – existence de tonneau percé, tout entière ordonnée aux versatiles désirs du corps, vouée à l'insatisfaction et au malheur, aux yeux de Socrate
• une vie tempérante et juste, réglée, gouvernée par le souci de soi et des autres, une liberté conçue comme maîtrise de soi assurant un bonheur dont rien ne peut déposséder – non vie, existence de cadavre ou de pierre, existence d'imbécile et d'impuissant, d'esclave, aux yeux de Calliclès.

Mettre en œuvre cette analyse dans l'examen de la question du sujet

Qui des deux vit comme s'il ne devait jamais mourir? Tous deux ne vivent-ils pas comme s'ils ne devaient jamais mourir?
• Chez Calliclès, le *comme si* s'entend au sens le plus élémentaire, c'est-à-dire en faisant semblant, en n'y pensant pas – homme oublieux, sans mémoire, ne retenant rien de sa vie, occupé à vivre au sens de profiter de la vie – **jouir de tous les plaisirs du corps**, avoir plus, l'emporter, entretenir ses passions et se donner tous les moyens de les satisfaire – refusant de perdre son temps en activités stériles, qui ne procurent ni biens, ni considération – tout entier tourné vers le dehors. De la mort on ne parle point – sinon de celle que l'on peut infliger aux autres, car le pouvoir, au bout du compte, c'est cela: pouvoir tuer, ne pas reculer devant le meurtre dont la menace inspire la crainte et donc la soumission. Mais l'affairement témoigne de l'urgence de vivre, d'un savoir caché, obscurément pressenti – le désir de gloire, aussi, désir d'être reconnu par-delà la disparition, de demeurer dans la mémoire des hommes. La mort est ici un **mal**, destruction de soi qui est tout ce qui vaut – il n'y a que pour l'esclave que *la mort est plus avantageuse que la vie*[40].
• Ce qu'illustre le mythe c'est qu'aux yeux de Socrate il faut distinguer entre deux vies, mais qu'au bout du compte ces deux vies n'en sont qu'une. La vie que nous avons à vivre, c'est d'abord celle, humaine, d'une âme incorporée. Dans cette vie, la mort est l'événement qui accomplit la déliaison de l'âme et du corps et ouvre à une autre vie, celle de l'âme immortelle. Mais cette vie de l'âme est déjà nôtre: nous pouvons – et nous devons – vivre selon notre âme.

En ce sens, nul besoin de «faire comme si» nous ne devions jamais mourir, **puisque c'est vrai**, de cette vérité métaphysique exprimée par le mythe. Mais nous pouvons entendre le «faire comme si» au sens d'une **méthode** pour conduire notre vie terrestre. «Faire comme si» devient «faire en sorte de», puisque notre âme garde les traces de ses actions: nous sommes ce que nous faisons – et le mythe précisément enseigne à distinguer notre apparence et notre réalité. On pourrait donc aussi bien dire que pour Socrate, il s'agit de vivre comme si nous étions déjà morts, c'est-à-dire comme si nous n'étions qu'une âme puisque c'est aux seules exigences de l'âme que doit obéir notre vie d'homme. La source du courage de Socrate devant sa mort annoncée c'est bien la conviction que seule vaut d'être vécue une vie qui ne considère pas que la mort est un mal mais qu'elle ne change rien à la vie.

Conclure

La **crainte** de la mort et son corollaire le **désir** d'être immortel n'ont de réalité que pour qui fait du plaisir du corps la valeur suprême. Ces **passions** naissent de la confusion entre l'apparence et la réalité. Mais la **raison** nous montre que ce

40. 483b.

qui vaut vraiment c'est la justice, de sorte que l'homme juste n'a rien à redouter de la mort. En ce sens, il vit, en effet, comme s'il ne devait jamais mourir.

Organisation possible du devoir

Rédiger une introduction

Partir de la lecture de l'énoncé en insistant sur ce **fait** : l'homme est le seul animal qui sache qu'il va mourir, le seul pour lequel ce savoir inscrit la vie dans la précarité. De là la **crainte** de la mort comme regret de ne plus vivre, et corrélativement, le **désir** d'être immortel, voire le désir d'une vie longue repoussant la mort dans un avenir indéfini. Interroger cela au nom du « devoir vivre », du choix d'une vie : quelle vie **devons-nous choisir** ?

S'ORIENTER

Différentes hypothèses doivent donc être examinées :

Recueillir les fruits du travail précédent

1. À partir de l'**ANALYSE DE L'ÉNONCÉ** et de l'**USAGE DU TEXTE**, établissez-en la liste.

• par exemple : vivre comme si l'on ne devait jamais mourir au sens d'une conduite de fuite (la futilité de l'oubli de notre condition d'hommes), ou encore au sens où la vie humaine est essentiellement vie de l'âme), ou encore… ?

Orienter la réflexion

2. C'est l'interrogation sur le sens du « comme si » (illusion ? méthode rationnelle ?…) qui fournira à votre recherche son **fil directeur**.

• Afin de déterminer l'**ordre** de votre examen, vous vous demanderez ce qu'implique l'idée de vivre en sachant qu'à chaque instant nous pouvons mourir, en vous rappelant l'alternative : vivre comme si l'on ne devait jamais mourir, aveu de faiblesse ou marque de force d'âme ? Qu'est-ce que prendre au sérieux le fait que nous mourrons ?

N.B. À un jeune garçon (plus tard canonisé par l'Église catholique) occupé à jouer au ballon, on demanda ce qu'il ferait s'il savait devoir mourir dans l'heure. Il répondit « continuer à jouer au ballon ». Vous pourrez méditer l'anecdote.

Approfondir la réflexion

3. Plusieurs des **RÉFÉRENCES** de cette **ÉTUDE** son susceptibles de vous être utiles.

OBSERVER ET S'EXERCER

Autres sujets proposés

1. Dégager l'intérêt philosophique du texte suivant en procédant à son étude ordonnée :

On croit, chez les Indiens, que les eaux du Gange ont une vertu sanctifiante ; ceux qui meurent sur ses bords sont réputés exempts des peines de l'autre vie, et devoir habiter une région pleine de délices : on envoie, des lieux les plus reculés, des urnes pleines des cendres des morts, pour les jeter dans le Gange. Qu'importe qu'on vive vertueusement ou non ? on se fera jeter dans le Gange.

L'idée d'une récompense emporte nécessairement l'idée d'un séjour de peines ; et, quand on espère l'un sans craindre l'autre, les lois civiles n'ont plus de force. Des hommes qui croient des récompenses sûres dans l'autre vie échapperont au législa-

teur : ils auront trop de mépris pour la mort. Quel moyen de contenir, par les lois, un homme qui croit être sûr que la plus grande peine que les magistrats lui pourront infliger, ne finira, dans un moment, que pour commencer son bonheur ?

MONTESQUIEU

2. Faut-il définir l'homme comme un animal métaphysique ?
3. Faut-il redouter la mort ?
4. La perception est-elle un commencement de science ?
5. La philosophie est-elle méditation de la mort ou de la vie ?
6. Le présent est-il le seul temps qui soit en notre pouvoir ?
7. L'expérience instruit-elle ?
8. Peut-on ne pas vouloir la justice ?
9. Que nous enseignent les images ?
10. Qu'est-ce qu'un jugement juste ?
11. Y a-t-il une vérité des mythes ?

RÉFÉRENCES

S'ORIENTER

TEXTE APPARTENANT À LA MÊME ŒUVRE

• 525b-527e

Poursuivre l'interprétation du mythe

Socrate tire la leçon du mythe qu'il vient de raconter à Calliclès. Vous pourrez réfléchir aux questions suivantes :

• comment comprendre le rôle que Socrate fait jouer à la peur des châtiments ? Songez au reproche qu'il avait fait à Polos de prétendre argumenter en produisant des *épouvantails*.

• comment comprendre que la douleur et les souffrances soient le **seul** moyen de se débarrasser de l'injustice ?

• comment comprendre qu'il y ait des injustices incurables ?

• pourquoi sont-elles principalement le fait des hommes politiques ?

• comment comprendre que les juges infernaux admirent l'homme juste ?

• rassemblez les traits de l'opposition de la rhétorique et de la philosophie.

• comment comprendre les conclusions de Socrate en ce qui concerne l'argumentation : *vous trois, qui êtes les plus savants des Grecs d'aujourd'hui [...] vous êtes* ***hors d'état de prouver*** *qu'on doive mener une* ***autre*** *vie que celle-ci [...]. Suis-moi dans la route qui te conduira au bonheur et pendant ta vie et après ta mort,* ***comme la raison l'indique*** *?*[41].

41. C'est nous qui soulignons.

OBSERVER ET S'EXERCER

Examiner d'autres mythes portant sur la destinée de l'âme

TEXTES APPARTENANT À D'AUTRES ŒUVRES DU MÊME AUTEUR

Phédon, notamment **107d-116a**

Ce Dialogue est la mise en scène par Platon du dernier entretien de Socrate avant qu'il ne boive la ciguë. Il est consacré à l'examen des arguments qui peuvent conduire à affirmer l'immortalité de l'âme. Le rappel de l'exigence de justice et du souci de l'âme conduit, ici aussi, au récit d'un mythe.

La République, X

Le grand Dialogue sur la justice, dans l'âme et dans la Cité, fait bien entendu aussi place à l'affirmation de l'immortalité de l'âme et au récit d'un mythe: Er fils d'Armenios nous donne à voir non seulement le jugement des âmes, les peines et les récompenses qu'elles se sont méritées, mais surtout le choix des vies, choix effectivement nôtre, mais oublié.

Approfondir l'enseignement des sagesses antiques à l'égard de la mort

TEXTES D'AUTRES AUTEURS

Epicure, *Lettre à Ménécée*

Familiarise-toi avec l'idée que la mort n'est rien pour nous ... car tout bien et tout mal résident dans la sensation ...

S'il n'y a rien à craindre de la mort, ce n'est pas que nous soyons immortels. Notre âme, faite d'atomes comme toutes choses, est périssable. Le bonheur est à notre portée.

Lucrèce, *De Natura rerum,* **Chant I, vers 62-79** et **Chant II, vers 1-30**

Disciple d'Epicure, le poète latin rend hommage au philosophe grec dont l'enseignement délivre l'humanité de ses terreurs superstitieuses, œuvre de l'imagination déréglée.

Marc-Aurèle, *Pensées,* II, §§11 à 14

À l'idée que tu peux sur l'heure sortir de la vie, conforme toujours tes actions, tes paroles, tes pensées ... [...] Dusses-tu vivre trois fois mille ans, et même autant de fois dix mille, souviens-toi toujours que personne ne perd d'autre existence que celle qu'il vit et qu'on ne vit que celle qu'on perd.

Sénèque, *De la brièveté de la vie,* éd. Arléa

• p. 96

Vous vivez comme si vous étiez destinés à vivre toujours [...]. Vous dissipez comme si vous aviez des ressources inépuisables, alors que peut-être ce jour que vous consacrez à tel homme ou à telle occupation est le dernier ...

• pp. 118 et sq.

Pourquoi, si brève qu'elle soit, la vie du sage lui suffit-elle largement, de sorte que lorsque viendra le dernier jour, il marchera d'un pas assuré vers la mort?

Bien plus courte et plus troublée est la vie de ceux qui oublient le passé, négligent le présent, craignent l'avenir: arrivés au moment suprême, ils comprennent trop tard, les malheureux, qu'ils ont passé tout leur temps occupés à ne rien faire. (p. 135)

Pascal, *Pensées*

• Brunschvicg 172[42]

Examiner une perspective chrétienne

Nous ne nous tenons jamais au temps présent [...]. Ainsi nous ne vivons jamais [...] et, nous disposant toujours à être heureux, il est inévitable que nous ne le soyons jamais.
Que l'on ne s'y trompe pas, la perspective de Pascal n'est pas celle des sagesses anciennes, mais celle du chrétien qui rapporte l'existence humaine à l'éternité.

• B. 194

Je ne sais qui m'a mis au monde, ni ce que c'est que le monde, ni que moi-même ; je suis dans une ignorance terrible de toutes choses [...]. Tout ce que je connais est que je dois bientôt mourir, mais ce que j'ignore le plus est cette mort même que je ne saurais éviter.

• B. 233, *Infini-rien : le pari*

[...] il faut parier. Cela n'est pas volontaire, vous êtes embarqué.
Nous ne pouvons pas ne pas poser la question du sens de notre existence dans son rapport avec l'éventualité d'une immortalité de notre âme. Il faut nous préoccuper de son salut.

Spinoza, *Éthique*, IV, Proposition 67

Examiner une sagesse moderne[43]

L'homme libre ne pense à rien moins qu'à la mort et sa sagesse est une méditation non de la mort mais de la vie.
Démonstration : Un homme libre, c'est-à-dire un homme qui vit sous le seul commandement de la Raison, n'est pas conduit par la crainte de la mort [...], mais désire directement le bien [...], c'est-à-dire [...] qu'il désire agir, vivre, conserver son être sur le fondement de la recherche de l'utile propre ; par suite il ne pense à rien moins qu'à la mort et sa sagesse est une méditation de la vie.
La perspective de Spinoza est bien différente tant de celle des sagesses antiques que de la perspective chrétienne qui fait de la méditation de la mort un exercice spirituel. S'intéresser à la vie plutôt que d'être dans le souci de la mort, c'est ici l'expression de la force intérieure par laquelle nous poursuivons le bien pour lui-même de manière réfléchie.

Sartre, *L'Être et le néant*, IV, 1, 2, E

Examiner une pensée contemporaine de la mort

Comment considérer la mort non plus comme *l'inhumain par excellence*, mais *comme un événement de la vie humaine* ? Sartre débat ici avec Heidegger qui définit l'homme comme *être-pour-la-mort*.
Il n'y a aucune place pour la mort dans l'être-pour-soi ; il ne peut ni l'attendre, ni la réaliser, ni se projeter vers elle ; elle n'est aucunement le fondement de sa finitude [...]. Qu'est-elle donc ? Rien d'autre qu'un certain aspect de la facticité et de l'être pour autrui, c'est-à-dire rien d'autre que du donné [...]. Je ne suis pas « libre pour mourir » mais je suis un libre mortel. [...] Et, bien qu'il y ait d'innombrables attitudes possibles en face de cet irréalisable « à réaliser par-dessus le marché », il n'y a pas

42. Rappelons qu'il existe divers systèmes de classement des *Pensées* : nous donnons ici le numéro d'ordre dans l'édition Brunschvicg.
43. On ne confondra pas moderne et contemporain. Les Temps modernes, dans la périodisation classique des historiens, commencent avec la chute de Constantinople en 1453.

lieu de les classer en authentiques et inauthentiques, puisque, justement, nous mourons toujours par-dessus le marché.

Dante, *Le Banquet,* I, I, 18, II, I, 2-4, II, I, 5-7 et *Lettre à Cangrande*

Reprenant ici la tradition de la lecture biblique, Dante fournit les principes d'une lecture qui déploie les quatre niveaux de sens d'un texte – littéral, allégorique, moral, anagogique[44].

Ricœur, *De l'interprétation,* ch. I, 2 et 3, ch. II

Réfléchir à ce qu'est interpréter un texte

L'ouvrage est *pour l'essentiel un débat avec Freud*, déchiffreur d'énigmes qui se compare lui-même au Joseph de la Bible interprétant les songes de Pharaon. Ricœur y mobilise les ressources de l'exégèse[45] biblique et celles de la tradition philosophique de l'interprétation. On trouvera dans les passages cités une précieuse analyse de l'interprétation.

44. Le sens le plus profond, qui exprime la symbolisation du divin.
45. Le mot désigne l'interprétation de l'Écriture sainte.

LES DISTINCTIONS CONCEPTUELLES

Ce travail de RÉCAPITULATION[1] suppose que l'ensemble du Dialogue ait été étudié et que cette étude soit soigneusement reprise. Avant de procéder vous-même à l'analyse des distinctions rencontrées dans le texte, observez et exercez-vous sur l'exemple qui vous est donné, puis effectuez l'exercice qui vous est proposé.
Vous remarquerez que ces distinctions peuvent avoir été travaillées à l'occasion de plusieurs ÉTUDES.

LES PRINCIPALES DISTINCTIONS CONCEPTUELLES DANS LE *GORGIAS*

- Activité et passivité
- Apparence et réalité
- Argument et raison
- Art et routine
- Autrui et les autres
- Bien et mal
- Conscience psychologique et conscience morale
- Corps et âme
- Croire et savoir
- Débattre et dialoguer
- Définition nominale et définition réelle
- Démocratie et démagogie
- Descriptif et normatif
- Désigner et signifier
- Désirer et vouloir
- Discourir et dialoguer
- Être et exister
- Être et paraître
- Expliquer et interpréter
- Faire ce qui plaît et faire ce que l'on veut

1. Cf. **INDICATIONS DE MÉTHODE OU COMMENT TRAVAILLER ?**, pp. 91-92.

- Fait et droit
- Fond et forme
- Force et droit
- Force et faiblesse
- Force et violence
- Illusion et erreur
- Information et connaissance
- Informer et instruire
- Justesse et justice
- Justice et législation
- *Magister* et *dominus*
- Méthode et méthodologie
- Morale et politique
- Mythe et raison
- Moyen et fin
- Nature et artifice
- Nature et convention
- Nature et droit
- Nature et loi
- Nécessité, contrainte et obligation[2]
- Particulier et universel
- Passions et raison
- Persuader et convaincre
- Philosophie et idéologie
- Philosophie et sophistique
- Plaisir et bien
- Plaisir et bonheur
- Pouvoir et autorité
- Pouvoir et puissance
- Punition et vengeance
- Raison et intelligence
- Raison et raisons
- Raison et violence
- Rhétorique et dialectique
- Rhétorique et philosophie
- Sensible et intelligible
- Signe et signal
- Unanimité et universalité[3]
- Vivre et exister
- Vraisemblance et vérité

2. La distinction Nécessité et obligation fait l'objet d'un exercice guidé dans *Apprendre à philosopher en lisant Rousseau*, op. cit., pp. 186-187.
3. Cette distinction fait l'objet d'un exercice guidé dans *Apprendre à philosopher en lisant Kant*, op. cit., p. 110.

OBSERVER ET S'EXERCER

Distinguer parce que l'on confond

UN EXEMPLE : PLAISIR et BONHEUR

Plaisir et bonheur **se confondent** dans ces expressions courantes : **cela me plaît, je suis heureux**. Plaisir, comme bonheur, sont espérés l'un et l'autre pour rendre la vie, l'existence, supportable voire sensée – l'un et l'autre évoquent la satisfaction. Mais Platon, par la bouche de Socrate, construit la distinction du plaisir et du bonheur : on peut faire ce qui plaît, se croire heureux, et pourtant être malheureux. Tyrannie et bonheur, compatibles selon Polos, ne le sont pas selon Socrate. Comment sortir de ce qui se donne d'abord comme un paradoxe ?

Reprendre les analyses des ÉTUDES précédentes

Le plaisir ? il accompagne le désir et l'action visant à l'accomplir, le satisfaire ; il est ressenti, suscité. Individuel, subjectif, discontinu, « mon » plaisir est de l'ordre de l'agréable aux sens. Plaisir de l'apparence, plaisir des yeux, du goût. Le plaisir est indifférent au bien – ce mets me plaît, il me fera plaisir, ne m'est-il pas appétissant ? – ce principe lui suffit. Toujours à rechercher, le plaisir se nourrit de la diversité, de la multiplicité, on n'en a jamais assez, notre *tonneau* n'est jamais plein. Certes, Calliclès peut concéder à Socrate qu'il y a de bons et de mauvais plaisirs – mais comment fonder la distinction ? –, de plus ou moins grands plaisirs. Mais le plaisir meut l'activité en tant qu'il est désiré et l'accompagne en tant qu'il est ressenti. Faire ce qui plaît est le principe **amoral**[4] d'une vie selon le plaisir, donc selon la logique des sens, de l'apparence, de la nature, du corps.

Le bonheur ? il faut être Socrate pour en faire ici une notion distincte – disons-le, un **problème**. Le bonheur n'est pas le plaisir si faire ce qui plaît, indifférent au bien, ne conduit pas nécessairement au bonheur. Le bonheur n'est pas mon bonheur individuel et instantané, éprouvé juste un moment – il est un état de l'être, de l'âme, qui s'atteint dans la pratique de la vertu, se mérite et se reconnaît. Socrate peut dire qui est heureux s'il sait comment vit – justement ou injustement – celui qu'il examine : Archélaos le tyran ne peut être heureux, même s'il le croit.

Établir le rapport entre les deux notions

Donc, le plaisir que l'on prend à satisfaire ses désirs sans entraves donne l'**illusion du bonheur**, comme il donne l'illusion de n'être point esclave. Il n'en est que l'image, comme le tyran n'est que le simulacre de l'homme libre.

Faire le point

Comment établir que le plaisir n'est que l'apparence illusoire du bonheur ?

- Le plaisir ou l'agréable consiste à faire ce qui plaît – ou à plaire (flatterie) **indépendamment de savoir ce qui est réellement bon et donc bien** : il relève de la logique du corps, des apparences.

- Le plaisir s'éparpille en plaisirs – au **pluriel** – dont certains peuvent être mauvais, le corps est incapable d'en juger avec certitude. Le bonheur n'a pas de pluriel, il ne peut pas être autre que bon et bien. Le plaisir relève du multiple, le bonheur, de l'**un**.

- Le plaisir peut coexister avec le déplaisir (boire quand on a soif, se gratter lorsque cela démange…), mais pas le bonheur et le malheur, qui **s'excluent** l'un l'autre. Plaisir et bonheur n'appartiennent donc pas au même ordre.

- Le plaisir n'est pas une fin qui oriente la vie – la seule fin est de faire ce qu'on veut, c'est-à-dire le Bien, qui seul engendre le bonheur, ce pourquoi il se mérite et se reconnaît.

4. *Amoral* ne doit pas être confondu avec *immoral*. Est immoral ce qui contredit ou contrevient à la morale, est amoral ce qui est dépourvu de dimension morale.

• On peut en conclure que l'on **a** – ou pas – du plaisir, qu'on en **a** plus ou moins, plus ou moins mélangé, plaisir du corps et même plaisir de l'âme – alors que l'on **est** heureux.

Parce qu'il suppose la connaissance du bien véritable, le bonheur concerne le **tout** de l'homme – âme et corps, corps gouverné par l'âme : il est le propre de l'homme bien ordonné, c'est-à-dire juste, ou encore vertueux, tandis que le plaisir – la flatterie – ne saurait rendre meilleur. Ce qui rend heureux, ce n'est donc pas de se laisser aller (comme dans l'abandon au plaisir, l'évitement de la douleur), c'est de **se conduire** comme on comprend qu'il est juste de le faire. Fin politique autant que morale, le bonheur appartient à celui qui est maître de soi.

Conclure

On voit donc que la distinction établie dans le *Gorgias* ne condamne pas nécessairement le plaisir – mais le plaisir comme **seule règle de vie** au sens où le proposent, dans une savante gradation Gorgias, Polos et enfin Calliclès. Être heureux, c'est bien alors satisfaire ses désirs, mais en ne négligeant pas les puissants désirs de l'âme – qui aspire à la connaissance et à la justice. L'image décevante qu'en offre le plaisir ne saurait la combler.

S'ORIENTER

UN EXERCICE-GUIDÉ : PASSION et RAISON

Il ne s'agit pas ici de distinguer parce que l'on confondrait, mais d'interroger une opposition généralement reçue.

Formuler le préjugé

• Donnez des exemples de jugements qui soulignent l'opposition que l'on suppose radicale entre passions et raison.
Ces jugements sont-ils en faveur de la passion ? de la raison ?
Justifiez votre opposition en prenant des exemples de conduites guidées par une passion, guidées par la raison.

Analyser

• Sur quel terrain l'opposition prend-elle sens ?

• De quel point de vue est-elle jugée ?

• On parle de logique de la passion et de logique de la raison : expliquez ces deux manières de dire et confrontez ces deux logiques.

Préciser l'analyse

• Peut-on aller jusqu'à dire que la passion consiste à perdre la raison ? que la passion est dépourvue de raison ? que la raison est pure de toute passion ?

Construire les concepts

• Arrivés à ce point, construisez une définition de la passion – et de la raison, en vous appuyant sur les textes du *Gorgias*.
Pour ce faire, recherchez dans les différentes **ÉTUDES** ce qui est désigné comme passion et ce qui est dit relever de la raison.

Se reporter au texte

• Revenez, en particulier, au personnage de Calliclès qui fait l'apologie des passions et prône le laisser-aller à ses passions sans frein – au nom de la liberté.
De quelle passion s'agit-il plus précisément ?
Comment est-elle soutenue par la raison de celui qui la vit ?
En quel sens peut-on dire que la passion ici subvertit la raison ?

• Socrate dit-il qu'il faut vivre sans passions ? Précisez votre réponse.

Dégager les enjeux de l'analyse

• Peut-on être libre et heureux en vivant selon ses passions ?
Pour répondre à cette question, examinez celles-ci :
- peut-on être libre et heureux en suivant simplement ses passions ?
- est-ce la raison qui seule peut rendre libre et heureux ?
- l'homme raisonnable est-il dépourvu de passions ?
- si je juge qu'il me faut renoncer à une passion, que peut la raison ?
Étayez votre réflexion sur l'ensemble du Dialogue, en remontant jusqu'à l'entretien avec Gorgias.

Préciser sa compréhension

• Instruits par la lecture de Platon, pouvez-vous considérer comme vraies les propositions suivantes ? Vous préciserez à chaque fois votre réponse en vous appuyant sur le texte :
- être libre et heureux, c'est satisfaire ses passions ;
- être tempérant et maître de soi, c'est vivre comme une pierre ou un cadavre ;
- la raison, c'est la capacité de poser des limites ;
- la raison compose avec les passions ;
- la raison exclut la violence des passions ;
- seul un homme doué de raison peut avoir des passions ;
- l'amour de la vérité et de la justice est une passion.

Rédiger

• À l'issue de ce travail, rédigez un court texte qui reprenne en les articulant pour votre compte les éléments de votre réflexion.
Vous prendrez soin d'éviter ces écueils :
- le préjugé selon lequel il faudrait défendre la raison contre les passions, sans chercher pourquoi et en quoi cela est légitime,
- le préjugé selon lequel il faudrait défendre les passions contre la raison, sans chercher quel sens cela peut avoir,
en vous demandant quels **rapports** peuvent être pensés entre la raison et les passions.

INDEX DES NOTIONS

Les exercices sont signalés en italique.